Jens Petersen

Wilhelm von Humboldts Rechtsphilosophie

Jens Petersen

Wilhelm von Humboldts Rechtsphilosophie

3. Auflage

DE GRUYTER

Dr. iur. *Jens Petersen*, Professor an der Universität Potsdam

ISBN 978-3-11-046632-4
e-ISBN (PDF) 978-3-11-046673-7
e-ISBN (EPUB) 978-3-11-046637-9

Library of Congress Cataloging-in-Publication Data
A CIP catalog record for this book has been applied for at the Library of Congress.

Bibliografische Information der Deutschen Nationalbibliothek
Die Deutsche Nationalbibliothek verzeichnet diese Publikation in der Deutschen Nationalbibliografie; detaillierte bibliografische Daten sind im Internet über http://dnb.dnb.de abrufbar.

Druck und Bindung: CPI books GmbH, Leck
♾ Gedruckt auf säurefreiem Papier
Printed in Germany

www.degruyter.com

Inhalt

Einleitung

In den herkömmlichen Darstellungen der Rechtsphilosophie hat der Name Wilhelm von Humboldts ebenso wenig Platz wie in den Grundrissen zur Staatsphilosophie.[1] Aber auch in den vertiefenden rechts- und staatsphilosophischen Werken wird seiner selten gedacht,[2] und wenn überhaupt, so zumeist nur im Zusammenhang mit seiner praktischen politischen Tätigkeit als Politiker und Reformator oder im Hinblick auf seine sprachphilosophischen Arbeiten.[3] Das überrascht, wenn man bedenkt, dass Humboldt unter dem Eindruck der Französischen Revolution mehrere staatsphilosophische Schriften verfasste. Zum einen schrieb er eine kürzere briefliche Abhandlung mit dem Titel „Ideen über die Staatsverfassung, durch die neue französische Konstitution veranlasst", zunächst als Brief an seinen Freund Johann Erich Biester gerichtet und sodann im Januar in dessen Berlinischer Monatsschrift veröffentlicht. Vor allem aber schuf er zwischen März und Mai des Jahres 1792 ein umfangreicheres Werk, das den Titel trägt „Ideen zu einem Versuch, die Grenzen der Wirksamkeit des Staats zu bestimmen" und in seinem Freundeskreis wegen der Umschlagsfarbe der handschriftlichen Fassung als das „grüne Buch" bezeichnet wurde. In einem Brief an Forster vom 1. Juni 1792 schrieb er: „Ich fühlte wohl, dass der Gegenstand zu wichtig war, um schnell bearbeitet zu werden als ein solcher Auftrag, wenn die Idee nicht wieder alt werden sollte, forderte. Indes hatte ich einiges vorgearbeitet, noch mehr Materialien im Kopf, und so fing ich an. Unter den Händen wuchs das Werkchen, und es ist jetzt, da es seit mehreren Wochen fertig ist, ein mäßiges Bändchen geworden." Nicht zuletzt daraus lässt sich entnehmen, dass die gesamte Niederschrift kaum mehr als drei Monate in Anspruch nahm. Diese Schrift des fünfundzwanzigjäh-

---

1 Eindrucksvoll gleichwohl *R. Voigt*, Den Staat denken. Der Leviathan im Zeichen der Krise, 3. Auflage 2014.

2 Andeutungsweise immerhin *W. Windelband*, Geschichte der Philosophie, 1903, S. 426; *C. Friedrich*, Rechtsphilosophie, 1955, S. 99 f.; vgl. auch *H. Klenner*, Deutsche Rechtsphilosophie im 19. Jahrhundert, 1991. Näher *W. Kersting*, Politik und Recht, 2000, S. 406. *V. Hösle*, Moral und Politik. Grundlagen einer Politischen Ethik für das 21. Jahrhundert, 1997, S. 86 f. mit Fn. 193.

3 Vgl. nur *A. Kaufmann*, Grundlagenprobleme der Rechtsphilosophie, 1994, S. 93 ff. Die sprachphilosophischen Arbeiten, die über die analytische Philosophie mittelbar auch in die Rechtsphilosophie eingewirkt haben, bleiben im Folgenden unberücksichtigt. Dass es freilich Bezüge zum Bildungsbegriff Humboldts gibt, der wiederum, wie zu zeigen sein wird, im Zusammenhang mit seiner Staatsidee steht, belegt *D. Zöllner*, Wilhelm von Humboldt. Einbildung und Wirklichkeit. Das bildungstheoretische Fundament seiner Sprachphilosophie, 1989; zu den kantischen Elementen in Humboldts Sprachphilosophie *E. Cassirer*, Festschrift für P. Hensel, 1923, S. 105. Vgl. auch *G. Seibt*, Humboldts Vermächtnis. Nachruf auf eine Idee, in: Deutsche Erhebungen, 2008, S. 98 ff.

rigen Humboldt weist ungeachtet ihrer mitunter jugendlichen Impulsivität, die ihr den Vorwurf der Unreife eintrug,[4] eine so abgeklärte Eigenständigkeit auf, dass es in besonderem Maße verwunderlich ist, dass sie gerade in ihrem Heimatland so vergleichsweise wenig beachtet geblieben ist. Möglicherweise trug dazu der Umstand bei, dass sie lange Zeit unveröffentlicht blieb. Dies war ursprünglich der Berliner Zensur geschuldet. Nur einer der beiden Zensoren sprach sich für die Drucklegung aus „allein nicht ohne Besorgnis, dass er deshalb noch künftig in Anspruch genommen werden könne", wie Humboldt an Schiller im September 1792 schrieb. Dies führte trotz Schillers Vermittlung zu Absagen zweier Berliner Verlage.[5] Humboldt selbst reagierte darauf, indem er das Manuskript zurückzog und einer späteren Überarbeitung vorbehielt:[6] „Nun meinen Entschluss: es ist nie mein Wille gewesen, und wird es schwerlich je sein, das grüne Buch gar nicht drucken zu lassen; aber es ist meine ernstliche Meinung, es in mehreren Stellen umzuarbeiten, vorzüglich vorn die Gesichtspunkte mehr auseinanderzusetzen, und damit den Druck, bis ich dies ganz fertig getan habe, aufzuschieben." Dies wurde jedoch nicht in Angriff genommen, was möglicherweise daran lag, dass Humboldt sich unter dem Eindruck der Kritik aus dem Freundeskreis seiner Sache inzwischen nicht mehr sicher war.[7] Seine unentschiedene Haltung drückt sich darin aus, dass er einerseits schrieb: „Meiner würdig ist das grüne Buch", nicht aber ohne hinzuzufügen, doch „kein gutes Buch".[8]

So gelangte es schließlich in seinen Nachlass und wurde erst postum im Jahre 1851 erstmals vollständig gedruckt. Einzelne Abschnitte wurden durch Schiller in der Thalia 1792[9] bzw. durch Biester in der Berlinischen Monatsschrift gedruckt. Vollständig erschien das Werk im Breslauer Trewendtschen Verlag und hatte dann

---

4 *J. A. von Rantzau* (Wilhelm von Humboldt. Der Weg seiner geistigen Entwicklung, 1939) übertreibt gleichwohl, wenn er es als „einen sehr unreifen publizistischen Versuch" bezeichnete; ähnlich *P. Wittichen*, Zur inneren Geschichte Preußens während der Französischen Revolution. Gentz und Humboldt, in: Forschungen zur Brandenburgischen und Preußischen Geschichte 19 (1906) 33: „Unreifer Versuch, das Prinzip hoher individueller Geisteskultur auf die komplizierte und andersgeartete Materie des Staats zu übertragen".

5 Die Rede ist von Göschen und Vieweg.

6 *Humboldt*, Brief an Brinckmann vom 8. Februar, 1793.

7 Pointiert *S. Kaehler*, Wilhelm von Humboldt und der Staat, 1926, Nachdruck 1963, S. 148: „In seinem Innern wird er sie wohl bereits damals ad Kalendas Graecas verschoben haben."

8 Zitiert nach *H. Scurla*, Wilhelm von Humboldt. Reformator – Wissenschaftler – Philosoph, 1976, S. 111.

9 *Humboldt*, Wie weit darf sich die Sorgfalt des Staats um das Wohl seiner Bürger erstrecken?, Neue Thalia, Band 2, Heft 5, 1792, S. 131 ff.

gerade im liberalen Lager nach der Revolution sogleich großen Erfolg.[10] Aber auch die wechselvolle Geschichte der Ideen ist kein hinreichender Grund für das mangelnde Interesse und die zurückhaltende Rezeption,[11] die erst in den letzten Jahren annäherungsweise in Gang kommt. Seither finden sich vereinzelte historische Monographien, die einiges Licht in die Dunkelheit der Rezeptionslosigkeit gebracht haben.[12] Gleichwohl sind die rechtsphilosophischen Fragen, welche die Jugendschrift aufwirft,[13] bislang nur andeutungsweise gestellt worden. Das ist umso erstaunlicher, als dass die Idee der Begrenzung der Wirksamkeit des Staates an sich zeitlos ist. So schrieb Humboldt am 14. Januar 1793 an Schiller: „Der Gegenstand selbst ist von allem Bezug auf momentane Zeitumstände frei." Im Jahre 1792 war er freilich buchstäblich revolutionär, doch auch im Lichte moderner Grundrechtstheorien hat die Schrift nur wenig von ihrer umwälzenden Aktualität eingebüßt. Die Herausgeber der Werkausgabe Humboldts haben dies frühzeitig erkannt: „Den Standpunkt, den Humboldt in den ‚Ideen' bezieht und begründet, ist der des philosophisch gebildeten Juristen.[14] In der Rezeption der Schrift als einer philosophisch-politischen Urkunde des deutschen Liberalismus ist diese Seite, die staatsrechtliche Dimension des Werks, nicht zur Geltung gekommen."[15] Das gilt umso mehr für die rechtsphilosophische Seite der Ideen. Die historischen bzw. theologischen Monographien haben freilich wichtige Vorarbeit geleistet.[16] Die historische Forschung sieht Humboldts Schrift mit gutem Grund als prägend für den Rechtsstaat „als politisches Programm mit dem Ziel, den absolutistischen

---

10 *P. Berglar*, Wilhelm von Humboldt, 1970, S. 57, bezeichnet es gar als eine „Art von Magna Charta" in der damaligen Zeit.

11 Immerhin ist die Schrift durch die Aufnahme in Reclams-Universalbibliothek im Jahre 1967 (Nr. 1991 mit einem Nachwort von *R. Haerdter*), bereits seit langem in den Stand der Klassiker erhoben worden; der leichteren Greifbarkeit halber wird diese Ausgabe im Folgenden primär zitiert, in den nachfolgenden Klammernzusätzen wird aus der Ausgabe der Werke Wilhelm von Humboldts in fünf Bänden (Hg. A. Flitner/K. Giel), Wissenschaftliche Buchgesellschaft Darmstadt, 3. Auflage 1980, zitiert, welche die originale Rechtschreibung Humboldts abdruckt.

12 Zuletzt *D. Spitta*, Die Staatsidee Wilhelm von Humboldts, 2004; *ders.* bereits in seiner Dissertation ‚Wilhelm von Humboldts Ideen von den Grenzen der Wirksamkeit des Staats', 1962.

13 Vgl. auch *H. Klenner*, Humboldts Staat als Rechtsinstitut des Menschen, in: Wilhelm von Humboldt. Menschenbild und Staatsverfassung, Texte zur Rechtsphilosophie (Hg. ders.), 1994, S. 315.

14 Vgl. auch *E. Heymann*, Wilhelm von Humboldt als Staatsmann und Jurist, Deutsche Juristen-Zeitung 22 (1917) 569.

15 Vgl. *K. Giel/A. Flitner* in den Kommentaren und Anmerkungen zu Band I–V der Werke Humboldts, Band 5, S. 287.

16 Vor allem *C. Sauter* (Wilhelm von Humboldt und die deutsche Aufklärung, 1989) und *S. Battisti* (Freiheit und Bindung, Wilhelm von Humboldts ‚Ideen zu einem Versuch, die Grenzen der Wirksamkeit des Staats zu bestimmen' und das Subsidiaritätsprinzip, 1986).

Bevormundungsstaat zurückzudrängen und ihn an die von allen Bürgern in freier Entscheidung gebilligten Regeln zu binden."[17] Karl Popper stellte die Ideen Humboldts gar Schillers Don Carlos an die Seite.[18] Zumindest lässt sich wohl sagen, dass eine Schrift, die im Gedankenaustausch mit Friedrich Schiller entstand und John Stuart Mill bei seinem Essay über die Freiheit maßgeblich beeinflusste, bedeutsamer sein dürfte als ihr gegenwärtiger Bekanntheitsgrad.

Dabei wiesen freilich zwischenzeitlich reaktionäre Strömungen in die Gegenrichtung. So sah Treitschke in den Ideen das schwache Werk eines „geistvollen Jünglings": „Mill und Labouye leben beide in einem mächtigen, geachteten Staate, sie nehmen diesen reichen Segen hin als selbstverständlich und sehen in dem Staate nur die erschreckende Macht, welche die Freiheit des Menschen bedroht. Uns Deutschen ist durch schmerzliche Entbehrung der Blick geschärft worden für die Würde des Staates."[19] Damit ist zumindest das Verhältnis zum Freiheitsdenken John Stuart Mills angesprochen, von dem sogleich noch die Rede sein wird. Ebenso einseitig ist andererseits die Brandmarkung als „Programmschrift doktrinärer Linksliberaler".[20] Eher als derartige Vereinnahmungsversuche trifft die Kontrastierung Blochs zu: „1792, posthum 1852 hatte Wilhelm von Humboldt (...) in seinen ‚Ideen zu einem Versuch, die Grenzen der Wirksamkeit des Staats zu bestimmen' den Staat einzig auf Rechtswahrung reduziert, eben also aufs Gegenteil zum totaladministrativen: wie leuchtet das immerhin gegen die faschistisch gewesene Folie aus Unrecht und Unwert."[21]

Der erklärtermaßen idealistische Ansatz Humboldts ist dazu angetan, in einen größeren Zusammenhang gestellt zu werden, der zumindest bis zu Immanuel Kant reicht, dessen Einfluss auf den jungen Humboldt nachweislich ist.[22] Man kommt auch bei der Herleitung der Ideen nicht um eine Konstellationen-Forschung herum, da sich gerade im Austausch mit F. H. Jacobi und Schiller bestimmte Gedanken über den Staat und den Menschen entwickelt haben.[23] Aber man muss

---

17 *M. Stolleis*, Geschichte des öffentlichen Rechts in Deutschland, Band I, 1988, S. 326 mit Fußnote 193, Ähnlich *S. Battisti*, Freiheit und Bindung, 1986, S. 28 f. Dagegen sieht *E. Schaumkell*, Wilhelm von Humboldt und der Preußische Staatsgedanke, 1935, in den Ideen eine „anarchistische Reaktion auf den Absolutismus".

18 *K. Popper*, Die offene Gesellschaft und ihre Feinde, 1945 (deutsch: 1. Auflage 1958), Band 2, S. 361.

19 *H. v. Treitschke*, Die Freiheit, 1861, in: Historische und politische Aufsätze, Band 3, 4. Auflage 1871, S. 3.

20 *J. H. Knoll/H. Siebert*, Wilhelm von Humboldt, Politik und Bildung, 1969, S. 129.

21 *E. Bloch*, Naturrecht und menschliche Würde, 1961, 2. Auflage 1991, S. 163.

22 *H. Scurla*, Wilhelm von Humboldt, Reformator – Staatsmann – Philosoph, S. 45 ff.

23 Wegweisend dazu auf erkenntnistheoretischer Ebene derselben Zeitspanne *D. Henrich*, Konstellationen: Probleme und Debatten am Ursprung des Idealismus (1789 – 1795), 1991; siehe

möglicherweise noch weiter zurückgehen bis zu den Klassikern des staatsphilosophischen Denkens, zumal Jean Jacques Rousseau an verschiedenen Stellen des Traktats wörtlich bzw. mittelbar genannt wird. Auch lässt sich die Frage aufwerfen, wie sich Humboldts Staatsidee zu der ungleich gründlicher rezipierten Hegels verhält, wobei freilich nicht übersehen werden darf, dass Hegels Grundlinien der Philosophie des Rechts Jahrzehnte später entstanden. Sofern dies auch nur kursorisch abgehandelt wird, findet sich allenfalls der Hinweis darauf, dass es sich um ein Gegenstück des Hegelschen Staatsverständnisses handele.[24] Andererseits gibt die moderne Hegel-Forschung zu bedenken,[25] dass die unter dem späteren hohen Ministerialbeamten von Humboldt miterarbeitete Staatsverfassung[26] eher Züge als den Charakter eines praktischen Gegenentwurfs des Staatsverständnisses Hegels trägt.[27] Das bedeutet zwar für das Verständnis der Frühschrift nicht viel, doch erscheint immerhin möglich, dass der vermeintliche Gegensatz an einer unzureichenden Durchdringung und Aufarbeitung des Humboldtschen Staatsverständnisses liegt, wie es sich aus den Ideen ergibt.

Ist die im Vergleich zu anderen Schriften des deutschen Idealismus zurückhaltende Rezeption der Ideen Humboldts in seinem Heimatland für sich schon erstaunlich,[28] so ist die Kenntnisnahme dieser Schrift andernorts umso bemerkenswerter. Erstaunlicherweise wurde die Schrift sogar in Russland rezipiert.[29] Vor allem im angloamerikanischen Raum herrscht eine andere Sicht der Dinge vor, die nicht als Ausdruck einer vorübergehenden Mode gewertet werden kann. Schließlich hat kein Geringerer als John Stuart Mill bekannt, zu seinem epochalen Werk „Über die Freiheit" durch Humboldts Schrift inspiriert worden zu sein. Er hat dies sogar dadurch untermauert, dass er ein Wort Humboldts gleichsam zum Leitspruch dieser wegweisenden Abhandlung gemacht hat. Es lautet im Original: „The grand leading principle, toward which every argument unfolded in these

---

auch *dens.*, Grundlegung aus dem Ich, 2004. Untersuchungen zur Vorgeschichte des Idealismus. Tübingen – Jena 1790 – 1794.

24 Vgl. nur *K. Popper*, Die offene Gesellschaft und ihre Feinde, 1945, S. 361.

25 *J. Rawls*, Geschichte der Moralphilosophie, 2004, S. 545.

26 Näher zu den Verfassungsplänen Humboldts *C. Menze*, Zeitschrift für Historische Forschung 16 (1989) 329.

27 Zu den historischen Einzelheiten *D. Spitta*, Die Staatsidee Wilhelm von Humboldts, 2004, S. 197 f.

28 Aus dem weiteren Schrifttum ist zu nennen *O. Burchard*, Der Staatsbegriff Wilhelm von Humboldts in seinen ‚Ideen zu einem Versuch, die Gränzen der Wirksamkeit des Staats zu bestimmen' – Eine Untersuchung zum Problem der Zwangsrechtsnormen und der Individualverantwortung, 1948.

29 *L. Mamut*, Humboldt und sein Versuch, die Wirksamkeitsgrenzen des Staats zu bestimmen, in: Politische Ideen und Rechtsinstitute in ihrer historischen Entwicklung, 1980, S. 46 – 56.

pages directly converges, is the absolute and essential importance of human development in its richest diversity. Wilhelm von Humboldt, Sphere and Duties of Government." Der Grund für die vergleichsweise starke Rezeption in England mag daran liegen, dass eine Haltung, die dem Staat skeptisch gegenübersteht, soweit er nicht Freiheit und Sicherheit gewährleistet, und die jeder Wohlfahrtgesetzgebung misstrauisch begegnet, weil sie als Akt der Umverteilung angesehen wird, im angloamerikanischen Rechtskreis von jeher ausgeprägter war als hierzulande. Karl Popper betont darüber hinaus die Exportleistung Humboldts in Bezug auf Kant: „Durch Humboldts Buch gelangten Kants Ideen nach England. John Stuart Mills Buch On Liberty (1859) war inspiriert von Humboldt und damit von Kant, insbesondere auch von Kants Angriff auf den Paternalismus."[30] Über die Bedeutung Humboldts herrscht in Amerika freilich Uneinigkeit: Während ein Biograph ihn gar mit Jefferson gleichsetzt,[31] vergleicht ihn ein Anderer wegen seiner ebenso weitschweifigen Texte mit John Quincy Adams, der ebenso wenig gelesen würde.[32]

Über diese rezeptionsgeschichtlichen Beobachtungen hinaus[33] ist es jedoch vor allem die ideengeschichtliche Aktualität,[34] die Humboldts Ideen gerade heute zu einer bemerkenswerten Schrift macht. Bezeichnend für sein Selbstverständnis ist der Satz: „Es ist mir genug, Ideen hinzuwerfen, damit ein reiferes Urteil sie prüfe."[35] Denn der Grundgedanke besteht nicht zuletzt in der Hervorhebung und Durchdringung der Freiheit sowie der damit einhergehenden Beschränkung des staatlichen Wirkens auf das Notwendige. Das Notwendige aber ist vor allem das zur Gewährleistung der Sicherheit Unerlässliche.[36] Lange vor Popper, der dies immer wieder propagierte,[37] hat Humboldt den Staat als „notwendiges Übel"

30 *K. Popper*, Bemerkungen zur Theorie und Praxis des demokratischen Staates (1988), in: *ders.* Alles Leben ist Problemlösen. Über Erkenntnis, Geschichte und Politik, 4. Auflage 1996, S. 215, 229 f.

31 *P. R. Sweet*, Wilhelm von Humboldt, A Biography, Band 1, 1978, S. XI, 248; *ders.*, Young Wilhelm von Humboldt's writings (1789 – 93) reconsidered, in: Journal of the History of Ideas 34 (1973) 469 – 482.

32 *M. Cowan*, Humanist without Portfolio. An Anthology of the Writings of Wilhelm von Humboldt, 1963, S. 4.

33 Diese hat *C. Sauter*, Wilhelm von Humboldt und die deutsche Aufklärung, 1989, bereits ausführlich dargestellt.

34 Dazu historisch, auch im Hinblick auf Humboldt, *J. A. Goldfriedrich*, Die historische Ideenlehre in Deutschland. Ein Beitrag zur Geschichte der Geisteswissenschaften, vornehmlich der Geschichtswissenschaft und ihrer Methoden im 18. und 19. Jahrhundert, 1902, S. 107 ff.

35 Vgl. *Humboldt*, Ideen, S. 51 (89).

36 Siehe auch von *F. A. v. Hayek*, Recht, Gesetz und Freiheit, 2003, S. 361 f. zur aus seiner Sicht im Verhältnis zur Freiheit nachrangigen und nur der Vollständigkeit halber erwähnten Sicherheit.

37 Vgl. *K. Popper*, Die öffentliche Meinung im Lichte der Grundsätze des Liberalismus, 1956, These 1.

bezeichnet.[38] Damit erscheint es lohnenswert, die Staatsvorstellung Humboldts zu modernen Konzeptionen in Beziehung zu setzen, etwa der Gerechtigkeitstheorie von John Rawls, aber auch dem „Minimalstaatsgedanken“ Robert Nozicks.[39] Gerade die Beschränkung des Staates auf die Gewährleistung der Sicherheit hat dazu geführt, dass das Wort vom „Nachtwächterstaat“ auf Humboldts – aber eben auch Nozicks[40] – Staatsidee angewendet wurde. So schreibt Jürgen Habermas:[41] „Das Wort, das von Lassalle stammt,[42] wird stets mit Wilhelm v. Humboldts berühmter Abhandlung in Zusammenhang gebracht.“ Auch wenn der Begriff des Nachtwächterstaates eine genauere Durchdringung der zugrunde liegenden Begriffe von Freiheit und Sicherheit erforderlich macht, ist die Staatsidee Humboldts damit zumindest beschrieben.[43] Da sich die Kennzeichnung aber in dieser Deskription erschöpft und diese, wie gesagt, zugleich Nozick zu Teil wird, ist zu untersuchen, ob und inwieweit dieser über Humboldt hinaus geht und überhaupt etwas eigenständig Neues gesehen hat, das über einen Gegenentwurf zur Gerechtigkeitstheorie Rawls' hinausweist. Wolfgang Kersting hat diesen Zusammenhang mit dem treffenden Untertitel verdeutlicht: „Robert Nozicks Versuch, die Grenzen der Wirksamkeit des Staates zu bestimmen.“[44] Schließlich sind Nozicks eigene Ideen am Kommunitarismus Charles Taylors zu messen, der seinerseits einen gewissen Gegenentwurf zur Minimalstaatsidee Nozicks vorgestellt hat.[45]

Ein Bekenntnis zu einer bestimmten Staatsidee, insbesondere zum so genannten Nachtwächterstaat, an dem sich die Frage entzündet, ob er womöglich ein Zukunftsmodell darstellt,[46] darf freilich vom Autor nicht erwartet werden. Anders verfuhr R. Nozick, der im Vorwort seines Buchs ‚Anarchie, Staat und Ut-

---

38 *Humboldt*, Ideen, S. 192 (212).

39 *S. Battisti*, Freiheit und Bindung, 1986, hat dies bereits im Hinblick auf das Subsidiaritätsprinzip der katholischen Soziallehre unternommen; dazu *O. v. Nell-Breuning*, Stimmen der Zeit 157 (1955/56) 1 ff. und seinen Artikel „Subsidiaritätsprinzip“ im Staatslexikon, Band 5, 1962, S. 826 ff.

40 Siehe nur *O. Höffe*, Gerechtigkeit, 2. Auflage 2004, S. 68.

41 *J. Habermas*, Strukturwandel der Öffentlichkeit, 1990 (1962), S. 229 Fußnote 6; vgl. auch *M. Zöller*, Die Unfähigkeit zur Politik. Politikbegriff und Wissenschaftsverständnis von Humboldt bis Habermas, 1975.

42 Das Wort stammt aus seinem Arbeiterprogramm von 1862; siehe *F. Lassalle*, Reden und Schriften, Über Verfassungswesen, 1919, S. 120 ff.

43 *D. Spitta*, Die Staatsidee Wilhelm von Humboldt, 2004, S. 87 f. hält dies indes für ein Missverständnis.

44 In: Allgemeine Zeitschrift für Philosophie 4 (1979) 34, allerdings ohne nähere Auseinandersetzung und Gegenüberstellung mit Humboldt; siehe auch *G. Maluschke*, Der Staat, 1976, S. 521 ff.

45 *Ch. Taylor*, Negative Freiheit? Zur Kritik des neuzeitlichen Individualismus, 1992.

46 *U. Di Fabio*, Der Verfassungsstaat in der Weltgesellschaft, 2001, S. 26.

opia', bekennt, dass er ursprünglich anders dachte und erst im Zuge seiner Untersuchung zur Einsicht in die Notwendigkeit des Minimalstaats gelangt ist, wobei er offenbar nichts so sehr fürchtete wie den Beifall von falscher Seite, der ihm freilich mit seinem Entwurf gewiss war. Im Übrigen sind die Nachteile des Nachtwächterstaats schon oft beschworen worden.[47] Eine wesentliche Gefahr besteht darin, dass letztlich das Recht des Stärkeren gelten kann,[48] während umgekehrt „die Stärke des Rechts" gelten müsste.[49]

Es geht hier allerdings weniger um eine vergleichende und wertende Darstellung der unterschiedlichen Staatskonzeptionen als vielmehr um die Herausarbeitung der Besonderheiten, die gerade Humboldt hervorgebracht hat und die entweder in einer bestimmten philosophischen Tradition stehen oder – interessanter noch – genuin eigene Gedanken begründen. Denn erst dann lässt sich von einer eigenen Rechtsphilosophie Wilhelm von Humboldts sprechen. In diesem Zusammenhang sei gesagt, dass hier durchgängig von Rechtsphilosophie und nicht zugleich auch von Staatsphilosophie gesprochen wird, obwohl dasjenige, was Humboldt in den Ideen entwirft, vom Staat ausgeht. Bei näherem Hinsehen handelt seine Konzeption freilich primär vom Menschen und erst nachrangig vom Staat.[50] Interessant ist vor diesem Hintergrund auch die etwas eigenwillige Deutung aus den Zwanziger Jahren: „Um ganz zu ermessen, was dieses Eingeständnis letzten Grundes für seine Lebensansicht bedeutet, müssen wir uns die Rolle vergegenwärtigen, welche Humboldt dem Genuss in seiner Weltauffassung bestimmt hatte. Sie wurde entwickelt in der 1792 entstandenen Schrift ‚Ideen zu einem Versuch die Grenzen der Wirksamkeit des Staats zu bestimmen'. Dieses irreführenden Titels halber wird sie meist als politische Schrift angesprochen, obwohl Haym bereits erkannt und ausgesprochen hat,[51] dass Inhalt und Sinn dieses großen Versuchs darin zu suchen ist, dass in ihm ‚die Individualität

---

47 *F. Neumann*, Ökonomie und Politik, in: Zeitschrift für Politik, N. F., Band 2, 1955, S. 1; *ders.*, Der Funktionswandel des Gesetzes im Recht der bürgerlichen Gesellschaft, in: Zeitschrift für Sozialforschung 6 (1937) 542, macht geltend, die Stärke des Nachtwächterstaats reiche in politischer und sozialer Hinsicht nicht über die Erfordernisse seiner Manifestierung im bürgerlichen Interesse hinaus; zustimmend *J. Habermas*, Strukturwandel der Öffentlichkeit, 1990 (1962), S. 229.

48 So schon *F. Schaffstein*, Wilhelm von Humboldt. Ein Lebensbild, 1952, S. 85.

49 *J. Ratzinger*, Werte in den Zeiten des Umbruchs, 2005, S. 29, mit der Folgerung und Forderung, dass als Korrektiv zum positiven Recht die Suche nach einem übergeordneten, aufgeklärten Vernunftrecht wieder aufgenommen werden müsste; vgl. ebenda, S. 34 und – in einem gewissen Einklang mit Jürgen Habermas – S. 38 ff.

50 Ebenso *S. Battisti*, Freiheit und Bindung, 1986, S. 52. Vgl. *R. Haym*, W. v. Humboldts Lebensbild und Charakteristik, 1856.

51 Vgl. *R. Haym*, W. v. Humboldts Lebensbild und Charakteristik, 1856.

Humboldts sich selber preisgibt'. Man wird also die Schrift in erster Linie als ein Selbstbekenntnis im Gewande der Theorie aufzufassen haben."[52] Dieser Anthropozentrismus allein zieht mannigfache spezifisch rechtsphilosophische Fragen nach sich. Um diese im Hinblick auf den Staat freizulegen, bedarf es freilich der Behandlung geistesgeschichtlicher Vorläufer, wie etwa Rousseau oder Montesquieu, der kontrastierenden Gegenüberstellung, namentlich in der Person Hegels, sowie der wirkungsmächtigen Zeitgenossen, vor allem Kant,[53] aber auch Fichte.[54]

Zu diesem Zweck werden in einem ersten Teil Humboldts Ideen vor dem Hintergrund der soeben zitierten Autoren nachgezeichnet. Dabei soll ein besonderes Augenmerk der Frage gelten, inwieweit Humboldt von ihm bekannten Standpunkten beeinflusst war. Auf den ersten Blick scheint es, als müsse man diese gleichsam herausrechnen, um die Originalität Humboldts würdigen zu können. Indes liegen die Dinge bei ihm nicht so einfach. Auch und gerade dort, wo seine Sicht nur auf den ersten Blick originell ist, auf den zweiten hingegen eklektische Züge trägt, gelangt er in der Zusammenschau mit anderen Beobachtungen mitunter zu einer paradox anmutenden Neuartigkeit seiner Ideen, die erst durch die systematische Geschlossenheit besticht.[55] Diese hervorzuheben heißt freilich nicht, dass seinem Staats- und Menschenbild im Ganzen Beifall zu zollen ist. Nicht zuletzt deshalb ist es so wichtig, die Prämissen Humboldts herauszuarbeiten, weil ansonsten die vordergründige ideologische Vereinnahmung droht.

Dies illustriert, warum sich der Blick im Folgenden auch auf die angloamerikanische Rechtsphilosophie richtet. Denn die Radikalität der Ideen Humboldts, die hierzulande eher als libertinistisches Extrem figuriert, findet in den – auch dort, wo man sie ablehnt – teils kompromisslosen Entwürfen angloamerikanischer Rechtsphilosophen jeweils einen interessanten Probierstein. Im zweiten Teil soll daher der Einfluss der Ideen Humboldts von John Stuart Mill über John Rawls bis zu Robert Nozick und James Buchanan beleuchtet werden. Daher ist die imaginäre Linie nachzuzeichnen, die von Humboldts „Nachtwächterstaat" zu Nozicks „Minimalstaat" führt. Gerade dort, wo Humboldt nicht mehr unmittelbar zitiert wird,

---

52 *S. Kaehler*, Wilhelm von Humboldt und der Staat, 1922 (Nachdruck 1963), S. 28.

53 Vgl. auch *P. Hensel*, Wilhelm von Humboldt, Kant-Studien 23 (1919) 174.

54 Dazu *G. A. Walz*, Die Staatsidee des Rationalismus und der Romantik und die Staatsphilosophie Fichtes, 1985, S. 12; *P. R. Sweet*, Wilhelm von Humboldt (1767 – 1835), Fichte (1762 – 1814) and the Ideologues (1794 – 1805), in: Historiographica Linguistica. International journal for the History of Linguistics, 15/3 (1988) 349 ff.

55 Das ist freilich umstritten; die Gegenansicht wurde insbesondere von *S. Kaehler*, Wilhelm von Humboldt und der Staat, 1963, S. 8 ff., vertreten; wie hier *D. Spitta*, Die Staatsidee Wilhelm von Humboldts, 2004, S. 10 ff.

aber der Sache nach entsprechende Ergebnisse erzielt werden,[56] erweist sich zwar nicht mehr so sehr die Wirkungsmächtigkeit seines Denkens, als vielmehr die wahre Originalität. Es ist also vor allem die zeitlose Gültigkeit der Themen Freiheit und Sicherheit, deren Ausarbeitung die Humboldtsche Schrift gewidmet ist, die das Interesse gerade heute auf sich zieht.

Aufschlussreich ist insoweit Humboldts durchaus selbstbewusste Einschätzung, die den Anspruch der Originalität erhebt: „Ich halte das Buch nicht allein für gut, sondern – warum sollte ich mich zieren? – auch, seinen Hauptgesichtspunkten nach, für neu und tief, und so, dass gerade meine Wendung des Kopfes und Charakters dazu gehörte, um gewisse Dinge zu finden und darzustellen, eine Wendung, die, sie möchte an sich sein, wie sie wolle, doch vielleicht nicht so bald wiederkommen."[57] Es wird sich zeigen, dass diese Sicht, so selbstgefällig sie auch auf den ersten Blick anmutet, in rechtsphilosophischer Sicht ungeachtet aller mitwirkenden Eklektizismen zutrifft. Allerdings tritt diese Originalität erst dann zu Tage, wenn man die Grundgedanken einerseits von den Schichten der Patina befreit, die sich durch spätere Einschätzungen darüber gelegt haben, andererseits die geistesgeschichtlichen Einflüsse, die auf Humboldt gewirkt haben, herausarbeitet. Dann wird sich ein rechtsphilosophisch bemerkenswertes Werk zeigen, dass zwar womöglich den staatsphilosophischen Arbeiten Hobbes, Lockes, Rousseaus und erst recht Kants nicht ebenbürtig, im Hinblick auf seine Eigenständigkeit aber wert ist, ihnen vergleichend an die Seite gestellt zu werden.

Im Hintergrund steht nicht zuletzt der Prinzipienrang der Freiheit. Von der Freiheit als Prinzip handelt Mills Essay.[58] Vor allem aber durchzieht es die gesamten Ideen Humboldts, mag dieser auch die Freiheit eher als Mittel denn als Zweck der Bildung des Menschen ansehen. Freiheit als Prinzip verklammert aber auch die weitere Entwicklung der Themenstellung über Rawls zu Nozick. Erklärungsbedürftiger ist insoweit der Umstand, dass sich eine Wirkung der Ideen auf

56 Soweit ersichtlich zuerst gesehen, allerdings nicht im Einzelnen ausgearbeitet, von *S. Battisti*, Freiheit und Bindung, 1986, S. 249 f. („Nozicks Minimalstaat weist eine frappante Ähnlichkeit mit Humboldts Staatsauffassung auf.").

57 Ebenfalls im Brief an Brinckmann vom 8. Februar 1793.

58 *J. St. Mill*, Über die Freiheit, Üb. von B. Lemke, 1974, S. 127 („Prinzip der Freiheit"), deutlicher noch auf S. 17: „Freiheit, als Prinzip, kann man nicht auf einer Entwicklungsstufe anwenden, auf der die Menschheit noch nicht einer freien und gleichberechtigten Erörterung derselben fähig ist." (‚Liberty, as a principle, has no application to any state of things anterior to the time when mankind have become capable of being improved by free and equal discussion'). Zu einem ähnlichen Titel *W. Fikentscher*, Freiheit als Aufgabe. Freedom as a Task, 1997.

Mill, ansatzweise auch auf Rawls und Taylor, nicht aber Nozick belegen lässt,[59] wenn auch der Letztere sie zumindest hätte zitiert haben müssen.[60] Mit Einschränkungen lässt sich, wie darzustellen sein wird, immerhin – wenn auch in gleichsam negativer Abwandlung – die Wirkung auf Charles Taylor belegen, dessen Entwurf daher auch mit berücksichtigt wird.[61] Es geht insoweit eher eine gedankliche Linie, indem Humboldt als erster ein Staatsbild skizziert und einen Freiheitsbegriff vorausgesetzt hat, der auch von der amerikanischen Rechtsphilosophie nicht ignoriert werden und insofern allgegenwärtig wirksam werden konnte. Daher stehen der erste Teil, der sich mit der Vorstellung sowie der kontinentaleuropäischen Rezeption und Grundlegung der Ideen Humboldts beschäftigt, und der zweite Teil, der den Blick auf die angloamerikanische Rechtsphilosophie richtet, nicht beziehungslos nebeneinander, sondern in einem inneren Kausal- und Verweisungszusammenhang zueinander.

Ein Wort Buchanans, dessen Gedanken im letzten Kapitel behandelt werden, gilt mutatis mutandis auch für den Verfasser der vorliegenden Abhandlung: „Ich bin mir bewusst, dass ich (...) die Grenzen meiner Disziplin überschreite. (...) Ich bin überzeugt, dass in vielen Disziplinen von Outsidern ebenso ein Beitrag kommen kann wie von Insidern, die nur unter sich diskutieren. Es werden Fragen erörtert, die Philosophen seit Jahrhunderten beschäftigen und deren Abhandlungen wieder Fachdiskussionen ausgelöst haben. Ich habe einige Werke – keinesfalls alle – der Primär- und Sekundärliteratur gelesen. Ein umfassendes Studium hätte es erforderlich gemacht, dass ich zum professionellen politischen Philosophen geworden wäre und den Boden meiner eigenen Disziplin verlassen hätte."[62]

---

59 Mit Einschränkungen lässt sich, wie darzustellen sein wird, immerhin – wenn auch in gleichsam negativer Abwandlung – die Wirkung auf *Ch. Taylor* (Negative Freiheit?, 1992) belegen, dessen Entwurf daher auch mit berücksichtigt wird.

60 Auch *C. Böhr*, Liberalismus und Minimalismus, 1985, S. 115, argwöhnt, dass Nozick Humboldts Ideen „nicht einmal zu kennen scheint". Er selbst freilich zitiert Humboldt nur an dieser Stelle, obwohl dieser thematisch seine gesamte Abhandlung hätte durchziehen müssen.

61 *Ch. Taylor*, Negative Freiheit?, 1992.

62 *J. Buchanan*, Die Grenzen der Freiheit. Zwischen Anarchie und Leviathan, 1984, im Vorwort (englisch: The Limits of Liberty. Between Anarchy and Leviathan, 1975; im Folgenden zitiert: *J. Buchanan*, Die Grenzen der Freiheit, Üb. von Ch. Watrin).

Erster Teil: Humboldts Ideen vor dem Hintergrund anderer Konzeptionen

1. Kapitel: Staatszweck und Bürgerrecht

Eine der Grundfragen, welche die Untersuchung der Ideen Humboldts durchzieht, besteht darin, inwieweit sie Humboldts ureigene Schöpfung darstellen, und bis zu welchem Grade sie gleichsam dem Zeitgeist nach der Französischen Revolution entsprachen.[63] Damit ist die Frage aufgeworfen, ob und inwieweit Humboldt, pointiert gesagt, etwas Originelles geschaffen oder vielmehr als Eklektiker Altes mit Neuem verbunden hat. Diesem Leitgesichtspunkt geht man am besten anhand der Einleitung seiner Ideen nach. Diese ist zumindest auf den ersten Blick unvoreingenommen abgefasst. Das bisher Bedachte wird nur gestreift und an seiner Statt wird ein vollkommen neuer Blickwinkel eingenommen,[64] der nicht nur das Vorhaben skizziert, sondern von Anfang an eine neuartige Fragestellung und damit eine andersartige Grundkonzeption erkennen lässt. Es ist die Frage, „zu welchem Zweck die ganze Staatseinrichtung hinarbeiten und welche Schranken sie ihrer Wirksamkeit setzen soll."[65] Allerdings konnte Humboldt auf fremdem Gedankengut aufbauen, namentlich dem seines zeitweiligen Freundes und Gesprächspartners Forster,[66] der schon 1789 in einem Fragment schrieb, es sei „eine ganz irrige Voraussetzung, dass die Gesetzgebung eines Staats dessen Glückseligkeit und Moralität bewirken könne, da doch nichts mit siegreicheren Gründen erwiesen ward, als dass *Selbstbestimmung*, oder mit anderen Worten, moralische Freiheit die einzig mögliche Quelle der menschlichen Tugend ist und alle Funktionen der Gesetze, so wie sie aus dieser Freiheit geflossen sind, sich auch einzig und allein auf ihre Beschirmung einschränken müssen (...). In der Tat, so wenig, wie ein Mensch dem andern den Auftrag geben kann, statt seiner zu empfinden und zu denken, so wenig kann der Bürger die gesetzgebende Macht bevollmächtigt haben, ihn glücklich zu machen, wozu er eigener Gefühle und Einsichten

---

63 Siehe zum Parallelproblem des Zusammenhangs der Bildungspolitik mit der Französischen Revolution *K. Müller-Vollmer*, Diskursanalysen 2 (1989) Institution Universität, S. 63 ff.

64 *J. G. Forster*, Fragment eines Briefes an einen deutschen Schriftsteller, über Schillers Götter Griechenlands.

65 Siehe auch *R. Haerdter*, Der Mensch und der Staat. Über Wilhelm von Humboldt, Festgabe für W. Hausenstein, 1952, S. 103 ff.; ferner *A. Ibing*, Die Staatsauffassung Wilhelm von Humboldts und die Erweiterung ihrer Anregungen durch Rudolf Steiner, 1979; *D. Spitta*, Grundzüge einer mitteleuropäischen Staatsidee. Die Bedeutung Wilhelm von Humboldts und Rudolf Steiners für ein neues Staatsverständnis, Sozialwissenschaftliches Forum Band 4, Der Staat. Aufgaben und Grenzen, 1992.

66 Näher *D. Rasmussen*, Georg Forster, Wilhelm von Humboldt und die Idee der Freiheit, in: *ders.* Der Weltumsegler und seine Freunde. Georg Forster als gesellschaftlicher Schriftsteller der Goethezeit, 1988, S. 133; *P. Schmitterer*, Zur Wissenschaftskonzeption Georg Forsters und dessen biographischen Bezügen zu den Brüdern Humboldt, 1992, S. 91 ff.

bedarf." Bereits an dieser Stelle sieht man, was sich im Verlauf der Erörterung noch des Öfteren zeigen wird, wie nämlich Humboldt von zeitgenössischen Denkanstößen inspiriert wurde, die auch auf seine eigenen Ideen einwirkten, ohne dass deren Urheber heute noch geläufig wären.

I. Der Zusammenhang zwischen Staatszweck und Staatsbegrenzung

Dass die Frage nach dem Staatszweck und nach der Beschränkung der Wirksamkeit des Staates von Humboldt im Singular gestellt wird, ist mehr als eine rhetorische Vereinfachung, handelt es sich doch scheinbar um zwei Fragen. Wollte man die beiden trennen, so beeindruckte die erste durch ihre Radikalität, während die zweite, die auf die Beschränkung der Wirksamkeit zielt, einen konzeptionellen Neuansatz verrät, der hier einstweilen nur annäherungsweise gewürdigt werden kann und den gesamten weiteren Verlauf der Abhandlung durchzieht. Denn die Überlegung einer Begrenzung der Wirksamkeit des Staates ist heute zwar Gemeingut und nichtsdestoweniger in den einzelnen Ausprägungen höchst kontrovers; zur Zeit der Niederschrift musste allein die Fragestellung wahrhaft revolutionär anmuten.[67]

1. Hypothetische Separierung

Mit der hypothetischen Separierung der beiden Fragen ist freilich noch nicht erklärt, warum sie trotz ihrer vordergründigen Unterschiedlichkeit gleichsam in einem Zuge gestellt wurden. Will man dies nicht für eine rhetorische Nachlässigkeit halten – eine Hypothese, die schon deswegen schwerlich vertretbar ist, weil die gesamte Abhandlung trotz ihrer frühen Stellung im Werk des Verfassers von einer stilistischen Meisterschaft zeugt, die auch in formeller Hinsicht keinen Vergleich scheuen muss –, so drängt sich nur eine Deutung auf: Die Frage nach dem Staatszweck und seiner Begrenzung hängen untrennbar miteinander zusammen, so dass diese gleichsam die Kehrseite der dem Staatsgedanken innewohnenden Teleologie darstellt. Mit der Feststellung dieses untrennbaren Zusammenhangs ist freilich noch nicht geklärt, wodurch genau er hergestellt wird. Ohne den folgenden Erörterungen vorzugreifen, kann bereits an dieser Stelle die

67 Kursorisch in Bezug auf Humboldt dazu *S. Hofer*, Freiheit ohne Grenzen? Privatrechtstheoretische Diskussionen im 19. Jahrhundert, 2001, S. 115.

Hypothese aufgestellt werden, dass als endgültiger Staatszweck aus Humboldts Sicht die Freiheit des Einzelnen fungiert oder die Freiheit zumindest in einem Verhältnis zu diesem Zweck steht.[68] Das ist ein Unterschied, weil im ersten Fall die Freiheit selbst Zweck des Staates wäre, während sie im letzteren Fall womöglich nur ein Mittel zur Verwirklichung eines anderen Zweckes darstellen würde. Diese scheinbar spitzfindige Unterscheidung wird, wie sich vor allem im zweiten Teil erweisen wird, einen Leitgesichtspunkt der Untersuchung darstellen.

2. Humboldt und Hegel

Der Staat muss also, wenn man die bisherigen Überlegungen stichwortartig zusammenfasst, die Bedingungen für die Verwirklichung der Freiheit schaffen, indem nicht zuletzt alle damit scheinbar einhergehenden Beschränkungen einer kritischen Überprüfung unterzogen werden. Hier ist allen Unterschieden zum Trotz durchaus eine Parallele zur späteren Staatsphilosophie Hegels zu vermerken, deren Gegensätzlichkeit sonst im Schrifttum gerne betont wird. Denn auch für Hegel, nach dem das Selbstbewusstsein des Einzelnen im Staat seine *substanzielle Freiheit* erfährt,[69] kommt die Freiheit im Staat zu ihrem höchsten Recht,[70] wobei freilich Hegels Prämisse des Staats als Wirklichkeit der sittlichen Idee und des an und für sich Vernünftigen einen Gegenpol zur Staatsidee Humboldts markiert. Die Übereinstimmung wird aber sichtbar, wenn man vergegenwärtigt, dass die Vernünftigkeit „in der Einheit der objektiven Freiheit, d.i. des allgemeinen subjektiven Willens und der subjektiven Freiheit als des individuellen Wissens und seinen besondere Zwecke suchenden Willens“ besteht.[71]

Der wesentliche Unterschied besteht freilich darin, dass Hegel vom Staat, Humboldt dagegen vom Individuum her denkt.[72] Insofern ist die Perspektive eine

68 Noch nicht entschieden oder auch nur gestellt ist damit die Frage nach einer liberalen oder kommunitären Freiheitsauffassung; dazu *U. Di Fabio*, Der Verfassungsstaat in der Weltgesellschaft, 2001, S. 17; siehe auch *D. Herz*, Die wohlerwogene Republik. Das konstitutionelle Denken des politisch-philosophischen Liberalismus, 1999.

69 *Hegel*, Grundlinien der Philosophie des Rechts, Dritter Abschnitt, 1820, § 257; Hervorhebung auch dort.

70 *Hegel*, ebenda, § 258.

71 *Hegel*, ebenda, § 258.

72 Bildhaft die Gegenüberstellung durch *P. Berglar*, Wilhelm von Humboldt, 1970, S. 56: „Dass der Freiheitszweck auch anders gesetzt werden konnte, sollte Hegel beweisen, der das weiche Metall des Idealismus zu den Panzerplatten der Staatsräson umschmolz.“ – Gerade der Begriff der Staatsräson wurde dann in Anlehnung an *F. Meineke*, Die Idee der Staatsräson in der neueren Geschichte, 1924, prägend. In der Einleitung dieses „deutschen Standardwerks zur Ideenge-

unterschiedliche, womit freilich noch nicht gesagt ist, dass nicht die Ergebnisse gleichartig sein können. Das wird sich freilich erst am Ende des ersten Teils ersehen lassen, wenn im Rahmen der Anwendung der Ideen auf die Praxis auch die praktische Wirksamkeit Humboldts in die Betrachtung eingestellt wird. Mit der Feststellung einer Verschiedenartigkeit der Perspektive ist jedoch auch die Konstatierung eines diametral entgegen gesetzten gedanklichen Ausgangspunkts verbunden. So kann als Arbeitshypothese festgehalten werden, dass sich Hegels Staat als akkurates Gegenteil der Ideen Humboldts darstellt. Dieser erste, noch ganz oberflächliche, Vergleich führt zu der Frage, wie sich Humboldts gedanklicher Ausgangspunkt zu demjenigen anderer Staatstheoretiker verhält.

II. Der unterschiedliche Ausgangspunkt im Verhältnis zu anderen Staatstheoretikern

Während die erstgenannte Aussage, also die Ausarbeitung der für die Freiheitsverwirklichung notwendigen Bedingungen, dem herkömmlichen Ansatz der Staatstheoretiker entspricht, geht Humboldt mit dem Gedanken der Beschränkung des Staates neue Wege. Die als notwendig vorausgesetzte staatliche Macht erscheint ihm nur insoweit legitimiert, als ein Eingriff in das Privatleben der Bürger unerlässlich ist.[73] Da der letzte Zweck des Staates, wie im nächsten Abschnitt zu zeigen sein wird, darin liegt, die Rahmenbedingungen für die Entfaltung und Bildung des Menschen in Gestalt der Sicherung und Gewährleistung der Freiheit zu schaffen,[74] ist die Bündelung der staatlichen Macht nur ein Mittel, dessen Einsatz durch die Erreichung seines Zweckes beschränkt ist. Die Formulierung dieser Zweck-Mittel-Relation ist somit ein erster Schritt zur Postulierung verhältnismäßiger Eingriffe in die Belange des Einzelnen. Zugleich ist damit die Freiheit eher Mittel als Zweck, weshalb es zu kurz greift, wenn man Humboldt des extremen Liberalismus' bezichtigt, der Freiheit unter allen Umständen um ihrer selbst

schichte dieses Themas" (so *M. Finley*, Antike und moderne Demokratie, 1980, S. 56) definiert er: „Staatsräson ist die Maxime staatlichen Handelns, das Bewegungsgesetz des Staates." Siehe aus der neueren Diskussion vor allem *M. Stolleis*, Staatsraison, Recht und Moral in philosophischen Texten des späten 18. Jahrhunderts, 1972. Speziell zu Humboldt siehe auch *F. Meineke*, Wilhelm von Humboldt und der deutsche Staat, in: Die deutsche Rundschau 31 (1920) 892.

73 Skeptisch bezüglich dieses Schlusses von der Freiheit des Einzelnen auf die Begrenzung staatlichen Handelns *A. Wagner*, Grundlegung der Volkswirtschaftslehre, 2. Auflage 1879, S. 296. Zum Verhältnis von Wagner zu Humboldt im Hinblick auf die Universitätsidee Humboldts siehe *F. Ringer*, Die Gelehrten. Der Niedergang der deutschen Mandarine, 1890 – 1933 (‚The Decline of the German Mandarins', 1969), 1983, S. 105f.

74 Allgemein dazu auch *D. Benner*, Wilhelm von Humboldts Bildungstheorie, 1990.

willen einfordert.[75] Dieser Gesichtspunkt soll freilich einstweilen zurückgestellt werden; darauf ist im zweiten Teil bei der Erörterung der Freiheitskonzeption John Stuart Mills zurückzukommen.

1. Vergleich mit Montesquieu

Mit dieser unscheinbar anmutenden Prämisse ist zwar nicht unbedingt eine Abkehr von den neuzeitlichen Staatskonzeptionen eingeläutet. Denn die Versuche der Staatsbegründung bleiben unberührt.[76] So ist die folgende Aussage in der Einleitung zu verstehen: „Den verschiedenen Anteil, welcher der Nation oder einzelnen ihrer Teile an der Regierung gebührt, zu bestimmen, die mannigfaltigen Zweige der Staatsverwaltung gehörig zu verteilen und die nötigen Vorkehrungen zu treffen, dass nicht ein Teil die Rechte des andren an sich reiße, damit allein haben sich fast alle beschäftigt, welche selbst Staaten umgeformt oder Vorschläge zu politischen Reformationen gemacht haben."[77] Noch deutlicher wird dies in einem Brief an Gentz vom 9. Januar 1792, also zur Zeit der Niederschrift der Ideen, in dem er die Gewaltenstellung als „Gegeneinanderstellung mehrerer voneinander unabhängiger Mächte" bezeichnet sowie als ein „oft und, weise angewandt, immer mit Glück versuchtes Mittel, die Staatsverfassung zu sichern". Gemeint sein dürften nicht zuletzt Hobbes, Rousseau und Montesquieu,[78] auf dessen zentralen Satz zur Gewaltenverschränkung nachgerade angespielt wird und der lautet: „Um eine gemäßigte Regierung zu schaffen, gilt es, die Gewalten miteinander zu kombinieren, sie aufeinander abzustimmen, sie zu mäßigen und sie jeweils so agieren zu lassen; es gilt mithin, um es so zu sagen, der einen Ballast zu geben, um sie derart in Stand zu setzen, einer anderen zu widerstehen."[79]

Auch wenn es Montesquieu letztlich gleichfalls um die Ausarbeitung der Bedingungen ging, unter denen die Freiheit bestmöglich zur Geltung kommt, richtet Humboldt den Blick auf die konkrete Freiheit des Einzelnen unter Zu-

75 *S. Battisti*, Freiheit und Bindung, 1986, S. 76.

76 Vgl. bereits *D. Spitta*, Die Staatsidee Wilhelm von Humboldts, 2004, S. 170ff.; 223ff.; dort auch zur im Folgenden dargestellten Problematik der Gewaltenteilung mit historischen Beispielen.

77 Vgl. der Vollständigkeit halber zum Verständnis der Nation bei Humboldt auch *K. Heyer*, Wilhelm von Humboldts Ideen über den Staat und das Nationalitätenproblem, in: Nation und Staat 4 (1930/31) 468.

78 Dass Humboldt in ihrer Tradition steht, vertritt auch *P. Berglar*, Wilhelm von Humboldt, 1970, S. 56.

79 *Montesquieu*, Vom Geist der Gesetze (französisch: De l'esprit des lois, 1748), Buch XI Kap. 4.

rückstellung der staatlichen Institutionen. Es geht also weniger darum, wie sich die staatlichen Gewalten im Verhältnis zueinander verhalten und wie ihrer Macht insoweit Zügel angelegt werden, als vielmehr um die Freiheitsverwirklichung des Einzelnen durch Begrenzung des staatlichen Wirkens. In diesem Zusammenhang ist auch in Erinnerung zu rufen, dass der Begriff der – gerade für Humboldt so zentralen – Begrenzung von (staatlicher) Macht seine nachgerade klassische Ausformung gleichfalls durch Montesquieu erfahren hat, bei dem es heißt: „C'est une expérience éternelle, que tout homme qui a du pouvoir est porté á en abuser; il va jusqu'á ce qu'il trouve des limites."[80] Humboldt überträgt diesen auf die Macht des einzelnen Menschen gemünzten Satz auf die staatliche Macht, die im Interesse menschlicher Freiheit einzugrenzen ist.

Im Übrigen ist die Orientierung Humboldts an Montesquieu auch biographisch belegbar. So schreibt er am 9. Januar 1792 an Gentz im Hinblick auf das dritte Buch von Montesquieus ‚De l'esprit des lois': „Nur der reine Enthusiasmus für die Konstitution – wenn Sie mir erlauben, so M. (sc. Montesquieus) *vertu* zu übersetzen – blüht immer in ungeschwächter Kraft und nur er vergisst nie seiner Schranken."[81] Im Folgenden hebt Humboldt auch die Gewaltenteilung hervor. Vertu und Gewaltenteilung sind die prägenden Beobachtungen für Humboldt in den Schriften Montesquieus, die damit insgesamt einen zumindest mittelbaren Einfluss auf die Ideen ausgeübt haben.[82]

Aufschlussreich ist in diesem Zusammenhang auch, wie sich die Postulate Montesquieus in Hegels Rechtsphilosophie spiegeln: „Das Prinzip der Teilung der Gewalten enthält nämlich das wesentliche Moment des *Unterschiedes*, der *realen* Vernünftigkeit; aber wie es der abstrakte Verstand fasst, liegt darin teils die falsche Bestimmung der *absoluten Selbständigkeit* der Gewalten gegeneinander (...). Mit der *Selbständigkeit* der Gewalten, z. B. der, wie sie genannt worden sind, *exekutiven* und der *gesetzgebenden* Gewalt, ist, wie man dies auch im Großen gesehen hat, die Zertrümmerung des Staats unmittelbar gesetzt."[83] Auch an derartigen mittelbaren Verweisungen und Inbezugnahmen lässt sich das Konträre zwischen Humboldt und Hegel veranschaulichen, der allein vom Primat des Staates ausgeht.

---

80 *Montesquieu*, Vom Geist der Gesetze, ebenda.

81 Hervorhebung nur hier; im Ganzen nachzulesen in: Historische Zeitschrift 152 (1935) 52 – 59; ediert von *A. Leitzmann*.

82 Vgl. auch *C. Sauter*, Wilhelm von Humboldt und die deutsche Aufklärung, 1989, S. 326.

83 *Hegel*, Grundlinien der Philosophie des Rechts, § 272.

2. Humboldts Staatsbegründung

Im Unterschied zu den beiden anderen Genannten – Hobbes und Rousseau[84] – beschäftigt sich Humboldt vergleichsweise wenig mit der gesellschaftsvertraglichen Staatsbegründung, also dem Thema, das die politische Philosophie bis heute vordringlich beschäftigt. Möglicherweise ist dies einer der Gründe dafür, dass Humboldts Ideen zwar zu den klassischen Schriften des politischen Liberalismus gehören, aber in der Staatsphilosophie nicht in einem Atemzug mit Hobbes, Locke und Rousseau genannt werden.[85]

a) Der „Grundvertrag“

Humboldt setzt die Existenz des Staates voraus; seine Wirkungsmacht wird nicht in Form eines Leviathans veranschaulicht, sondern schrittweise beschränkt durch kritische Herausarbeitung derjenigen Aufgaben, welche die dem Staat gemäßen sind. Erst an einer späteren und vergleichsweise versteckten Stelle räumt er ein: „Ich habe indes bis jetzt angenommen, dass die Einrichtungen des Staates, von welchen ich hier rede, schon wirklich getroffen wären, und ich muss daher noch von einigen Hindernissen reden, welche sich eigentlich bei der Anordnung selbst zeigen.“[86] Aber wer erwartet, dass nun eine gesellschaftsvertragliche Begründung, die Herstellung eines normativen Konsenses etc. folge, sieht sich getäuscht. Es folgt vielmehr wiederum die Betonung der eingeschränkten Freiheit. Erst an späterer Stelle finden sich Andeutungen, wobei an die Stelle des Gesellschaftsvertrags der Begriff des Grundvertrags tritt. Denn er vermeidet den Begriff Gesellschaftsvertrag und spricht von ‚Grundvertrag‘: „Je mehr sich die Einrichtung von ihrer Entstehung entfernt, desto mehr wächst die Macht, und desto mehr verschwindet die Erinnerung des Grundvertrags. (...) Allein dann, wenn auch der Grundvertrag genau bewahrt würde, und die Staatsverbindung im engsten Verstande eine Nationalverbindung wäre, so könnte dennoch der Wille der einzelnen Individuen sich nur durch Repräsentation erklären.“[87] Dabei sieht er die Notwendigkeit der Einwilligung jedes Einzelnen: „Den nicht Einwilligenden bliebe also nichts übrig, als aus der Gesellschaft zu treten (...). Allein dies ist beinah bis

84 Dass Humboldt unter diesen freilich eher Rousseau und Locke als Hobbes nahe steht, hat auch *S. Battisti*, Freiheit und Bindung, 1986, S. 57, gezeigt.

85 Dabei wird nicht übersehen, dass die Theorie des Gesellschaftsvertrags noch weiter zurückgeht; vgl. *H. J. Berman*, Recht und Revolution 1991 (englisch: Law and Revolution, 1983), S. 61 Fußnote 27.

86 *Humboldt*, Ideen, S. 45 (84).

87 *Humboldt*, Ideen, S. 55 (93).

zur Unmöglichkeit erschwert, wenn aus dieser Gesellschaft gehen zugleich aus dem Staate gehen heißt.“[88]

b) Einwände

Das Dilemma, das damit aufgezeigt, aber mitnichten befriedigend bewältigt ist, hat viele vor und nach Humboldt beschäftigt,[89] während dieser selbst sich mit der genannten Alternative begnügt. Das dokumentiert eine deutliche innere Begrenztheit der Ideen Humboldts und veranschaulicht die essayistische Leichtfertigkeit,[90] mit der er über die eigentlichen Probleme mitunter hinweg eilt, wo ihre Lösung seinem Forschungsinteresse nicht entspricht. Man sollte die vergleichsweise rudimentäre und holzschnittartige Staatsbegründung freilich nicht ohne Weiteres als uneingelöstes Versprechen missverstehen, sondern das Verdienst würdigen, wie eindringlich die Frage nach der Freiheit des Einzelnen im Staatsgefüge gestellt wird. Ungeachtet seines idealistischen Ausgangspunkts ist Humboldts Staatsverständnis im Vergleich zu vielen, die sich mit der Staatsbegründung befasst haben, praktischer[91], weil er die Einschränkung des staatlichen Machtanspruchs durch den Schutz vor staatlicher Einmischung in die Belange des Einzelnen im Sinn hat.[92] Insofern geht er, auch wenn er in der Staatsbegründung dahinter zurück bleibt, mit der von ihm gewählten Themenstellung der Begrenzung staatlicher Befugnisse über alle seine Vorgänger einen entscheidenden Schritt hinaus und schafft auf diese Weise einen unhintergehbaren Anknüpfungspunkt für alle späteren Staatstheoretiker, von denen im zweiten Teil die Rede sein wird.

III. Freiheit und Bildung

Mit der Akzentuierung der Begrenzung der Wirksamkeit des Staates ist dasjenige implizit vorausgesetzt, was Humboldt im Folgenden explizit, wenngleich zunächst eher andeutungsweise, in den Mittelpunkt stellt, nämlich die Freiheit. Die Freiheit

88 *Humboldt*, Ideen, S. 55 f. (93).

89 Andeutungsweise dazu im zweiten Teil.

90 Von ihr wird gleichfalls im zweiten Teil im Vergleich zu J. St. Mill die Rede sein.

91 Zu Humboldts idealistischer Staatsbetrachtung auch *H. Münzer*, Deutsche Rundschau, Jahrgang 70 (1947) 176.

92 Von der „Einmischung des Staats“ spricht übrigens auch *Humboldt* selbst an anderer Stelle (Ideen, S. 31).

wird zum Schlüsselbegriff der Ideen, allerdings nicht notwendigerweise zum Endzweck des Staates.

1. Positive und negative Freiheit

Dabei ist aufschlussreich, wie die Freiheit in den Gedankengang eingeführt wird. Humboldt geht nämlich zunächst „von dem Ideale des Menschen" aus. Seine in Erfahrungssätze gekleideten Annahmen münden in eine idealistisch gefärbte Definition: „Wie folglich (...) den Eroberer der Sieg höher freut als das errungene Land, wie den Reformator die gefahrvolle Unruhe der Reformation höher als der ruhige Genuss ihrer Früchte, so ist dem Menschen überhaupt Herrschaft reizender als Freiheit oder wenigstens Sorge für Erhaltung der Freiheit reizender als Genuss derselben. *Freiheit ist gleichsam nur die Möglichkeit einer unbestimmt mannigfaltigen Tätigkeit.*"[93] Zwei unscheinbare Worte charakterisieren diese Freiheitsdefinition: die Unbestimmtheit im Sinne der Freiheit von staatlicher Einmischung und die Mannigfaltigkeit, von der noch die Rede sein wird. Was die Freiheit von staatlicher Einflussnahme betrifft, so ist damit andeutungsweise die später so genannte negative Freiheit angesprochen,[94] die im zweiten Teil behandelt wird.[95] So spiegeln sich in diesen beiden Worten der Unbestimmtheit und Mannigfaltigkeit negative und positive Freiheit, Freiheit von und Freiheit zu, wie sie oft verkürzend erklärt werden.[96]

2. Die Rolle der Freiheit für die Bildung

Allerdings ist das, was aus Sicht der praktischen Vernunft wie eine Paradoxie anmutet – die Präferenz der Herrschaft vor der Freiheit – zugleich noch ein Anklang Hobbes'schen Gedankenguts.[97] Deshalb ist die daraus hervorgehende erste

---

93 So in der Einleitung; vgl. *Humboldt*, Ideen, S. 14f. (57); Hervorhebung nur hier.

94 Vgl. nur *I. Berlin*, Four Essays on Liberty, 1969; siehe auch die von *Q. Skinner* (A Third Concept of Liberty, 2002) in diesem Zusammenhang entwickelte dritte Form der Freiheit, die darin besteht, nicht vom Willen anderer abhängig zu sein.

95 Etwa am Beispiel von *Ch. Taylor*, Negative Freiheit?, 1992.

96 Zu dieser Unterscheidung *E.-W. Böckenförde*, Recht, Staat, Freiheit. Studien zur Rechtsphilosophie, Staatstheorie und Verfassungsgeschichte, 1991, S. 46.

97 Dessen ungeachtet ist es richtig, dass *F. Herzog*, Über die Grenzen der Wirksamkeit des Strafrechts, S. 5, folgert, dass man Humboldts Staatsidee „als Gegenposition zum Hobbes'schen ‚Leviathan' ansehen" kann.

Freiheitsdefinition auch eher eine vorläufige. Die Grenze der Wirksamkeit des Staates betrifft nun „gleichsam den letzten Zweck aller Politik“, und ihre Untersuchung „muss (...) auf höhere Freiheit der Kräfte, und größere Mannigfaltigkeit der Situationen führen.“[98] Es fällt auf, dass Humboldt bei aller Entschiedenheit durch das zweifache „gleichsam“ den Eindruck des Ungefähren aufscheinen lässt. Dieser trügt jedoch, weil es sich eher um eine echte Gleichsetzung als um eine nur beispielhafte Verdeutlichung handelt. Ebenso wichtig ist die Betonung der *höheren* Freiheit, die Humboldt im nachfolgenden Satz graduell mit der Bildung Schritt halten lässt.

Es ist vielleicht bisher noch nicht deutlich genug herausgestellt worden, dass der Begriff der Bildung schon in dieser frühen Schrift Humboldts dem der Freiheit zwar nicht unbedingt gleichgesetzt ist, aber doch zumindest eine funktionale Beziehung zwischen Freiheit und Bildung vorausgesetzt wird.[99] Demgemäß heißt es an späterer Stelle im Abschnitt über die öffentliche Erziehung:[100] „Daher müsste, meiner Meinung zufolge, die freieste, so wenig als möglich schon auf die bürgerlichen Verhältnisse gerichtete Bildung des Menschen[101] überall vorangehen.“[102] Bildung ist sonach für Humboldt ohne Freiheit nicht denkbar. Indem die Freiheit hier zu einem Attribut der Bildung wird, erscheint zugleich die Bildung als eine Konkretisierung der Freiheit.

IV. Naturbegriff, Naturrecht und Naturzustand

Etwas Bezeichnendes für die frühe Schrift Humboldts besteht darin, dass sich in ihr bisweilen floskelhaft anmutende Sentenzen finden, die zudem aus dem Zusammenhang gerissen erscheinen und damit auf den ersten Blick die Herleitung weniger stringent und mitunter ermüdend werden lassen. Allerdings muss man sich davor hüten, derartige Übergänge für schlechthin obsolet zu erachten, geben sie doch mitunter Anhaltspunkte auf noch frühere Gedanken Humboldts, die im

98 *Humboldt*, Ideen, S. 15 f. (58).

99 Bemerkenswert und in vielerlei Hinsicht grundlegend freilich *C. Menze*, Wilhelm von Humboldts Lehre und Bild vom Menschen, 1965, der die Ideen zutreffend wertet als „erste weitläufige Ausführung dieses Programms, die Idee der Bildung als bestimmend für alle Lebensbereiche darzustellen“ (ebenda, S. 3).

100 Vergleichend *U. Krautkrämer*, Staat und Erziehung. Begründung öffentlicher Erziehung bei Humboldt, Kant, Fichte, Hegel und Schleiermacher, 1979.

101 In diesem Zusammenhang sei auf ein nicht datiertes Fragment von *Humboldt* aufmerksam gemacht, das den Titel ‚Theorie der Bildung des Menschen‘ trägt (Werke in fünf Bänden, Hg. A. Flitner/K. Giel, Band I, S. 234).

102 *Humboldt*, Ideen, S. 70 f. (106).

Zusammenhang mit ihnen an Farbe und Leuchtkraft gewinnen. So verhält es sich etwa mit dem folgenden, prima vista trivial erscheinenden Satz aus der Einleitung: „Die besten menschlichen Operationen sind diejenigen, welche die Operationen der Natur am getreuesten nachahmen.“[103]

1. Der Naturbegriff Humboldts in früheren Schriften

Wüsste man nicht, was Humboldt etwa zweieinhalb Jahre vor der Niederschrift der Ideen in einem Brief an seinen Freund Forster geschrieben hat, so würde man Sätze wie den vorgenannten kommentarlos übergehen. In einem Brief vom 28. September 1798 schreibt er, wie sonderbar es sei, „wie die Philosophie, die gerade am meisten einer großen Fülle, eines Reichtums von Ideen fähig wäre, noch immer auf eine so unfruchtbare Weise behandelt, zu einem fleisch- und marklosen Gerippe gemacht wird. (...) Freilich ist es leichter, Ähnlichkeiten und Verschiedenheiten der Begriffe zu entdecken, *als die Natur zu beobachten* und die gemachten Beobachtungen auf eine fruchtbare Art miteinander zu verbinden. Darum haben wir so wenig Befriedigendes über alle Teile der praktischen Philosophie, über Moral, Naturrecht, Erziehung, Gesetzgebung; darum sind die meisten unserer Metaphysiken nur Übungen zur Anwendung der logischen Regeln.“ Bezüglich der aneinander reihenden Gleichordnung von Moral und Naturrecht ist auch eine Stelle aus einer früheren Schrift Humboldts bedeutsam: „1. Was verlangt man von der Regierung, und worauf schränkt man ihren Zweck ein? 2. Wie bringt man es dahin, dass die Regierung nie mehr tun wolle, aber dies immer tun könne? Ich fange zuerst bei der letzteren (sc. Frage) an, weil (...) mein Reichtum hier größer ist und auch diese Frage – bei einer genauen Abmarkung der Wissenschaften – wohl allein eigentlich in die Politik gehört, indem die andre, *mehr aus der Moral oder dem Naturrecht geschöpft*, der Politik nur die Grenze setzt.“[104]

---

103 *Humboldt*, Ideen, S. 15 (58).

104 *Humboldt*, ‚Zweck und Mittel der Staatsverfassung‘ von 1792, eigentlich ein Brief an Gentz vom 9. Januar 1792, der in der Historischen Zeitschrift 152 (1935) 52 – 59 herausgegeben wurde (Hg. A. Leitzmann); Hervorhebung auch hier.

2. Naturzustand und Naturrecht

Die farblos wirkende Erwähnung der Natur in den Ideen gewinnt an Schärfe mit diesem Hinweis auf Naturrecht und Gesetzgebung,[105] über die man aus der Naturbeobachtung Rückschlüsse erlangen könne.[106] In Verbindung mit der Briefstelle kommt der Aussage möglicherweise sogar besondere Bedeutung zu. Allerdings ist damit noch nicht gesagt, welche „menschlichen Operationen" wirklich naturgemäß sind. In der herkömmlichen Doktrin gesellschaftsvertraglicher Staatsphilosophie könnte man geneigt sein, darin einen Anklang an den Naturzustand Hobbes'scher oder Rousseau'scher Prägung zu erblicken. Doch gerade das ist offenbar nicht gemeint.[107] Vielmehr zeigt sich auch hier, dass es Humboldt darum gar nicht zu tun ist. An einer Stelle seiner Gesammelten Schriften nennt er den Naturzustand „nur eine Abstraktion der Philosophen".[108] Humboldt geht es vordringlich um die Natur des Menschen.[109] Insofern kann man den Satz auch eher als eine versteckte Verweisung auf die Unerlässlichkeit des anthropologischen Ausgangspunktes verstehen.[110] Interessant ist vor diesem Hintergrund die Aussage: „Zum Naturrecht gehören alle Gesetze, die sich aus der Natur des Menschen erkennen lassen." Hier scheint freilich schon die Bedenklichkeit einer Deduktion normativer Sätze aus der Natur des Menschen auf, die letztlich auf eine petitio principii hinausläuft, weil sie nichts über die in ihr enthaltene Prämisse Hin-

---

105 Zu der Literatur, die Humboldt konsultiert hat, gehört insbesondere *J. K. Höpfner*, Naturrecht des einzelnen Menschen, der Gesellschaften und der Völker, 1780.

106 Siehe auch *L. Strauss*, Naturrecht und Geschichte, 1977.

107 Wichtig in diesem Zusammenhang ist die Beobachtung von *D. v. d. Pfordten*, Zeitschrift für Philosophische Forschung 54 (2000) 491, 498: „Bezeichnet man auch Hobbes und Rousseau als liberale Theoretiker, so kann man beide nicht mehr von Theoretikern wie Locke und Humboldt unterscheiden, bei denen nicht nur die Fundierung der politischen Rechtfertigung normativ-individualistisch konstruiert ist, sondern diese Fundierung – anders als bei Hobbes und Rousseau – auch in einen liberalen, d. h. freiheitlichen Staat mündet." Zum normativen Individualismus auch *ders.*, Zeitschrift für Philosophische Forschung 58 (2004) 321 ff.; *ders.*, JZ 2005, 1069.

108 *Humboldt*, Gesammelte Schriften, Ausgabe der Königlich Preußischen Akademie der Wissenschaften, Band VII, 2, S. 485. Im zweiten Teil unter Kapitel 9 wird sich zeigen, dass dies cum grano salis auch J. St. Mills Auffassung entspricht.

109 *Humboldt*, Gesammelte Schriften, Ausgabe der Königlich Preußischen Akademie der Wissenschaften, Band VII, 2, S. 484.

110 Zu ihm unten im 2. Kapitel. *C. Sauter*, Wilhelm von Humboldt und die deutsche Aufklärung, 1989, S. 101, bemerkt zutreffend, dass sich aus der von Humboldts Lehrer Klein vertretenen Trennung von Moralphilosophie und Naturrecht, von der noch zu sprechen sein wird, und dem damit einhergehenden Verständnis, dass das Naturrecht dem Menschen die Grenzen der Erlaubtheit seines Handelns aufzeigt, „die enge Verknüpfung von naturrechtlicher Frage und Anthropologie ergibt".

ausgehendes preisgibt. Noch nicht abschließend geklärt ist damit freilich Humboldts Haltung zum Naturrecht, das auch in der zitierten Briefstelle nur beiläufig genannt wird. Das lässt sich erst im Zusammenhang mit Humboldts Rechtsbegriff klären, von dem an späterer Stelle die Rede ist.[111]

V. Gedankengut Schillers

Auch wenn es aus rechtsphilosophischer Sicht entbehrlich zu sein scheint, muss doch zum besseren Verständnis der Einleitung sowie der folgenden Kapitel kurz auf den unübersehbaren Einfluss Schillers eingegangen werden, mit dem Humboldt schon zur Zeit der Niederschrift der Ideen und um so mehr noch später gut bekannt[112] – nach Meinung einiger sogar befreundet[113] – und durch den er ersichtlich in seinem Freiheitsdenken maßgeblich beeinflusst war.

1. Schillers Einfluss auf Humboldt

Schillers Einfluss auf Humboldt[114] zur Zeit der Niederschrift der Ideen war nachweislich beträchtlich,[115] zumal beide über den Staat und die Grenzen seiner Wirksamkeit ähnlich dachten.[116] Das ist für den vorliegenden Zusammenhang nicht nur als Exkurs interessant, sondern vor allem im Hinblick auf die Anklänge kantischer Philosophie von Bedeutung. Das gilt zum Einen in Bezug auf den Freiheitsbegriff, dessen Zentralität für die praktische Vernunft im Sinne Kants keiner näheren Erläuterung bedarf. Das ist wohl auch damit gemeint, wenn Humboldts Ideen mitunter in einem Atemzug mit Schillers Don Carlos genannt

---

111 Unten sub Kapitel 2 IV.
112 Näher *C. L. Price*, The Relationship between Friedrich Schiller and Wilhelm von Humboldt, Stanford University, 1966; *S. Rubinstein* (Zeitschrift für Philosophie und Pädagogik 12 (1905) 222) spricht von „kongenialen Geistesfürsten". Vgl. nur *J. Schönemann*, Zur Erinnerung an den Freundschaftsbund zwischen Schiller und Wilhelm von Humboldt, Neue Jahrbücher für Pädagogik 13 (1910) 549.
113 Vgl. nur *J. Schönemann*, Zur Erinnerung an den Freundschaftsbund zwischen Schiller und Wilhelm von Humboldt, Neue Jahrbücher für Pädagogik 13 (1910) 549.
114 Zur umgekehrten Richtung *S. Neide*, Wilhelm von Humboldt als Richter und Ratgeber bei Schillers lyrischen Gedichten, 1890/91.
115 In einem Brief an Forster vom 10. Januar 1790 schreibt er: „Mit Schiller wurde ich sehr vertraut. Ich brachte vier Tage bei ihm, in seinem Hause zu. Er ist von Geist und Charakter ein überaus interessanter Mensch, und überall ist der Dichter in ihm unverkennbar."
116 *H. Scurla*, Wilhelm von Humboldt. Reformator – Wissenschaftler – Philosoph, 1976, S. 104.

wurden,[117] so dass damit nicht unbedingt eine – schwerlich begründbare – qualitative Gleichordnung intendiert gewesen sein muss. Es ist aber auch für die Moralphilosophie und ihren Einfluss auf Humboldt, von dem noch die Rede sein wird, von Bedeutung.[118] So war es auch Schiller, der wie eingangs erwähnt,[119] die Veröffentlichung der Ideen mit den Worten zu fördern suchte: „Die Schrift enthält (...) sehr fruchtbare politische Winke und ist auf ein gutes philosophisches Fundament gebaut. Sie ist mit Freiheit gedacht und geschrieben (...) Schriften dieses Inhalts und in diesem Geiste geschrieben sind ein Bedürfnis für unsere Zeit."[120]

2. Implizite Einwirkungen

Bereits in der Einleitung findet sich ein Satz, der so oder ähnlich auch von Schiller stammen könnte und für das Verständnis des Folgenden nicht unwichtig ist: „Wenn es nun schon ein schöner, seelenerhebender Anblick ist, ein Volk zu sehen, das im vollen Gefühl seiner *Menschen- und Bürgerrechte* seine Fesseln zerbricht, so muss – weil, was Neigung oder Achtung für das Gesetz wirkt, schöner und erhebender ist, als was Not und Bedürfnis erpresst – der Anblick eines Fürsten ungleich schöner und erhebender sein, welcher selbst die Fesseln löst und Freiheit gewährt und dies Geschäft nicht als Frucht seiner wohltätigen Güte, sondern als Erfüllung seiner ersten, unerlässlichen Pflicht betrachtet."[121] Diese Passage verdeutlicht die Nähe zu jener Schrift, die Humboldt unter dem Eindruck der Französischen Revolution verfasst hat,[122] und spiegelt womöglich auch Schillers zwiespältige Gefühle gegenüber der Revolution wieder, von der anfänglichen Begeisterung zur späteren Ablehnung.[123] Jedenfalls veranschaulicht der bekräf-

---

117 Vgl. *K. Popper*, Die offene Gesellschaft und ihre Feinde, 1. Auflage 1958 (englisch: The Open Society and Its Enemies, 1945), Band 2, S. 361.

118 Unten sub Kapitel 1 X.

119 In der Einleitung.

120 Brief an Göschen vom 16. November 1792, mit dem betreffs der Zensur vorausschauenden Zusatz „da der Verfasser immer im allgemeinen bleibt, ist von den Aristokraten nichts zu besorgen".

121 *Humboldt*, Ideen, S. 16 (59); Hervorhebung nur hier.

122 Es handelt sich um die bereits in der Einleitung erwähnten „Ideen über Staatsverfassungen, durch die neue französische Konstitution veranlasst" von 1791.

123 Im Schrifttum ist sogar vermutet worden, Humboldts Rücknahme der Ideen am 18. Januar 1793 habe mit dem zeitgleich beschlossenen Tod Ludwigs XVI. in Paris zu tun gehabt (so *E. Cauer* in der Einleitung zur Erstveröffentlichung), doch ist dies angesichts der damaligen Unmöglichkeit der zeitgleichen Kenntniserlangung dieser Umstände unwahrscheinlich (*S. Battisti*, Freiheit und Bindung, 1986, S. 50).

tigende Nachsatz Humboldts sein durchaus idealistisches Verständnis: „Zumal da die Freiheit, nach welcher eine Nation durch Veränderung ihrer Verfassung strebt,[124] sich zu der Freiheit, welche der einmal eingerichtete Staat geben kann, ebenso verhält als Hoffnung zum Genuss, Anlage zur Vollendung."[125] Dies verdeutlicht nochmals, dass es Humboldt im Unterschied etwa zu Rousseau und anderen um den „einmal eingerichteten Staat" geht, der sodann seine Vollendung in der Verwirklichung der bürgerlichen Freiheit findet. Zugleich illustriert die in Humboldts Sinne verwirklichte Freiheit den Gegensatz etwa zu Hobbes, nach dem wirkliche Freiheit nur besteht, wo strenge Gesetze gelten.

VI. Utilitaristische Anklänge

Kann also die Freiheit nach Humboldt vor allem durch die Beschränkung der Wirksamkeit des Staates verwirklicht werden, so stellt sich die Frage nach konkreten Ausprägungen, die in der Verfassungswirklichkeit nachweisbar wären. Das aber führt zu einem Dilemma, denn der Blick auf die Staatsverfassungen, d. h. den jeweiligen Verfassungstext, gibt die Grenzen der Wirksamkeit gerade nicht Preis, „da man wohl in keiner hierin einem überdachten, auf einfachen Grundsätzen beruhenden Plane gefolgt ist."[126]

Versagt sonach die historisch-textorientierte Methode, so bleiben Humboldt zwei mögliche Erklärungen für die Beschränkung der Freiheit des Bürgers, deren einer – vergleichsweise wenig spektakulär – die erforderliche Konstituierung und Sicherung der Verfassung selbst ist. Hierher gehört wohl nach Humboldt auch das Mittel der Abgabenerhebung, von dem freilich erst später die Rede ist:[127] „Geht man aber der Geschichte einzelner Polizeigesetze und Einrichtungen nach, so findet man oft ihren Ursprung in dem bald wirklichen, bald angeblichen Bedürfnis des Staats, Abgaben von den Untertanen aufzubringen, und insofern kehrt die Ähnlichkeit mit den älteren Staaten zurück, indem insofern diese Einrichtungen

124 Zu beachten ist freilich auch eine Bemerkung des späteren Humboldt aus seiner ‚Denkschrift über die deutsche Verfassung an den Freiherrn vom Stein' aus dem Jahre 1813 (Werke in fünf Bänden, Hg. A. Flitner/K. Giel, Band IV, S. 302, 305): „Es giebt nur zwei Bindungsmittel für ein politisches Ganzes: eine wirkliche Verfassung, oder einen blossen Verein. Der Unterschied zwischen beiden (nicht gerade an sich, aber für den gegenwärtigen Endzweck bestimmt) liegt darin, dass in der Verfassung einigen Theilen die Zwangsrechte ausschliessend beigelegt werden, welche bei dem Verein, Allen gegen den Uebertreter zustehen".

125 *Humboldt*, Ideen, S. 16 (59).

126 *Humboldt*, Ideen, S. 17 (59).

127 *Humboldt*, Ideen, S. 18 (60f.).

gleichfalls auf die Erhaltung der Verfassung abzwecken." Diese Form der Notwendigkeit ist nicht mit der Nützlichkeit zu verwechseln. Außerdem ist damit noch nicht die Frage geklärt, inwieweit der Staat befugt ist, Abgaben zu erheben.[128]

1. Gesichtspunkt der Nützlichkeit

Bemerkenswerter ist aber der andere Gesichtspunkt, weil er zu einem Topos führt, der hierzulande eher ein Schattendasein führt, in der angloamerikanischen Rechtsphilosophie dagegen von immenser Bedeutung ist. Dieses zweitgenannte Moment besteht nämlich in dem „Gesichtspunkt der Nützlichkeit, für den physischen oder moralischen Zustand der Nation Sorge zu tragen". Dieser Gedanke hatte auch für Humboldt selbst maßgebliche Bedeutung. So schreibt er in einem Brief: „Vielmehr ist mein einziger Zweck, nützlich zu werden, und ich bin bereit, diesem Zweck alles, wie schwer es auch werden möchte, aufzuopfern."[129] Dabei soll freilich nicht verkannt werden, dass das utilitaristische Menschenbild durchaus ein Charakteristikum der Spätaufklärung darstellt.[130]

Ohne dass hier also der Versuch unternommen werden soll, ein einzelnes Wort bedeutungsschwer auszulegen und damit Raum für Unterstellungen zu schaffen, kommt man doch nicht umhin, die Nützlichkeit zu einem allgemeinen Prinzip der Freiheitsbeschränkung zu erheben und mit dem Utilitarismus in Verbindung zu bringen. Dies näher darzulegen, ist Sache des zweiten Teils, in dem von den Wirkungen Humboldts auf den englischen Liberalismus die Rede sein soll.[131] Es ist aber einstweilen festzuhalten, dass das Nützlichkeitsargument zumindest an zentraler Stelle, nämlich bei der Erklärung notwendiger Einengung der Freiheit der Bürger eine Rolle spielt. Dass hiermit aber nicht eine unscheinbare Wendung überakzentuiert wird, sondern dass sich hierin eine Leitidee Humboldts verwirklicht findet, veranschaulicht eine spätere Stelle: „Daher muss es immer des Gesetzgebers letztes, aber (...) nur durch Gewährung der höchsten Freiheit erreichbares Ziel bleiben, die Bildung der Bürger bis dahin zu erhöhen, dass sie alle Triebfedern zur Beförderung des Zwecks des Staats *allein in der Idee des Nutzens* finden, welchen ihnen die Staatseinrichtung zur Erreichung ihrer individuellen Absichten gewährt."[132]

---

128 Dazu unten sub Kapitel 7 II.

129 Aus dem Jahre 1787 an Henriette Herz.

130 Vgl. *C. Sauter*, Wilhelm von Humboldt und die deutsche Aufklärung, 1989, S. 310.

131 Im zweiten Teil Kapitel 9.

132 *Humboldt*, Ideen, S. 90 (123); Hervorhebung nur hier.

2. Nutzen und Individualität

Schließlich kommt Humboldt auf das Nützlichkeitsargument noch an anderer Stelle zurück. Positive Pflichten, aufgrund derer der Einzelne etwas zugunsten des Staats oder seiner Mitbürger von Gesetzes wegen aufzuopfern hätte,[133] lehnt er nämlich weitgehend ab:[134] „Denn da jede Sache und jedes Geschäft, der unendlichen Verschiedenheit der menschlichen Launen und Neigungen nach, jedem einen so unübersehbar verschiedenen Nutzen gewähren und da dieser Nutzen auf gleich mannigfaltige Weise interessant, wichtig und unentbehrlich sein kann, so führt die Entscheidung, welches Gut des einen welchem des andren vorzuziehen sei (...) immer etwas Hartes, über die Empfindung und Individualität des andren Absprechendes mit sich." Auch wenn mit Selbstverständlichkeit nicht jede Erwähnung des individuellen Nutzens ohne weiteres mit einem utilitaristischen Ansatz in Verbindung gebracht werden kann, kündet die nachhaltige Bezugnahme auf den Nutzen und die Verbindung dieses Arguments mit dem für Humboldt zentralen Gesichtspunkt der Individualität[135] von einer über das rein Begriffliche hinausreichenden Verinnerlichung, die uns im zweiten Teil noch näher beschäftigen wird. Schließlich findet sich in dem von 1816 datierten Bruchstück einer Selbstbiographie der eigentümliche und enigmatische Satz Humboldts: „Das Auffassen der Welt in ihrer *Individualität* und Totalität ist ja gerade mein Bestreben."[136] So wird sich die Frage stellen, ob und inwieweit Humboldt selbst als einer der Wegbereiter des Utilitarismus' gelten kann. Als Arbeitshypothese mag freilich angesichts der zuletzt zitierten Textstelle zugrunde gelegt werden, dass das Prinzip der Individualität für Humboldt letztlich höherwertig und entscheidend ist, während der individuelle Nutzen eher ein mehr oder weniger signifikanter – aber dadurch auch äußerlich wirkender – Leitgesichtspunkt ist, der noch keinen definitiven Rückschluss auf eine utilitaristische Ethik erlaubt.

---

133 Ganz anders insoweit *Hegel*, Grundlinien der Philosophie des Rechts, § 261: „Er (sc. der Staat) hat seine Stärke in der Einheit seines allgemeinen Endzwecks und des besonderen Interesses der Individuen, darin, dass sie insoweit *Pflichten* gegen ihn haben, als sie zugleich Rechte haben (§ 155)." (Hervorhebung auch dort).

134 *Humboldt*, Ideen, S. 130 (158).

135 Dazu *M. Hübler*, Die Bedeutung der Individualität in Wilhelm von Humboldts Lebensauffassung, 1910.

136 Hervorhebung nur hier; zur Individualität im Folgenden noch öfter.

VII. Sicherheit als Gradmesser der Freiheit

Die beiden zuletzt dargestellten Erklärungsmuster für die Freiheitsbeschränkung – Notwendigkeit und Nützlichkeit – wirken nach Humboldt nicht nur in die eine oder andere Richtung und nicht immer einseitig, sondern bisweilen vereint, je nachdem ob die Verfassung anderer Stützen bedurfte oder aus sich heraus hinreichend gefestigt war und je nach dem, wie weit die Gesetzgeber vorausschauend auf die sich anbahnenden Probleme sahen.[137]

Methodologisch betrachtet entspricht das Zusammenwirken der unterschiedlichen Gesichtspunkte, wie Humboldt sie aus der Geschichte der Staatsverfassungen schildert, einem beweglichen System,[138] bei dem die unterschiedlichen Elemente bzw. Prinzipien[139] in concreto unterschiedlich stark ausgeprägt sind.[140] Von dieser Wirkungsweise gelangt Humboldt zu dem Befund, dass „die Freiheit des Privatlebens immer in eben dem Grade steigt, in welchem die öffentliche sinkt, da hingegen die Sicherheit immer mit dieser gleichen Schritt hält." Diese Interdependenz ist deshalb von zentraler Bedeutung, weil sie anhand dieser beobachteten Gesetzmäßigkeit eine Größe einführt, die – ebenso wie die Freiheit – von gleicher prinzipieller Bedeutung für alles Folgende ist. Es handelt sich um den zweiten großen Pfeiler des Humboldtschen Gedankenwerks, nämlich den Begriff der Sicherheit. Die Sicherheit erscheint somit als eine Konstante und zugleich als ein Gradmesser für die Freiheit.

VIII. Renaissance des Menschenbildes im Spiegel der Gesetze

Humboldts Gedankengang ist ein im Ausgangspunkt scheinbar historischer, weil er immer wieder anhand der Geschichte der Staatsverfassungen argumentiert. Bei näherem Zusehen wird indes deutlich, dass historische Entwicklungen eher dazu angetan sind, dasjenige zu illustrieren, was sein eigentliches Anliegen ist, nämlich das Bild vom Menschen im Staatsgefüge. So veranschaulicht der Blick auf die

---

137 *Humboldt*, Ideen, S. 130 (158).

138 Grundlegend *W. Wilburg*, Entwicklung eines beweglichen Systems im Bürgerlichen Recht, Grazer Rektoratsrede, 1950.

139 Dass es sich um solche handelt, hat *C.-W. Canaris*, Systemdenken und Systembegriff in der Jurisprudenz, 2. Auflage 1983, S. 75 mit Fußnote 8, herausgearbeitet. Siehe auch *J. Petersen*, Unternehmenssteuerrecht und bewegliches System, 1999.

140 Die Lehre vom beweglichen System wurde bereits von *A. Thier*, Steuergesetzgebung und Verfassung in der konstitutionellen Monarchie. Staatssteuerreform in Preußen 1871–1893, 1999, S. 9 – 18, am Beispiel der Steuergesetzgebung, auf rechtsgeschichtliche Zusammenhänge angewendet.

Gesetze[141] letztlich das jeweils unterschiedliche Menschenbild im Hinblick auf den Staatszweck: „Oft aber sorgten auch die älteren Gesetzgeber und immer die alten Philosophen im eigentlichsten Verstande für den Menschen, und da am Menschen der moralische Wert ihnen das Höchste schien, so ist z. B. Platos Republik, nach Rousseaus äußerst wahrer Bemerkung, mehr eine Erziehungs- als eine Staatsschrift."[142]

Das wirft die Frage auf, ob man Letzteres nicht auch mit Fug über Humboldts Ideen sagen könnte, womit zugleich die oben über das Verhältnis von Freiheit und Bildung angestellten Überlegungen neue Nahrung erhielten.[143] Deutlicher wird der Rekurs auf die Antike im Hinblick auf dieses Verhältnis aber noch in folgender Feststellung: „Die alten sorgten für die Kraft und *Bildung des Menschen als Menschen*; die neueren für seinen Wohlstand, seine Habe und seine Erwerbsfähigkeit. Die alten suchten Tugend, die neueren Glückseligkeit."[144] Die antithetische Darstellung legt einen Kontrast frei, der zugleich illustriert, wie sehr sich Humboldt auf dem Scheidewege zwischen idealistischer Freiheitsverwirklichung um des Menschen willen und merkantilistischer Freiheitsbetonung befand und sich dessen bewusst war.

Diese Antinomie spitzt sich, wie noch zu zeigen sein wird, zu und führt in letzter Konsequenz zur Gegenüberstellung eines Grund- und Menschenrechtsliberalismus einerseits und eines Wirtschaftsliberalismus andererseits. Bei Humboldt ist davon freilich ausdrücklich noch nicht die Rede, weil der den Begriff in seiner allgemeinsten Form gebraucht: „Die Freiheit erhöht die Kraft und führt, wie immer die größere Stärke, allemal eine Art der Liberalität mit sich."[145] Hier kommt, soweit ersichtlich, erstmals in der Abhandlung der Begriff der Liberalität

141 In rechtstheoretischer Hinsicht sei eine beiläufige Feststellung Humboldts über die Gesetze erwähnt, „die immer nur einfach, allgemein und von geringer Anzahl sein müssen" (*Humboldt*, Ideen, S. 89 (122)) – eine bemerkenswert hellsichtige Vorstellung.

142 *Humboldt*, Ideen, S. 17 (60). Im Zusammenhang mit den prägenden Erziehungsschriften ist aus späterer Zeit zu nennen *H. Adams*, The Education of Henry Adams, 1907 (deutsch: Die Erziehung des Henry Adams. Von ihm selbst erzählt, 1953).

143 Vgl. oben sub Kapitel 1 III.

144 *Humboldt*, Ideen, S. 18 (61); Hervorhebung nur hier. Bezüglich der Glückseligkeit ist im Übrigen eine Stelle in *Kants* Abhandlung „Über den Gemeinspruch: Das mag in der Theorie richtig sein, taugt aber nicht für die Praxis" bemerkenswert, wo es heißt (1793, Band XI der von Weischedel herausgegebenen Ausgabe, 1977, S. 127, 144): „Der Begriff aber eines äußeren Rechts überhaupt geht gänzlich aus dem Begriffe der Freiheit im äußeren Verhältnisse der Menschen zu einander hervor; und hat gar nichts mit dem Zwecke, den alle Menschen natürlicher Weise haben (der Absicht auf Glückseligkeit), und der Vorschrift der Mittel, dazu zu gelangen, zu tun".

145 *Humboldt*, Ideen, S. 113 (143).

ins Spiel. Wenn im zweiten Teil von Humboldts Einflüssen auf die angloamerikanische Welt die Rede sein und dort auch und gerade der Wirtschaftsliberalismus behandelt wird,[146] so ist es bereits an dieser Stelle umso wichtiger, Humboldts eigene Präferenz herauszuarbeiten. Diese gilt ersichtlich dem antiken Bild von der Herausbildung des Menschen als Menschen. In einer privaten Äußerung spricht er von der „Ausbildung unsrer selbst, Erhöhung unsrer inneren Vollkommenheit".[147] Diese Renaissance des Menschenbildes hervorzuheben, ist vor allem deshalb bedeutsam, weil es einer Vereinnahmung Humboldts durch rein wirtschaftsliberalistische Verfechter in den Anfängen währt.

IX. Die Einschränkungen der Freiheit als Kehrseite

Ist schon der Gedanke des gewandelten Menschenbildes im Spiegel der Staatsverfassungen bemerkenswert, so gilt dies erst recht für das eigentlich Neue im Ansatz Humboldts, das in der graduellen Freiheitsbeschränkung liegt. Dabei handelt es sich gleichsam um die Kehrseite der vorigen Problematik. Dementsprechend verhält es sich mit den Abstufungen der Freiheitsbeschränkung so, dass der im Wortsinne radikale Standpunkt der antiken Staatsverfassungen zu Folge hat, dass praktisch jegliche Freiheitsbeschränkung substanzielle Auswirkungen zeitigt: „Daher waren die Einschränkungen der Freiheit in den älteren Staaten auf der einen Seite drückender und gefährlicher. Denn sie griffen geradezu an, was des Menschen eigentümliches Wesen ausmacht, sein inneres Dasein."[148]

Demgegenüber – und diese Beobachtung ist bemerkenswert – ist die moderne Freiheitsbeschränkung weniger einschneidend, weil „ihre Absicht bei weitem mehr auf das geht, was der Mensch besitzt, als auf das, was er ist". Dass es sich hierbei jedoch nicht um ein ontologisches Problem, sondern eine genuin rechtsphilosophische Frage handelt, kommt in dem erläuternden Nachsatz zur Geltung, wonach die moderneren Staatsverfassungen die sie „bestimmenden Ideen als Gesetze aufdringen".[149] Damit ist die Problematik dem Reich der Ideen enthoben und auf eine normative Ebene verlagert worden.

---

146 Zu nennen ist insbesondere *J. Buchanan*, Die Grenzen der Freiheit, Üb. von Ch. Watrin.
147 In einem Brief an Karoline von Beulwitz vom 20. März 1789.
148 *Humboldt*, Ideen, S. 18 (61).
149 *Humboldt*, Ideen, S. 19 (61).

X. Kants Einfluss auf Humboldt

Den rechtsphilosophischen Gehalt der Ideen kann man nur dann angemessen würdigen, wenn man sich vergegenwärtigt, wie viel kantische Rechts- und Moralphilosophie in ihnen enthalten ist.[150]

1. Humboldts Kant-Studien

Am Rande sei erwähnt, dass Humboldt sich bereits während seiner Studienzeit in Frankfurt an der Oder und mehr noch in Göttingen im Jahre 1787 sehr für Kants Metaphysik interessierte.[151] Ob diese erste Beschäftigung Früchte getragen hat, ist schwerlich zu rekonstruieren.[152] Zumindest war sich bereits der junge Humboldt der überragenden Gestalt Kants bewusst gewesen, in dem er daher einen philosophischen Leitstern erblickt haben dürfte. Sein Bruder Alexander bemerkt dazu: „Er hat jetzt alle Werke von Kant studiert und lebt und webt in seinem Systeme."[153] Ein Jahr später las er – für unseren Zusammenhang bedeutsam – die just erschienene Kritik der praktischen Vernunft und kommentierte die Lektüre brieflich gegenüber einem Freund mit den Worten: „Ich habe mir vorgenommen, ihn recht sorgfältig zu studieren. Ich schreibe mir jedesmal das, was ich gelesen habe, wieder auf. (...) Es ist doch besser, dass man ein Dutzend neue Wörter lernt, als dass man die alten braucht, die oft durch ihre unbestimmte Bedeutung eine große Verwirrung anrichten."[154]

Explizit wird dies nur an einer Stelle der Einleitung; implizit durchzieht Kant die gesamte Abhandlung. Deutlich wird dies an einer bereits behandelten Stelle,[155] an der es in einer Parenthese heißt „weil, was Neigung oder *Achtung für das Gesetz* wirkt, schöner und erhebender ist, als was Not und Bedürfnis erpresst". Auch wenn hier Neigung und Pflicht alternativ gleichgeordnet werden und dies der kantischen Moralphilosophie zuwider laufen zu scheint, so ist es doch gerade dieser, der den unmissverständlichen Anklang an Kants Grundlegung zur Meta-

150 Lesenswert hierzu *K. Kühl*, Festschrift für G. Spendel, 1992, S. 75 ff. Dazu näher im Rahmen der Behandlung der Strafgesetze.
151 *H. Scurla*, Wilhelm von Humboldt, Reformator – Wissenschaftler – Philosoph, 1976, S. 36.
152 *C. Sauter* (Wilhelm von Humboldt und die deutsche Aufklärung, 1989, S. 122) bezweifelt dies und bewertet die in der Göttinger Studienzeit empfangenen Anregungen als stärker, was freilich auch zu ihrem Grundansatz besser passt, der die Einflüsse konkreter Lehrer betont.
153 *A. v. Humboldt* schreibt dies am 27. Februar 1789 an W. G. Wegener.
154 Brief an den Studienfreund Beer vom 15. Juni 1788.
155 Oben sub Kapitel 1 V; vgl. *Humboldt*, Ideen, S. 16 (59). Hervorhebung nur hier.

physik der Sitten bewirkt. Denn danach ist Pflicht die Notwendigkeit einer Handlung aus *Achtung für das Gesetz.*[156]

2. Wahrnehmung der kantischen Moralphilosophie

Mag man dies – was aber angesichts der oben zitierten Briefstelle, in der sich Humboldt ausdrücklich zum kantischen Wortschatz bekennt, schwerlich vertretbar ist – noch als mehr oder weniger zufällige Wortverdopplung ohne einen über die philologische Auffälligkeit hinausreichenden Gehalt ansehen, so ist die nachfolgende Andeutung auf die kantische Moralphilosophie unabweislich,[157] weil sie von Humboldt selbst in einer seiner vergleichsweise wenigen Fußnoten explizit gemacht worden ist. Bei der Behandlung der Glückseligkeit, am Beispiel derer Humboldt abermals – gleichsam auf moralphilosophischer Ebene – antike Philosophie und zeitgemäße Anschauung miteinander kontrastiert, findet sich eine aufschlussreiche Abgrenzung zu Kant: „und der selbst[158], welcher die Moralität in ihrer höchsten Reinheit sah und darstellte, glaubt, durch eine sehr künstliche Maschinerie seinem Ideal des Menschen die Glückseligkeit, wahrlich mehr wie eine fremde Belohnung als wie ein eigen errungenes Gut, zuführen zu müssen." Sein Verständnis des kantischen Freiheitsbegriffs ist freilich nicht unkritisch, wie folgende briefliche Äußerung verrät: „Allein die Gründe, worauf Kant die Freiheit baut, überzeugen mich nicht. Er bildet a priori einen Begriff von allgemein geltenden praktischen Grundsätzen, bringt heraus, dass diese Grundsätze nur formell sein können, und weil solche Grundsätze, ohne Freiheit, nicht zureichender Bestimmungsgrund des Willens sein könnten; so postuliert er endlich diese Freiheit."[159] Auch wenn dies, wie gesagt, eher abgrenzenden Charakter hat, so kann man aus dieser skeptischen Erwähnung auch die Hypothese ableiten, dass die gesamten Ideen letztlich eine auf das Verhältnis des Staats zum

156 *Kant*, Grundlegung zur Metaphysik der Sitten, 1785, Band VII der von Weischedel herausgegebenen Ausgabe, 1977, S. 11, 26.

157 Ebenso *K. Kühl*, Festschrift für G. Spendel, 1992, S. 75, 78: „doch ist sowohl Humboldt als auch das sog. jüngere Naturrecht insgesamt von der kritischen Philosophie Kants beeinflusst, zum Teil sogar geprägt." Auf diese Stelle wird noch zurückzukommen sein.

158 „Kant über das höchste Gut in den Anfangsgründen der Metaphysik der Sitten und in der Kritik der praktischen Vernunft" – heißt es wörtlich in der Fußnote 2 auf S. 20 (62) der Ideen.

159 Briefstelle an F. H. Jacobi vom 7. Februar 1789.

Individuum konzentrierte Anwendung des kantischen Freiheits- und Autonomiebegriffs darstellen.[160]

XI. Der Schein des Eklektizismus

Im Zusammenhang mit der Glückseligkeit ist eine Vorlesungsmitschrift Humboldts aus der Naturrechts-Vorlesung beim Kammergerichtsrat Klein aus dem Jahre 1786 aufschlussreich: „Es ist nicht richtig, dass der Staat bloß für die äußere Glückseligkeit sorgen soll (...). Warum will man den Zweck derselben so einschränken? Ist es weniger wichtig, dass die Bürger tugendhaft und daher ruhig und zufrieden sind, als dass sie im Wohlstand leben und ihr Eigentum gesichert ist? Warum sagt man folglich nicht, dass Glückseligkeit überhaupt ist der Endzweck des Staates, Glückseligkeit jeder Art, äußere als die innere?“[161]

Wenn man die Ideen Humboldts – wohl zu Unrecht – als unreifen Versuch abtut, so veranschaulicht dies noch eine Vorstufe, die man mit gutem Grund als unausgegoren bezeichnen kann.[162] Gleichwohl veranschaulichen Einschätzungen dieser Art, wie sehr Humboldt auf den in Lehrveranstaltungen empfangenen Eindrücken aufbaut. Insofern ist die Rekonstruktion dessen ein nicht zu unterschätzender Verdienst.[163] Man muss sich jedoch im Klaren darüber sein, dass man damit auch den frühen Humboldt noch nicht vollends erfasst. In den Ideen hat er, bei aller ersichtlichen Zentrierung der von seinen Lehrern übernommenen Begriffe der Freiheit und Sicherheit etwa, etwas Neues und Eigenständiges geschaffen, das über die Anregungen von außen hinaus geht. Insofern kann man ihn nicht pau-

---

160 Dies ist freilich umstritten. Während *E. Spranger*, Wilhelm von Humboldt und Kant (Kant-Studien 13, 1908, 57 ff., 89 ff.) die vorliegend vertretene Linie begründet und den Ideen attestiert hat, sie stünden auf kantischer Basis (ebenda, S. 96), vertritt *C. Sauter*, Wilhelm von Humboldt und die deutsche Aufklärung, 1989, S. 299 ff. die Gegenansicht. *K. Papageorgiou*, Die Strafrechtsphilosophie Wilhelm von Humboldts und John Stuart Mills, ARSP 76 (1990) 324, 329 Fußnote 20, gibt zu bedenken, dass die Autonomie bei Humboldt im Gegensatz zu Kant kein deontologischer Wert ist, sondern – mit Humboldts Worten – ein vermittelnder Wert zur Förderung der „höchsten und proportionierlichsten Bildung der Kräfte“; auch nach Ansicht von *K. Papageorgiou* „durchdringt das ganze Werk eine Kantische Absicht“.

161 Zitiert nach *S. Kaehler*, Wilhelm von Humboldt und der Staat, 1963, S. 137, der dies „mit einiger Verwunderung liest“.

162 Vgl. *S. Kaehler*, ebenda, S. 137: „Trotz mancher deutlichen Spuren von Humboldts zergliederndem Scharfsinn haben wir es hier mit einem ziemlich unbeholfenem Schulaufsatz zu tun, an dessen zuversichtlicher Glückseligkeitstheorie ein Dalberg allerdings seine helle Freude hätte haben müssen.“

163 Zu nennen ist namentlich *C. Sauter*, Wilhelm von Humboldt und die deutsche Aufklärung, 1989, welche die Mitschriften akribisch ausgewertet hat.

schal als Eklektiker brandmarken, auch wenn er selbst diesen Eindruck mitunter schürt. Gerade die zuletzt zitierte Stelle veranschaulicht im Vergleich zum in den Ideen formulierten Staatszweck, von dem im Folgenden die Rede sein wird, dass von ihm in den Ideen etwas Weitergehendes und Originelles geschaffen wurde. Es ist vielmehr die paradox anmutende Zusammenwirkung des Eklektischen und des Originellen, die Humboldts Ideen auszeichnet.

2. Kapitel: Humboldts anthropologischer Ansatz

Die Frage nach dem Zweck des Menschen ist sonach für Humboldt zum eigentlichen Kristallisationskern geworden. So schreibt er am 1. Juni 1792 an Forster: „Ich glaubte also auch kein andres Prinzip zum Grunde meines ganzen Raisonnements legen zu dürfen, als das, welches allein auf den Menschen – auf den doch am Ende alles hinauskommt – Bezug nimmt, und zwar auf das an dem Menschen, was eigentlich seiner Natur den wahren Adel gewährt." Von der Beantwortung dieser Frage hängt nicht zuletzt ab, welche Bedeutung neben der Gewährleistung der Sicherheit anderweitige Staatszwecke, insbesondere moralischer Art, haben können.[164] Ihm geht es allerdings nicht so sehr um eine irgendwie geartete gattungsmäßige Gleichheit,[165] auch wenn prinzipiell jeder ungeachtet seiner sozialen Beschränkungen die Eignung zur Freiheit in sich trägt,[166] als vielmehr um die Hervorhebung der Individualität,[167] die für ihn systemprägend ist.[168]

Darin unterscheidet er sich übrigens von Kant, der in seiner Idee zu einer allgemeinen Geschichte in weltbürgerlicher Absicht schrieb: „Am Menschen (...) sollten sich diejenigen Naturanlagen, die auf den Gebrauch seiner Vernunft abgezielt sind,[169] nur in der Gattung, nicht aber im Individuum vollständig entwickeln."[170] Schon in den ‚Ideen über Staatsverfassung, durch die neue französische Konstitution veranlasst' bemerkt Humboldt, dass die Verfassung es unternahm „ein völlig neues Staatsgebäude, nach bloßen Grundsätzen der Vernunft, aufzuführen. (...) Nun aber kann keine Staatsverfassung gelingen, welche die Vernunft – vorausgesetzt, dass sie ungehinderte Macht habe, ihren Entwürfen Wirklichkeit zu

---

164 Vgl. den Schluss der Einleitung der Ideen, S. 21 (63).

165 Was nicht bedeutet, dass er einer aristokratischen Unterscheidung das Wort redet; vgl. *R. Haym*, Wilhelm von Humboldt. Lebensbild und Charakteristik, 1856, S. 62.

166 *S. Battisti*, Freiheit und Bindung, 1986, S. 81; interessant insoweit auch *J. Lekschas*, Zur Staatslehre Wilhelm von Humboldts. Reflexionen über seine Schrift „Ideen zu einem Versuch, die Grenzen der Wirksamkeit des Staats zu bestimmen", Sitzungsberichte der Akademie der Wissenschaften der DDR, Gesellschaftswissenschaften Nr. 8/G, 1980, S. 7.

167 Der Begriff der Individualität wurde aus dem Französischen im Sinne von „Sonderheit" bzw. „Eigenheit" übernommen; näher *D. Nörr*, Savignys philosophische Lehrjahre, 1994, S. 57. Zum Begriff der Individualität bei Humboldt auch *G. Buck*, Rückwege aus der Entfremdung, 1984, S. 218 ff.

168 Eine frühe Monographie dazu stammt von *M. Hübler*, Die Bedeutung der Individualität in Wilhelm von Humboldts Lebensauffassung, 1910.

169 *Humboldt*, Ideen über Staatsverfassung, durch die neue französische Constitution veranlasst [1791], Werke in fünf Bänden (Hg. A. Flitner/K. Giel), Band I, S. 33, 34.

170 *Kant*, Idee zu einer allgemeinen Geschichte in weltbürgerlicher Absicht, 1784, Band XI der von Weischedel herausgegebenen Ausgabe, 1977, S. 33, 35.

geben – nach einem angelegten Plane gleichsam von vornher gründet; nur eine solche kann gedeihen, welche aus dem Kampfe des mächtigeren Zufalls mit der entgegenstehenden Vernunft hervorgeht. Dieser Satz ist mir so evident, dass ich ihn nicht allein auf Staatsverfassungen allein einschränken möchte, sondern ihn gern auf jedes praktische Unternehmen überhaupt ausdehne."

Gerade dieser Nachsatz verdient Hervorhebung, weil er die indiktive Vorgehensweise illustriert, die wiederum die Hypothese nahe legt, dass sich über sein Verständnis des Staates hinaus rechtsphilosophische Erkenntnisse von allgemeinem Interesse in den Ideen spiegeln. Insbesondere ist die Errichtung eines Staatsgebäudes nach bloßen Grundsätzen der Vernunft, die Humboldt vorschwebte, ersichtlich kantischem Denken verpflichtet.[171]

In der Einleitung der Ideen spricht Humboldt davon, dass „man die Individuen beinah zu vergessen scheint, oder wenigstens nicht ihr inneres Wesen, sondern ihre Ruhe, ihr Wohlstand, ihre Glückseligkeit" im Blickpunkt stehen.[172] Allerdings interessiert ihn auch hier nicht der Naturzustand; Hobbes' homo homini lupus ist Humboldt schon deshalb fremd, weil nur der einzelne Mensch, gleichsam der Mensch an sich,[173] sein Interesse beansprucht.[174] Noch in späteren Jahren lag für ihn „in der Individualität das Geheimniss alles Daseyns".[175] Der Ansatz ist also erklärtermaßen anthropologisch,[176] um nicht zu sagen anthropozentrisch.[177] In derselben Weise lässt sich eine Briefstelle Humboldts deuten: „Nun aber habe ich dies allgemeine im Grunde anthropologische Raisonnement auf Staaten angewendet, *und denen eine Norm, wenngleich nur als Ideal vorschreiben wollen.*"[178] Dieser anthropologischen Ausrichtung[179] wohnt somit eine auch in rechtsphilosophischer Hinsicht bemerkenswerte normative Tendenz inne.

---

171 Siehe dazu Kapitel 1 X.

172 *Humboldt*, Ideen, S. 20 (62).

173 Inwieweit diese Subjektbezogenheit mit Kants erkenntnistheoretischen Prämissen übereinstimmt, wird an späterer Stelle behandelt.

174 Monographisch dazu *C. Menze*, Wilhelm von Humboldts Lehre und Bild vom Menschen, 1965. Siehe auch *dens.*, Wilhelm von Humboldt. Denker der Freiheit, 1993.

175 *Humboldt*, Über die Aufgabe des Geschichtsschreibers [1821], Werke in fünf Bänden (Hg. A. Flitner/K. Giel), Band I, S. 585, 602.

176 Siehe dazu auch *L. Dippel*, Wilhelm von Humboldt. Ästhetik und Anthropologie, 1990.

177 Zu einer derartigen Ausrichtung in anderem rechtsphilosophischen Zusammenhang *J. Petersen*, Anthropozentrik und Ökozentrik im Umweltrecht, ARSP 83 (1997) 361.

178 Vgl. seine briefliche Äußerung gegenüber Brinckmann vom 8. Februar 1793; Hervorhebung nur hier.

179 Den bedenkenswerten und beeindruckenden Versuch einer Modalanthropologie unternimmt *E. Biser*, Der Mensch – das uneingelöste Versprechen, 2. Auflage 1996.

I. Der wahre Zweck des Menschen

So wenig bekannt Humboldts Schrift in den Einzelheiten ist, so viel zitiert ist immerhin der Anfang der eigentlichen Darlegung seiner Ideen: „Der wahre Zweck des Menschen – nicht der, welchen die wechselnde Neigung, sondern die ewig unveränderliche Vernunft ihm vorschreibt – ist die höchste und proportionierlichste Bildung zu einem Ganzen. Zu dieser Bildung ist Freiheit die erste und unerlässliche Bedingung." Vielleicht sind diese beiden Sätze deshalb so häufig wiedergegeben worden, weil man hierin Humboldts gesamtes Credo am treffendsten paraphrasiert zu finden glaubt.[180] Sie sind bereits angelegt in einem Brief Humboldts an Forster, in dem es heißt: „Die höchste und proportionierlichste Ausbildung aller menschlichen Kräfte zu einem ganzen ist daher das Ziel gewesen, das ich überall vor Augen gehabt, und der einzige Gesichtspunkt, aus dem ich die ganze Materie behandelt habe."[181]

1. Wiederkehr und Grenzen des kantischen Einflusses

Bevor auf die Hauptaussagen dieser Sätze näher eingegangen wird, empfiehlt es sich, die Parenthese zu betrachten. Denn wie bereits weiter oben gesehen,[182] liegt in ihr womöglich der Schlüssel zur dahinter stehenden philosophischen Richtung. Dabei fällt zunächst auf, dass es sich im Ausgangspunkt um eine negative Abgrenzung handelt („nicht der, welchen die wechselnde Neigung vorschreibt"), die wiederum auf den Begriff der Neigung rekurriert. Dieser wurde aber bereits oben angesprochen und gleichfalls mit Kant in Verbindung gebracht.[183] Damit bestätigt sich zugleich die dortige Hypothese, wonach die rhetorische Gleichordnung von Neigung und Achtung für das Gesetz gerade keine Indifferenz oder gar Abkehr von Kant darstellt, sondern geradezu eine Probe in kantischen Denkmustern.[184] Hier

180 Nach *C. Sauter*, Wilhelm von Humboldt und die deutsche Aufklärung, 1989, S. 363, markiert diese Zweckbestimmung „einen Endpunkt wie auch zugleich einen Neubeginn in Humboldts Denken: In ihr zieht er die Konsequenz aus seiner eingehenden Auseinandersetzung mit der Auffassung vom Menschen in der Spätaufklärung. Zugleich drückt seine Definition in ihrer Gegenwendigkeit zu zeitgenössischen Menschenbildern eine neue eigenständige Sicht vom Menschen aus, die ihm zur Grundlage seiner weiteren, stets in engeren oder weiteren Kreisen um den Menschen in seiner Individualität kreisenden Studien wird." An anderer Stelle (ebenda, S. 331) spricht sie von der „Quintessenz seiner bisherigen Erwägungen".

181 Brief an Forster vom 1. Juni 1792.

182 Unter Kapitel 1 X.

183 Sub Kapitel 1 V sowie Kapitel 1 X.

184 Oben unter Kapitel 1 X.

nun kommt dies auch durch die sprachliche Kontrastierung zum Ausdruck, indem die als Triebfeder abzulehnende Neigung hinter die „ewig unveränderliche Vernunft" zurücktreten muss, welche dem Menschen den Zweck setzt.[185] Diese ewig unveränderliche Vernunft entspräche dann der praktischen Vernunft im Sinne Kants, das heißt einem „Begehrungsvermögen, welches durch die Vorstellung von Regeln, Gesetzen, Zwecken bestimmt wird".[186] Zugleich wäre es die Basis für ein Gebäude nach bloßen Grundsätzen der Vernunft, wie Humboldt es sich selbst vorgegeben hat.

a) Humboldt über Kant und Fichte

Allerdings muss man sich vor einer stereotypen Gleichsetzung der Prämissen Humboldts mit den Gedanken Kants hüten. Das illustriert ein Text Humboldts „Über Kantische und Fichtesche Philosophie" vom 10. Mai 1798. Darin wird die kritische Philosophie zunächst als alternativlos dargestellt: „Die kritische Philosophie (...) legt den natürlichen Begriff der innern und äußeren Erfahrung und das unmittelbare Bewusstsein des Sittengesetzes (also Thatsachen) zum Grunde und besteht in der Zergliederung dieser beiden Hauptbegriffe des bloß natürlichen Vernunftsgebrauchs, und in der Anwendung des dadurch gewonnenen Resultats auf die Beurtheilung der bisherigen metaphysischen und moralischen Lehrgebäude. Das Streben nach reinem Wissen, von ihrem Standpunkt aus, vollendet sich durch die Entdeckung, dass durch die theoretische Vernunft kein reines Wissen, durch die im Sittengesetz praktische aber überhaupt kein Wissen möglich sei."[187]

aa) Humboldts Hervorhebung der Kraft

Jedoch legt Humboldt auch offen, worin er die Grenzen der kantischen Philosophie sieht: „Kant geht nicht bestimmt von Thatsachen aus, auf die er fusste, kaum einmal beim Sittengesetz. Er erläutert in der Kritik der reinen Vernunft vollkom-

---

185 Aufschlussreich ist insoweit der Begriff Neigung im „Wörterbuch zum Gebrauch der Kantischen Schriften" von *C. Ch. E. Schmid* von 1798 (neu herausgegeben von N. Hinske, 1976), S. 396 f.: „Neigung heißt ein sinnlicher Antrieb, Abhängigkeit des Begehrungsvermögens von Empfindungen; habituelle Begierde; im Gegensatz des Interesses d. i. der *Abhängigkeit des Begehrungsvermögens von Vernunftideen.* Ein habituelles Begehren aus reinem Vernunftinteresse h. sinnenfreye Neigung." (Hervorhebung nur hier).

186 *C. Ch. E. Schmid*, ebenda, S. 566.

187 *Humboldt*, Über Kantische und Fichtesche Philosophie [1798], Werke in fünf Bänden (Hg. A. Flitner/K. Giel), 1981, Band V, S. 55. Weiter heißt es dort: „Reines Wissen kann in ihr nur aus Missverständniss gefunden werden. Dies bloss annähernde Streben nach dem reinen Wissen ist aller bisherigen Philosophie gemein, von welcher die kritische nur die einzig-wahre ist."

men die Möglichkeit der Erfahrung, aber das, was darin nicht in uns selbst ist (das Material), lässt er schlechterdings unbestimmt; er setzt in der praktischen die Pflichtlehre auseinander, aber wie das Sittengesetz entsteht, sagt er gleichfalls nicht. Er verfährt eigentlich durchaus hypothetisch: wenn Erfahrung möglich seyn soll, wie ist sie es? Wenn es eine wissenschaftliche Moral geben soll, wie lässt sie sich denken? Er fängt bei den Resultaten an, nicht bei der Kraft selbst,[188] daher kommt er auch gar nicht darauf, das Theoretische mit dem praktischen hinlänglich zu verbinden."[189]

Diese Kritik der kantischen Philosophie wurde ausführlich wiedergegeben, um einer unreflektierten Zugrundelegung zu begegnen. Zugleich bietet der Text wichtige philologische Hilfestellungen. Das zeigt sich vor allem an dem zuletzt genannten Desiderat, „bei der Kraft selbst" anzufangen. Insoweit findet sich ein interessanter Anklang in der Einleitung zu den Ideen: „Der Mensch, und zwar seine Kraft und seine Bildung, war es, welche jede Tätigkeit rege machte."[190] Von der Zentralität des Bildungsbegriffs war bereits die Rede;[191] hier zeigt sich nun, dass auch die kumulativ hinzutretende „Kraft" mehr ist als eine buchstäblich bekräftigende Wendung und zugleich auch etwas über die kantische Philosophie Hinausgehendes. Dass dies nicht zufällig ist, illustriert im Übrigen der auf die zitierten ersten beiden Sätze folgende Satz: „Allein außer der Freiheit erfordert die Entwicklung der *menschlichen Kräfte* noch etwas andres, obgleich mit der Freiheit eng verbundenes: Mannigfaltigkeit der Situationen."[192] Vor allem aber ist bereits im ersten Satz davon die Rede, wenn es heißt, dass der wahre Zweck des Menschen in der „höchsten und proportionierlichsten Bildung seiner Kräfte" besteht. Bereits im Dezember 1791 schrieb Humboldt an Gentz: „Ich schloss neulich damit, dass die Kräfte des Menschen eigentlich das sind, was allein Aufmerksamkeit verdient. Wie es der Hauptgrund meines Tadels der Französischen Nationalversammlung war; so ist es auch der Grund des Gebäudes der Politik, das ich nach und nach aufzuführen gedenke." Gemeint sind ersichtlich die Ideen.[193] Die Bildung der Kräfte rührt leitmotivisch von den philanthropischen Ansätzen insbesondere von

---

188 Der Begriff der Kraft ist durchaus schillernd und in seiner geistesgeschichtlichen Herkunft schwer auszumachen; siehe zu den vorkantischen Erörterungen der Kraft der menschlichen Seele *D. Henrich*, Über die Einheit der Subjektivität, in: Philosophische Rundschau 3 (1955) 28 ff.

189 *Humboldt*, Über Kantische und Fichtesche Philosophie [1798], Werke in fünf Bänden (Hg. A. Flitner/K. Giel), 1981, Band V, S. 55, 57 f.

190 *Humboldt*, Ideen, S. 20 (62).

191 Siehe zum Ganzen auch *K. Grube*, Wilhelm von Humboldts Bildungsphilosophie, 1935.

192 *Humboldt*, Ideen, S. 22 (64); Hervorhebung nur hier.

193 Vgl. *C. Sauter*, Wilhelm von Humboldt und die deutsche Aufklärung, 1989, S. 324.

Campe und J. Stuve her.[194] Schon Campe sprach davon,[195] dass „die höchstmögliche und (...) proportionierte Ausbildung aller (...) wesentlichen Kräfte und Fähigkeiten der gesamten menschlichen Natur unsere eigentliche Bestimmung hienieden ist".[196] Bereits hier zeigt sich nicht nur die Nähe des Ansatzes Humboldts,[197] der von Campe in Tegel unterrichtet wurde und auch später noch mit ihm korrespondierte,[198] zu den erzieherischen Ideen seiner Zeit,[199] die auch sein eigenes Bildungsverständnis prägten,[200] sondern ersichtlich auch ein gewisser eklektischer Zug, von dem gleichfalls noch die Rede sein wird.

bb) Humboldts zwiespältiges Verhältnis zu Kant

Dieser Befund ist auch für die Rezeption der kantischen Philosophie durch Humboldt bezeichnend. Insofern ist möglicherweise auch die Diskussion darüber müßig, ob und inwieweit Humboldt Kantianer war.[201] Diese Frage hat sich nicht zuletzt am Beispiel der Erkenntnistheorie entzündet und dort insbesondere an der Frage, wie unterschiedlich subjektbezogen der jeweilige Ausgangspunkt ist. Humboldt wurde nicht zuletzt deshalb als Kantianer vereinnahmt, weil er – anders als insoweit Jacobi – vom Subjekt ausging.[202] Die Gegenmeinung macht geltend, dass Humboldt, anders als Kant, nicht vom „Mensch an sich", sondern vom „Menschen in seiner ‚durchaus bestimmten Individualität'" ausgegangen sei.[203]

---

194 *J. Stuve*, Allgemeinste Grundsätze der Erziehung, hergeleitet aus einer richtigen Kenntniß des Menschen, in: Allgemeine Revision des gesamten Schul- und Erziehungswesens von einer Gesellschaft praktischer Erzieher. (Hg. J. H. Campe), Erster Theil, 1785, S. 262; näher zum zeitlichen Umfeld *C. Sauter*, Wilhelm von Humboldt und die deutsche Aufklärung, S. 18 ff.

195 Kritisch zu ihm freilich *F. Pasternak*, Die ästhetische Erziehung bei den Philanthropisten, mit Rücksicht der ästhetischen Strömungen der Zeit, 1927, S. 91 („Teil einer zur irdischen Glückseligkeit strebenden Nützlichkeitspädagogik").

196 *J. H. Campe*, Ueber Empfindsamkeit und Empfindelei in pädagogischer Hinsicht, 1779, S. 20.

197 Allerdings ging Campes Absicht, wie *C. Sauter* (Wilhelm von Humboldt und die deutsche Aufklärung, 1989, S. 332) zeigt, auf „das Einfrieren der Kräfte auf ein Mittelmaß (...), um keine Genies hervorzubringen, gelingt doch deren geglückte Einpassung in die Gesellschaft nur selten" – eine Tendenz, die Humboldt von seinem Selbstverständnis her eher fremd gewesen sein dürfte.

198 *C. Sauter*, Wilhelm von Humboldt und die deutsche Aufklärung, S. 18 ff., 34.

199 Im Hintergrund steht dabei stets *Rousseaus* Emile, den auch Humboldt in seinen Ideen zu Wort kommen lässt; vgl. *Humboldt*, Ideen, S. 26 (68) Anmerkung 1.

200 Davon wird noch verschiedentlich, in Kapitel 4 IV 2, die Rede sein.

201 Sie wurde deshalb in Kapitel 1 X (Fußnote 85) auch nur vergleichsweise kurz dargestellt.

202 In diese Richtung *E. Spranger*, Wilhelm von Humboldt und Kant, Kant-Studien 13, 1908, S. 541, allerdings mit der Einschränkung, dass dieser Ausgangspunkt vom Subjekt her „anfangs nur methodische Bedeutung, nicht konstitutive" gehabt habe.

203 *C. Sauter*, Wilhelm von Humboldt und die deutsche Aufklärung, 1989, S. 299.

Beide Ansichten argumentieren indes zu bekenntnishaft. Näher liegend ist, dass sich Humboldt bei Kant – ob bewusst oder unbewusst missverstehend, sei dahingestellt – ganz schlicht dasjenige nahm, was ihm für sein eigenes Menschenbild einleuchtete und zupass kam.[204] Damit ist zum einen eine Vergröberung der kantischen Philosophie verbunden, die er im Übrigen auch offen kritisierte, wovon auch Kant selbst Kenntnis erlangte.[205] Denn im Jahre 1798 äußerte sich Humboldt gegenüber Kant auf einem Pariser Vortrag ablehnend, wovon Kant wiederum erfuhr: „Dieser (sc. Humboldt) zeigte, der Nutzen der kritischen Philosophie sei negativ, sie halte die Vernunft ab, im Felde des Übersinnlichen Luftschlösser zu bauen. Die Pariser Gelehrten (...) fragten, ob Sie denn bloß eingerissen und nichts aufgebaut hätten, und denken Sie sich, Herr von Humboldt kannte bloß den Schutt der durch die Kritik eingestürzten Systeme." Zum anderen ist damit ein Nährboden geschaffen, auf dem durchaus eigene Ansichten gedeihen konnten,[206] die auch dort, wo Humboldt Kant weiterzuführen glaubte, Raum für Originelles geschaffen haben. So steht Kant unleugbar und überlebensgroß im Hintergrund, ohne dass die diesbezüglichen Anklänge in Humboldts Ideen nur einem schlicht epigonalen Denken geschuldet wären. Gerade deshalb lohnt es sich jedoch, sie weitestmöglich freizulegen.

b) Kants Ablehnung empirischer Anthropologie

Auf der anderen Seite darf nicht unerwähnt bleiben, dass auch Kant selbst sich – wenngleich natürlich nicht mit Bezug auf Humboldt – gegen eine Ableitung sittlicher Normen aus empirischen Sachverhalten und damit auch aus anthropologischen Einsichten verwahrt.[207] In der Vorrede seiner Grundlegung der Metaphysik der Sitten von 1785 macht er dies unmissverständlich deutlich: „Da meine Absicht (...) auf die sittliche Weltweisheit gerichtet ist, so schränke ich die vorgelegte Frage nur einmal ein: ob man nicht meine, dass es von äusserster Notwendigkeit sei, einmal eine reine Moralphilosophie zu bearbeiten, die von allem,

---

204 Stellvertretend sei auf eine Briefstelle an Jacobi hingewiesen, die auch *C. Sauter*, ebenda, S. 301 nennt, in der er im behaupteten Einklang mit Kant darauf hinweist, der Mensch könne nur unter der Bedingung sinnlicher Wahrnehmung neue Begriffe von außen empfangen.

205 Durch einen Brief *Kiesewetters* vom 25. November 1798.

206 In diese Richtung wohl auch *D. Spitta*, Die Staatsidee Wilhelm von Humboldts, 2004, S. 22 mit Fußnote 37.

207 *H. Coing*, Grundzüge der Rechtsphilosophie, 3. Auflage 1976, S. 35.

was nur empirisch sein mag und zur Anthropologie gehört, völlig gesäubert wäre."[208]

Auch wenn Humboldt dies Kant nicht vorwirft, so veranschaulicht es doch die letztlich unüberbrückbare Kluft, die zwischen den beiden Ansätzen ihrer Methode und ihren Voraussetzungen nach liegt.[209] Denn so viele Ähnlichkeiten man den Formulierungen und einzelnen Postulaten auch aufzeigen mag – auch im Folgenden soll davon immer wieder die Rede sein –, kommt man doch nicht umhin diesen strukturellen Unterschied zu betonen, der in der Zentrierung des anthropologischen Befundes durch Humboldt und seiner Darstellung mit den Mitteln der Empirie zu sehen ist.

c) Humboldts empiristischer Zugriff

In diese Richtung weist auch eine Äußerung Humboldts aus einem anderen, freilich fragmentarisch gebliebenen, Werk: „Um nun aber hierüber erst zur Gewissheit zu gelangen, dürfen wir uns nicht reiner Vernunftsätze und Schlüsse bedienen. Gesetzt auch, wir besässen irgend eine Vernunftwahrheit, die auf die Nothwendigkeit eines gleichförmigen Gesezes führte; so dürften wir dennoch dadurch über die Natur und die Beschaffenheit desselben keine Aufschlüsse erwarten. Nur die Betrachtung der wirkenden Kräfte und ihrer Wirkungen, nur also die Erfahrung, sei es die innere in unsrem eignen Bewusstsein, oder die äussre durch Beobachtung, Ueberlieferung und Geschichte, kann hier Lehrmeisterin sein."[210] Daraus wird zugleich deutlich, dass die Betonung der Kräfte und Wirkungen einem empirischen Ansatz Humboldts das Wort reden. Stellt man dies in einen Zusammenhang zu Humboldts oben referierter Kritik an Kant, die darauf hinaus lief, dass dieser den wirkenden Kräften des Menschen nicht die gebührende Achtung geschenkt habe, so wird die empiristische Haltung Humboldts augenscheinlich, die ihn insoweit im Grundsätzlichen von Kant trennt.

---

208 Was dies auf den Staat bezogen bedeutet, stellt *Kant* in den ‚Metaphysischen Anfangsgründen der Rechtslehre' klar (Band VIII der von Weischedel herausgegebenen Ausgabe S. 309, 431): „Ein Staat ist die Vereinigung einer Menge von Menschen unter Rechtsgesetzen. So fern diese als Gesetze a priori notwendig, d. i. aus Begriffen des äußeren Rechts überhaupt von selbst folgend (nicht statuarisch) sind, ist seine Form die Form eines Staates überhaupt, d. i. der Staat *in der Idee*, wie er nach reinen Rechtsprinzipien sein soll, welche jeder wirklichen Vereinigung zu einem gemeinen Wesen (...) zur Richtschnur (norma) dient." (Hervorhebung auch dort).

209 Vgl. auch *D. Spitta*, Die Staatsidee Wilhelm von Humboldts, 2004, S. 153 ff.

210 *Humboldt*, Über die Gesetze der Entwicklung der menschlichen Kräfte, Werke in fünf Bänden (Hg. A. Flitner/K. Giel), Band I, S. 43, 46.

d) Mannigfaltigkeit der Situationen und Handelnden

Was Humboldt Kant vorwirft und durch die Einführung des Begriffs der Kraft zu überwinden sucht, gilt freilich in gewissem Sinne auch für ihn selbst. Denn ebenso wenig wie Kant seines Erachtens sagt, wie das Sittengesetz entstehe, beschäftigt er selbst sich etwa mit der Frage, wie der Staat entstehe. Das spricht, wie gesehen, nicht gegen seinen Ansatz, liegen dessen Vorzüge doch wie ebenfalls dargestellt nicht zuletzt darin, dass sie diese Frage meiden und sich stattdessen mit der Begrenzung der staatlichen Macht auseinandersetzen. Kommt aber der Rückführung auf das Individuum und dessen einzelner Kraft sonach eine bestimmende Bedeutung zu, so wäre es hilfreich zu wissen, was genau diese Kraft ist.[211] Handelt es sich dabei in umgangssprachlicher Entsprechung um das bloße Vermögen, die Fähigkeiten des Einzelnen und seine positiven Anlagen, dann lassen sich die folgenden Gedanken so zusammenfassen, dass der Einzelne diese Fähigkeiten bündeln und auf einen ihm gemäßen Gegenstand konzentrieren solle, um dort eine Vervollkommnung zu erreichen. Im Verbund mit anderen kommt es dann zu einer „charakterbildenden Verbindung".[212] Die Mannigfaltigkeit der Handelnden und der Situationen ist es, in der sich dieser Zusammenschluss bewährt und die allseitige Bildung der Kräfte fördert. Genau besehen werden Kraft und Bildung von Humboldt sogar gleichgeordnet und durch das Mittel der Freiheit zur Geltung gebracht: „Diese Kraft nun und diese mannigfaltige Verschiedenheit vereinen sich in der Originalität, und das also, worauf die ganze Größe des Menschen zuletzt beruht, wonach der einzelne Mensch ewig ringen muss, und was der, welcher auf Menschen wirken will, nie aus den Augen verlieren darf, ist Eigentümlichkeit der Kraft und der Bildung. Wie diese Eigentümlichkeit durch Freiheit des Handels und Mannigfaltigkeit der Handelnden gewirkt wird, so bringt sie beides wiederum hervor."[213] Allerdings ist damit noch nicht gesagt, dass darin ein die Erkenntnis leitendes Prinzip gesehen werden kann.[214]

---

211 *S. Battisti*, Freiheit und Bindung, 1986, S. 63: „Kraft ist für Humboldt, ähnlich wie bei Leibniz, ein metaphysisches Prinzip, das Seiendes in den Wirkzustand versetzt."

212 *Humboldt*, Ideen, S. 23 (65).

213 Vgl. *Humboldt*, Ideen, S. 23 f. (65).

214 Vgl. das – freilich nicht auf Humboldt gemünzte – Dictum *Hegels*, Grundlinien der Philosophie des Rechts, § 258: „Es ist hier gleichfalls die Einzelnheit der Individuen, welche das Prinzip des Erkennens ausmacht, jedoch nicht einmal der *Gedanke* dieser Einzelnheit, sondern im Gegenteil die empirischen Einzelheiten nach ihren zufälligen Eigenschaften, Kraft und Schwäche, Reichtum und Armut usf." (Hervorhebung auch dort).

2. Fichtes staatsphilosophische Schriften vor der Wissenschaftslehre

Im Zusammenhang mit der erwähnten Abhandlung Humboldts über Kant und Fichte ist eine bemerkenswerte Übereinstimmung Humboldts mit dem Inhalt früherer, nämlich vor seiner Wissenschaftslehre verfasster, Schriften Fichtes hervorzuheben, auf die Humboldt nicht eingeht.[215] Das ist umso aufschlussreicher, als Fichte sich ebenfalls literarisch mit der Begrenzung des Staats beschäftigt hat.[216] Hintergrund war die negative Erfahrung, die Fichte im Hinblick auf die Druckerlaubnis seiner Schrift „Versuch einer Kritik einer Offenbarung" mit dem preußischen Staatsminister Wöllner gemacht hatte. Diese Erfahrung stellt gleichsam die Weichen für sein Staats- und Rechtsverständnis: „Von nun an beginnt sich das Problem des Rechts mit dem der Begrenzung der Staatsgewalt zu verknüpfen."[217] Zumindest einige[218] der nachfolgenden Arbeiten Fichtes sind von der tief greifenden Skepsis gegenüber der Legitimation staatlichen Eingreifens bestimmt.[219] Bereits die Titel der Schriften „Neuer Entwurf für die Beantwortung der Frage: Hat der Fürst ein Recht, die Wahrheit auf irgend eine Art einzuschränken" respektive „Über die Achtung des Staates für die Wahrheit" sprechen eine deutliche Sprache.[220]

215 *Humboldt*, Über Kantische und Fichtesche Philosophie [1798], Werke in fünf Bänden (Hg. A. Flitner/K. Giel), 1981, Band V, S. 55.

216 Besonders klar *V. Hösle*, Moral und Politik. Grundlagen einer Politischen Ethik für das 21. Jahrhundert, 1997, S. 790: „Er (sc. Fichte) geht von dem autonomen Ich als Grundlage des Naturrechts aus und begrenzt somit die Wirksamkeit des Staates radikal, auch wenn sein Staat verglichen mit demjenigen Humboldts und Nozicks immer noch relativ viele Aufgaben wahrnimmt".

217 *M. Zahn*, Einleitung der im Folgenden zitierten Ausgabe von J. G. Fichte, Grundlage des Naturrechts nach Prinzipien der Wissenschaftslehre, 1979, S. VIII f.

218 Umstritten ist, ob dies auch gilt für das Fragment „Zuruf an die Bewohner der preußischen Staaten, veranlasst durch die freimütigen Betrachtungen und ehrerbietigen Vorstellungen über die neuen preußischen Anordnungen in geistlichen Sachen" – eine prima vista den preußischen Staat bejahende und verteidigende Schrift, die aber durchaus auch als subtile Parodie gelesen werden kann (näher *M. Zahn*, ebenda). Interessant ist immerhin, dass sich bereits in diesem Fragment die – wie zu zeigen sein wird, auch für Humboldt wichtige – Unterscheidung zwischen Individuum und Staatsbürger findet.

219 In einem Brief aus dem Frühjahr 1792 schreibt er sogar an den befreundeten Theodor von Schön: „Ich für meine Person spreche der preußischen Inquisition unter die Nase Hohn." An den Freund Schön schreibt er übrigens auch: „Ich werde über einen Gegenstand, der mich mit unwiderstehlicher Stärke an sich zieht – über Natur- und Staatsrecht noch manches schreiben".

220 Siehe auch *J. Petersen*, Fichtes Versuch, Machivelli Gerechtigkeit widerfahren zu lassen, Festschrift für M. Kloepfer, 2013, S. 927.

Es waren aber vor allem zwei frühe Arbeiten Fichtes, die anonym erschienen und die eine gedanklich auffällige Nähe zu den Ideen Humboldts aufweisen, zumal sie gleichfalls unter dem Eindruck der französischen Revolution geschrieben wurden. Thematisch deutlich wird dies in der Schrift „Beiträge zur Berichtigung der Urteile des Publikums über die französische Revolution".[221] Die damit verbundene Ablehnung jeglichen Absolutismus' scheint auf in Fichtes „Zurückforderung der Denkfreiheit von den Fürsten Europens, die sie bisher unterdrückten."[222] In unverkennbarer Vorwirkung auf seine spätere Philosophie geht Fichte davon aus, dass „der Kreis des Ichs der umfassendste und der des Staates der engste sein muss".[223] Der Staat hat nur die Funktion, das Eigentum und die Freiheit seiner Bürger zu sichern; folglich muss er unter allen Umständen in seinen Grenzen bleiben. Eingreifen darf er nur, wenn die Moral als eine dem Staat an sich verschlossene Sphäre des Gewissens ihren Ausdruck in Handlungen findet, welche das Eigentum oder die Freiheit anderer Individuen berühren.[224]

Bei aller zeitgemäßen Ähnlichkeit mit den Ideen Humboldts und ihren gedanklichen Entsprechungen darf aber nicht der unterschiedliche anthropologische Ausgangspunkt Humboldts übersehen werden, von dem zuvor bereits die Rede war. Demgegenüber ist es bei Fichte von vornherein der „Kreis des Ichs",[225] der von dem des Staates geschieden werden muss. Es ist gleichsam eine – in Anlehnung an Dieter Henrichs überragende Arbeit[226] – „Grundlegung aus dem Ich". Zugleich hat Fichte damit ein Thema gefunden,[227] dessen Ausarbeitung bis in die Grundlage des Naturrechts wirkt. Daher muss Fichtes Naturrecht, das nach seiner eigenen Aussage eher ein Vernunftrecht ist,[228] im Folgenden stetig mit

221 *J. G. Fichtes* sämtliche Werke (Hg. I. H. Fichte, 1844 – 46), Band VI, S. 80ff.

222 Mit dem pathetischen Untertitel „Eine Rede. Heliopolis, im letzten Jahre der alten Finsternis".

223 So prägnant *M. Zahn*, Einleitung, S. XI.

224 *J. G. Fichtes* sämtliche Werke, (Hg. I. H. Fichte, 1844 – 46), Band VI, S. 89; instruktiv *M. Zahn*, Einleitung, S. XI.

225 Um nochmals die treffende Wendung von *M. Zahn* aus seiner überaus konzisen Einleitung zur „Grundlage des Naturrechts" zu zitieren.

226 *D. Henrich*, Grundlegung aus dem Ich. Untersuchungen zur Vorgeschichte des Idealismus. Tübingen – Jena 1790 – 1794, 2004; speziell zu Fichte und dessen „ursprünglicher Einsicht" *ders.*, Festschrift für Kramer, 1967.

227 *M. Zahn*, Einleitung, S. VIII, spricht dementsprechend davon, dass mit der Begrenzung der Staatsgewalt „ein Leitmotiv der philosophischen Bemühungen Fichtes im ‚Naturrecht' angedeutet ist.

228 *J. G. Fichtes* nachgelassene Werke (Hg. I. H. Fichte, 1854 – 1855), Band II, S. 498.

berücksichtigt werden, weil sich nicht zuletzt daraus der Abstand zu Humboldt ersehen lässt.[229]

II. Humboldts Idealstaat

In gewisser Weise begegnet in den Ideen doch eine versteckte und sublimierte sowie stark idealisierte gesellschaftsvertragliche Konzeption. Diese unterscheidet sich aber von allen bisherigen deutlich, wie sich schon daran zeigt, dass eher die Zweipersonenbeziehung als die Gesellschaft im Blickpunkt steht,[230] von der Humboldt nur einmal am Rande spricht.[231] Die Grundkonstanten bleiben – mit wechselnden Begriffen – die Freiheit und Bildung des Einzelnen, seine Eigentümlichkeit und Originalität,[232] und selbst wenn er von den Naturgesetzen spricht, so erscheinen sie „dem eigengebildeten Menschen eigentümlicher".[233] So nimmt es nicht wunder, dass auch die Koexistenz der Individuen sich aus Humboldts Sicht weniger zu einem Staatsganzen formen und dessen Kraft bilden als vielmehr wiederum allein der Einzelne und seine Bildung und Freiheit sein Interesse beansprucht: „Das höchste Ideal des Zusammenexistierens menschlicher Wesen wäre mir dasjenige, in dem jedes nur aus sich selbst und um seiner selbst willen sich entwickelte."[234] Daraus erklärt sich, warum der Idealstaat Humboldts als solcher bezeichnet wurde, in dem „lauter Humboldts" zusammenleben:[235] „His state is only possible in a community of Humboldts", schrieb der englische Historiker G. P. Gooch.[236] Eine nicht minder bemerkenswerte Einschätzung der Staatsphilosophie Humboldts stammt von Oswald Spengler: „Dagegen gehört der

229 Zutreffend *V. Hösle*, Moral und Politik. Grundlagen einer Politischen Ethik für das 21. Jahrhundert, 1997, S. 790: „Freilich ist Fichte in seinen Prinzipien deutlicher und philosophisch reflektierter als Humboldt, so etwa in seiner klaren Aussage, das Prinzip des Naturrechts sei von demjenigen der Moral grundsätzlich unterschieden".

230 Siehe auch *E. Altgelt*, Das Verhältnis des Einzelmenschen zum Gemeinwesen in Wilhelm von Humboldts politischen Jugendschriften. Ein Beitrag zur individualistischen Gesellschaftslehre, 1924.

231 *Humboldt*, Ideen, S. 22 (64): „das wirkt in der Gesellschaft die Verbindung mit andren".

232 Es wäre nach Humboldt sogar „ohne Zweifel segenvoll, wenn das Menschengeschlecht *ein* Mensch wäre" (*Humboldt*, Ideen, S. 27 (68); Hervorhebung auch dort).

233 *Humboldt*, Ideen, S. 24 (65 f.).

234 *Humboldt*, Ideen, S. 25 f. (67).

235 Vgl. auch *S. Kaehler*, Wilhelm von Humboldt und der Staat, 1963, S. 150. Zutreffend insoweit auch *C. Sauter*, Wilhelm von Humboldt und die deutsche Aufklärung, 1989, S. 312: „Für seine Lehre vom Menschen kann der Spruch, den Kant an den Anfang seiner ersten Kritik setzt: ‚De nobis ipsis silemus', keine Gültigkeit haben".

236 *G. P. Gooch*, Germany and the French Revolution, 1920, S. 107 f.

politische Geschmack Wilhelm von Humboldts, der als Klassizist dem Staate das Individuum gegenübergestellt hat, überhaupt nicht in die politische, sondern in die Literaturgeschichte. Denn hier wird nicht die Lebendigkeit des Staates innerhalb der wirklich vorhandenen Staatenwelt ins Auge gefasst, sondern das Privatdasein für sich ohne Rücksicht darauf, ob ein solches Ideal angesichts der vernachlässigten äußeren Lage auch nur einen Augenblick bestehen könnte."[237] Beinahe lakonisch wirkt es, wenn von Humboldt nachgeschoben wird, dass „physische und moralische Natur diese Menschen schon noch aneinander führen würden." Man wundert sich nicht, dass Joseph Görres den Urheber einer solchen Vorstellung menschlichen Zusammenlebens später als „kalt wie Dezembersonne" schilderte.[238] Gerechter wird man Humboldt wohl, wenn man eine Briefstelle hinzu nimmt, die aus der Zeit der Niederschrift der Ideen datiert: „Die vorteilhafteste Lage für den Bürger im Staat scheint mir die, in welcher er zwar durch so viele Bande als möglich mit seinen Mitbürgern verschlungen, aber durch so wenige als möglich von der Regierung gefesselt wäre. Denn der isolierte Mensch vermag sich ebenso wenig zu bilden als der in seiner Freiheit gewaltsam gehemmte."[239] Damit ist ein weiteres Leitmotiv gefunden, das in den Ideen verschiedentlich aufleuchtet, nämlich die Bedenken gegen eine vollständige Isolierung des Menschen. Diese soziale Konnotation darf nicht übersehen werden, wenn man Humboldts Ideen angemessen würdigen will. Sie darf freilich, wie man im zweiten Teil sehen wird, auch nicht über Gebühr betont werden.[240]

III. Idealisierter Naturzustand

Aber ungeachtet solcher Polemik sei hier noch einmal dasjenige in Humboldts Worten zusammengefasst, was das Ergebnis seiner Beobachtung des Zweckes von Mensch und Staat folgt, dass nämlich „die wahre Vernunft dem Menschen keinen andren Zustand, als einen solchen wünschen kann, in welchem nicht nur jeder einzelne der ungebundensten Freiheit genießt, sich aus sich selbst in seiner Eigentümlichkeit zu entwickeln, sondern in welchem auch die physische Natur keine andre Gestalt von Menschenhänden empfängt, als ihr jeder Einzelne nach dem Maße seines Bedürfnisses und seiner Neigung, nur beschränkt durch die Grenzen seiner Kraft und seines Rechts, selbst und willkürlich gibt."[241]

---

237 *O. Spengler*, Der Untergang des Abendlandes, 1922, S. 1012 Fußnote 1.
238 *H. Scurla*, Wilhelm von Humboldt, S. 39.
239 Brief an Forster vom 1.6.1792.
240 Zu nennen ist *Ch. Taylor*, Negative Freiheit?, 1992; näher dazu unten Kapitel 10.
241 *Humboldt*, Ideen, S. 28 (69); dort kursiv hervorgehoben.

Man kann insofern von einer Art idealisiertem Naturzustand sprechen,[242] eines Zustands also, in welchem der Staat am wenigsten in Erscheinung tritt, indem er die Bildung und Entwicklung des Individuums nicht stört und dessen Selbstbestimmung und Willensfreiheit achtet.[243] Dieser Entwurf hat den Vorzug, dass ihm kein naturalistischer Fehlschluss unterläuft, indem von einem Sein auf ein Sollen geschlossen wird.[244] Denn Humboldt interessiert von vornherein nicht so sehr, was der Mensch ist, als vielmehr was er bei Bildung seiner Kräfte und Eigentümlichkeiten sein kann und folgert aus dieser Möglichkeit nur das Postulat unterbleibender Einmischung. Es ist zugleich erkennbar ein Gegenentwurf zum Staat Hegels, in dem es die *höchste Pflicht* des Einzelnen ist, Mitglied des Staats zu sein.[245] In dieser Idealisierung wird der Naturzustand zugleich für Humboldt zu einem gleichsam negativen Regulativ, das er in den Worten zusammenfasst: „Kein Gesetz darf verbieten, wozu im Naturzustande nicht einmal eine unvollkommene Verbindlichkeit vorhanden war."[246]

IV. Der Begriff des Rechts

Allerdings kommt auch diese Zusammenfassung nicht ohne die Einführung eines neuen Begriffs aus, von dem bislang trotz seiner augenscheinlichen Zentralität

242 Dementsprechend ist im Übrigen auch der Gesellschaftsvertrag ein ideales Datum (zutreffend *C. Sauter*, Wilhelm von Humboldt und die deutsche Aufklärung, 1989, S. 119 Fußnote 307) und kein historisches (so aber *S. Kaehler*, Wilhelm von Humboldt und der Staat, 1963, S. 140f.).

243 Vgl. die Definition von *C. Sauter*, Wilhelm von Humboldt und die deutsche Aufklärung, 1989, S. 336 f.: „Bildung meint daher zunächst die Entfaltung der Kräfte und ihr Zusammenkommen in der einen Kraft. Diese ‚innere Kraft' macht den individuellen Charakter des Einzelnen aus. Und hier tritt die zweite Bedeutung von Bildung hervor: sie führt den Menschen sukzessive zu seinem Menschsein. Und darum kann Humboldt davon sprechen, dass es allein diese ‚innere Kraft' sei, um die es sich zu leben verlohnt. Nur in der Bildung seiner Kräfte gelangt der Mensch auf die höchste Stufe seines Daseins." Allerdings belegt diese – durchaus textnahe – Interpretation zugleich auch einen dunklen, mystisch anmutenden Zug in der Vision Humboldts, der über die idealistische Prägung hinaus etwas Vages hat, das letztlich Erklärungen schuldig bleibt.

244 Vgl. in diesem Zusammenhang auch *S. Battisti*, Freiheit und Bindung, 1986, S. 65: „Heißt das nun, dass Humboldt auf unkritische Weise von der Seinsebene auf die Sollensebene übergeht und die seit D. Hume festgestellte Distinktion zwischen Sein und Sollen unberücksichtigt lässt, wenn er von der vorhandenen Kraft im Individuum auf dessen Idealisierung schließt? Woher weiß er denn, worin das je eigentümliche Bildungsziel des Individuums liegt?".

245 *Hegel*, Grundlinien der Philosophie des Rechts, Dritter Abschnitt, § 258; Hervorhebung auch dort.

246 *Humboldt*, Gesammelte Schriften, Ausgabe der Königlich Preußischen Akademie der Wissenschaften, Band VII, 2, S. 503.

noch nicht die Rede war, nämlich dem des Rechts. Das gilt um so mehr als das Recht des Einzelnen hier sogar als Beschränkung erscheint, also etwas nach Humboldt hochgradig Begründungsbedürftigem. Er sieht, dass allein die Beschränkung durch die Grenzen seiner Kraft in ein Dilemma – womöglich ein bellum omnium contra omnes – führen könnte, das auch durch die Beobachtung der „wahren Vernunft" nicht hinreichend abgewendet würde. Daher bedarf es der Schranke des Rechts, doch führt ihre Statuierung ohne vorherige – sei es auch nur implizite – Herleitung in ein anderes Dilemma, womit sich zugleich der Vorwurf Humboldts gegen Kant abermals gegen ihn selbst wendet.[247]

1. Kants Rechtsbegriff

Damit stellt sich die Frage, was das Recht im Sinne Humboldts ist. Kant hat wenige Jahre nach der Niederschrift von Humboldts Ideen im Jahre 1797 seine Metaphysischen Anfangsgründe der Rechtslehre als ersten Teil der Metaphysik der Sitten vorgelegt und darin einen aufschlussreichen Definitionsversuch unternommen, den Humboldt zwar noch nicht kennen konnte, der jedoch interessante Parallelen zum von Humboldt vorausgesetzten Rechtsbegriff aufweist.[248] Recht ist demnach „der Inbegriff der Bedingungen, unter denen die Willkür des einen mit der Willkür des andern nach einem allgemeinen Gesetz der Freiheit zusammen vereinigt werden kann."[249] Auch wenn diese Definition zeitlich nach Humboldts Ideen lag,[250] ist zu berücksichtigen, dass die Rechtslehre Kants einer zwar bestrittenen,[251] aber wohl zutreffenden Ansicht zu Folge im Kern kritische Philosophie

---

247 Siehe dazu bereits oben Kapitel 2 I 1 b).

248 *E. Spranger* hat in seinem Aufsatz ‚Wilhelm von Humboldt und Kant' (Kant-Studien 13, 1908, S. 69 ff.) vornehmlich die erkenntnistheoretischen Probleme und Dissonanzen behandelt.

249 *Kant*, Metaphysische Anfangsgründe der Rechtslehre 1797, Band VIII der von Weischedel herausgegebenen Ausgabe, 1977, S. 309, 337.

250 Eine anders lautende Definition findet sich in der Abhandlung „Über den Gemeinspruch: Das mag in der Theorie richtig sein, taugt aber nicht für die Praxis" (Band XI der von Weischedel herausgegebenen Ausgabe, 1977, S. 127, 144): „Recht ist die Einschränkung der Freiheit eines jeden auf die Bedingung ihrer Zusammenstimmung mit der Freiheit von jedermann, in so fern diese nach einem allgemeinen Gesetze möglich ist".

251 Siehe nur *K. H. Ilting*, Gibt es eine kritische Ethik und Rechtsphilosophie Kants?, Archiv für Geschichte der Philosophie 63 (1981) 325 ff. Überblick zur diesbezüglichen Diskussion bei *G.-W. Küsters*, Kants Rechtsphilosophie, 1988, S. 10 ff.

sind.[252] Humboldt, der die Kritik der praktischen Vernunft kannte und die Zentralität des Freiheitsbegriffs verinnerlicht hatte, würde dieser Definition wohl zugestimmt haben. Deutlich wird die Verwandtschaft der beiden Rechtsbegriffe – des von Kant definierten und des von Humboldt vorausgesetzten – darin, dass sie jeweils durch die Freiheit bedingt sind.[253] Kant verklammert die Willkürsphären durch ein allgemeines Gesetz der Freiheit, das insofern bestimmend für den Rechtsbegriff wird. Dementsprechend formuliert Humboldt Freiheit als die „unerlässliche Bedingung" für die Bildung der menschlichen Kräfte, die letztlich den Zweck des Menschen ausmacht.[254] Wenn also das Recht von Humboldt als eine der Kraft gleichgeordnete Einschränkung der Freiheit erscheint, so liegt nahe, dass es gleichwohl der Freiheit zur Durchsetzung verhilft, auch wo und indem es sie begrenzt.

2. Naturrecht bei Humboldt

Weiter oben war bereits die Rede davon, dass Humboldts Verständnis der Natur prägend für sein Freiheitsdenken ist.[255] Eine naturrechtliche Konnotation ließ sich dort jedoch nur über eine Briefstelle herstellen, aus der indes keine Folgerungen für seine Staatslehre gezogen werden konnten. Jetzt sieht es insofern anders aus, als Humboldt das Recht ohne nähere Definition einführt, gleich als ob es sich um etwas Vorgegebenes, nicht näher zu Begründendes handele. Das legt die Vermutung nahe, dass sich das so verstandene Recht nur als Naturrecht bezeichnen lasse.[256] Versteht man dies als Summe von Gerechtigkeitssätzen, die letztlich im

---

252 Vgl. etwa *F. Kaulbach*, Studien zur späten Rechtsphilosophie Kants und ihrer transzendentalen Methode, 1982; *W. Busch*, Die Entstehung der kritischen Rechtsphilosophie Kants 1762 – 1780, 1979 (dazu aber *H. Oberer*, Kantstudien 74 (1983) 217 ff.

253 Allerdings ist zu berücksichtigen, dass der Zusammenhang von Recht und Freiheit auch für Hegels – an sich konträren – Ausgangspunkt gilt; vgl. den Schluss des § 1 der Grundlinien der Philosophie des Rechts: „Die Idee des Rechts ist die Freiheit (...)." Dementsprechend konnte er das Recht „die Freiheit als Idee" (Op. cit., § 29) und das Rechtssystem „das Reich der verwirklichten Freiheit" nennen (Op. cit., § 4).

254 Pointiert *P. Berglar*, Wilhelm von Humboldt, 1970: „Freiheit als Mittel, jedoch nicht als Zweck".

255 Oben Kapitel 1 IV.

256 Vgl. auch *S. Battisti*, Freiheit und Bindung, 1986, S. 96: „Ähnlich wie Locke und Rousseau geht auch Humboldt von einem naturrechtlichen, aller positiven Gesetzgebung vorausliegenden Freiheitsanspruch des Menschen aus und macht diesen zum Bestimmungsgrund staatlicher Wirksamkeit".

Sittlichen gründen und in bestimmten Grundüberzeugungen wurzeln,[257] zugleich aber auch als „Wissenschaft staatlicher Herrschaft im bürgerlichen Zustand“,[258] so kommt man schwerlich umhin, Humboldts Rechtsverständnis als naturrechtlich anzusehen. In diesem Zusammenhang ist bemerkenswert, dass es einer Tendenz seiner Zeit entsprach, das Naturrecht von der Moralphilosophie abzugrenzen[259] und so einen gleichsam vom Staat freien Bereich der Gesellschaft zu konstituieren.[260] Weiter unten wird noch näher vom Verhältnis zwischen Legalität und Moralität die Rede sein.[261] Dort wird uns auch eine Stelle beschäftigen,[262] die bereits hier als Anhaltspunkt für ein naturrechtliches Verständnis ins Feld geführt werden kann. Humboldt geht nämlich davon aus, „dass bei einem nicht kleinen Teil der Nation die Gesetze und Einrichtungen des Staates gleichsam den Umfang der Moralität abzeichnen.“[263] Die dort vorausgesetzte Übereinstimmung von Naturrecht und positivem Recht entspricht etwa dem aristotelischen Gedanken, dass das Naturrecht geradezu im gesetzten Recht wirkt.[264] Am Rande sei erwähnt, dass Humboldt Aristoteles' Ethik am Ende der Einleitung seiner Ideen zu Wort kommen lässt, wo es heißt: „Was einem jeden, seiner Natur nach, eigentümlich ist, ist ihm das Beste und Süßeste. Daher auch den Menschen das Leben nach der Vernunft, wenn nämlich darin am meisten der Mensch besteht, am meisten beseligt.“[265]

---

257 *H. Coing*, Grundzüge der Rechtsphilosophie, 3. Auflage 1976, S. 203, 205.

258 So definiert es auf die Zeit bezogen *D. Klippel*, Politische Freiheit und Freiheitsrechte im deutschen Naturrecht des 18. Jahrhunderts, 1976, S. 43.

259 *C. Sauter*, Wilhelm von Humboldt und die deutsche Aufklärung, S. 99, macht auch auf die daher bewusst separierte Naturrechtsvorlesung von E. F. Klein aufmerksam, der Humboldt in diesem Fach unterwies. Lehrwerk war demnach das Buch von *J. K. Höpfner*, Naturrecht des einzelnen Menschen, der Gesellschaft und der Völker, 1. Auflage 1780.

260 *J. Garber*, Vom ‚ius connatum' zum ‚Menschenrecht'. Deutsche Menschenrechtstheorien der Spätaufklärung, in: Rechtsphilosophie der Aufklärung (Hg. R. Brandt), 1982, S. 107 ff.

261 Unten sub Kapitel 2 II.

262 Leider sind Humboldts zahlreiche und intensive Anmerkungen zu dem von ihm verwendeten Lehrwerk, die auf eine eigene Naturrechtskonzeption schließen lassen, verschollen (*C. Sauter*, Wilhelm von Humboldt und die deutsche Aufklärung, S. 99). Von daher ist es reizvoll, diese Konzeption hier und im Folgenden stückweise nachzuzeichnen, was freilich nur bis zu einem gewissen Grade gelingen kann.

263 *Humboldt*, Ideen, S. 34 (74). Zu berücksichtigen ist die Definition von *H. Grotius* (Drei Bücher über das Recht des Krieges und Friedens, Buch I, Kapitel IX. 1, Üb. von J. H. v. Kirchmann, Band 1, 1869, S. 73) des Naturrechts. Nach ihm ist es ein „Gebot der Vernunft, welches anzeigt, dass einer Handlung wegen ihrer Übereinstimmung oder Nichtübereinstimmung mit der moralischen Natur selbst, eine moralische Hässlichkeit oder eine moralische Notwendigkeit innewohnt“.

264 *Aristoteles*, Nikomachische Ethik, V 10.

265 *Aristoteles*, Nikomachische Ethik, X 7.

Auch hier findet sich die Natur als Richtschnur, wenngleich nicht in rechtlicher Hinsicht, so doch programmatisch und für das Folgende maßgeblich.

3. Folgerungen für Humboldts Rechtsbegriff

Fasst man dies zusammen, so ergibt sich, dass der von Humboldt vorausgesetzte Rechtsbegriff stark naturrechtliche Züge trägt. Humboldt geht hier wie an vielen anderen zentralen Stellen seiner Abhandlung stark von der Erfahrung aus.[266] Sein empiristischer Grundzug steht bei allen scheinbaren Entsprechungen, von denen weiter oben die Rede war,[267] in einem beachtenswerten Gegensatz zu dem von Kant wenige Jahre später vorgelegten Rechtsbegriff.

a) Abgrenzung zum Staatsrecht Kants

Wie uneinheitlich und zwiespältig Humboldts Verhältnis zu Kant ist, zeigt sich auch dort, wo er vom Staat spricht und allenfalls unausgesprochen auf Kant Bezug nimmt, wie etwa in seiner ‚Denkschrift über die deutsche Verfassung an den Freiherrn vom Stein' aus dem Jahre 1813: „Sie (sc. die Verfassung) *rein nach Prinzipien der Vernunft und Erfahrung* gründen zu wollen, ist im hohen Grade misslich, und so gewiss alle wirklich dauerhaften Verfassungen einen unförmlichen, und keine strenge Prüfung ertragenden Anfang haben, so gewiss würde es einer von Anfang an folgerechten an Bestand und Dauer mangeln."[268] Zwar sah auch Kant die Notwendigkeit, auf die „empirischen Mannigfaltigkeiten" Rücksicht zu nehmen.[269] Ihm ging es jedoch darum zu erforschen, welche Gesetze „a priori gegründet und notwendig eingesehen werden können". Entsprechend formuliert er es im Staatsrecht (gegen Hobbes): „So folgt, dass die bürgerliche Freiheit durch die Willkür eines anderen Zwang heißt: so folgt, dass die bürgerliche Verfassung ein Verhältnis freier Menschen ist, die (unbeschadet ihrer Freiheit im Ganzen ihrer Verbindung mit anderen) doch unter Zwangsgesetzen stehen: *weil die Vernunft selbst es so will, und zwar die reine a priori gesetzgebende Vernunft, die auf keinen*

266 Siehe nur S. 55 (92) der Ideen: „Allein hier zeigt eben die Erfahrung die verderblichen Folgen, wenn die Absicht, Sicherheit zu erhalten und andre Endzwecke zu erreichen, miteinander verbunden wird."

267 Sub Kapitel 2 I.

268 *Humboldt*, Denkschrift über die deutsche Verfassung an den Freiherrn vom Stein [1813], Werke in fünf Bänden, Band IV, S. 302, 306; Hervorhebung nur hier.

269 *Kant*, Metaphysische Anfangsgründe der Rechtslehre, 1797, Band VIII der von Weischedel herausgegebenen Ausgabe, 1977, S. 309.

empirischen Zweck (dergleichen alle unter dem allgemeinen Namen Glückseligkeit begriffen worden) *Rücksicht nimmt.*"[270] Deutlicher wird es noch in folgendem Postulat: „Wenn daher ein System der Erkenntnis a priori aus bloßen Begriffen Metaphysik heißt, so wird eine praktische Philosophie, welche nicht Natur, sondern die Freiheit der Willkür zum Objekte hat, eine Metaphysik der Sitten voraussetzen und bedürfen."[271]

b) Relikte Wolffschen Naturrechtsdenkens

Humboldt verhält sich demgegenüber seltsam unentschieden.[272] So sehr seine Rechtsphilosophie „die Freiheit der Willkür zum Objekte" zu haben scheint, geht es ihm doch weniger um die Begründung der Willensfreiheit als vielmehr um eine praktische Philosophie, welche die Natur zum Gegenstand oder wenigstens Maßstab hat. Auch wenn man weiß, dass Humboldt, wie erinnerlich, die Kritik der praktischen Vernunft kannte, erscheint sein eigener philosophischer Standpunkt davon zwar mitnichten unberührt – im Gegenteil ist das Grundanliegen gerade auf die Verwirklichung der Freiheit und Selbstbestimmung des Individuums gerichtet –, aber doch unkritisch in ihren Prämissen. Was man Kant unberechtigt zum Vorwurf machte, nämlich einen Rückfall in überkommenes und vorkritisches Naturrechtsdenken,[273] kann man bei Humboldt beinahe noch als Voraussetzung seines Denkens ansehen.

Man darf dies freilich nicht dahingehend missverstehen, Humboldt bekenne sich geradezu zum Naturrecht. Eher ist das Gegenteil der Fall, wenn dies auch schwerlich aus den Ideen ersichtlich ist. Es ist wiederum eine Briefstelle, die in die entgegen gesetzte Richtung weist: „Nach dem äußeren Recht ist man berechtigt, die Bitte eines Bettlers zu verweigern; ob man aber nach dem inneren Recht berechtigt ist, ihm nichts zu geben, entscheidet nicht das Naturrecht, sondern die Moral."[274] Diese Reflexion scheint von Kants Unterscheidung zwischen Legalität

---

270 *Kant*, Über den Gemeinspruch: Das mag in der Theorie richtig sein, taugt aber nicht für die Praxis, 1793, Band XI der von Weischedel herausgegebenen Ausgabe, 1977, S. 127, 144; Hervorhebung auch dort.

271 *Kant*, Metaphysische Anfangsgründe der Rechtslehre, 1797, Band VIII der von Weischedel herausgegebenen Ausgabe, 1977, S. 309, 321.

272 *C. Sauter*, Wilhelm von Humboldt und die deutsche Aufklärung, S. 105, verweist darauf, dass Humboldt die zeitgenössischen Naturrechtsvorstellungen in sich aufgenommen aber letztlich keinen Ausweg aus dem Dilemma des Fehlens eines materialen Kriteriums für Recht und Pflicht des Menschen gesehen habe.

273 Dazu bereits ansatzweise oben Kapitel 2 I 1 a) mit weiteren Nachweisen.

274 Brief an seine Frau Caroline vom 22. September 1790, also etwa eineinhalb Jahre vor der Niederschrift der Ideen.

und Moralität geprägt, entspricht aber wohl eher den Vorstellungen seines Naturrechtslehrers Klein, der wiederum als Vorläufer Kants in Bezug auf die genannte Unterscheidung angesehen wird. So unmissverständlich sie indes das Naturrecht abzulehnen scheint, so wenig streitet sie andererseits für eine bedingungslose Abkehr vom Naturrecht. Es ist vielmehr nicht untypisch für Humboldt, dass sich immer wieder gedankliche Anleihen bekannter Positionen – namentlich derer Kants – finden, ohne dass diese jedoch durchgängig verfochten würden, weil nicht zuletzt die Prämissen im Hinblick auf den mehr oder weniger empiristischen Ansatz unterschiedlicher Natur sind. Daher bedeutet die erklärte Abwendung vom Naturrecht noch nicht, dass nicht gleichwohl wesentliche Teile seiner Ideen gleichwohl naturrechtlich gefärbt sein können. Für diese Sichtweise spricht auch ein Bekenntnis Humboldts, das er gegenüber Friedrich Heinrich Jacobi ablegte: „Sie wissen ja selbst, ich bin in der Wolffischen Philosophie gesäugt und großgezogen worden, und in Kants und anderer Systeme stahl ich mich hinüber."[275] Wolffs ‚Ius naturae' zufolge sind naturrechtliche Bestimmungen im Kollisionsfall gegenüber positiven Rechtssätzen durchschlagend. So könnte es sich auch bei den drei Jahre später abgefassten Ideen durchaus noch um Relikte Wolffschen Naturrechtsdenkens handeln,[276] die ungeachtet kantischer Terminologie im Ansatz beherrschend blieben.

4. Individualitätsentfaltung als oberstes Prinzip des Naturrechts

Einen auf den ersten Blick bestechenden Erklärungsversuch von Humboldts Naturrechtsdenken hat C. Sauter vor dem Hintergrund der historischen Nachzeichnung seiner Naturrechtsstudien vorgelegt.[277] Ihres Erachtens hat Humboldt seit seiner Studienzeit fortwährend mit dem Naturrecht gerungen und das Fehlen eines obersten Prinzips oder Kriteriums vermisst, das letztlich darüber Auskunft gibt, was Recht und Pflicht des Menschen ist. Dieses oberste Prinzip habe er in der freien Entfaltung der Individualität des Menschen erblickt und diese sonach in den Ideen zum obersten Leitgedanken erhoben und von daher die Grenzen der Wirksamkeit des Staates bestimmt.[278]

---

275 Brief vom 7. Februar 1789.

276 Es lässt sich übrigens ausweislich des Ausleihregisters der Göttinger Universitätsbibliothek belegen, dass Humboldt dieses Werk von Wolff eingesehen hat (*C. Sauter*, Wilhelm von Humboldt und die deutsche Aufklärung, 1989, S. 114).

277 *C. Sauter*, Wilhelm von Humboldt und die deutsche Aufklärung, 1989, S. 115 und öfter.

278 Hinzu kommt der Einfluss Forsters; vgl. *J.-A. v. Rantzau*, Wilhelm von Humboldt. Der Weg seiner geistigen Entwicklung, 1939, S. 15: „Das Heilmittel gegen die Mechanisierung sah Forster,

Die historisch exakte und quellentheoretisch fundierte Herleitung der zeitgenössischen Naturrechtsvorstellungen ist in der Tat ein besonderes Verdienst.[279] Zudem vermag dieser Ansatz entstehungsgeschichtlich einiges zu erklären. So lässt sich damit begründen, warum Humboldt das Recht nicht näher definiert und, wie noch im weiteren Verlauf der Untersuchung zu zeigen sein wird, alles als sanktionsbedürftige Störung der Entfaltung der Individualität ansieht, was in fremdes Recht eingreift.[280] Damit widerspricht dieses Verständnis dem naturrechtlichen Konzept Humboldts, das im vorigen auseinander gelegt wurde, im Kern nicht. Nur ist sein Erklärungswert auf der anderen Seite auch nicht beträchtlicher, weil die Entfaltung und Bildung der Individualität zwar durchaus eine Richtschnur sein kann, zumal wenn die Grenzen der Wirksamkeit des Staates im Vordergrund stehen. Jedoch eignet sie sich damit noch nicht ohne weiteres als oberstes Prinzip,[281] das in materialer Weise über die Rechte und Pflichten des Menschen entscheidet. Dieses Defizit war offenbar auch Humboldt bewusst, wenn er etwa schrieb: „Wende ich mich aber ganz von diesen materialen Prinzipien zu Kants formalen hinweg, so find' ich auch da sehr viel Schwierigkeiten, nur von andrer Art."[282] Gleichwohl kann dieser Nachzeichnung des Naturrechtsverständnisses Humboldts durchaus der Rang einer Arbeitshypothese eingeräumt werden. Gerade dort, wo der Gedankengang Humboldts auch mit dieser Leitidee womöglich unzureichend ist, veranschaulicht er ungewollt den Stand vorkantischen Naturrechtsdenkens und sucht zugleich nach einem eigentümlichen Ausweg, der bei allen möglichen Defiziten die Originalität Humboldts veranschaulicht.

---

und dies verband ihn ganz besonders mit dem jungen Humboldt, in der *Erstarkung der menschlichen Individualität.*" (Hervorhebung nur hier).

279 Siehe auch *K.-E. Nipkow*, Die Individualitätsentfaltung als pädagogisches Problem bei Pestalozzi, Humboldt und Schleiermacher, 1960.

280 Vgl. auch *C. Menze*, Die Individualität als Ausgangs- und Endpunkt des Humboldtschen Denkens, in: Universalismus und Wissenschaft im Werk und Wirken der Brüder Humboldt (Hg. K. Hammacher), 1976, S. 160.

281 So lautet immerhin das – zutreffende – Postulat von *C. Sauter*, Wilhelm von Humboldt und die deutsche Aufklärung, 1989, S. 105, das schließlich auch das Dilemma des Naturrechts ausmacht.

282 An F. H. Jacobi am 7. Februar 1789.

3. Kapitel: Einmischung des Staates und Wohl der Gesellschaft

Obwohl Humboldt durchgängig vom Einzelnen ausgeht und die Individualität in den Mittelpunkt stellt,[283] kommt er nicht umhin, das Wohl der Gesellschaft zum Maßstab für den Umfang der Wirksamkeit des Staates zu erheben.[284] Allerdings ist die Gesellschaft bei Humboldt eine seltsam blasse Größe;[285] ihn interessiert auch dort letztlich nur der Einzelne, wo er von den Bürgern im Plural spricht.[286] An späterer Stelle präzisiert er dies dahingehend, dass die Verbindung der Menschen untereinander geschieht, „nicht um an Eigentümlichkeit, aber an ausschließendem Isoliertsein zu verlieren."[287] Allerdings zeigt diese Stelle, von der später noch die Rede sein wird, dass die Unterscheidung von Staat und Gesellschaft in der Frühschrift noch sehr unausgegoren zur Geltung kommt.

Es ist daher folgerichtig, dass Humboldt das Wohl der Gesellschaft entsprechend dem von ihm postulierten idealisierten Naturzustand im oben erwähnten Sinne dahingehend präzisiert,[288] dass „jedes Bemühen des Staats verwerflich sei, sich in die Privatangelegenheiten des Bürgers überall da einzumischen, wo dieselben nicht unmittelbaren Bezug auf die Kränkung der Rechte des einen durch den andren haben."[289] Das läuft ersichtlich auf eine massive Beschneidung staatlicher Befugnisse hinaus. Der Staat dürfte demnach nur mehr Gesetzesverstöße ahnden und auch das nur soweit, als dadurch die Rechte anderer Bürger beeinträchtigt würden. Jede darüber hinausgehende Einmischung des Staates in

---

283 Vgl. dazu *W. Schultz*, Das Erlebnis der Individualität bei Wilhelm von Humboldt, in: Deutsche Vierteljahreszeitschrift für Literaturwissenschaft und Geistesgeschichte 7 (1929) 665.

284 *Humboldt*, Ideen, S. 28 (69). Es ist allerdings bemerkenswert, dass der Begriff der Gesellschaft dort erst zum zweiten Mal begegnet.

285 Zum Verhältnis von Staat und Gesellschaft weiterführend *C. Sauter*, Wilhelm von Humboldt und die deutsche Aufklärung, 1989, S. 103: „Denn eine Synonymität von Staat und Gesellschaft angesetzt, wie sie noch in den Spätschriften von Moses Mendelssohn anzutreffen ist, würde zu dem Ergebnis führen, dass in der staatlichen Sphäre zwei Rechtssysteme gleichzeitig mit unterschiedlichen Bestimmungen die Rechte und Verpflichtungen der Bürger formulieren".

286 Das gilt selbst dort, wo er von Einrichtungen „gemeinschaftlichen Rechts" spricht (*Humboldt*, Ideen, S. 131), zu denen er etwa Wege und Plätze zählt: „Bei diesen sind Freiheitsbeschränkungen natürlich bei weitem minder bedenklich, da in dem gemeinschaftlichen Eigentum jeder Miteigentümer ein Recht zu widersprechen hat." Letztlich geht es aber auch hier nur um die Mehrzahl der Individuen, deren Freiheitsbeschränkung sich lediglich mindert, wenn sie nicht nur je einzeln betroffen sind.

287 *Humboldt*, Ideen, S. 43 (82).

288 Sub 2 III.

289 *Humboldt*, Ideen, S. 28 (69).

die Belange der Bürger wird somit zur unbefugten Freiheitsbeschränkung. Dass dieser radikale Standpunkt – zumal in seiner Zeit – überaus begründungsbedürftig ist, hat Humboldt selbst eingestanden.[290]

I. Sicherheit versus Wohlstandsmehrung

Ausgehend von der Überlegung, dass der Staatszweck einerseits darauf gerichtet sein kann, den Wohlstand zu Gunsten der Bürger zu mehren,[291] andererseits sich darauf beschränken kann, ihnen Sicherheit zu verschaffen,[292] stellt sich Humboldt am Beispiel vielfältiger staatlicher Interventionen die Frage, ob sie der Politik wirklich angemessen sind, und verneint dies in letzter Konsequenz. Dabei kommt wiederum der leitmotivische Gesichtspunkt der Kräfte ins Spiel, die verloren gehen um des Erwerbs der Güter willen: „Gerade die aus der Vereinigung mehrerer entstehende Mannigfaltigkeit ist das höchste Gut, welches die Gesellschaft gibt, und diese Mannigfaltigkeit geht gewiss immer in dem Grade der Einmischung des Staats verloren.“[293]

1. Gesellschaftsvertragliche Konzeption

Humboldt selbst bemühte sich bereits in seinen frühen Schriften um eine Präzisierung des Begriffs der Gesellschaft, die jedoch nicht wesentlich zur Klärung beiträgt, außer dass sie nochmals den vertragstheoretischen Standpunkt verdeutlicht: „Im engeren Sinne Gesellschaften sollte man nur diejenigen Verbindungen nennen, denen ein ausdrücklicher oder stillschweigender *Vertrag* zugrunde liegt; dass man auch Verbindungen, denen in Wirklichkeit kein Vertrag zugrunde liegt, z. B. den modernen Staat mit dem Namen Gesellschaft belegt, ist von nachteiligen Folgen. Für Verbindungen wie den Staat oder das Verhältnis der Eltern und Kinder wäre besser der Terminus gesellige Verbindung zu verwenden.

---

290 Vgl. den Nachsatz, *Humboldt*, Ideen, S. 28 (69): „Indes ist es doch (!), um die vorgelegte Frage ganz zu erschöpfen, notwendig, die einzelnen Teile der gewöhnlichen oder möglichen Wirksamkeit der Staaten genau durchzugehen“.

291 Nach *C. Sauter*, Wilhelm von Humboldt und die deutsche Aufklärung, S. 18, möchte Humboldt in den Ideen „den Staat dem Anspruch des Menschen auf seine Bildung zum Menschen unterordnen.“ Sie folgert aus diesem Unterfangen „eine neuartige Sicht auf die Weltstellung des Menschen“.

292 *Humboldt*, Ideen, S. 29 (70).

293 *Humboldt*, Ideen, S. 31 (71).

Nur die Gesellschaft im engeren Sinne setzt einen Vertrag voraus."[294] In den Ideen erst schält sich das ganz eigentümliche gesellschaftsvertragliche Konzept Humboldts heraus,[295] das erst allmählich den Blick darauf frei gibt, was gleichsam die Leistung und Gegenleistung des Gesellschaftsvertrages ausmachen. Es ist also nicht so sehr – wie man angesichts der Zentrierung dieses Begriffs meinen könnte – nur die Sicherheit, welche die Gegenleistung der Gesellschaft darstellt, als vielmehr die bereits oben näher betrachtete Herstellung der Mannigfaltigkeit der Situationen und Handelnden.[296] Wird diese Mannigfaltigkeit durch staatliche Intervention unterdrückt, so werden aus Bürgern Untertanen. Es ist demnach nach Humboldt durchaus abzulehnen, wenn die „überlegene Macht des Staates das freie Spiel der Kräfte hemmt."[297] Das freie Spiel der Kräfte, auf das Humboldt abstellt, illustriert die Ambivalenz des zugrunde liegenden Freiheitsbegriffs, weil es die Möglichkeit des an den Grund- und Menschenrechten orientierten Liberalismus ebenso offen hält wie den Übergang zum Wirtschaftsliberalismus in der Nachfolge von Adam Smith.

2. Vergleichender Blick auf Kant und Hegel

Ein unscheinbarer Nachsatz lädt wiederum zur vergleichenden Schau auf die Exponenten des deutschen Idealismus ein:[298] „Gleichförmige Ursachen haben gleichförmige Wirkungen."[299]

a) Humboldts systemfremde Kritik an Kant

Dieser Satz findet eine interessante Parallele in Kants Metaphysischen Anfangsgründen der Rechtslehre, wo es heißt: „Das Gesetz eines mit jedermanns Freiheit notwendig zusammenstimmenden wechselseitigen Zwanges, unter dem Prinzip der allgemeinen Freiheit, ist gleichsam die Konstruktion jenes Begriffs, d.i. Darstellung desselben in einer reinen Anschauung a priori, nach der Analogie der

294 *Humboldt*, Gesammelte Schriften, Ausgabe der Königlich Preußischen Akademie der Wissenschaften, Band VII, 2, S. 498.
295 Allgemein dazu *J. Nida-Rümelin*, Der Vertragsgedanke in der Politischen Philosophie, Zeitschrift für Politik 34 (1987) 200 ff.
296 Unter Kapitel 2 I 2.
297 *Humboldt*, Ideen, S. 31 (71 f.).
298 Zum Zusammenhang ferner *K. Hammacher*, Die Philosophie des deutschen Idealismus – Wilhelm von Humboldt und die preußische Reform, 1976.
299 *Humboldt*, Ideen, S. 31 (71 f.).

Möglichkeit freier Bewegungen der Körper unter dem Gesetze der Gleichheit der Wirkung und Gegenwirkung."[300] Auch hier lässt sich eine physikalische Ausdrucksweise konstatieren, die im Wege der Analogie auf die Freiheit übertragen wird. Ähnlich hatte sich Humboldt schon in einem Fragment geäußert: „So lässt die Gleichförmigkeit der Kräfte, als der Ursachen, auf eine Gleichförmigkeit der Wirkungen, der Ereignisse des Menschengeschlechts, schliessen."[301] Die in dieser Schrift enthaltenen Gedanken, insbesondere die Überlegung Humboldts, dass neben Raum und Zeit der Mitmensch „als konstitutive Bildungsmittel in den Blick kommen,"[302] wurden teilweise dahingehend gedeutet, dass er hier eine Abkehr von der kantischen Philosophie vollzogen habe.[303] Möglicherweise hat er sie aber nur auf eigentümliche Art (miss-)verstanden. Denn bei Licht besehen wiederholt sich hier dasjenige, was bereits im ersten Kapitel am Beispiel von Humboldts Kritik an der kantischen Philosophie festgestellt wurde. Dort hatte Humboldt zu bedenken gegeben, dass die Kräfte des Menschen keinen Platz im kantischen Denken hätten,[304] ein ersichtlich systemwidriges Argument. Hier wiederholt sich dies, indem der Mensch neben Raum und Zeit in die Betrachtung eingestellt wird, eine nicht minder systemfremde Betrachtung der kantischen Philosophie.

b) Scheinbare Annäherung in Bezug auf Hegel

Aber auch ein Blick auf Hegel im Hinblick auf das in der Einleitung Gesagte ist aufschlussreich, weil es illustriert, dass trotz völlig unterschiedlicher Perspektive ein Grundkonsens zwischen beiden Positionen zumindest nicht ausgeschlossen ist: „Das Individuum, nach seinen Pflichten Untertan, findet als Bürger in ihrer Erfüllung den Schutz seiner Person und seines Eigentums, die Berücksichtigung seines besonderen Wohls und die Befriedigung seines substantiellen Wesens, das Bewusstsein und das Selbstgefühl, Mitglied dieses Ganzen zu sein, und in dieser Vollbringung der Pflichten als Leistungen und Geschäfte für den Staat hat dieser seine Erhaltung und sein Bestehen."[305] Diese Aussagen kontrastieren weit weniger mit den Ideen Humboldts als die eingangs zitierten. Zwar ist der Gegensatz immer

---

300 *Kant*, Metaphysische Anfangsgründe der Rechtslehre, 1797, Band VIII der von Weischedel herausgegebenen Ausgabe, 1977, S. 309, 340.

301 *Humboldt*, Über die Gesetze der Entwicklung der menschlichen Kräfte, Werke in fünf Bänden (Hg. A. Flitner/K. Giel), Band I, S. 43, 47.

302 *C. Sauter*, Wilhelm von Humboldt und die deutsche Aufklärung, 1989, S. 299.

303 *C. Sauter*, ebenda.

304 *Humboldt*, Über die Gesetze der Entwicklung der menschlichen Kräfte, Werke in fünf Bänden (Hg. A. Flitner/K. Giel), Band I, S. 43, 47.

305 *Hegel*, Grundlinien der Philosophie des Rechts, § 261.

noch evident, doch neben dem Gesichtspunkt der Sicherheit auch das soziale Moment zu beachten, das mit dem soeben Gesagten konvergiert. Freilich darf der kategoriale Unterschied nicht übersehen und eingeebnet werden, der darin zum Ausdruck kommt, dass bei Hegel die Vollbringung der Pflichten und Leistungen *für den Staat* erfolgt; eine derartige Verantwortung findet sich bei Humboldt gerade nicht und wäre nach seinen Prämissen ohne entsprechende Unterstellung schwerlich begründbar. So muss trotz aller vermeintlichen Annäherungen einstweilen konstatiert werden, dass die in der Einleitung für möglich gehaltene Aufhebung der Unterschiede zwischen dem Staat Hegels und Humboldts in weite Ferne gerückt ist,[306] womit jedoch nicht abschließend gesagt ist, dass dies nicht beim späten Humboldt einem partiellen Wandel unterworfen sein könnte.[307]

3. Unterbleibende Eigentumsbegründung

Neben der Mannigfaltigkeit ist es die Tätigkeit, die den freien Menschen ausmacht. Goethes[308] Ideal des tätigen Menschen schlägt sich hier in einer – auch rechtsphilosophisch interessanten – Hypothese nieder: „Nun aber hält der Mensch das nie so sehr für sein, was er besitzt, als was er tut, und der Arbeiter welcher einen Garten *bestellt*, ist vielleicht in einem wahreren Sinne *Eigentümer* als der müßige Schwelger, der ihn genießt."[309] Ob diese idealistische Eigentumsbegründung aber, die natürlich keine im strengen Sinne rechtsphilosophische darstellt, mangelndes wirtschaftliches Eigeninteresse auszugleichen imstande ist, sagt Humboldt nicht. Es ist vielmehr bezeichnend, dass er auch an späterer Stelle im Rahmen der Zivilgesetze keinen Versuch der Begründung des Privateigentums unternimmt,[310] sondern dieses vielmehr – im Sinne seines Freiheitsgedankens folgerichtig – als selbstverständlich voraussetzt.[311]

306 Vgl. nochmals *J. Rawls*, Geschichte der Moralphilosophie, 2004, S. 545.

307 Dazu unter Kapitel 8.

308 Zum Verhältnis zwischen Goethe und Wilhelm von Humboldt *O. Harnack*, Vierteljahresschrift für Literaturgeschichte 1 (1888) 225; ferner *E. Haufe*, Wilhelm von Humboldt über Schiller und Goethe, Aus den Briefen und Werken, 1963.

309 *Humboldt*, Ideen, S. 32 (72 f.); Hervorhebungen auch dort.

310 Dazu unten sub Kapitel 6 II.

311 So verhält es sich im Übrigen letztlich auch bei *Kant*, der das Eigentum gleichsam als eine notwendige Bedingung der Freiheit voraussetzt und nicht eigens begründet; vgl. die Metaphysischen Anfangsgründe der Rechtslehre, Band VIII der von Weischedel herausgegebenen Ausgabe, 1977, S. 309, 368 ff.

In dieser Unterlassung ist ein tief greifender Unterschied zu den Konzeptionen Hobbes' und Lockes zu sehen; im zweiten Teil wird sich zeigen, dass auch Rawls und Nozick dazu mehr oder weniger eigenständig Stellung bezogen haben. Neben der unzureichenden vertragstheoretischen Fundierung der Staatsidee Humboldts dürfte in dieser Auslassung ein weiterer Grund dafür bestehen, dass Humboldt unter den staatsphilosophischen Autoren vergleichsweise wenig rezipiert wurde. Dass er sein Augenmerk auf die Begrenzung staatlicher Wirksamkeit und somit die Akzentuierung der Sicherheit legte, führte dazu, dass seine Konzeption – soweit sie rezipiert wurde – stattdessen leichthin mit dem Begriff des „Nachtwächterstaats" des klassischen Liberalismus in Verbindung gebracht wurde.[312]

II. Legalität und Moralität

Moralische Beweggründe interessieren Humboldt erst in zweiter Linie, „da das Moralische nicht leicht um seiner selbst willen, sondern mehr zum Behuf der Sicherheit befördert wird." Indem er so die Moralität – zumindest faktisch – in den Dienst der Sicherheit stellt, scheint sie zwangsläufig zurücktreten zu müssen.

1. Parallelen zur kantischen Unterscheidung

Indes kann man Humboldt gerade nicht vorwerfen, dass er die moralische Erziehung der Bürger gering geachtet hätte: Im Gegenteil beschwört er die Gefahr, dass durch eine zu starke staatliche Sorge „der moralische Charakter leidet".[313] Wenn der Staat den Bürger etwa belehre, indem er Gesetze erlasse, so sei dies bei weitem nicht die geeigneteste Lehrmethode, zumal „der Staat diese Lehrmethode bei erwachsenen Bürgern nur auf negative Weise durch Freiheit (...) befolgen kann".[314]

Auch hier ist der Blick auf Kant aufschlussreich, der zwischen (äußerer) Legalität und (innerer) Moralität unterscheidet, wobei die von außen kommenden Motive dem Recht, die von innen herrührenden hingegen der Moral zugeordnet werden:[315] „Man nennt die bloße Übereinstimmung oder Nichtübereinstimmung einer Handlung mit dem Gesetze, ohne Rücksicht auf die Triebfeder derselben, die

---

312 Vgl. nur *R. Nozick*, Anarchie, Staat und Utopia, Üb. von H. Vetter, 1976, S. 47 ff., der jedoch Humboldt nicht einmal namentlich erwähnt; dazu unten Kapitel 11.

313 *Humboldt*, Ideen, S. 33 (74).

314 *Humboldt*, Ideen, S. 33 (73 f.).

315 Vgl. auch *J. Braun*, Freiheit, Gleichheit, Eigentum, 1991, S. 158.

Legalität (Gesetzmäßigkeit); diejenige aber, in welcher die Idee der Pflicht aus dem Gesetze zugleich die Triebfeder der Handlung ist, die Moralität (Sittlichkeit) derselben."[316] Eine deutliche Parallele verrät Humboldts Sorge um „die Güte des moralischen Willens", die bei zu ausgeprägter Gängelung des Einzelnen durch den Staat Schaden nehme. Denn gut ist nach Kant allein der gute Wille, welcher der Pflicht folgt. Diesen Gedanken überträgt Humboldt gleichsam auf das Politische, indem er argumentiert, dass sich der solchermaßen – sei es durch Gesetze oder durch anderweitige Handlungsanleitungen – bevormundete Bürger jeder Pflicht enthoben fühlen kann. Im Übrigen spricht Humboldt in diesem Zusammenhang auch von der „moralischen Kraft" des Menschen, womit klar wird, dass der weiter oben behandelte Begriff der Kraft auch diese Konnotation erhält.[317]

Interessanterweise setzt Humboldt dabei voraus, „dass bei einem nicht kleinen Teil der Nation die Gesetze und Einrichtungen des Staats gleichsam den Umfang der Moralität abzeichnen".[318] Dieser Spiegelbildgedanke entspricht durchaus auch der kantischen Unterscheidung, die Habermas wie folgt paraphrasiert:[319] „Das Rechtsprinzip schränkt unter diesen drei Gesichtspunkten das Moralprinzip ein. Auf diese Weise eingeschränkt *spiegeln* sich in der juridischen Gesetzgebung die moralische, in der Legalität die Moralität, in den Rechtspflichten die Tugendpflichten usw."[320] Diese Gegenüberstellung erhellt, dass auch insoweit eine im Ausgangspunkt signifikante Parallele zwischen Kant und Humboldt besteht, die man freilich nicht voreilig dafür ins Feld führen kann, dass Humboldt deshalb vorbehaltlos Kantianer war.

2. Rolle der Moral

Ungeachtet dieses Gleichlaufs trennt Humboldt Legalität und Moralität nicht zuletzt deshalb, weil der von Gesetzeszwängen freie Bürger kraft seiner Autonomie erst das Gute wollen kann. Auch mit der Hervorhebung des Autonomiegedankens bewegt sich Humboldt in kantischen Fahrwassern. Dieses sehr idealistische

---

316 *Kant*, Metaphysik der Sitten, Metaphysische Anfangsgründe der Rechtlehre, Einleitung sub I a. E., III; vgl. zu den Begriffen auch unter IV.

317 Vgl. *Humboldt*, Ideen, S. 36 (76).

318 *Humboldt*, Ideen, S. 34 (74).

319 Siehe auch *J. Trabant*, Habermas liest Humboldt, Deutsche Zeitschrift für Philosophie 41 (1993) 639; allerdings überwiegend zu den sprachphilosophischen Arbeiten Humboldts.

320 *J. Habermas*, Faktizität und Geltung. Beiträge zur Diskurstheorie des Rechts und des demokratischen Rechtsstaats, 1992, S. 136; Hervorhebung auch dort. Vgl. auch *C. F. v. Weizsäcker*, Der Mensch in seiner Geschichte, 1991, S. 167.

Verständnis von Legalität und Moralität läuft freilich Gefahr, sich selbst zu karikieren: „Das lebendige Bild der einfachsten Erhabenheit, der ungestörtesten Ordnung und der mildesten Güte bildet die Seelen einfach, groß, sanft und *der Sitte und dem Gesetz froh unterworfen.*“[321] Ähnlich – und damit letztlich leerlaufend – formuliert er seine Vision in einem Brief:[322] „Wäre es allen Menschen völlig eigen, nur ihre Individualität ausbilden zu wollen, nichts so heilig zu ehren, als die Individualität des andren; wollte jeder nie mehr in andre übertragen, nie mehr aus andren nehmen, als von selbst aus ihm andre, und aus andren in ihn übergeht; so wäre es die höchste Moral, *die konsequenteste Theorie des Naturrechts*, der Erziehung und der Gesetzgebung den Herzen der Menschen einverleibt.“ Diese bukolische Überzeichnung veranschaulicht, warum Humboldts Staatsidee immer wieder ein utopischer Zug nachgesagt wurde.[323] Davon wird im zweiten Teil noch die Rede sein.[324]

3. Vergleich mit Machiavelli

Am Rande erwähnt sei der augenfällige Kontrast zu einem anderen großen Staatsphilosophen, nämlich Machiavelli, der die Macht des Herrschers in den Mittelpunkt rückte,[325] an dessen Statt Humboldt nur der freie Bürger interessiert. Obwohl auch Machiavelli die Staatsprobleme von denen der Rechtslehre löst,[326] sind die von ihm aus der Betrachtung seiner Zeit aufgestellten Regeln gerade keine moralischen Gesetze,[327] so dass ihn die Ebene der Moralität von vornherein nicht interessiert. So stellt auch Machiavellis an der Realität erprobte Schrift über den Fürsten eine extreme Gegenansicht zum idealistischen Staatsbild Humboldts dar. Diese Gegenüberstellung veranschaulicht, dass Humboldts ursprüngliche Zielsetzung, seine Staatsidee der praktischen Verwirklichung durch Dalberg zu empfehlen, gleichfalls idealistische Züge trug und sich zumindest nicht in vergleichbarer Weise an den (skrupellosen) Realpolitiker wandte wie die Schrift Machiavellis.

---

321 *Humboldt*, Ideen, S. 37 (77); Hervorhebung nur hier.
322 An Forster vom 8. Februar 1790.
323 Siehe nur *H. Scurla*, Wilhelm von Humboldt, S. 110f.
324 In Kapitel 11 III.
325 *N. Machiavelli*, Il Principe, 1532 Zu ihm *J. Petersen*, Fichtes Versuch, Machiavelli Gerechtigkeit widerfahren zu lassen, Festschrift für M. Kloepfer, 2013, 927.
326 *H. Coing*, Grundzüge der Rechtsphilosophie, 3. Auflage 1976, S. 29.
327 *F. Gilbert*, Machiavelli and Guicciardini, 1965.

4. Unterschiede zum kantischen Rechtsdenken

Humboldt veranschaulicht sein Verständnis von Gesetz und Sitte am Beispiel der Ehe, also juristisch betrachtet des Familienrechts. Auch hier sieht er den grundlegenden Mangel darin, dass das „Gesetz *befiehlt*", was „nur aus Neigung, nicht aus äußren Anordnungen entstehen kann".[328] Daher solle sich der Staat hier etwaiger Regelungen tunlichst enthalten und diese der privatautonomen Entscheidung der Parteien überlassen: „Denn nicht selten zeigt die Erfahrung, dass gerade, was das Gesetz löst, die Sitte bindet."[329]

So sehr also auch hier die Ähnlichkeiten mit einzelnen Aussagen Kants ins Auge zu springen scheinen,[330] muss man sich doch immer des weiter oben dargestellten Unterschieds bewusst bleiben, der darin besteht, dass die kantische Trennung von Legalität und Moralität letztlich auf einem methodologisch prinzipiell anderen Ausgangspunkt beruht, nämlich der Schaffung einer a priorischen Rechtslehre, die frei ist von empirischen und anthropologischen Voraussetzungen, wie sie Humboldt in den Mittelpunkt stellt.[331] Dass für beide die Freiheit das alles entscheidende rechtliche Postulat ist,[332] darf darüber nicht hinwegtäuschen. Auch hier zeigt sich also, dass die vielfältigen Ähnlichkeiten im Ansatz nur auf eine phänotypische Entsprechung hinweisen,[333] während die „genotypischen" Unterschiede weit schwerer wiegen.

---

328 *Humboldt*, Ideen, S. 42 (81); Hervorhebung auch dort.

329 *Humboldt*, Ideen, S. 42 (82).

330 Zu diesen Entsprechungen auch *K. Kühl*, Naturrechtliche Grenzen strafwürdigen Verhaltens, Festschrift für G. Spendel, 1992, S. 75, 77 ff.

331 Der Vollständigkeit halber und um Missverständnissen vorzubeugen sei freilich nochmals betont, dass bei der Trennung Humboldts zwischen Naturrecht und Moralphilosophie der Einfluss seines Lehrers Klein eine prägende Rolle spielt, wonach die Moralphilosophie Sollenssätze aufstellt, das Naturrecht hingegen lediglich das dem Menschen Erlaubte zum Gegenstand hat; näher *C. Sauter*, Wilhelm von Humboldt und die deutsche Aufklärung, 1989, S. 101, die freilich darauf aufmerksam macht, dass der Ansatz Kleins Kants Trennung von Moralität und Legalität den Weg ebnet.

332 Demgemäß heißt es in *Kants* ‚Metaphysik der Sitten' unmissverständlich: „Freiheit ist dieses einzige, ursprüngliche, jedem Menschen kraft seiner Menschheit, zustehende Recht".

333 Etwas Ähnliches wird sich in Kapitel 11 im Verhältnis von Humboldt und Nozick zeigen.

III. Freiheit und Individualität

Von der Individualität war bereits weiter oben die Rede.[334] Die Individualität ist ein Zentralbegriff Humboldts, Kants und Hegels.[335] Sie rückt nun in den Mittelpunkt der Argumentation, weil Humboldt auch sie gefährdet sieht durch eine Einmischung des Staats: „Sie hindert die Entwicklung der Individualität und Eigentümlichkeit des Menschen in dem moralischen und überhaupt praktischen Leben des Menschen, sofern er nur auch hier gleichsam die Regeln beobachtet – die sich aber vielleicht allein auf die Grundsätze des Rechts beschränken –, überall den höchsten Gesichtspunkt der eigentümlichsten Ausbildung seiner selbst und anderer vor Augen hat, überall von dieser reinen Absicht geleitet wird und vorzüglich jedes andre Interesse diesem ohne alle Beimischung sinnlicher Beweggründe erkannten Gesetze unterwirft."[336]

1. Entwicklung der Individualität

Dieser Satz ist in rechtsphilosophischer Hinsicht nicht leicht zu entschlüsseln, weil sich hier erneut bemerkbar macht, dass Humboldt den Begriff des Rechts nur voraussetzt, nicht aber definiert, obwohl er, wie allmählich deutlich wird, von einer nicht zu unterschätzenden Bedeutung für sein Konzept ist. Klar wird immerhin, dass das Recht bzw. die Grundsätze des Rechts, von denen in der Parenthese die Rede ist, nur einen Mindeststandard betreffen. Das Ungefähre an dieser Vorstellung spiegelt sich auch sprachlich („vielleicht") wider. Auf eine Formel gebracht ist es womöglich am ehesten das alte Postulat des neminem laedere,[337] also insbesondere die Verbote der Tötung, körperlichen Verletzung etc.[338] Das Gesetz, von dem er in aufschlussreicher Kontrastierung demgegenüber spricht, ist also letztlich die Gewährleistung der Ausprägung und Entfaltung der Individualität durch Reduzierung des staatlichen Einflusses. Das Ziel ist und bleibt aber die Entwicklung der Individualität.[339] Wenn aber die Individualität das

---

334 Oben Kapitel 2 vor I.

335 *J. Whitman*, The Two Western Cultures of Privacy: Dignity Versus Liberty, Yale Law Journal 2004 (113) 1151, 1180.

336 *Humboldt*, Ideen, S. 43 (82).

337 Ebenso *C. Sauter*, Wilhelm von Humboldt und die deutsche Aufklärung, 1989, S. 102: „Das gesellschaftliche Moment wird nur privativ eingeführt durch das Prinzip des ‚neminem laedere'." Dies entsprach auch einer Tendenz des zeitgenössischen Naturrechts; vgl. ebenda, S. 282.

338 Vgl. *H. Coing*, Grundzüge der Rechtsphilosophie, 3. Auflage 1976, S. 211, 215.

339 Vgl. *Humboldt*, Ideen, S. 44 (83).

dem Menschen als Endzweck des Staates Gemäße ist, so gerät dieser Begriff in den Mittelpunkt des Interesses.

Bereits weiter oben wurde im Zusammenhang mit dem Begriff der Individualität auf das Wort Kants hingewiesen, wonach sich „am Menschen diejenigen Naturanlagen, die auf den Gebrauch seiner Vernunft abgezielt sind, nur in der Gattung, nicht aber im Individuum vollständig entwickeln sollten".[340] Das scheint dem Konzept Humboldts zu widersprechen, lässt aber andererseits auch die Möglichkeit offen, dass auch er vom Menschen in dem Sinne verallgemeinernd spricht, dass er letztlich der Gattung nach gemeint ist. Für dieses Verständnis streitet immerhin die Zentralität des Bildungsbegriffs bei Humboldt.[341] Schließlich geht es ihm stets um Bildung des Einzelnen,[342] d. h. die Anleitung zur individuellen Freiheit. Dieser idealistische Ausgangspunkt kann dafür ins Feld geführt werden, dass Individualität auch vom Begriff der Gattung her gedacht werden kann und dort nicht zwangsläufig seinen Gegenbegriff finden muss. So könnte auch Humboldts kryptisches Wort gedeutet werden:[343] „Die Menschheit ist nichts anderes als ich selbst."[344]

2. Individualität und Freiheit bei Fichte

Ein Blick auf Fichtes Verständnis der Individualität kann sich in diesem Zusammenhang als hilfreich erweisen,[345] zumal auch bei ihm Individualität und Freiheit in einem untrennbaren Zusammenhang miteinander stehen.[346] Fichte geht davon

---

340 *Kant*, Idee zu einer allgemeinen Geschichte in weltbürgerlicher Absicht, 1784, Band XI der von Weischedel herausgegebenen Ausgabe, 1977, S. 33, 35.

341 Vgl. auch *Th. Nipperdey*, Deutsche Geschichte 1800 – 1866 (2. Auflage 1984), S. 57 f., wonach die Individualität im Mittelpunkt des Bildungskonzepts steht und Bildung verstanden wird als „die allseitige und harmonische Entfaltung der individuellen Anlagen – von innen heraus und durch Aneignung der Welt – zu einem Ganzen und Eigentümlichen, der Persönlichkeit".

342 Siehe auch *K. Grube*, Die Idee und Struktur einer rein-menschlichen Bildung. Ein Beitrag zum Philanthropismus und Neuhumanismus, 1934, S. 160 ff.

343 An seine Jugendfreund Karl Gustav von Brinckmann im Januar 1790 gerichtet.

344 Es dürfte daher zutreffen, wenn *H. Rüdiger*, Wesen und Wandlung des Humanismus, 1937, S. 211, schreibt: „Humboldts Individualismus ist (...) keineswegs der unverbindliche Individualismus des Anarchisten." Zustimmend auch *S. Battisti*, Freiheit und Bindung, 1986, S. 71.

345 Zu ihm weiterführend *J. Braun*, Freiheit, Gleichheit, Eigentum. Grundfragen des Rechts im Lichte der Philosophie J. G. Fichtes, 1991, S. 84 ff.

346 Vgl. *J. G. Fichte*, Grundlage des Naturrechts nach Prinzipien der Wissenschaftslehre (1796), Meiner-Ausgabe 1979 (im Folgenden zitiert: *J. G. Fichte*, Naturrecht), S. 42: „Das, was ausschließlich in dieser Sphäre wählte, ist *sein* Ich, ist das Individuum, das durch Entgegensetzung mit einem anderen vernünftigen Wesen bestimmte Vernunftwesen; und dasselbe ist charakteri-

aus, dass der Begriff des Menschen naturnotwendigerweise nur der Gattung und nicht als Begriff eines Einzelnen gedacht werden könne: „Der Mensch (...) wird nur unter Menschen ein Mensch.“[347] Vom Menschen schließt er auf das Dasein der Welt, deren Realität wiederum Bedingung des Selbstbewusstseins ist.[348] Es gibt aber kein Selbstbewusstsein ohne Bewusstsein der Individualität.[349] Die Individuen müssen, um Mensch zu werden, zur freien Selbsttätigkeit aufgefordert, d. h. erzogen werden. Den „eigentümlichen Charakter der Menschheit“ sieht Fichte in der freien Wechselwirkung durch Begriffe und von Begriffen;[350] das ist insofern aufschlussreich als auch der Begriff der Individualität für ihn ein *Wechselbegriff* ist.[351]

Setzt man Erziehung mit Bildung im Sinne Humboldts gleich, so gelangt man zu überraschenden Parallelen und damit der Annahme, dass auch der Begriff der Individualität bei ihm letztlich der Gattung nach gedacht ist.[352] Denn an anderer Stelle sagt Fichte, dass „das Individuum gar nicht existiere (...), dagegen die Gattung allein existiere.“[353] Damit kommt der Einzelne aber auch nicht allein für sich, sondern im Verbund mit anderen zur Freiheit.[354] Dieser Gedanke findet eine gewisse Entsprechung bei Humboldt, nach dem „sich die Menschen untereinander verbinden müssen, nicht um an Eigentümlichkeit, aber an ausschließendem Isoliertsein zu verlieren“.[355] Mit diesem Verlust an Isolation würde dann ein Zugewinn an Freiheit korrespondieren. Noch deutlicher wird es, wenn er von der „Achtung für (...) die Eigentümlichkeit eines freien Wesens“ spricht.[356] Bei dieser kursorischen Gegenüberstellung von Fichte und Humboldt soll es einstweilen

---

siert durch eine bestimmt, ihm ausschließlich zukommende Äußerung der Freiheit.“ (Hervorhebung auch dort). *D. Nörr*, Savignys philosophische Lehrjahre, 1994, S. 57, kennzeichnet dies als „Akt der Selbstzersetzung des Ichs“.

347 *J. G. Fichte*, Naturrecht, S. 39.

348 Grundlegend *D. Henrich*, Fichtes ursprüngliche Einsicht in Subjektivität und Metaphysik, Festschrift für W. Cramer, 1966, S. 188; vgl. auch die Nachzeichnung des Gedankengangs bei *D. Henrich*, Selbstverhältnisse, S. 57 – 82; siehe auch *D. Henrich*, Der Grund im Bewußtsein, 1992, Kapitel 4, 7, 16 – 19.

349 *J. G. Fichte*, Naturrecht, S. 45.

350 *J. G. Fichte*, Naturrecht, S. 39 f.

351 *J. G. Fichte*, Naturrecht, S. 47; Hervorhebung auch dort.

352 Zum Verhältnis von Bildung und Individualität auch *G. Buck*, Rückwege aus der Entfremdung, 1984, S. 83; vgl. auch *D. Nörr*, Savignys philosophische Lehrjahre, 1994, S. 56 f.; *R. Stichweh*, Rechtshistorisches Journal 11 (1992) 239 ff., 246 ff.

353 *J. G. Fichtes* sämtliche Werke (Hg. I. H. Fichte 1844 – 1846), Band VII S. 37 f.

354 *J. Braun*, Freiheit, Gleichheit, Eigentum, S. 84.

355 *Humboldt*, Ideen, S. 43 (82).

356 *Humboldt*, Ideen, S. 44 (83); auf der anderen Seite spricht er zugleich von der „Achtung für sein eigenes Selbst“.

bewenden, weil damit zumindest eine beschränkte Grundlage geschaffen wurde, die es später erlauben wird, Fichtes Staatsverständnis den Ideen an die Seite zu stellen.[357]

3. Kontrastierender Blick auf Hegel

Wurden im Hinblick auf Hegel bislang bewusst die ansatzweisen Gemeinsamkeiten mit Humboldt betont, um nicht einer schlichten und damit wirkungslosen Gegenüberstellung zu verfallen, so treten im Hinblick auf die Herausbildung der Individualität und Freiheit die Unterschiede hervor, die sich nahezu unvermittelbar gegenüber stehen. Zwar kann noch Konsens zwischen Humboldt und Hegel bestehen, wenn letzterer folgert, dass der Staat „an und für sich das sittliche Ganze, die Verwirklichung der Freiheit ist, und es absoluter Zweck der Vernunft ist, dass sie wirklich sei."[358] Gerade im Hinblick auf letzteres und weniger in Bezug auf ersteres kann man noch von einem gemeinsamen Postulat sprechen. Der markante Unterschied zeigt sich jedoch, wenn Hegel fortfährt: „Bei der Freiheit muss man nicht von der Einzelheit, vom einzelnen Selbstbewusstsein ausgehen, sondern nur vom Wesen des Selbstbewusstseins, denn der Mensch mag es wissen oder nicht, dies Wesen realisiert sich als selbständige Gewalt, in der die einzelnen Individuen nur Momente sind."[359]

Demgegenüber geht Humboldt gerade vom Einzelnen und seinem Selbstbewusstsein aus, dem er trotz aller Idealisierung keinerlei Verallgemeinerung im Sinne eines überindividuellen Willens zugesteht. Ein weiterer markanter Unterschied zwischen Hegel und Humboldt besteht darin, dass bei diesem Individualität immer nur als Attribut des Menschen gedacht wird, während bei Hegel auch dem Staat selbst Individualität zukommt: „Der Staat als wirklich ist wesentlich individueller Staat (...). Die Individualität (...) ist Moment der Idee des Staats selbst."[360] Auch hier zeigt sich also, dass er nur vom Staat her denkt, während Humboldt, wie eingangs der Untersuchung festgestellt wurde, allein vom Menschen aus geht und den Staat als legitimationsbedürftige Einheit, dessen konkreter Einfluss einer jederzeitigen Rechtfertigung bedarf, versteht und sogar er-

357 Siehe auch den Vergleich bei *D. Spitta*, Die Staatsidee Wilhelm von Humboldts, 2004, S. 158ff., der auch zu dem Ergebnis gelangt, dass Humboldts Ideen eine gegenüber Fichtes Naturrechtslehre markante Eigenständigkeit beanspruchen kann (ebenda, S. 166).

358 *Hegel*, Grundlinien der Philosophie des Rechts, § 258.

359 *Hegel*, Grundlinien der Philosophie des Rechts, § 258. Vgl. auch *J. Petersen*, Die Eule der Minderva in Hegels Rechtsphilosophie, 2. Auflage 2015.

360 *Hegel*, Grundlinien der Philosophie des Rechts, Zusatz zu § 259.

klärtermaßen als notwendiges Übel begreift. So findet sich dieser Topos, der oft Karl Popper zugeschrieben wird,[361] in den Ideen ausformuliert: „Die eigentliche Staatsverfassung ist diesem, als ihrem Zwecke, untergeordnet und wird immer nur als notwendiges Mittel und, da sie allemal mit Einschränkungen der Freiheit verbunden ist, als ein *notwendiges Übel* gewählt."[362]

IV. Wirtschaftsliberale Tendenzen

Allmählich wird deutlich, warum und inwieweit Humboldts Ideen den Übergang eines Grund- und Menschenrechtsliberalismus zum Wirtschaftsliberalismus veranschaulichen, auch wenn man Humboldt selbst schwerlich für das Eine oder Andere vereinnahmen kann. Das lässt sich zunächst nur andeutungsweise aus den Folgerungen seiner bisherigen Darlegung ex negativo herauslesen: „Der Staat enthalte sich aller Sorgfalt für den positiven Wohlstand der Bürger und gehe keinen Schritt weiter, als zu ihrer Sicherstellung gegen sich selbst und gegen auswärtige Feinde notwendig ist;[363] zu keinem andren Endzwecke beschränke er ihre Freiheit."[364] Die Abkehr von der Wohlfahrtgesetzgebung und die damit verbundene Überantwortung an das freie Spiel der Kräfte wirkt in der Tat programmatisch. Dieses sein Credo, das zu wiederholen er nicht müde wird, und das an dieser Stelle nicht bewertet werden soll, hat rechtstheoretische und praktische Konsequenzen.[365] Dabei liegt nahe, dass er wirtschaftslenkende Gesetze weitge-

361 Zu ihm in diesem Zusammenhang in Kapitel 11 III 3.

362 *Humboldt*, Ideen, S. 192 (212), Hervorhebung nur hier. Aufgegriffen wird dies bei *S. Kaehler*, Wilhelm von Humboldt und der Staat, 1963, S. 485 Anmerkung 1 zu S. 137, der eine Briefstelle Humboldts mit den Worten kommentiert: „Die Gemeinschaft ist also als notwendiges Übel erkannt".

363 *D. v. d. Pfordten*, Normativer Individualismus versus normativer Kollektivismus in der Politischen Philosophie der Neuzeit, Zeitschrift für Philosophische Forschung 54 (2000) 491, 509 f., sieht am Beispiel dieser Stelle der Ideen mit guten Gründen einen Beleg dafür, dass Humboldt in seinem normativen Individualismus über Kant hinausgeht.

364 *Humboldt*, Ideen, S. 52 (90); Hervorhebung auch dort.

365 Auch hier ist der kontrastierende Blick auf *Hegel* aufschlussreich: „Der Staat ist die Wirklichkeit der konkreten Freiheit; die *konkrete Freiheit* aber besteht darin, dass die persönliche Einzelnheit und deren besondere Interessen sowohl ihre vollständige *Entwickelung* und die *Anerkennung ihres Rechts* für sich (im Systeme der Familie und der bürgerlichen Gesellschaft) haben, als sie durch sich selbst in das Interesse des Allgemeinen Teils *übergehen*, teils mit Wissen und Willen dasselbe, und zwar als ihren eigenen *substanziellen Geist* anerkennen und für dasselbe als ihren *Endzweck* tätig sind, so dass weder das allgemeine ohne das besondere Interesse, Wissen und Wollen gelte und vollbracht werde, noch dass die Individuen bloß für das letztere als Privatpersonen leben und nicht zugleich in und für das Allgemeine wollen und eine dieses Zwecks

hend ablehnt.[366] Aufschlussreich ist dabei, dass die Mittel der Freiheitsbeschränkung zum Zwecke der Wohlstandsmehrung nicht in rechtliche und wirtschaftliche geschieden, sondern beide gleichgeordnet genannt werden. So erscheinen Gesetze neben Preisen und Eigentumsrechte neben Monopolen.[367]

1. Staat und Privatperson

Ein vergleichsweise moderner Gedanke besteht nun darin, den Staat mit einer Privatperson zu vergleichen und auf dieser Grundlage auszuloten, welche Zuerkennung von Rechten bedenklich ist und welche nicht: „Allein da (...) der Einfluss einer Privatperson durch Konkurrenz andrer, Versplitterung ihres Vermögens, selbst durch ihren Tod aufhören kann, lauter Dinge, die beim Staate nicht zutreffen, so steht noch immer der Grundsatz, dass der Staat sich in nichts mischen darf, was nicht allein die Sicherheit angeht."[368] Sieht man einmal von diesem seinem Ceterum censeo ab, so ist die Erkenntnis, dass etwa der Wettbewerb dem Privaten zur Gefahr werden kann, während der Staat von ihr weitgehend unbehelligt bleiben kann, von zeitloser Gültigkeit. Das belegt die nur partielle Wohlstandsmehrung durch Privatisierung von ehedem staatlichen Betrieben. Nur wo, wie etwa im Telekommunikationssektor, durch Nutzungsmöglichkeit der staatlichen Infrastruktur gewährleistet ist, dass private Anbieter mit privatisierten Staatsbetrieben wirklich konkurrieren können, führt dies zu einer Wohlstandsmehrung des Bürgers. Scheinprivatisierung ohne echte Konkurrenz, wie bei-

---

bewusste Wirksamkeit haben." (Grundlinien der Philosophie des Rechts, § 260; Hervorhebungen auch dort). – Nicht nur der unterschiedlich gebrauchte Begriff des Endzwecks verdeutlicht den denkbar großen Gegensatz.

366 Beeinflusst wurde Humboldt insoweit wohl schon früh, nämlich durch seinen Staatsrechtslehrer Dohm, über den er am 24. Juli 1789 in seinem Tagebuch schrieb: „Seine Hauptidee war: alle Mittel, welche die Menschen zu Erreichung ihres physischen, intellektuellen und moralischen Wohls anwenden, gedeihen besser ohne als mit Mitwirkung des Staats; so Ackerbau, Fabriken, Handel, Aufklärung, Sittlichkeit. (...) Also war auch bei ihm wie bei mir die höchste Rücksicht immer das Wohl des Menschen, in dieser Beziehung ungestörte Freiheit aller Handlungen." Was die genannte Erreichung des intellektuellen und moralischen Wohls betrifft, so hat vor allem D. Spitta das Verdienst Humboldts herausgearbeitet, dass die Bildung des Menschen für ihn nicht nur die intellektuelle, sondern gerade auch die Kultivierung der ästhetischen und moralischen Kräfte bedeutet; näher *D. Spitta*, Die Bildung der Individualität als mitteleuropäische Aufgabe. Wilhelm von Humboldts Bildungsweg und sein Bildungsideal, in: Die Drei, 1985, S. 263, 265 f.; *ders.*, Wilhelm von Humboldts Ideen von den Grenzen der Wirksamkeit des Staates, 1962, S. 161, 163; *ders.*, Die Staatsidee Wilhelm von Humboldts, 2004, S. 306.

367 *Humboldt*, Ideen, S. 52 (90).

368 *Humboldt*, Ideen, S. 52 (90).

spielsweise im Bahnsektor, führt in Ermangelung konkurrierender, billiger Anbieter nicht zu einer Erleichterung zugunsten des Bürgers.

2. Idee des Eigentums als Übergang zum Wirtschaftsliberalismus

Doch soll hiermit nicht vorgegriffen werden auf die Behandlung der wirtschaftsliberalen Ideen des Konzepts Humboldts. Wesentlich wichtiger ist für den vorliegenden Zusammenhang die Bedeutung, welche die freiheitliche Grundeinstellung für das bislang nur vereinzelt abgehandelte Eigentum zeitigt. Der Schlüsselsatz zu dieser Frage klingt eher beiläufig, ist aber aus rechtsphilosophischer Sicht überaus bemerkenswert: „Auch wächst die Idee des Eigentums nur mit der Idee der Freiheit, und gerade die am meisten energische Tätigkeit danken wir dem Gefühle des Eigentums."[369] Dieser Gedanke wurde im Ausgangspunkt geradezu revolutionär begründet. So stellt Humboldt in Frage, „dass der Landesherr selbst der beträchtlichste Eigentümer ist".[370] Erschien bisher nur die Sicherheit als Gradmesser der Freiheit,[371] so tritt nun eine weitere Komponente hinzu, nämlich die Idee des Eigentums. Freiheit ist zugleich Voraussetzung des Eigentums. Diese gedankliche Erweiterung markiert deshalb eine Schnittstelle, weil sie den Blick von einer primär grundrechtsliberalistischen Betrachtung hin zu einer wirtschaftsliberalistischen Perspektive öffnet.

---

369 *Humboldt*, Ideen, S. 54 (92). *W. Eucken*, Grundsätze der Wirtschaftspolitik, 1952 (hier zitiert nach der 7. Auflage 2004, S. 332 Fußnote 1) bezieht sich in der folgenden Stelle auf Humboldts Einleitung, doch wird die wirtschaftspolitische Zielrichtung – wenngleich zeitgemäß in der vorindustriellen Wirtschaft – von ihm zumindest ansatzweise mitbedacht: „W. von Humboldt schreibt in der Einleitung zu seiner Schrift ‚Ideen zu einem Versuch, die Grenzen der Wirksamkeit des Staates zu bestimmen', 1792: ‚Unleugbar bleibt es jedoch immer, dass die Untersuchung des Zweckes und der Schranken der Wirksamkeit des Staates eine große Wichtigkeit hat und vielleicht eine größere, als irgend eine andere politische.' Humboldt suchte nach den Grenzen der Wirksamkeit des Staates, um die Freiheitssphäre des einzelnen Menschen zu sichern. Diese Problemstellung ist eine zentrale. Wir aber suchen diese Grenzen unter dem besonderen Gesichtspunkt der Wirtschaftspolitik, und zwar mit der Fragestellung: Wie kann der Staat zu einer ordnenden Potenz für eine funktionsfähige und freie Ordnung der industrialisierten Wirtschaft werden?". *O. Höffe*, Kritik der Freiheit. Das Grundproblem der Moderne, 2015, S. 120: „Im Unterschied zu Bentham gilt die individuelle Freiheit nicht länger als eine statische Vorgabe, sondern als eine dynamische Aufgabe. Nicht etwa als Ergänzung des wirtschaftsliberalen Homo oeconomicus, sondern als dessen Alternative vertritt Humboldt einen Bildungsliberalismus (...)".
370 *Humboldt*, Ideen, S. 52 (90).
371 Oben sub Kapitel 1 VII.

4. Kapitel: Sicherheit und Freiheit

Die Freiheit ist die zentrale Konstante des Humboldtschen Staatsverständnisses.[372] Doch ohne Sicherheit ist letztlich keine Freiheit denkbar. Sicherheit ist für ihn Garant und Gradmesser der Freiheit. Die Gewährleistung der Sicherheit ist daher die vornehmste Pflicht des Staates. Deshalb muss staatliche Einflussnahme durch einen Zugewinn an Sicherheit legitimiert werden. Ist dieser konkret nicht erforderlich und läuft womöglich sogar auf eine Bevormundung des Bürgers hinaus, verbietet sich staatliche Einmischung. Sicherheit und Freiheit stehen also in einem Komplementaritätsverhältnis zueinander.

I. Der Begriff der Sicherheit

Es mag verwundern, dass Humboldt erst zur Mitte seiner Abhandlung denjenigen Begriff näher darlegt, um den nach seinem Staatsverständnis alles kreist. Schließlich hat er die Gewährleistung der Sicherheit bereits mehrfach und durchgängig zur einzigen und zentralen Aufgabe des Staats erklärt, so dass es überrascht, dass dieser Begriff bis dahin unhinterfragt bestehen konnte.

1. Methode und Darstellung

Humboldt selbst sieht diesen Einwand und nimmt ihn wortreich vorweg, indem er alles Bisherige den notwendigen Vorfragen zuordnet und die gewonnenen Ergebnisse und Prinzipien noch einmal zusammenträgt. Hier begegnet erneut die ihm eigene Methode der Abschichtung, des allmählichen Herauspräparierens der Schlüsselsätze.[373]

Es lohnt sich nicht zuletzt deshalb, bei diesem Befund kurz zu verweilen, weil er in formaler Hinsicht etwas veranschaulicht, was bereits inhaltlich mehrfach zu beobachten war.[374] An die Stelle von Definition und Subsumtion tritt die freie

---

372 *H. Klenner*, ARSP 95 (2009) 440, zur Vorauflage dieses Buches. Siehe auch *R. Pannwitz*, Die Schrift über die Grenzen der Wirksamkeit des Staates, in: Dem Andenken Humboldts. Herausgegeben vom deutschen Seminar an der Pekinger Reichsuniversität Tientsin-Peiping, 1935, S. 2 ff.

373 Vgl. *Humboldt*, Ideen, S. 116 (145): „Denn wenn diese Bestimmung gleich nur negativ ist, so zeigt sich doch das, was nach geschehener Absonderung übrig bleibt, von selbst deutlich genug".

374 Die Unterscheidung von Form und Materie sowie die Argumentation mit Hilfe dieser Begriffe ist im Übrigen auch Humboldt zu eigen; vgl. nur *Humboldt*, Ideen S. 24 (66): „Versucht man es,

Entwicklung des Gedankens, die topisch orientierte Interpretation, bei der die Hauptgedanken zwar einerseits programmatisch vorangestellt werden, sich aber dennoch erst der Reihe nach herauskristallisieren. Dieses Vorgehen, das beim Begriff der Sicherheit gleichsam kulminiert, ähnelt schon äußerlich ungeachtet aller begrifflichen Anspielungen eher dem angloamerikanischen Essay als der Deduktion in kantischer Strenge.[375]

So wiederholt sich hier auf formaler Ebene der Eindruck eines eklektischen Vorgehens, das paradoxerweise vielleicht gerade daraus seine Originalität und Wirkungsmacht gewonnen hat.[376] In diesem Zusammenhang sei im Übrigen erwähnt, dass die zeitgenössische Popularphilosophie den Begriff des Eklektizismus durchaus nicht abwertend verstand.[377] Humboldt selbst hielt es für verdienstvoll, „diejenigen Teile der Philosophie (zu) verlassen, die, ohne auf brauchbare Resultate für das praktische Leben zu führen, nur dem Scharfsinn einige Nahrung versprechen."[378] Sein Drang eigenständig und pragmatisch zu denken findet daher im Programm der Zeit durchaus eine nicht zu unterschätzende Resonanz, die wohl auch dem späteren Bildungsreformer[379] noch entgegengekommen sein dürfte,[380] wenn etwa vom Lehrer der Philosophie erwartet

---

diese Ideen durch nähere Anwendung auf den einzelnen Menschen noch genauer zu prüfen, so reduziert sich in diesem alles auf Form und Materie. (...) Aus der Verbindung der Materie geht die Form hervor. (...) Die Form wird gleichsam Materie einer noch schöneren Form".

375 Daher ist es vielleicht auch in formaler Hinsicht kein Zufall, dass sich *J. St. Mills* On Liberty, von dem im zweiten Teil die Rede sein wird, an Humboldts Ideen orientierte. Mill selbst konzipierte dies nur ursprünglich als Essay mit dem Titel „Essay On Liberty", der neben anderen in einem Band stehen sollte, entschied sich dann allerdings zur weiteren Ausarbeitung zu einem eigenen Band, womit auch der eigenständige Titel entstand; vgl. *G. Himmelfarb*, Note on the Text and Titel, in: On Liberty, Penguin Classics, S. 53.

376 Insofern trifft auf ihn nicht das Wort von *H. Holzey* (Der Philosoph für die Welt – eine Chimäre der deutschen Aufklärung, in: Esoterik und Exoterik der Philosophie. Beiträge zu Geschichte und Sinn philosophischer Selbstbestimmung, Hg. ders./W. C. Zimmerli, 1977, S. 132) zu: „Der eklektische ‚Selbstdenker' ist nicht durch Originalität, sondern durch seine rational verantwortete Wahl unter den Philosophen charakterisiert".

377 *C. Sauter*, Wilhelm von Humboldt und die deutsche Aufklärung, 1989, S. 132.

378 In: Gesammelte Schriften, Ausgabe der Königlich Preußischen Akademie der Wissenschaften, Band I, S. 1, aus dem Jahre 1787 in einer Vorrede zu einer Übersetzung.

379 Dazu *C. Menze*, Die Bildungsreform Wilhelm von Humboldts, 1975; *ders.*, Die Verwandlung der Universitätsidee und die Preisgabe der Bildung. Eine Untersuchung zur Rezeption der Humboldtschen Universitätsidee im frühen 19. Jahrhundert, Vierteljahresschrift für wissenschaftliche Pädagogik 50 (1974) 93; *ders.*, Pädagogische Rundschau 37 (1983) 533.

380 Zur Bildungsphilosophie Humboldts siehe *C. Menze*, Bildung und Gesellschaft. Zum Bildungsbegriff von Humboldt bis zur Gegenwart (Hg. H. Steffen), 1972, S. 5 ff.; *E. Spranger*, Wilhelm von Humboldt und die Reform des Bildungswesens, 1910 (Nachdruck 1960); Über die Zeit danach

wurde, „dass er (...) selbst denke, aus den vielen entgegengesetzten Meinungen die beste auswähle, und diese mit allen ihren Gründen unterstützt seinen Schülern vortrage."[381]

2. Rechtsmacht des Staats und Bestimmtheit

Wie sich der Rechtsbegriff Humboldts allmählich herausgebildet, ohne definiert worden zu sein, zeigt sich an der den Begriff der Sicherheit einleitenden verengten Befugnis des Staats: „Der Staat wird nämlich allein sich auf Handlungen, welche unmittelbar und geradezu in fremdes Recht eingreifen, ausbreiten, nur das streitige Recht entscheiden, das verletzte wieder herstellen und die Verletzer bestrafen dürfen."[382] Diese punktuelle Eingriffsbefugnis kann nur dann sinnvoll gedacht werden, wenn zugleich und auf diese Weise kontinuierlich für Sicherheit gesorgt ist. Die möglichen Rechtsverstöße korrespondieren mit den Schwankungen und Abstufungen der Sicherheit. Es ist im Übrigen auch sprachlich und syntaktisch bemerkenswert, wie er hier wie an vielen anderen Stellen seiner Abhandlungen derartige Wechselbezüglichkeiten in einem spannungsvollen Satz ausdrückt: „Denn so verschieden auf der einen Seite die Nuancen von dem bloß Überzeugung beabsichtigenden Rat zur zudringlichen Empfehlung und von da zum nötigenden Zwange, und ebenso verschieden und vielfach die Grade der Unbilligkeit und Ungerechtigkeit von der innerhalb der Schranken des eignen Rechts ausgeübten, aber dem andren möglicherweise schädlichen Handlung bis zu der gleichfalls sich nicht aus jenen Schranken entfernenden, aber den andren im Genusse seines Eigentums sehr leicht oder immer störenden und von da bis zu einem wirklichen Eingriff in fremdes Eigentum sind, ebenso verschieden ist auch der Umfang des Begriffs der Sicherheit, indem man darunter Sicherheit vor einem solchen oder solchen Grade des Zwanges oder einer so nah oder so fern das Recht kränkenden Handlung verstehen kann."[383] Vieles davon ist auch aus moderner grundrechtsdogmatischer Sicht noch bemerkenswert.[384]

---

siehe *A. Mann*, Das Verhältnis des Staats zum Bildungswesen im Lichte der Staatswissenschaft seit Wilhelm von Humboldt, 1900.

381 *C. Meiners*, Revision der Philosophie, Erster Theil, 1772, S. 60f.

382 *Humboldt*, Ideen, S. 116 (145).

383 *Humboldt*, Ideen, S. 116 (146).

384 Siehe dazu insbesondere *U. Di Fabio*, Der Verfassungsstaat in der Weltgesellschaft, 2001, S. 29 mit weiteren Gründen und Beispielen, unter Hinweis auf *P. Lerche*, Übermaß und Verfassungsrecht, 2. Auflage 1999.

Humboldt sieht, dass er nicht umhin kommt, den Begriff der Sicherheit mit Inhalt zu füllen, zumal er andernfalls zum schrankenlosen Rechtfertigungsgrund für staatliches Eingreifen pervertieren könnte. Auch wenn Humboldt dies nicht so klar und ausdrücklich sagt, wie es aus leidvoller geschichtlicher Erfahrung urteilend heute gesehen werden kann, ist doch bei allen Vorbehalten, die man gegenüber Humboldts vergleichsweise engem Staatsverständnis haben darf, überaus bemerkenswert, wie er den Begriff der Bestimmtheit mit dem staatlichen Eingreifen zur Gewährleistung der Sicherheit in Verbindung gebracht hat: „Ohne eine genaue Bestimmung jenes Umfangs also ist an eine Berichtigung dieser Grenzen nicht zu denken. Dann müssen auch die Mittel, deren sich der Staat bedienen darf oder nicht, noch bei weitem genauer auseinandergesetzt und geprüft werden. Denn wenngleich ein auf die wirkliche Umformung der Sitten gerichtetes Bemühen des Staats, nach dem Vorigen nicht ratsam erscheint, so ist hier doch noch für die Wirksamkeit des Staats ein viel zu unbestimmter Spielraum gelassen und z. B. die Frage noch sehr wenig erörtert, wie weit die einschränkenden Gesetze des Staats sich von der unmittelbar das Recht anderer beleidigenden Handlung entfernen."[385]

3. Sicherheit als Bewusstsein der gesetzmäßigen Freiheit

Interessant ist demnach, wie Humboldt den für seinen Ansatz zentralen Begriff der Sicherheit definiert: „Sicher nenne ich die Bürger in einem Staat, wenn sie in der Ausübung der ihnen zustehenden Rechte, dieselben mögen nun ihre Person oder ihr Eigentum betreffen, nicht durch fremde Eingriffe gestört werden."[386] Man beachte den im angelsächsischen Schrifttum häufiger anzutreffenden Beginn der Definition („sicher nenne ich"); möglicherweise sind derartige Äußerlichkeiten, wie auch die erwähnte Essay-Form, mitursächlich für die angelsächsische Rezeption. Es fällt auf, dass die Sicherheit hier erstmals mit dem Recht, und nicht nur wie im bisherigen Verlauf der Abhandlung mit der Freiheit, in Verbindung gebracht wird. Insofern ist auch die Präzisierung von Bedeutung, wonach sowohl die Person als auch das Eigentum Bezugspunkt der Rechtsbeeinträchtigung sein kann. Humboldt legt also auch hier einen denkbar weiten Rechtsbegriff zugrunde.

Allerdings ist bezeichnend, dass die von Humboldt geprägte Kurzformel, auf die er die Sicherheit bringt, nicht mehr ohne den Begriff der Freiheit auskommt

---

385 Vgl. *Humboldt*, Ideen, S. 117 (146).
386 *Humboldt*, Ideen, S. 118 (147).

und das Recht nurmehr zu einem Attribut der Freiheit macht.[387] Sicherheit ist für ihn nämlich gleichbedeutend mit der *Gewissheit der gesetzmäßigen Freiheit.*[388] Scheinbar selbstverständlich ist das Attribut der Gesetzmäßigkeit der Freiheit, doch lehrt ein vom frühen Schiller formulierter Gegenstandpunkt, dass sich dies, zumal zu seiner Zeit, nicht von selbst versteht: „Das Gesetz hat noch keinen großen Mann gebildet, aber die Freiheit brütet Kolosse und Extremitäten aus."[389] Ein allein auf die Freiheit gegründeter Zustand mag also zwar für den Einzelnen unabsehbare Möglichkeiten in sich bergen, ist jedoch für die Gesamtheit nicht erstrebenswert, weil er eben nicht sicher ist.

Die unüberbietbare Prägnanz der Wendung von der gesetzmäßigen Freiheit kann freilich nicht darüber hinwegtäuschen,[390] dass die Begründung dafür aussteht, welchem Gesetz gemäß die Freiheit bestehen soll. Allerdings bleibt Humboldt seiner einmal gewählten Terminologie auch später unausgesprochen treu; so verwendet er im Abschnitt über die Kriminalgesetze im Rahmen der Behandlung der präventiven Eingriffe des Staats zum Zweck der Sicherheit die Definition der gesetzmäßigen Freiheit gleichbedeutend mit der Sicherheit.[391]

Das legt die Vermutung nahe, dass es sich nach wie vor um ein denkbar weites Gesetz handelt, das mit dem bereits erwähnten neminem laedere im weitesten Sinne übereinstimmt, wofür auch die genannten Rechtsgüter streiten. Wenig weiterführend ist daher die Präzisierung, dass nicht alle störenden Handlungen die Sicherheit beeinträchtigen, „sondern nur solche, welche dies *widerrechtlich* tun".[392] Denn das ist insofern eine petitio principii, als das Recht nur unzureichend bezeichnet ist. Auch die Begründung bleibt die Beantwortung der damit aufgeworfenen Fragen schuldig: „Denn nur wirkliche Verletzungen des Rechts bedürfen einer andren Macht als die ist, welche jedes Individuum besitzt."[393] Die unüber-

387 Ebenso *J. Ratzinger*, Glaube – Wahrheit – Toleranz, 4. Auflage 2005, S. 201: „Wenn Freiheit des Menschen nur im geordneten Miteinandersein von Freiheiten bestehen kann, dann heißt dies, dass Ordnung – Recht – nicht Gegenbegriff zur Freiheit ist, sondern ihre Bedingung, ja ein konstitutives Element von Freiheit selbst. Das Recht ist nicht das Hindernis der Freiheit, sondern es konstituiert sie. Die Abwesenheit von Recht ist Abwesenheit von Freiheit".

388 *Humboldt*, Ideen, S. 118 (147); Hervorhebung auch dort.

389 *F. Schiller*, Die Räuber, I. Akt, 2. Szene; dazu instruktiv *E. Biser*, Der Mensch – das uneingelöste Versprechen, 2. Auflage 1996, S. 297.

390 Interessanterweise ähnlich insoweit *J. Ratzinger*, Werte in Zeiten des Umbruchs, 2005, S. 54: „Was also ist Staat? Wozu dient er? (...) Der Staat garantiert das Recht als die Bedingung der Freiheit und des gemeinsamen Wohlstands".

391 Vgl. *Humboldt*, Ideen, S. 171 (194).

392 *Humboldt*, Ideen, S. 118 (147); Hervorhebung auch dort.

393 *Humboldt*, Ideen, S. 118 (147 f.). – Der Zusatz „wirkliche", der sich häufig in den Ideen findet, trägt an dieser Stelle vergleichsweise wenig zur Klärung bei. Ähnlich verhält es sich bei

sehbar naturrechtliche Färbung durchzieht somit auch dort die Untersuchung, wo die Terminologie eher an einen post-naturrechtlichen kantischen Ansatz zu gemahnen scheint.

4. Bürger und Staat als Träger des Rechts auf Sicherheit

Das Recht auf Sicherheit gebührt nach Humboldt einerseits den Bürgern „in völliger Gleichheit",[394] auf der anderen Seite dem Staat selbst.[395] Der Gleichheitszusatz kann als Bekenntnis zu dem Ideal der Französischen Revolution verstanden werden. Es verwundert daher nicht, dass die Ideen in Frankreich übrigens äußerst positiv aufgenommen worden sind.[396] Auffällig ist, dass die Bürger vor dem Staat genannt werden. Das ist vom Standpunkt Humboldts folgerichtig, weil das Maß der Sicherheit des Staats von dem der Bürger insoweit abhängt, als die Bildung des Menschen als Endzweck des Staats buchstäblich die maßgebliche Bedeutung hat. Folglich kann der Staat auch nicht mehr an Sicherheit einfordern, als ihm zugestanden wird zur Gewährleistung des von ihm zu verfolgenden Endzwecks. Diese Interdependenz wirkt einer Verabsolutierung des Staats entgegen. Der Gedanke ist nicht nur konsequent, sondern durchaus auch modern zu nennen, begegnen doch Argumentationen mit Hilfe der Sicherheit des Staats also solcher aus gutem Grund durchgreifenden Zweifeln, sofern nicht näher angegeben wird, warum und inwieweit die zu besorgende Sicherheit nicht gerade auch im Interesse der dem Staat Unterworfenen unerlässlich ist. Das gilt umso mehr, als Humboldt eine gewisse Ausnahme zu Gunsten derer macht, die man in heutiger zivilrechtlicher Diktion als nicht oder nicht voll ge-

---

einer nachfolgenden Stelle, ebenda, S. 119 (148 f.): „Gestört wird die Sicherheit entweder durch Handlungen, welche *an und für sich* in fremdes Recht eingreifen, oder durch solche, von deren Folgen nur dies zu besorgen ist." (Hervorhebung nur hier). Auch hier wird der Rechtseingriff durch das „an und für sich" nur vage spezifiziert.

394 Es ist hier – wie *H. Maier* (Grundwerte und Grundrechte, in: Werte, Rechte, Normen, Hg. A. Paus, 1979, S. 106) in anderem Zusammenhang bemerkt „der Gleichheitsgedanke des modernen Naturrechts, der bis heute in den Grundrechten wirkt, nicht mehr auf der Gleichheit der Menschen vor Gott, sondern wesentlich auf seiner biologischen, kreatürlichen Artgleichheit" gründet; vgl. auch *S. Battisti*, Freiheit und Bindung, 1986, S. 209.

395 *Humboldt*, Ideen, S. 118 (148).

396 Vgl. *P. Challemel-Lacour*, La Philosophie individualiste. Etude sur Guillaume de Humboldt, 1864; *E. Villey*, Du Rôle de l'état dans l'Ordre économique, 1882; *J. Simon*, La Liberté. E. Laboulaye, L'Etat et ses limites, 1863, schwärmt gar: „Un des meilleurs livres qu'on ait écrit sur les veritables attributions de l'Etat est de G. de Humboldt. (...) Le mérite de Humboldt c'est – d'avoir ramené la liberte à un principe moral." – Gerade diese Beobachtung, d. h. die Statuierung der Freiheit als moralisches Prinzip, ist in rechtsphilosophischer Hinsicht bemerkenswert.

schäftsfähig ansieht. Dass er also vom mündigen Bürger ausgeht, akzentuiert sein Verständnis der Selbstverantwortung, zugleich entspricht es durchaus modernem Verständnis, dass in den von ihm genannten Fällen ein gewisser Paternalismus zum Schutz der nicht Geschäftsfähigen eingreifen muss.[397] Es ist auch hier bezeichnend, dass Humboldt, der die Staatsbegründung erst vergleichsweise spät zum Gegenstand seiner Erörterungen innerhalb der Abhandlung gemacht hat, dies mit ihr fundiert: „Denn die Staatsvereinigung ist bloß ein untergeordnetes Mittel, welchem der wahre Zweck, der Mensch, nicht aufgeopfert werden darf.“[398] Problematisch ist freilich der Zusatz: „es müsste denn der Fall einer solchen Konstellation eintreten, dass, wenn auch der einzelne nicht verbunden wäre, sich zum Opfer zu geben, die Menge das Recht hätte, ihn als solches zu nehmen.“ Ein solches Recht ist wohl auch von Humboldts vergleichsweise indifferentem Rechtsbegriff aus betrachtet schwerlich begründbar.

II. Sicherheit als conditio sine qua non

Dass Sicherheit und Freiheit zusammengehören, wird Humboldt nicht müde zu betonen. Implizit durchzieht dieser Gedanke die gesamte Untersuchung. Explizit wird dies erst vergleichsweise spät deutlich, indem es heißt: „Ohne Sicherheit vermag der Mensch weder seine Kräfte auszubilden noch die Früchte derselben zu genießen; *denn ohne Sicherheit ist keine Freiheit.*“[399] Dass diese griffige Formel erst hier auf den Punkt gebracht wird, liegt an der Gedankenführung Humboldts, die – wie auch der vorangehende Satz verdeutlicht – zunächst die Ausbildung der menschlichen Kräfte und damit die innere Bildung des Menschen als Bedingung und Ausprägung der Freiheit entwickelt. In diesem Sinne schrieb Humboldt an Forster über seine Abhandlung mit Brief vom 1. Juni 1792: „Ich habe nämlich (...)

---

397 Siehe dazu noch näher Kapitel 4 unter V.

398 *Humboldt*, Ideen, S. 119 (148).

399 *Humboldt*, Ideen, S. 58 (95); Hervorhebung nur hier. Diese Stelle hat übrigens der damalige Bundesinnenminister *Otto Schily* im Jahre 2004 in einer Rede (gehalten im Rahmen der Fachkonferenz „Identität im digitalen Zeitalter“ – 125 Jahre Bundesdruckerei vom 22.09.2004) hervorgehoben. Er bezeichnet dies dort als „Ausprägung des englischen Liberalismus“ und fährt fort: „Nach Humboldts Auffassung, die ich für modern halte, sollte sich der Staat eher aus der Organisation der Wissenschaft und Kultur, von Universitäten und ähnlichen Einrichtungen heraushalten. Es gibt aber Kernaufgaben, die der Staat mit aller Kraft wahrnehmen muss, weil (in Humboldts Worten) ‚die Erhaltung der Sicherheit sowohl gegen auswärtige Feinde als innerliche Zwistigkeiten den Zweck des Staates ausmachen und seine Wirksamkeit beschäftigen muss.‘ In dieser Denkweise hat sich die Bundesrepublik nach der Katastrophe der nationalsozialistischen Diktatur als demokratischer Rechtsstatt konstituiert“.

der Sucht zu regieren entgegenzuarbeiten versucht und überall die Grenzen der Wirksamkeit enger geschlossen. Ja, ich bin so weit gegangen, sie allein auf die Beförderung der Sicherheit einzuschränken. Ich hatte die Frage, die ich beantworten sollte, völlig rein theoretisch in ihrem Umfange abgeschritten. Ich glaubte also kein anderes Prinzip zum Grunde meines ganzen Räsonnements legen zu dürfen, als das, welches allein auf den Menschen – auf den doch am Ende alles hinauskommt – Bezug nimmt, und zwar auf das an dem Menschen, was eigentlich seiner Natur den ganzen Adel gewährt." Hier sieht man entstehungsgeschichtlich ganz deutlich, wie sich Humboldts vergleichsweise rigider Standpunkt herausbildete, wie originell er damit letztlich war und wie eng seine Sicht mit den von ihm angenommenen anthropologischen Voraussetzungen verbunden ist.

1. Sicherheit im Spiegel der Theorien vom Gesellschaftsvertrag

Vor diesem gedanklichen Hintergrund wird nun auch deutlich, warum Humboldt die bereits verschiedentlich aufgeworfenen Fragen nach dem Naturzustand und der Staatsgründung so lange in der Schwebe lässt. Anders als Hobbes und Locke[400] ist dies für ihn nicht der unhintergehbare Ausgangspunkt, sondern eher ein steter Verdeutlichungsposten, um die Sicherheit als Voraussetzung der Freiheit zu belegen. Von daher versteht sich, dass Humboldt im Zusammenhang mit der Frage, aus welchen Motiven der Gesellschaftsvertrag von den Individuen abgeschlossen wird, eine vergleichsweise indifferente Haltung einnimmt. So finden sich bei ihm sowohl Anklänge an Thomas Hobbes als auch an John Locke, und zwar in Punkten die letztlich unvereinbar sind.[401]

a) Anklänge an Hobbes

Auch wenn Humboldt Hobbes' homo homini lupus, wie bereits gezeigt, nicht zum anthropologischen Ausgangspunkt erheben möchte, sieht er „die Begierde der Menschen, immer über die ihnen rechtmäßig gezogenen Schranken in das Gebiet andrer einzugreifen."[402] Den Staat charakterisiert er daher als eine dies hemmende „letzte, widerspruchslose Macht". Dazu passt auch sein Verständnis der staatlichen Strafe, die er nicht hegelianisch als Negation der Negation des Rechts rechtsphilosophisch überhöht, sondern, wiederum eher an Hobbes ausgerichtet,

400 Siehe speziell zu ihm eingehend *W. Euchner*, Naturrecht und Politik bei John Locke, 1979.
401 Vgl. auch *G. Goedert*, Politische Philosophie: Staat und Recht. Thomas Hobbes, John Locke, Wilhelm von Humboldt, Jean-Jacques Rousseau, Jaques Maritain, Ernst Bloch, 1995.
402 *Humboldt*, Ideen, S. 57 (94).

als „Rache, welche keine neue Rache erlaubt“ versteht.[403] So nimmt es nicht wunder, dass Humboldt in diesem Zusammenhang erstmals ausdrücklich vom „Menschen im Naturzustande“ spricht und die Sicherheit als einen Genuss bezeichnet, dessen „sich auch in der mittelmäßigsten Verfassung der gemeinste Untertan zu erfreuen hat.“

So sehr dies aber auf Hobbes’ Leviathan hinzudeuten scheint, so wenig passt es doch letztlich zu dessen Prämissen. Gewiss ist der Begründungsversuch verlockend, dass der Gesellschaftsvertrag allein deshalb abgeschlossen wird, um den Menschen Sicherheit als einziges und höchstes Gut zu verschaffen, um dessentwillen alle anderen Einschränkungen klaglos hinzunehmen sind. Doch entspricht gerade diese letztgenannte Folge nicht Humboldts Vorstellung, nach der die Sicherheit letztlich der Freiheitsentfaltung dient und jede über die Sicherheitsgewährung hinausgehende Freiheitsbeschränkung des einzelnen durch den Staat strikt abzulehnen und daher nicht zu rechtfertigen ist.

b) Eigentumssicherung bei Locke

Dem scheint eher die Gegenauffassung von John Locke zu korrespondieren, welcher zufolge der Zweck des Gesellschaftsvertrags in der Sicherung der natürlichen Rechte des Menschen, d. h. seiner Freiheit und seines Eigentums im weitesten Sinne, besteht.[404] Insofern ist der Gedanke, dass der Staat primär die Sicherheit des Einzelnen schuldet, nicht neu.[405] Ohne Recht kann es für ihn keine Freiheit geben.[406] Die Besonderheit seines Ansatzes besteht nämlich in der Bindung der öffentlichen Gewalt an Freiheit und Eigentum des Bürgers.[407] Bekanntlich haben diese Gedanken die amerikanische Unabhängigkeitserklärung mit beeinflusst,[408] ein Einfluss, der sich auch bei Humboldt nachzeichnen lässt, wenn es etwa heißt: „Jeder hat ein gleiches und ungezweifeltes Recht, sich

403 *Humboldt*, Ideen, S. 58 (95).

404 *J. Locke*, Two Treatises of Government, 1690.

405 *S. Battisti*, Freiheit und Bindung, 1986, S. 42.

406 „Where there is no Law, there is no freedom“; Two Treatises of Government, 2. Abhandlung, § 57. Ähnlich, wie bereits oben zitiert, *J. Ratzinger*, Glaube – Wahrheit – Toleranz, 4. Auflage 2005, S. 201.

407 Vgl. auch den Satz: „Freedom of men under government is to have a standing rule to live by, common to every one of that society, and made rule by the legislative power erected in.“ (*Locke*, Two Treatises of Government, 2. Abhandlung, § 22).

408 Vgl. den Wortlaut der Unabhängigkeitserklärung von 1776: „We hold these truths to be self-evident: that all men are created equal, that they have endowed by their Creator with certain unalienable Rights, that among these are Life, Liberty and the pursuit of Happiness: That to secure these rights, Governments are instituted“.

glücklich zu machen“[409] – beinahe eine wortgleiche Beschwörung des „pursuit of Happiness“.

Ein gewisser Anknüpfungspunkt an Locke findet sich bei Humboldt in dem weiter oben skizzierten Eigentumsverständnis.[410] Dort war von dem notwendigen Zusammenhang zwischen der Idee der Freiheit und der Idee des Eigentums die Rede. Es ist nicht unwichtig zu betonen, dass es sich nicht unbedingt nur um das Eigentum im formellen Sinne handeln muss, sondern dass die Idee des Eigentums durchaus Parallelen zu Lockes ähnlich weitem Verständnis des Eigentums aufweist,[411] dass über das bloße Innehaben eines Gegenstandes auch den Inbegriff der Freiheitsrechte markiert.[412] Dem entspricht auch das enge Verhältnis von Eigentum und Selbsterhaltungstrieb zueinander.[413] Auch wenn jedoch bei Locke wesentliche Hinweise auf das Verhältnis von Freiheit des Einzelnen und Bindung staatlicher Macht zu finden sind, lässt sich doch nicht sagen, dass Humboldt diesen Ansatz im Ganzen zugrunde gelegt habe.[414] Das zeigt sich nicht zuletzt an der systematischen Stellung, welche er der Staatsbegründung einräumt. Denn für Locke ist die Herleitung des Gesellschaftsvertrags letztlich der entscheidende Ausgangspunkt, auf dem alles folgende, etwa die Begründung des Privateigentums, fußt. Bei Humboldt ist es demgegenüber die Individualität, deren Entfaltung die Sicherheit und Freiheit nur das – freilich entscheidende und notwendige – Mittel bieten.[415]

---

409 *Humboldt*, Gesammelte Schriften, Ausgabe der Königlich Preußischen Akademie der Wissenschaften, Band VII, 2, S. 484.

410 Unter Kapitel 3 IV.

411 Speziell ist das Eigentum im Second Treatise on Government abgehandelt.

412 Vgl. nur *Ch. Taylor*, Negative Freiheit?, 1992, S. 151 („Betrachten wir Lockes Ziele als Beispiel. Das Ziel der Vergesellschaftung besteht darin, das Eigentum, wozu selbstverständlich auch Leben, Freiheit und Grundbesitz gehören, zu schützen.“) – Auch *Kant* zählt zum Eigentum des Staatsbürgers über das Innehaben eines Gegenstandes hinaus „jede Kunst, Handwerk, oder schöne Kunst, oder Wissenschaft“ (in: Über den Gemeinspruch: Das mag in der Theorie richtig sein, taugt aber nicht für die Praxis, 1793, Band XI der von Weischedel herausgegebenen Ausgabe, 1977, S. 127, 151).

413 Vgl. nur *J. Locke*, First Treatise of Government, Nr. 18: „Und deshalb war das Eigentum des Menschen an den Geschöpfen auf seinem Recht begründet, von denjenigen Dingen Gebrauch zu machen, welche für sein Dasein notwendig und nützlich waren.“

414 Ähnlich *D. Spitta*, Die Staatsidee Wilhelm von Humboldts, 2004, S. 41 (gegen *A. Kuhn*, Wilhelm von Humboldt als Staatsmann. Die Westmark, 1. Jahrgang, 1921, S. 723).

415 Interessant und wohl auch Humboldts unausgesprochenem Verständnis nahe kommend ist insoweit *Kants* Vorstellung vom ursprünglichen Kontrakt der Menschen untereinander, wonach es „eine bloße Idee der Vernunft ist, die aber ihre unbezweifelte (praktische) Realität hat“ (in: Über den Gemeinspruch: Das mag in der Theorie richtig sein, taugt aber nicht für die Praxis, 1793, Band XI der von Weischedel herausgegebenen Ausgabe, 1977, S. 127, 153).

2. Die paradoxe Originalität Humboldts

Daher lässt sich auch dieser Ansatz nicht einfach als Grundlegung für Humboldts Verständnis von Freiheit und Eigentum vereinnahmen. Eher zeigt die Kontrastierung ebenso wie die gelegentliche Andeutung an etablierte Ansätze, die auf den ersten Blick, nämlich wenn man die möglichen Einflüsse Hobbes' und Lockes in Rechnung stellt, auf einen eklektischen Grundzug hindeuten, paradoxerweise gerade im Gegenteil die Originalität Humboldts. Wie schon verschiedentlich im Verhältnis zu Kant beobachtet, lässt sich Humboldt nicht eindeutig zuordnen, noch weniger vereinnahmen. Auch die gelegentlichen Rousseau-Zitate deuten nicht zwingend darauf hin,[416] dass dessen Prämissen im Ganzen übernommen werden;[417] es sind vielmehr einzelne Fingerzeige, die aber wenig über den Einfluss aussagen.[418] Je mehr man Humboldt hergebrachten Ansätzen an die Seite stellt, desto auffälliger wird trotz aller Gemeinsamkeiten im Einzelnen die Einzigartigkeit seines Ansatzes im Allgemeinen. Und soviel auch im Gefolge und in den gedanklichen Wurzeln der Französischen Revolution ähnliche Gedanken geäußert wurden, so sehr unterscheidet sich Humboldt von ihnen durch die radikale Reduktion auf die Sicherheitsfunktion des Staates, die daher auch im Folgenden im Mittelpunkt stehen wird. Sein Grundgedanke ist dabei einfach: Die Sicherheit ist das einzige, was der Einzelne nicht allein, sondern nur im Verbund mit den anderen schaffen und aufrechterhalten kann.[419]

III. Sicherheit nach außen

Die Ausführungen Humboldts über die Sicherheit gegen auswärtige Feinde gehören wohl zu den blassesten, auch den wenigsten nachvollziehbaren der ge-

---

416 Dazu im Hinblick auf Humboldt auch *R. Fester*, Rousseau und die deutsche Geschichtsphilosophie. Ein Beitrag zur Geschichte des deutschen Idealismus, 1890, S. 292 ff.; ferner *ders.*, Humboldts und Rankes Ideenlehre, Deutsche Zeitschrift für Geschichtswissenschaft, Band VI, 1891, S. 235.

417 Zutreffend *C. Sauter*, Wilhelm von Humboldt und die deutsche Aufklärung, 1989, S. 316 Fußnote 323, bezogen auf Rousseaus Einfluss auf Humboldt über die Ideen hinaus: „Eher weisen seine unterschiedlichen Stellungnahmen zu Roussau daraufhin, dass er sich auch gegenüber diesem Denker die Freiheit nimmt, das, was vor seinem eigenen Denken standhält, gutzuheißen und zu rezipieren, anderes dagegen abzulehnen".

418 Vgl. *Humboldt*, Ideen, S. 26 (68), mit dem Verweis auf *Rousseaus* Emile.

419 *Humboldt*, Ideen, S. 58 f. (96).

samten Abhandlung.[420] Sie sollen daher nicht nur wegen ihrer vergleichsweisen Kürze, die bereits darauf hindeutet, dass er hier am wenigsten Anhaltspunkte für die durchschlagende Kraft seiner Ideen gefunden hat, nur am Rande behandelt werden, zumal ihr rechtsphilosophischer Ertrag vergleichsweise bescheiden ist. Er räumt dies in gewisser Weise selbst ein, wenn es zu Beginn heißt „dass er von der Sicherheit gegen auswärtige Feinde (...) kaum ein Wort zu sagen brauchte, wenn es nicht die Klarheit der Hauptidee vermehrte, sie auf alle einzelnen Gegenstände nach und nach anzuwenden". Interessant ist immerhin, dass er gegenüber dem vergleichsweise indifferenten Plural im Titel von einer „Hauptidee" ausgeht, welche die ganze Untersuchung durchzieht.

Das erweist sich in der Gegenüberstellung mit einer ungleich prominenteren Schrift, nämlich Immanuel Kants Gedanken zum ewigen Frieden, die dem an die Seite gestellt werden soll, obwohl Humboldt sie erst Jahre später gelesen hat, wie er in einem Brief an Schiller schreibt.[421] Die vergleichende Darstellung bietet sich nicht nur deshalb an, weil es sich dabei um den ungleich wirkungsmächtigeren Ansatz handelt, sondern auch weil die Niederschrift beider Texte nur um wenige Jahre auseinander liegt.[422] Nicht minder distanziert betrachten wir heute die vom Krieg ausgehende „Idee der Größe und des Ruhms", die „auf einer Vorstellung von überwiegender Macht beruht".[423]

1. Humboldts Idee vom Krieg

Humboldt konzentriert sich von vornherein auf die Wirkung, die der Krieg auf den Charakter der Nation hat. Nur von daher ist es wohl überhaupt verständlich, wenngleich letztlich unbegreiflich, dass er den Krieg „eine der heilsamsten Erscheinungen zur Bildung des Menschengeschlechts" bezeichnet.[424] Formulierungen wie jene, dass im Krieg der „tätige Mut (...) geprüft und gestählt" werde,[425] können heute nur noch Kopfschütteln auslösen.[426]

---

420 Vgl. bereits *Humboldt*, Über die Sorgfalt des Staats für die Sicherheit gegen auswärtige Feinde, Berlinische Monatsschrift 20 (1792) 419 ff.

421 *D. Spitta*, Die Staatsidee Wilhelm von Humboldts, 2004, S. 47.

422 *Kants* „philosophischer Entwurf" ‚Zum ewigen Frieden' erschien 1795 in erster Auflage bei Friedrich Nicolovius in Königsberg; die zweite Auflage datiert aus dem Jahre 1796.

423 *Humboldt*, Ideen, S. 62 (99); davon wird im zweiten Teil gegen Ende noch die Rede sein.

424 *Humboldt*, Ideen, S. 61 (98).

425 *Humboldt*, Ideen, S. 61 (98); dort mit dem für Humboldt charakteristischen Zusatz auf die unvermeidliche „Mannigfaltigkeit".

426 Gleiches gilt für das Postulat, dass „dem Geist, den er (sc. der Krieg) wirkt, Freiheit gewährt werden muss, sich durch alle Mitglieder der Nation zu ergießen."– *Humboldt*, Ideen, S. 64 (100).

a) Voraussetzungen

Rechtsphilosophisch noch am ehesten bemerkenswert, aber eher zum Gemeinplatz taugend ist der Hinweis: „Auch denkt jeder im Krieg, das Recht auf seiner Seite zu haben."[427] Damit ist zumindest die Möglichkeit offen gelassen, dass es ein solches Recht letztlich nicht geben könne, doch geht es insoweit wie in den gesamten Ideen, das heißt das Recht selbst wird immer nur vorausgesetzt, aber letztlich nicht definiert. Immerhin beschreibt er den Krieg als einen Zustand, „wo Neigung und Pflicht, und Pflicht des Menschen und des Bürgers in unaufhörlichem Streite zu sein scheinen und wo dennoch – sobald nur gerechte Verteidigung die Waffen in die Hand gab – alle diese Kollisionen die vollste Auflösung finden."[428] Aber unter welchen Voraussetzungen die Verteidigung gerecht ist, bleibt im Dunkeln.

Für das sogleich zur kantischen Philosophie Darzustellende ist aufschlussreich, dass Humboldt die stehenden Armeen ablehnt. Sie seien „weit von dem Ideale entfernt, das für die Bildung des Menschen das nützlichste wäre."[429] Allerdings sucht Humboldt dem Fehlverständnis verbaler Kriegstreiberei durchaus entgegenzuwirken, etwa wenn es dort heißt: „Auch müßte ich sehr unglücklich in Auseinandersetzung meiner Ideen gewesen sein, wenn man glauben könnte, der Staat sollte, meiner Meinung nach, von Zeit zu Zeit Krieg erregen."[430] Sein Argument gegen die stehenden Heere lautet demgemäß, dass er das Leben des Berufssoldaten für unwürdig hält. Es ist im Übrigen von seinem Ausgangspunkt gesehen konsequent, dass Humboldt dem Staat auch bezüglich der Vorbereitung des Krieges – sei es auch durch stehende Heere – jede positive Einmischung versagt.[431]

b) Maschinenmetapher und Bürokratiebegriff

Humboldt spricht in diesem Zusammenhang auch von einem „maschinenmäßigen Leben".[432] Befremdlich ist das Bild, wonach der Krieger „mit Aufopferung seiner

427 *Humboldt*, Ideen, S. 62 (99).
428 *Humboldt*, Ideen, S. 63 (100).
429 *Humboldt*, Ideen, S. 64 (100).
430 *Humboldt*, Ideen, S. 65 (101).
431 *Humboldt*, Ideen, S. 66 (102).
432 Zur Gleichsetzung des Staates mit einer Maschine in diesem Zusammenhang *F. Herzog*, Über die Grenzen der Wirksamkeit des Strafrechts, S. 5, unter Verweis auf *Novalis*, Fragment aus ‚Glauben und Liebe oder der König und die Königin', in: *Novalis*, Schriften (Hg. J. Minor), Band II, Fragmente, 1907, Ziffer 30, S. 157, sowie auf das Fragment „Ältestes Systemprogramm des deutschen Idealismus" von 1796, das auf Hölderlin, Hegel und Schelling zurückgehen dürfte; vgl. *K. Rosenkranz*, Hegels Leben, 1844, S. 62. Siehe ferner *P. Schmitterer*, ‚Maschine' vs. ‚Organis-

Freiheit gleichsam Maschine werden muss".[433] Die Maschinenmetapher begegnet an verschiedenen Stellen der Untersuchung, stets um deutlich zu machen, wie weit der unfreie Mensch von der wahren Bildung entfernt ist, und so ist es auch an dieser Stelle folgerichtig, dass diese Möglichkeit nur im Konzessivsatz in Betracht gezogen wird. Dieser Topos, der in der zeitgenössischen Literatur eine gewichtige Rolle spielte,[434] ist so auffällig, dass er den folgenden kurzen Exkurs rechtfertigt.[435] Paradigmatisch für die Maschinenmetapher ist folgende Stelle: „Daher nimmt in den meisten Staaten von Jahrzehent zu Jahrzehent das Personale der Staatsdiener und der Umfang der Registraturen zu und die Freiheit der Untertanen ab. (...) Dadurch aber werden die Geschäfte beinah völlig mechanisch und die Menschen Maschinen."[436] Interessanterweise hat man diese Passage auf den Bürokratiebegriff Max Webers bezogen und auf diese Weise einen Zusammenhang zwischen Weber und Humboldt hergestellt:[437] „Er (sc. Weber) steht damit in der Tradition des Liberalismus, an deren Beginn in Deutschland Wilhelm von Humboldt in seinen Ideen zu einem Versuch die Wirksamkeit des Staats zu bestimmen bereits in ähnlicher Weise die Gefahr der Bürokratisierung bezeichnet hatte."[438] Bemer-

mus'. Einige Überlegungen zu Geistes- und Sprachwissenschaftsgeschichte im 18. und 19. Jahrhundert, in: Diversions of Galway. Papers on the History of Linguistics (Hg. A. Alquist), 1992, S. 291 ff.

433 *Humboldt*, Ideen, S. 64 (100).

434 Vgl. auch *C. Sauter*, Wilhelm von Humboldt und die deutsche Aufklärung, 1989, S. 340, zur Maschinenmetapher: „Der auf den ersten Blick physikalische Terminus gewinnt in Humboldts Auslegung (...) eine moralontologische Bedeutung".

435 Mit ihr beschäftigt sich Kant nach der Behandlung der Religion gegen Ende der Untersuchung, *Kant*, Beantwortung der Frage: Was ist Aufklärung?, 1784, Band XI der von Weischedel herausgegebenen Ausgabe, 1977, S. 60. Am Schluss findet sich im Übrigen die auch für Humboldt typische und von ihm mehrfach gebrachte Wendung vom „Menschen, der mehr als Maschine ist" wieder (ebenda, S. 53, 61; siehe zur Maschinenmetapher der Zeit insbesondere *A. Baruzzi*, Mensch und Maschine, 1973; *B. Stollberg-Rilinger*, Der Staat als Maschine, 1986). Dementsprechend heißt es bei Humboldt zur Gesetzgebung: „Wann wird der Mann aufstehen, der für die Gesetzgebung ist, was Rousseau der Erziehung war, der den Gesichtspunkt von den äußren physischen Erfolgen hinweg auf die innere Bildung des Menschen zurückzieht." – Auch hier (siehe bereits Ideen, S. 26 Anmerkung 1) wird Rousseau nur als der Verfasser des Emile und nicht als Begründer des allgemeinen Willens geachtet.

436 *Humboldt*, Ideen, S. 47 (86).

437 Vgl. *K. Lenk*, Klassiker des politischen Denkens, Band 2, 1968, S. 360. Eine weitere Parallele wird gezogen zu *M. Weber*, Wirtschaft und Gesellschaft, 6. Auflage 1980, S. 396; vgl. *K. Lenk*, ebenda, S. 365: „Übrigens befindet sich Weber auch mit dieser Bestimmung in guter liberaler Gesellschaft. Denn es war W. v. Humboldt, der den Begriff des Staates als eine ‚letzte, widerspruchslose Macht' definiert hat." Siehe auch *J. Petersen*, Max Webers Rechtssoziologie und die juristische Methodenlehre, 2. Auflage 2014.

438 Es folgt das eingangs wiedergegebene Zitat *Humboldt*, Ideen, S. 47 (85).

kenswert ist dabei die folgende Kritik an Weber aus der Sekundärliteratur: „Wenn Hennies glaubt, Webers Staatslehre als einen ‚autoritären Wahn' abtun zu können,[439] so richtet sich dieses Verdikt mithin gegen die gesamte Tradition der liberalen Staatslehre, die sich mehr oder weniger im Rahmen der von Humboldt gegebenen Definition des Staates hält."[440] Die Beziehung der Ideen Humboldts zu und ihren möglichen Einfluss auf Max Weber darzustellen, wäre Gegenstand einer lohnenswerten Arbeit.

2. Kants Gedanken zum ewigen Frieden

Vergleicht man die weiter oben referierten Gedanken zum Krieg mit Kants ungefähr zeitgleich verfassten Gedanken zum ewigen Frieden – nicht nur um dem Vorwurf zu begegnen, es werde bei der Bewertung nicht hinlänglich auf die Vorstellungen der jeweiligen Zeit Rücksicht genommen –, so schneiden Humboldts idealisierende Betrachtungen wenig glanzvoll ab. Im Ausgangspunkt findet sich freilich eine dahingehende Parallele, dass der wahre Friede als dauerhafter gedacht und folglich vom bloßen Waffenstillstand unterschieden werden muss.[441] Sachliche Übereinstimmung besteht auch in der Ablehnung stehender Heere, freilich aus unterschiedlichen Gründen. Kant sieht in ihnen eine dauerhafte Bedrohung anderer Staaten, womit sie letztlich „selbst Ursache von Angriffskriegen sind".[442]

Geradezu frappierend ist eine wortlautmäßige Übereinstimmung, die da lautet: „dass zum Töten, oder getötet zu werden in Sold genommen zu sein einen Gebrauch von *Menschen als bloßen Maschinen* und Werkzeugen in der Hand eines andern (des Staates) zu enthalten scheint, der sich nicht wohl mit dem Rechte der Menschheit in unserer eigenen Person vereinigen lässt."[443] Es fällt aber auf, dass die vordergründige, weil wortlautmäßige Identität des Arguments bei Kant letztlich in etwas anderem, rechtsphilosophisch Fundierterem gründet, nämlich dem Recht der Menschheit in unserer eigenen Person. Der Gedanke der Einmischung

---

439 Gemeint ist *W. Hennies*, Aufgaben einer modernen Regierungslehre, Politische Vierteljahreszeitschrift 6 (1965) 422.

440 *K. Lenk*, Klassiker des politischen Denkens, Band 2, 1968, S. 360.

441 *Kant*, Zum ewigen Frieden, 1795, Band XI der von Weischedel herausgegebenen Ausgabe, 1977, S. 195, 196; vgl. auch *Humboldt*, Ideen, S. 66 (102).

442 *Kant*, Zum ewigen Frieden, 1795, Band XI der von Weischedel herausgegebenen Ausgabe, 1977, S. 195, 197, grundlegend dazu *V. Gerhardt*, Immanuel Kants Entwurf ‚Zum ewigen Frieden'. Eine Theorie der Politik, 1995.

443 *Kant*, Zum ewigen Frieden, 1795, Band XI der von Weischedel herausgegebenen Ausgabe, 1977, S. 195, 198; Hervorhebung nur hier.

findet sich bei Kant mit unterschiedlicher Zielrichtung: kein Staat soll sich in die Angelegenheiten anderer Staaten einmischen.[444] Humboldt dagegen geht es nur um die Einmischung des Staates in die Belange des eigenen Bürgers.

3. Vergleichende Würdigung

So sehr uns Humboldts Idee vom Krieg als gleichsam notwendigem Übel, dem aber, wenn es da ist, mit „dem Geist wahrer Krieger oder vielmehr edler Bürger" zu begegnen ist,[445] heute fremdartig und wohl auch befremdlich erscheinen mag, ist die innere Folgerichtigkeit seines Ansatzes anzuerkennen. Allerdings rächt sich hier wie in den gesamten Ideen das Fehlen eines einheitlichen Rechtsbegriffs, der vielmehr nur pauschal vorausgesetzt wird, ohne dass eine nähere Definition erfolgt. So veranschaulicht gerade dies letztlich die rechtsphilosophische Überlegenheit des kantischen Ansatzes, die sich auch in einer Anmerkung zu seinem Postulat einer republikanischen Verfassung zeigt. In ihr heißt es, dass „rechtliche (mithin äußere) Freiheit nicht, wie man wohl zu tun pflegt, durch die Befugnis definiert werden kann: ‚alles zu tun, was man will, wenn man nur keinem Unrecht tut'. Denn was heisst Befugnis? Die Möglichkeit einer Handlung, so fern man dadurch keinem Unrecht tut. Also würde die Erklärung so lauten: ‚Freiheit ist die Möglichkeit der Handlungen, dadurch man kein Unrecht tut. Man tut keinem Unrecht, (...) wenn man nur keinem Unrecht tut': folglich ist es leere Tautologie. – Vielmehr ist meine äußere (rechtliche) Freiheit so zu erklären: sie ist die Befugnis, keinen äußeren Gesetzen zu gehorchen, als zu denen ich meine Beistimmung habe geben können."[446] Hier zeigt sich die Widerspruchsfreiheit der kantischen Konzeption, von der in Bezug auf Legalität und Moralität schon verschiedentlich die Rede war. Beide Ansätze gründen also in jeweils folgerichtig durchdachten Prämissen, doch bleiben in der kantischen Konzeption weniger Fragen offen. Zudem erweist sie sich in dieser Frage als zeitgemäßer denn Humboldts Ideen.

---

444 *Kant*, Zum ewigen Frieden, 1795, Band XI der von Weischedel herausgegebenen Ausgabe, 1977, S. 195, 199; die weiteren Einzelheiten der Schrift Kants, die auch im Hinblick auf die Begründung politischer Legitimität erhellend ist, können hier nicht vertieft werden. Siehe dazu auch *R. Spaemann*, Zur Kritik der politischen Utopie, 1977, S. 121 mit Fußnote 13: „Kant und Fichte haben die Idee der Gründung politischer Legitimität auf faktischen Universalkonsens kritisiert als Idee der direkten Demokratie".

445 Vgl. *Humboldt*, Ideen, S. 66 (102).

446 *Kant*, Zum ewigen Frieden, 1795, Band XI der von Weischedel herausgegebenen Ausgabe, 1977, S. 195, 204 Fußnote.

IV. Innere Sicherheit am Beispiel der Erziehung

Zur inneren Sicherheit zählt Humboldt alle Einrichtungen des Staates, welche die öffentliche Sicherheit, aber auch das „moralische Wohl der Bürger" betreffen.[447] Er verfolgt hier einerseits konsequent seinen empiristischen Ansatz, indem dargelegt wird, worauf sich die Sorgfalt erfahrungsgemäß, aber auch der Möglichkeit nach erstrecken kann. Andererseits ist ihm gerade hier die methodologische Vorbemerkung wichtig, dass zunächst ein denkbar weites Spektrum der Wirksamkeit des Staates ins Auge gefasst wird, und sonach erst allmählich alles davon gesondert wird, worauf sich die staatliche Sorge nicht zu beziehen hat. Dieses allgemeine Verfahren wendet er nun auf die Sicherheit an, welche nach diesem besagten Vorgehen als zentrale Aufgabe des Staates verblieben ist. Die Umständlichkeit dieser Methode der beständigen Abschichtung räumt er selbst ein; er konzediert nämlich, „dass ein dogmatischer Vortrag gerade die entgegengesetzte Methode erfordern würde." Doch ist ihr zuzubilligen, dass sie eher geeignet ist, das eigentlich Neue seiner Gedanken zu Tage zu fördern. Womöglich ist es gerade dieses „undogmatische" Vorgehen, das seine Rezeption hierzulande eher gehemmt, dagegen im angloamerikanischen Raum tendenziell gefördert hat.

1. Gesetze als Konkretisierung „wirklicher Volkssitte" und Volksgeistlehre

Im Ausgangspunkt bleibt sich Humboldt treu, was die Ablehnung freiheitsbeschränkender Tendenzen des Staates betrifft.[448] Er geht so weit, darunter nicht nur die „Anwendung moralischer Mittel" zu verstehen, sondern auch die Verhütung gesetzwidriger Handlungen.[449] Er bestreitet nämlich, dass die Erfolge auf die vorausschauende Fähigkeit des Gesetzgebers zurückgehen. An späterer Stelle ergänzt er, dass die öffentliche Erziehung den Menschen lediglich in eine bestimmte Form passe, ohne aber der Übertretung der Gesetze entgegenzuwirken oder auch nur Sicherheit zu schaffen.[450] Folglich lehnt er sie ab: „Öffentliche Erziehung scheint mir daher ganz außerhalb der Schranken zu liegen, in welchen der Staat seine Wirksamkeit halten muss."[451] Vielmehr sei es zumeist „bloß schon

---

447 *Humboldt*, Ideen, S. 67 (103).

448 Zu diesem Problemkreis und zum Folgenden unter Berücksichtigung Humboldts auch *K. G. Gehr*, Die Idee der Freiheit der Schule gegenüber dem Staate bei Denkern des deutschen Sprachgebietes im 19. Jahundert, 1929, S. 22ff.

449 *Humboldt*, Ideen, S. 68 (104).

450 *Humboldt*, Ideen, S. 73 (108).

451 *Humboldt*, Ideen, S. 74 (109).

wirkliche, nur vielleicht wankende und daher der Sanktion des Gesetzes bedürfende Volkssitte" gewesen.[452] Die Herkunft dieser „wirklichen Volkssitte" gibt Rätsel auf.

Nahe liegt in diesem Zusammenhang die Diskussion um den Begriff des Volksgeistes. Die Ursprünge der Lehre vom Volksgeist, die schon lange vor Humboldt wirkte, können hier nicht dargestellt werden.[453] Volksgeist wurde als die „herrschende Denk- und Sinnesart eines Volkes und der großen Masse in jedem Volke" verstanden.[454] Dass Humboldts Volkssitte hierin eine gewisse Entsprechung finden könnte, lässt sich damit begründen, dass auch die Volksgeistlehre seinerzeit zur Basis einer universalen Lehre der Rechtsgeltung wurde, mag ihre vorrangige Funktion auch eine andere gewesen sein.[455] Diese bestand in der Abwehr der Kodifikation, von der bei Humboldt zwar mitnichten unmittelbar die Rede ist, wohl aber lässt sich dieser negatorische Gedanke auch auf den vorliegenden Zusammenhang anwenden, was im Übrigen auch der eingangs dargestellten Methode Humboldts entspricht.[456] Auch wenn man sich vor einer pauschalen Gleichsetzung hüten muss,[457] ist die begriffliche Nähe doch geeignet, den Gedanken Humboldts zu verdeutlichen.

2. Bildung zum Staatsbürger

Schon der frühe Humboldt misst der Frage der öffentlichen Erziehung große Bedeutung bei,[458] geht aber in konsequenter Verfolgung seiner Ideen davon aus, dass auch hier der Einfluss des Staates tunlichst zurückgedrängt werden muss,

---

452 *Humboldt*, Ideen, S. 69 (105).

453 Dazu *J. Schröder*, Zur Vorgeschichte der Volksgeistlehre, Savigny-Zeitschrift für Rechtsgeschichte, Germanistische Abteilung Band 109 (1992) 1; vgl. auch *D. Nörr*, Geist und Buchstabe: ein Goethe-Zitat bei Savigny, Savigny-Zeitschrift für Rechtsgeschichte, Romanistische Abteilung 100 (1983) 20.

454 So das Wörterbuch der deutschen Sprache von *J. H. Campe*, Band V, 1811, S. 436 f.

455 *D. Nörr*, Savignys philosophische Lehrjahre, 1994, S. 284.

456 Vgl. oben sub Kapitel 9 VI vor 1.

457 Eingehend zur Volksgeistlehre im Hinblick auf Humboldts Zeitgenossen Savigny *D. Nörr* (Savignys philosophische Lehrjahre, 1994), sowie *J. Rückert*, Idealismus, Jurisprudenz und Politik bei Friedrich Carl von Savigny, 1984, S. 75, 110, 113 ff., 124 f., 314 (dort auch speziell zum Verhältnis von Staat und Recht).

458 Siehe auch *R. E. Goldsmith*, The Early Development of Wilhelm von Humboldt, Germanic Review 42 (1967) 30 ff.

weil jede Erziehung auf Ausbildung der Individualität zielt und somit auf das Individuum zugeschnitten sein muss.[459]

a) Mensch und Bürger

Insofern ist es nicht unproblematisch, wenn „der Bürger von seiner Kindheit an schon zum Bürger gebildet wird",[460] weil er dann Gefahr läuft als Mensch an Eigentümlichkeit zu verlieren. Mensch und Bürger sind also nicht notwendigerweise gleichbedeutend,[461] auch wenn es „wohltätig ist, wenn die Verhältnisse des Menschen und des Bürgers soviel als möglich zusammenfallen."[462] Keinesfalls aber dürfe „der Mensch dem Bürger geopfert werden",[463] da dann der Staatszweck verfehlt werde, denn „es verliert der Mensch dasjenige, welches er gerade durch die Vereinigung in einen Staat zu sichern bemüht war."[464] Ergänzt wird dies durch die an späterer Stelle geäußerte Überlegung, dass „doch die Staatsverbindung immer nur als ein Mittel anzusehen ist."[465] Die Staatsverbindung ist demnach niemals der Zweck, welcher nach Humboldt vielmehr in der Sicherheitsgewährung liegt, die wiederum dem Menschen zur Bildung und Ausprägung seiner Kräfte und Individualität verhilft. Bildung und Zusammenschluss der Menschen zum Staat hängen also untrennbar miteinander zusammen. Konnte bisher gesagt werden, dass Humboldt die Frage der Staatsgründung im Ausgangspunkt offen lässt und erst allmählich entwickelt, so entwickelt er auf dieser Grundlage die und idealistisch zu nennende Vorstellung eines Beitritts des Menschen zum Staat: „Der so gebildete Mensch müsste dann in den Staat treten und die Verfassung des Staats sich gleichsam an ihm prüfen."[466]

---

459 Siehe zur späteren Wirksamkeit seiner Ideen insoweit *A. Mann*, Das Verhältnis des Staats zum Bildungswesen im Lichte der Staatswissenschaft seit Wilhelm von Humboldt, 1900.
460 *Humboldt*, Ideen, S. 70 (106).
461 Es ist in diesem Zusammenhang interessant, dass Kant in seinem Staatsrecht denjenigen, „der das Stimmrecht in dieser Gesetzgebung" hat (d. h. dem von ihm so genannten „Grundgesetz, das nur aus dem allgemeinen vereinigten Volkswillen entspringen kann") bezeichnet als „Bürger (citoyen, d.i. Staatsbürger, nicht Stadtbürger, bourgeois)"; vgl. *Kant*, in: Über den Gemeinspruch: Das mag in der Theorie richtig sein, taugt aber nicht für die Praxis, 1793, Band XI der von Weischedel herausgegebenen Ausgabe, 1977, S. 127, 151.
462 *Humboldt*, Ideen, S. 70 (106).
463 *Humboldt*, Ideen, S. 70 (106).
464 *Humboldt*, Ideen, S. 70 (106).
465 *Humboldt*, Ideen, S. 71 (107).
466 *Humboldt*, Ideen, S. 71 (106).

b) Bedenken

Der damit zusammenhängende Gedanke, dass sich die Verfassung am ihr Unterworfenen bewähren muss, ist durchaus originell. Zugleich aber wirft die dahinter stehende Konzeption weiter gehende Fragen im Hinblick auf die Staatsbegründung auf. Denn die Idee, dass der gebildete Mensch in den Staat tritt, ist letztlich genauso erklärungsbedürftig wie die umgekehrte Vorstellung Humboldts, das derjenige, welcher dem Staat nicht zustimmt und in das dem Staat überantwortete Gewaltmonopol nicht einwilligt, aus dem Staat tritt. Eintritt in den Staat und Austritt aus dem Staat sind schwerlich zu realisieren. Es handelt sich also letztlich um eine idealisierend-dogmatische Begründung, die jedoch weder konstruktiv befriedigt noch operationalisierbar ist. Auch diese eigenwillige Konzeption der Begründung der Staatsbürgerschaft dürfte mitursächlich dafür sein, dass Humboldts Ideen unter den staatsphilosophischen Entwürfen der Neuzeit nicht die Aufmerksamkeit bekommen haben, die sie in anderer Hinsicht möglicherweise verdienen. Die eigentliche Aussage liegt daher in der Folgerung, welche Humboldt im Indikativ formuliert, aber in Wahrheit als Imperativ zu verstehen ist: „Sobald der Untertan den Gesetzen gehorcht und sich und die Seinigen im Wohlstande und einer nicht schädlichen Tätigkeit erhält, *kümmert den Staat die genauere Art seiner Existenz nicht.*“[467]

V. Sicherheit für Unmündige

Es ist nicht recht nachvollziehbar und wohl auch von der inneren Systematik der Ideen, wenn man von einer solchen sprechen will, nicht geboten, dass Humboldt die Sicherheit für Unmündige beinahe an das Ende seiner Abhandlung verbannt. Allenfalls ließe sich zur Rechtfertigung vorbringen, dass es so gleichsam hinter der Klammer steht und damit als gänzlich allgemeiner Gesichtspunkt einen Faktor all dessen bestimmt, was er zuvor erarbeitet hat.[468] Nicht ausgeschlossen ist jedoch auch, dass es sich um eine nachgeschobene und später ins Bewusstsein gerückte nachträgliche Relativierung des zuvor in einem Zuge Niedergeschriebenen handelt. Die Frage kann letztlich auf sich beruhen, weil Humboldt die Sicherheit ohnedies nicht zusammenhängend erörtert hat und ihr Verständnis nicht vom äußeren systematischen Standort abhängt.

---

467 Hervorhebung nur hier.

468 Dafür spricht der Beginn des Abschnitts XIV der Ideen *Humboldts* (S. 178 (199)): „Alle Grundsätze, die ich bis hierher aufzustellen versucht habe, setzen Menschen voraus, die im völligen Gebrauch ihrer gereiften Verstandeskräfte sind“.

1. Selbstbestimmung und Paternalismus

Wenn der Begriff der Sicherheit in einem Komplementaritätsverhältnis zum Begriff der Freiheit steht, so leuchtet ein, dass es Probleme gibt, wenn die Freiheit der Willensbildung in welcher Weise auch immer getrübt ist. Denn die Autonomie des Einzelnen, die ihm zur Herausbildung seiner Individualität verhelfen soll, erweist sich dann nicht mehr als maßgebliche Konstante, wenn dieser nicht selbstbestimmt handeln kann. Umgekehrt ist die Gewährleistung der Sicherheit dann in besonderer Weise erforderlich, weil man den einzelnen dann nicht ohne weiteres sich selbst überlassen kann, weil der in der Individualität begründete und vorausgesetzte Funktionsmechanismus letztlich versagt. Die von Humboldt im Übrigen abgelehnten paternalistischen Einwirkungen scheinen dann geradezu unausweichlich.[469]

a) Gewährleistung der Sicherheit als notwendige Bedingung

Die Gewährleistung der Sicherheit zum Schutz der Unmündigen ist aber eben nur eine notwendige und noch keine hinreichende Bedingung: „Alle diese Personen nun bedürfen einer im eigentlichen Verstande positiven Sorgfalt für ihr physisches und moralisches Wohl, und die bloß negative Erhaltung der Sicherheit kann bei denselben nicht hinreichen.“[470] Es ist wichtig zu bemerken, dass es sich hierbei nicht etwa um eine systemwidrige Ausnahme handelt, die Humboldt gezwungen ist zu machen,[471] sondern eine bemerkenswert weitsichtige und seinem humanistischen Grundsansatz verpflichtete gedankliche Fortführung der Regel.[472] Damit wird zugleich die Gefahr eines hypertrophen Liberalismus' gebannt,[473] dessen innere Legitimation im Zweifel stünde, wenn nicht entsprechende Vorkehrungen zum Schutz Unmündiger getroffen würden. Dass Humboldt hier ausnahmsweise einen status positivus anerkennt und es nicht beim status negativus des bloßen

---

469 Vgl. auch *F. Herzog*, Über die Grenzen der Wirksamkeit des Strafrechts, S. 7 („gesicherte Freiheit“).

470 *Humboldt*, Ideen, S. 178 (200).

471 Zu einem derartigen Prinzipienwiderstreit im geltenden Recht am Beispiel des Erbrechts im Spannungsfeld zwischen privatautonomer Testierfreiheit einerseits und einer notwendigen paternalistischen Ausprägung andererseits siehe *J. Petersen*, Deutsche Notar-Zeitung (DNotZ) 2000, 639 ff.

472 Siehe auch *E. Spranger*, Wilhelm von Humboldt und die Humanitätsidee, 1909, 2. Auflage 1928.

473 Dieser ist ihm zum Vorwurf gemacht worden von *B. Gebhardt*, Wilhelm von Humboldt als Staatsmann, Band 1, 1896, S. 17, wonach Humboldt „das Recht der individuellen Freiheit übertrieb; dass er sie auf Kosten des Bestandes der Gesamtheit forderte“.

Abwehrrechts gegen den Staat bewenden lässt, stellt somit eine zentrale Konstante seines Ansatzes dar, die zu unterschlagen eine ungerechtfertigte Verkürzung seines Konzepts gerade dort bedeutete, wo seine Originalität in Frage steht.[474] Denn es ist ersichtlich gerade keine Diskriminierung der von ihm bezeichneten Personen, sondern vielmehr die konzeptionell bemerkenswerte Begründung von Schutzpflichten.[475]

b) Schutzpflichten des Staats bei Fichte

Der Begriff der Schutzpflicht findet sich im Übrigen ausdrücklich schon bei Fichte,[476] dessen Rechts- und Staatsphilosophie im Verlauf der vorliegenden Untersuchung derjenigen Humboldts an verschiedenen Stellen bewusst gegenüber- und an die Seite gestellt wurde, weil Fichte, wie gesehen, in seinen frühen staatsphilosophischen Schriften von ganz ähnlichen Prämissen ausging wie Humboldt. Auch in seiner späteren Staatsphilosophie finden sich, wie ebenfalls verschiedentlich bemerkt, noch bemerkenswerte Übereinstimmungen.[477] Auf den Begriff gebracht hat er die Schutzpflichten freilich erst in seiner Grundlage des Naturrechts.[478] Allerdings hat der Staat nach Fichte keinerlei Befugnis etwa gegenüber den Eltern auf Zwangsausübung hinsichtlich der Erziehung ihrer Kinder, weil die Kindererziehung für ihn eine moralische Pflicht ist.[479] Der entscheidende Satz Fichtes lautet insoweit: „Jeder hat nur auf die *Legalität* des anderen Anspruch, keineswegs auf seine *Moralität*."[480]

474 In diesem Zusammenhang ist die für den Freiheitsbegriff zentrale Unterscheidung zwischen negativer und positiver Freiheit, „Freiheit von" und „Freiheit zu", von Bedeutung, die vor allem von *I. Berlin*, Four Essays on Liberty, 1969, ausgearbeitet wurde. Dort heißt es (S. 131): „For it is this – the ‚positive' conception of liberty: not freedom from, but freedom to – to lead one prescribed form of life – which the adherents of the ‚negative' notion represent as being, at times, no better than a specious disguise for brutal tyranny". Die positive Freiheit („zu") wird auch als objektive bezeichnet; vgl. *E.-W. Böckenförde*, Recht, Staat, Freiheit. Studien zur Rechtsphilosophie, Staatstheorie und Verfassungsgeschichte, 1991, S. 46.

475 Siehe dazu aus heutiger Sicht vor allem *C.-W. Canaris*, Grundrechte und Privatrecht, 1999.

476 *J. G. Fichte*, Naturrecht, S. 286.

477 Vgl. nur *J. G. Fichte*, Naturrecht, S. 287: „Der Staat hat ihnen Sicherheit *bei allen durch das Gesetz nicht verbotenen Handlungen* garantiert." (Hervorhebung auch dort).

478 Rechte und Pflichten stehen hier in einer Wechselbezüglichkeit: „Der Staat steht in zweierlei Beziehungen gegen die Untertanen; teils hat er gegen sie Pflichten, die des vertragsmäßigen Schutzes; teils Rechte, sie zum Gehorsam gegen die Gesetze anzuhalten." (*J. G. Fichte*, Naturrecht, S. 287).

479 *M. Zahn*, Einleitung, S. XXI der Meiner-Ausgabe der Grundlage des Naturrechts.

480 *J. G. Fichte*, Naturrecht S. 139 (Hervorhebung auch dort).

2. Rechte und Schutz Minderjähriger

Zu den schutzwürdigen Personen, die dem freien Spiel der Kräfte nicht ohne weiteres überlassen werden dürfen, rechnet Humboldt nicht zuletzt die Kinder: „Allein diese Sorgfalt ist (...) schon vermöge der Grundsätze des Rechts ein Eigentum bestimmter Personen, der Eltern.“[481] Diese Aussage ruft zweierlei in Erinnerung. Zunächst den unbestimmten, aber allenthalben vorausgesetzten und wohl letztlich naturrechtlich gefärbten Rechtsbegriff; die Grundsätze des Rechts sind offenbar etwas selbstverständlich Vorgegebenes, Unhintergehbares, das keiner eigenständigen Begründung bedarf. Der Topos wird von Humboldt vornehmlich dort gebraucht, wo er zugleich sinnfällig ist und keine Nachfragen evoziert. Sodann fällt auch hier das besondere Verständnis des Eigentums auf. Der weite Eigentumsbegriff, der wie verschiedentlich gesagt, an Locke erinnert, umfasst also neben dem Inbegriff der Vermögensrechte und der eigenen Integrität auch die Personenfürsorge Schutzbefohlener. Diesem Recht korrespondiert die Pflicht zur Erziehung „und aus dieser Pflicht allein entspringen alle Rechte derselben als notwendige Bedingungen der Ausübung von jener.“[482] Dieser Schluss vom Eigentumsrecht auf die Erziehungspflicht und weiter bzw. zurück auf das Annexrecht der notwendigen Befugnisse, erscheint als petitio principii, dient Humboldt aber als Behelf für die Aufrechterhaltung der Rechte des Kindes: „Die Kinder behalten daher alle ihre ursprünglichen Rechte auf ihr Leben, ihre Gesundheit, ihr Vermögen, wenn sie schon dergleichen besitzen, und selbst ihre Freiheit darf nicht weiter beschränkt werden, als die Eltern dies teils zu ihrer eignen Bildung, teils zur Erhaltung des nun neu entstehenden Familienverhältnisses für notwendig erachten und als sich diese Einschränkung nur auf die Zeit bezieht, welche zu ihrer Ausbildung erfordert wird.“[483]

Diese Einschränkung in zeitlicher und sachlicher Hinsicht trägt zugleich dem umfassenden Autonomiegedanken Rechnung. Folgerichtig lehnt Humboldt Verpflichtungen ab, „welche über diese Zeit hinaus und vielleicht aufs ganze Leben hinaus ihre unmittelbaren Folgen erstrecken“ – eine bemerkenswerte Erwägung, die auch in die Rechtsprechung des Bundesverfassungsgerichts zum Schutze gerade erst Volljähriger, die sich für ihre Eltern in exorbitanter Höhe verbürgt haben, der Sache nach Einzug gehalten hat, weil eine solche Verpflichtung neben der Menschenwürde (Art. 1 GG) auch die allgemeine Handlungsfreiheit in Gestalt der wirtschaftlichen Betätigungsfreiheit langfristig berührt.[484] Von daher ist es

---

481 *Humboldt*, Ideen, S. 178 (200).

482 *Humboldt*, Ideen, S. 178 (200).

483 *Humboldt*, Ideen, S. 178 f. (200).

484 *J. Petersen*, FamRZ 1998, 1215.

nachvollziehbar, dass Humboldt einen zentralen Gedanken seiner Untersuchung, der auch im vorigen schon genannt wurde,[485] fruchtbar machen kann, obwohl er auf den ersten Blick seiner eingangs vorgestellten Hypothese zuwider zu laufen scheint.[486] Die staatliche Aufsicht darf nämlich den Eltern unter keinen Umständen eine bestimmte Erziehung bzw. Bildung vorschreiben; vielmehr kann sie nur auf eine Beschränkung innerhalb des gesetzlich Erlaubten hinauslaufen.[487] Hier scheint der fortschrittliche Gedanke der Grund- und Freiheitsrechte als Abwehrrechte des Einzelnen gegen den Staat ebenso auf wie das Gebot weltanschaulicher Neutralität.

3. Naturrechtliche Konnotationen

Aufschlussreich ist die Analyse desjenigen Rechtszustandes durch Humboldt, der nach dem Tod der Eltern eintritt, denn hier „bestimmen die *Grundsätze des natürlichen Rechts* minder klar, an wen die Sorgfalt der noch übrigen Erziehung fallen soll.“[488] So sehr man sich davor hüten muss, allein dem Sprachgebrauch ein Bekenntnis zum Naturrecht zu entnehmen, so bemerkenswert ist die nachfolgende Begründung, die dieser Vermutung Nahrung gibt. Humboldt bemüht nämlich das zwischen Eltern und Kindern bestehende Vertrauens- und Näheverhältnis gleichsam als anthropologische Konstante und gelangt damit zu einer vor dem Hintergrund seines Ansatzes tragfähigen Lösung:[489] Da dieses Vertrauensverhältnis zu Lasten der minderjährigen Kinder wegfalle, „muss der Staat seine Aufsicht auf sie verdoppeln.“[490] Hier wird deutlich, dass jede dem Schutzbefohlenen nachteilige Abweichung vom Naturzustand eine Störung des Gleichgewichts der Kräfte hervorruft, vermöge derer der Staat eingreifen darf und muss. Insofern kann man diesem Argument eine naturrechtliche Konnotation zuschreiben, ohne es dem Verdikt eines vordergründigen Evidenzarguments verfallen zu lassen, zumal es eben vom Standpunkt Humboldts aus keine unzulässige

---

485 Unter Kapitel 4 V 1.

486 *Humboldt*, Ideen, S. 178 (200) in Verbindung mit dem soeben sub Kapitel 4 V 1 Dargestellten.

487 *Humboldt*, Ideen, S. 180 (201).

488 *Humboldt*, Ideen, S. 180 (201); Hervorhebung nur hier.

489 Zu der Frage, ob dieses familienrechtliche Schutzverhältnis auch ein gesetzliches Schuldverhältnis darstellt *J. Petersen*, Jura 1999, 399.

490 *Humboldt*, Ideen, S. 180 (202); mit der weitsichtigen Folgerung, dass in diesem Fall eine ununterbrochene Rechenschaftspflicht angezeigt sein kann.

Ad-hoc-Hypothese darstellt,[491] sondern vielmehr die konsequente Verfolgung und Ausarbeitung seiner Grundidee.

---

491 Zu diesem Topos als Kriterium für die Bewertung juristischer Theorien siehe *C.-W. Canaris*, JZ 1993, 377.

5. Kapitel: Religion und Sittlichkeit

Nicht unmittelbar mit der Rechtsphilosophie zu tun hat auf den ersten Blick Humboldts Verständnis der Religion.[492] Gleichwohl markiert es einen eigenständigen Punkt seines Staatsverständnisses und wirkt so unmittelbar auch ein auf sein Rechtsverständnis. Es sei daher hier in der gebotenen Kürze mitbehandelt, zumal die nach Humboldts Ansatz nahe liegende Trennung von Staat und Kirche auch aus rechtsphilosophischer Sicht Interesse beanspruchen kann.[493] Keiner näheren Begründung bedarf die Behandlung der Sittlichkeit, wenngleich auch sie nur in demjenigen Rahmen gewürdigt wird, den ihr Humboldt gesteckt hat. Schließlich ist die Unterscheidung von Moralität und Legalität bisher schon virulent geworden, da Humboldt selbst das Verhältnis des Rechts zur Sitte bereits an früherer Stelle zum Gegenstand seiner Betrachtungen gemacht hat.

I. Religion

Die Religion behandelt Humboldt als ein Mittel des Staates durch das er den Menschen erzieht.[494] Dementsprechend wurde sie „durch Gesetze und Staatseinrichtungen" vom Staat gefördert.[495] Nur auf sie soll sich auch die folgende Betrachtung konzentrieren. Der Abschnitt über die Religion gehört zu den ausführlicheren Kapiteln der Ideen,[496] ist aber aus rechtsphilosophischer Sicht nicht durchweg von Interesse. Auch finden sich hier Weitschweifigkeiten, von denen die vorliegende Darstellung gereinigt werden soll. Gleichwohl harrt die Religionsphilosophie Humboldts noch einer näheren Untersuchung.[497] Das gilt um so mehr,

---

492 Monographisch *W. Schultz*, Die Religion Wilhelm von Humboldts, 1932.

493 *V. Hösle*, Moral und Politik. Grundlagen einer Politischen Ethik für das 21. Jahrhundert, 1997, S. 86 f., erkennt in Humboldts Ideen insbesondere deswegen einen über Locke hinausgehenden Entwurf, „weil er dessen Konzeption von theologischen Resten reinigt".

494 *Humboldt*, Ideen, S. 75 (110).

495 *Humboldt*, Ideen, S. 76 (111).

496 Zu den religiösen Motiven in der Sonettdichtung Wilhelm von Humboldts *W. Schultz*, Zeitschrift für Theologie und Kirche 7 (1926) 215 ff. – Humboldt schrieb bis ins hohe Alter jeden Tag ein Sonett.

497 Die diesbezüglichen Arbeiten sind überwiegend älteren Datums; neben der zitierten Arbeit von Schultz ist zu nennen die Dissertation von *O. R. Brosius*, Wilhelm von Humboldts Religion, 1929; *M. Schmidt*, Religion und Christentum bei Wilhelm von Humboldt. Eine wenig beachtete Spielart des Neuprotestantismus, in: Humanitas Christianitas (Hg. Beyschlag u. a.), Walther v. Loewenich zum 65. Geburtstag, 1968, S. 150 ff.; sowie vor allem *L. Runte*, Wilhelm von Humboldts Religionsphilosophie in ihrer Entwicklung und seine Stellung zum Christentum, 1920.

als dass vieles von dem, was Humboldt im folgenden Kapitel beschreibt und in seiner Staatsschrift vorausgesetzt hat, durch die Enzyklika „Deus caritas est" von Papst Benedikt XVI. an Aktualität gewonnen hat und einer vertiefenden Untersuchung unter diesem Gesichtspunkt bedarf.

1. Einmischung und Begrenzung des Staats

Es verwundert nicht, dass Humboldt gerade bei der Behandlung der Religion den Gedanken der Einmischung des Staates an die Spitze stellt und wiederum die freiheitshemmende Gefahr für den Einzelnen beschwört,[498] zumal stets ein „die Freiheit einengendes Übergewicht der Vorstellungsart des Staats" zu gewärtigen sei.[499] Ein durchaus moderner Gedanke, der allerdings heute eher bei der Meinungsfreiheit als im Rahmen der Religionsfreiheit begegnet,[500] findet sich im Hinblick auf den aus staatlicher Sicht möglichen Gleichlauf von Moralität und Religiosität: „Denn wenn der Staat einmal Moralität und Religiosität unzertrennbar vereint glaubt und es für möglich und erlaubt hält, durch dies Mittel zu wirken, so ist es kaum möglich, dass er nicht bei der verschiedenen Angemessenheit verschiedener Religionsmeinungen zu der wahren oder angenommenen Ideen nach geformten Moralität eine vorzugsweise vor der andren in Schutz nehme."[501] Dieser neuartige Gedanke veranschaulicht die hier erstmals zu beobachtende Zweigleisigkeit in der Gedankenführung, da im bisherigen Verlauf der Untersuchung nahezu alle Argumente gegen die Einmischung des Staates, so unterschiedlich sie im einzelnen auch sein mochten, letztlich allein auf der gebotenen Individualität und Freiheit des Einzelnen gründeten und dementsprechend auch darauf zurückzuführen waren. Allerdings lässt selbst hier Humboldts Religionsverständnis noch die Möglichkeit offen, dass es auch bei der Beeinflussung der Meinungen im oben zitierten Sinne letztlich weniger um diejenigen der Religionen als vielmehr der ihnen zuneigenden Menschen geht,[502] denn für

498 Dieser Gedanke wurde übrigens in der italienischen Rezeption der Schrift besonders hervorgehoben; vgl. *M. Minghetti*, Stato e Chiesa, 1878 („Uno dei libri migliori nei quali fu svolto questo principio ‚tutto scio se riferisce alla religione e fuori dei limiti dell'azione dello Stato' parmi pur sempre quelle di Gugl." Humboldt ‚Ideen zu einem Versuch'; siehe auch *F. Tessitore*, I fondamenti della filosofia politica di Humboldt, 1965.

499 *Humboldt*, Ideen, S. 77 (112).

500 Man denke nur an die vielfältigen Definitionsversuche bezüglich der Frage, was allgemeine Gesetze im Sinne des Art. 5 Abs. 2 Grundgesetz sind.

501 *Humboldt*, Ideen, S. 76 (111).

502 Vgl. auch *C. Sauter*, Wilhelm von Humboldt und die deutsche Aufklärung, 1989, S. 364, wonach seine neue Auffassung vom Menschen, die dadurch gekennzeichnet sei, dass sie als

ihn ist „Religion ganz subjektiv, beruht allein auf der Eigentümlichkeit der Vorstellungsart jedes Menschen.“[503]

Es ist im Übrigen aufschlussreich, wie ähnlich sich dieselben Postulate umgekehrt vom Blickwinkel der modernen Theologie aus lesen: „Überblickt man diese Zusammenhänge, so wird eine sehr nüchterne Sicht des Staates deutlich: Es kommt nicht auf die persönliche Gläubigkeit oder die subjektiven guten Intentionen der Staatsorgane an. *Sofern sie Frieden und Recht garantieren*, entsprechen sie einer göttlichen Verfügung (...). Gerade in seiner Profanität ist der Staat zu achten; er ist vom Wesen des Menschen als animal sociale et politicum her notwendig, in diesem menschlichen Wesen und damit schöpfungsmäßig begründet. In alledem ist zugleich eine *Begrenzung des Staats* enthalten: Er hat seinen Bereich, den er nicht überschreiten darf; er muss das höhere Recht Gottes respektieren. Die Verweigerung der Anbetung des Kaisers und überhaupt die Verweigerung des Staatskultes ist im Grunde einfach die Ablehnung des totalitären Staates.“[504]

2. Moralität und Religion

Eine wesentliche Prämisse der Gedankenführung Humboldts stellt dabei die These dar, dass die Moralität nicht von der Religion abhängig ist.[505] Dementsprechend ist „weder dasjenige, was die Moral als Pflicht vorschreibt, noch dasjenige, was ihren Gesetzen gleichsam die Sanktion gibt“, abhängig von den Ideen der Religion.[506] Der bereits weiter oben angesprochene Gleichlauf von Moralität und Religion ist für Humboldt demnach nicht mehr als eine zufällige aber mitnichten zwangsläufige Koinzidenz. Vielmehr ist der Einfluss der Religiosität auf die Moralität „ganz und gar nicht von der Materie gleichsam des Inhalts der angenommenen Sätze, sondern von der Form des Annehmens, der Überzeugung, des Glaubens abhängig.“[507] Aus der Zusammenschau der Verfolgung der Sittlichkeit

---

Ganzes „den Charakter der Menschheit mitprägt“ und „zum leitenden Gesichtspunkt wurde, unter dem die drei traditionellen Einwirkungssysteme Staat, Religion und Erziehung einer kritische Überprüfung ihrer Funktionen im Hinblick auf den Endzweck des Menschen unterzogen worden sind“.

503 *Humboldt*, Ideen, S. 79 (113). Noch deutlicher wird es ebenda, S. 83 (117): „Vielmehr beruht die Wirksamkeit der Religion schlechterdings auf der individuellen Beschaffenheit des Menschen und ist im strengsten Verstande subjektiv“.

504 *J. Ratzinger*, Werte in Zeiten des Umbruchs, 2005, S. 18; Hervorhebungen nur hier.

505 *Humboldt*, Ideen, S. 82 (116).

506 *Humboldt*, Ideen, S. 83 (117).

507 *Humboldt*, Ideen, S. 87 (120).

und der Frage nach der notwendigen Einmischung des Staates durch den Gesetzgeber ergibt sich für Humboldt zumindest keine vollständige Enthaltsamkeit,[508] sondern es sind „die Mittel, welche der Gesetzgeber zum Behuf der moralischen Bildung anwendet, immer in dem Grade nützlich und zweckmäßig, in welchem sie die innere Entwickelung der Fähigkeiten und Neigungen begünstigen."[509] Maßstab des gesetzgeberischen Einschreitens ist also immer die Bildung des einzelnen, durch sie sind auch dem Gesetzgeber Grenzen gesteckt.[510] Diese Zweck-Mittel-Relation, welche Humboldts gesamte Untersuchung durchzieht, wirkt im Rahmen der Behandlung der Religion weit weniger radikal, weil der Gedanke der Sicherheit zurücktritt. Doch ist sie es im Wortsinne nach wie vor, weil die Gesetze eben immer nur Mittel zum Zweck der moralischen Bildung des Menschen sind. Damit bleiben zugleich die Wurzeln des Denkens Humboldts immer gleich, und nur je nach dem, wie es das Erfordernis der Sicherheit bei der Betrachtung des jeweiligen Gegenstandes gebietet,[511] wandelt sich der Grad der Begrenzung staatlicher Wirksamkeit. Bei der Behandlung der Religion nimmt der Gesichtspunkt der Sicherheit eine vergleichsweise geringe Rolle ein, steht aber gleichwohl immer im Hintergrund. Das liegt daran, dass die mit der religiösen Einflussnahme von Seiten des Staats einhergehende Beschneidung der Denk- und Geistesfreiheit nach Humboldt die Sicherheit beeinträchtigen kann, so wie diese umgekehrt mit dem Schutz dieser Freiheiten befördert wird.

---

508 Insofern verhält es sich ähnlich wie bei seinem Lehrer C. W. v. Dohm, der freilich in diesem Punkt noch weiter ging als Humboldt; vgl. *I. Dambacher*, Christian Wilhelm von Dohm: Ein Beitrag zur Geschichte des preußischen aufgeklärten Beamtentums und seiner Reformbestrebungen am Ausgang des 18. Jahrhunderts, 1974, S. 91 f.

509 *Humboldt*, Ideen, S. 87 (121).

510 Bereits an dieser Stelle ist ein Blick auf die Vereinigten Staaten aufschlussreich. So bemerkt H. Mansfield zu A. de Toquevilles Buch ‚Über die Demokratie in Amerika': „Sein Liberalismus ist ein Liberalismus mit Seele, und das heißt mit Religion. (...) Ein freies Individuum muss den Stolz haben, sich für fähig und würdig zu halten, sich selbst zu regieren – es braucht ein gewisses Maß an Ehrgeiz. Ehrgeiz ist der Anreiz zum Handeln, unabdingbar für die Praxis der Libertät. Demnach ist das Hauptproblem des reinen Liberalismus, dass er, weil die Selbsterhaltung als stärkster Trieb des Menschen gesehen wird, dem Ehrgeiz und dem Stolz übermäßig feindselig gegenübersteht. Und auffälligerweise ist es die Religion, die Tocqueville in Amerika als Quelle des Stolzes identifiziert." Vgl. *H. Mansfield*, Kommentierung von A. de Tocqueville, Über die Demokratie in Amerika, zusammen mit *D. Winthrop*, University of Chicago Press 2000; zitiert nach: Süddeutsche Zeitung 2005 Nr. 173; Üb. von J. Schloemann. Vgl. auch *A. de Tocqueville*, Kleine politische Schriften (Hg. H. Bluhm), 2006. Siehe zur Religion in Toquevilles Beschreibung der Demokratie in Amerika auch *J. Ratzinger*, Wahrheit, Werte, Macht. Prüfsteine der pluralistischen Gesellschaft, 3. Auflage 1993, S. 22.

511 *Humboldt*, Ideen, S. 95 (127 f.).

3. Originalität trotz Eklektizismen

In diesem Zusammenhang findet sich im Übrigen ein unübersehbares Bekenntnis zum bereits mehrfach besprochenen Empirismus: „Man könnte vielleicht diesem Grundsatz in einem aus der Erfahrung geschöpften und auf die Erfahrung anzuwendenden Räsonnement, wie das gegenwärtige, die hinlängliche Gültigkeit absprechen.“[512] Wenn sich vereinzelt Reminiszenzen kantischen Denkens in den Formulierungen widerspiegeln, wie die der „Reinheit des moralischen Willens“,[513] so darf dies nicht bekenntnishaft verstanden werden,[514] weil das Erkenntnisinteresse Humboldts letztlich, wie dies schon verschiedentlich bemerkt wurde, ein im Ausgangspunkt gänzlich unterschiedliches ist und ungeachtet unübersehbar eklektischer Züge nicht zuletzt darin seine Originalität wurzelt. Diese scheinbare Paradoxie – Originalität trotz oder sogar wegen der Eklektizismen – gehört zu den schillernden Eigenschaften der Ideen Humboldts. Sie macht es zugleich erforderlich, dass immer wieder die möglichen Einflüsse anderer Gedanken freigelegt werden, wobei es weniger auf historische Belege tatsächlicher Lektüre als vielmehr auf die partielle Kongruenz mit vorgefundenen Gedanken ankommt, weil sich oft erst aus der verbleibenden Inkongruenz die eigentümlichen Ansätze von Humboldts Rechtsphilosophie herauslesen lassen.

4. Gesetzmäßigkeit als Rechtfertigung?

Das religiöse Bekenntnis des Staates gibt Humboldt Anlass für eine rhetorische Frage, deren vordergründige Harmlosigkeit mit der entschiedenen Schärfe ihrer Beantwortung in aufschlussreicher Weise kontrastiert und zugleich ein grundsätzliches Problem erhellt: „Wenn jedoch gewisse Religionsgrundsätze auch nur gesetzmäßige Handlungen hervorbringen, ist dies nicht genug, um den Staat zu berechtigen, sie auch auf Kosten der allgemeinen Denkfreiheit zu verbreiten?“[515] Die beschwichtigenden Nachsätze, die das Skandalon nur noch deutlicher erscheinen lassen, leiten eine erneute Klarstellung ein, die einprägsam schildert, dass eine solche Vorgehensweise schon deshalb nicht gerechtfertigt ist, weil sie

---

512 *Humboldt*, Ideen, S. 83 (117).

513 *Humboldt*, Ideen, S. 83 (117).

514 Siehe nur die gleichsam hin- und hergerissene Wendung in den Ideen, S. 85: „Der Begriff des Verstandes, an den er sich festhält, bei minderem Reichtum, doch klarer; die sinnliche Anschauung, wenngleich weniger der Wahrheit treu, doch für ihn tauglicher, zur Erfahrung verbunden zu werden“.

515 *Humboldt*, Ideen, S. 88 f. (122).

letztlich selbstgerecht ist und erst recht nicht legitimiert werden kann, wenn höherrangige Güter, wie die Denkfreiheit, auf dem Spiel stehen. Darin kommt eine bemerkenswert liberale Anschauung zum Vorschein, die nicht ohne weiteres mit beliebiger Toleranz[516] und religiöser Gleichgültigkeit gleichgesetzt werden kann,[517] sondern ihrem Ideal nach vielmehr Ausdruck echter staatlicher Enthaltsamkeit ist. Der Erfolg – von Zweck zu reden verbietet sich nach Humboldt schon deshalb, weil „die Staatseinrichtung an sich nicht Zweck, sondern nur Mittel zur Bildung des Menschen ist"[518] – rechtfertigt also nicht die Mittel, solange nicht gewährleistet ist, dass diese selbst gut oder wenigstens nicht schädlich sind. „Die Absicht des Staats wird erreicht, wenn seine Gesetze streng befolgt werden, und der Gesetzgeber hat seiner Pflicht ein Genüge getan, wenn er weise Gesetze gibt und ihre Beobachtung von seinen Bürgern zu erhalten weiß."[519] Man beachte den Unterschied zwischen der (vordergründigen) *Absicht* des Staates und seinem (im Text noch näher bezeichneten) *Zweck*.

5. Aufklärung bei Humboldt und Kant

War bisher in der Regel nur allgemein von der staatlichen Einmischung die Rede, so gerät unversehens das Gesetz als zentrales Mittel des Staats in den Verdacht schädlich zu sein. Abermals erscheint Humboldt als extremer Gegenpol zu Hobbes, nach dem wahre Freiheit nur dort bestehen kann, wo strenge Gesetze gelten. Dementsprechend heißt es bei Humboldt zur Gesetzgebung: „Wann wird der Mann aufstehen, der für die Gesetzgebung ist, was Rousseau der Erziehung war, der den Gesichtspunkt von den äußren physischen Erfolgen hinweg auf die innere Bildung des Menschen zurückzieht." Auch hier[520] wird Rousseau nur als

---

516 Zum Zusammenhang zwischen Toleranz und Selbstbildung bei Humboldt *C. Menze* in: Verantwortung in einer veränderten Welt (Hg. H. Kessler), 1985, S. 192 ff.

517 Vgl. in diesem Zusammenhang auch *Kants* sogleich noch näher darzustellende Schrift „Beantwortung der Frage: Was ist Aufklärung" (1784, Band XI der von Weischedel herausgegebenen Ausgabe, 1977, S. 53, 59): „Ein Fürst, der es seiner nicht unwürdig findet, zu sagen: daß er es für Pflicht halte, in Religionsdingen den Menschen nichts vorzuschreiben, sondern ihnen dadurch volle Freiheit zu lassen, *der also selbst den hochmütigen Namen der Toleranz von sich ablehnt:* ist selbst aufgeklärt, und verdient von der dankbaren Welt und Nachwelt als derjenige gepriesen zu werden, der zuerst das menschliche Geschlecht der Unmündigkeit, wenigstens von Seiten der Regierung, entschlug, und jedem frei ließ, sich in allem, was Gewissensangelegenheiten ist, seiner Vernunft zu bedienen." Hervorhebung auch dort.

518 *Humboldt*, Ideen, S. 89 (122).

519 *Humboldt*, Ideen, S. 89 (122).

520 Siehe bereits *Humboldt*, Ideen, S. 26 Anmerkung 1.

der Verfasser des Emile und nicht als Begründer des allgemeinen Willens geachtet. Die Aufklärung nennt Humboldt selbst als Erfordernis des Verständnisses seiner Ideen: „Zu dieser Einsicht aber ist Aufklärung und hohe Geistesbildung notwendig, welche da nicht emporkommen können, wo der freie Untersuchungsgeist durch Gesetze beschränkt wird.“[521] Wiederum fühlt man sich an das Wort erinnert, nach dem die Staatsidee Humboldts auf einen Staat mit lauter Humboldts zugeschnitten ist.[522] Und es ist mitnichten zufällig, dass an dieser Stelle erstmals ausdrücklich von Aufklärung die Rede ist, die nach der berühmten Definition Kants „der Ausgang des Menschen aus seiner selbst verschuldeten Unmündigkeit“[523] bedeutet und mit dem Primat der Freiheit[524] nicht zuletzt auf religiöse Bevormundung gemünzt ist:[525] „Ein Fürst, der es seiner nicht unwürdig findet, zu sagen: daß er es für Pflicht halte, in Religionsdingen den Menschen nichts vorzuschreiben, sondern ihnen dadurch volle Freiheit zu lassen, *der also selbst den hochmütigen Namen der Toleranz von sich ablehnt*, ist selbst aufgeklärt, und verdient von der dankbaren Welt und Nachwelt als derjenige gepriesen zu werden, der zuerst das menschliche Geschlecht der Unmündigkeit, wenigstens von Seiten der Regierung, entschlug, und jedem frei ließ, sich in allem, was Gewissensangelegenheiten ist, seiner Vernunft zu bedienen.“[526] Humboldts Religions- und Freiheitsverständnis entspricht somit, auch was die Rolle der Gesetzgebung betrifft,[527] dem Geist der Aufklärung, wie er etwa in folgender Beschreibung zur Geltung kommt: „Das spezifisch Aufklärerisch-Neuzeitliche dieser Denklinie wird man wohl darin sehen dürfen, dass der Rechtsanspruch der Natur gegenüber den bestehenden Herrschaftsgestalten vor allem Einforderung der Rechte des Individuums gegenüber dem Staat, gegenüber den Institutionen ist. Als Natur des Menschen wird es vor allem angesehen, dass er Rechte gegen die Gemeinschaft hat, Rechte, die vor der Gemeinschaft zu schützen sind: Die Institution erscheint als der Gegenpol zur Freiheit; als Träger von Freiheit erscheint das Individuum und als ihr Ziel die volle Emanzipation des Individuums.“[528] Diese Blickrichtung gibt

---

521 *Humboldt*, Ideen, S. 90 (123).
522 *G. P. Gooch*, Germany and the French Revolution, 1920, S. 107 f.
523 *Kant*, Beantwortung der Frage: Was ist Aufklärung?, 1784, Band XI der von Weischedel herausgegebenen Ausgabe, 1977, S. 53. Die Schrift datiert vom 5. Dezember 1783, konnte also Humboldt durchaus bekannt sein, zumal es sich um eine Bezugnahme auf einen Beitrag aus der „Berlinischen Monatsschrift“ handelt.
524 *Kant*, ebenda, S. 55: „Zu dieser Aufklärung aber wird nichts erfordert als Freiheit“.
525 Vgl. *Kant*, ebenda, S. 56 f.
526 *Kant*, ebenda.
527 Mit ihr beschäftigt sich Kant nach der Behandlung der Religion gegen Ende der Untersuchung ebenda, S. 60.
528 *J. Ratzinger*, Glaube – Wahrheit – Toleranz, 4. Auflage 2005, S. 193.

die Idee Humboldts cum grano salis wieder. Deutlich zum Ausdruck kommt das in der rhetorischen Frage: „Und vergisst man denn, dass die Geistesfreiheit selbst und die Aufklärung, die nur unter ihrem Schutze gedeiht, das wirksamste aller Beförderungsmittel der Sicherheit ist?"[529]

6. Humboldts Ideen und die Enzyklika „Deus caritas est"

Bereits eingangs wurde dargestellt,[530] dass die päpstliche Enzyklika „Deus caritas est" von besonderem Interesse im Hinblick auf die Ideen Humboldts ist. Auf den ersten Blick mag es erstaunen, welcher Zusammenhang zwischen dem Werk des Papstes und den Ideen Humboldts bestehen soll. Indes ist der rechtsphilosophische Teil dieser Enzyklika, mit der sich Benedikt XVI. mit den Worten *Eugen Bisers* „unvergesslich in die Geschichte der Päpste eingeschrieben hat", noch nicht hinreichend beleuchtet worden und gerade im Hinblick auf die Grenzen der Wirksamkeit des Staats von Bedeutung.

a) Die Abkehr vom „totalen Versorgungsstaat"

Interesse beansprucht für den vorliegenden Zusammenhang vor allem jener Teil der Enzyklika, in dem sich der Papst mit dem Verhältnis von Staat und Kirche auseinandersetzt.[531] Danach ist es primär Aufgabe des Staates und nicht der Kirche, eine möglichst gerechte Gesellschaft zu verwirklichen. Freilich muss sie – die Kirche – insbesondere „die seelischen Kräfte wecken, ohne die Gerechtigkeit (...) sich nicht durchsetzen und nicht gedeihen kann."[532] Besonders wichtig ist nun der folgende, der Bedeutung der caritas für die gerechte Staatsordnung gewidmete Abschnitt, dessen aus Sicht der vorliegenden Problematik zentrale Sätze lauten: „Der totale Versorgungsstaat, der alles an sich zieht, wird letztlich zu einer bürokratischen Instanz, die das Wesentliche nicht geben kann, das der leidende Mensch – jeder Mensch – braucht: die liebevolle persönliche Zuwendung. Nicht den alles regelnden und beherrschenden Staat brauchen wir, sondern den Staat, der entsprechend dem Subsidiaritätsprinzip[533] großzügig die Initiativen anerkennt

529 Vgl. *Humboldt*, Ideen, S. 95 (127).
530 Unter I. vor 1.
531 Es handelt sich um die Teilziffer 28.
532 Deus caritas est, Teilziffer 28 sub a) a. E.
533 Zum Subsidiaritätsprinzip im Hinblick auf die Ideen Humboldts bereits *S. Battisti*, Freiheit und Bindung, Wilhelm von Humboldts ‚Ideen zu einem Versuch, die Grenzen der Wirksamkeit des Staats zu bestimmen' und das Subsidiaritätsprinzip, 1986.

und unterstützt, die aus den verschiedenen *gesellschaftlichen Kräften* aufsteigen und Spontaneität mit Nähe zu den hilfsbedürftigen Menschen verbinden."[534] Für die Aufgabenzuordnung ergibt sich daraus, dass primär der Staat gerechte Strukturen aufzubauen hat und dies nicht zum unmittelbaren Auftrag der Kirche gehört: „Die Kirche hat dabei eine mittelbare Aufgabe insofern, als ihr zukommt, zur Reinigung der Vernunft und zur Weckung *der sittlichen* Kräfte beizutragen, ohne die rechte Strukturen weder gebaut werden noch auf Dauer wirksam sein können."[535]

b) Anwendung auf die Ideen Humboldts

Die prima vista auffällige Übereinstimmung dieser Blickrichtung mit der Staatsschrift Humboldts hat bereits Horster erkannt. Er weist unter expliziter Bezugnahme auf die Ideen Humboldts darauf hin, dass Wilhelm von Humboldt „weitsichtig wie kein anderer am Ende des 18. Jahrhunderts sah, dass der paternalistische Staat die Menschen unsolidarisch gegenüber dem Nächsten werden lasse und ‚zu gegenseitiger Hilfe träger'. Der Staat kann und soll den Menschen nach Wilhelm von Humboldt die Fürsorge nicht abnehmen. Das würde im Menschen das, was den Menschen als Menschen ausmacht, die Liebesfähigkeit, verkümmern lassen."[536]

In der Tat ist der „totale Versorgungsstaat" nachgerade das akkurate Gegenteil dessen, was Humboldt vorschwebte. Auf philologischer Ebene ist ferner augenfällig, dass jeweils der Begriff der „Kräfte" eine zentrale Bedeutung einnimmt. Jedoch sollte die begriffliche Übereinstimmung nicht den Blick darauf verstellen, welche Kräfte jeweils gemeint sind. Zu den verschiedenen gesellschaftlichen Kräften, von denen der Papst spricht, gehört insbesondere die Kirche,[537] die Humboldt wohl vor dem Hintergrund der Aufklärung, deren Erzeugnis die Ideen nicht zuletzt darstellen, am wenigsten im Blick gehabt haben dürfte.

c) Paradigma der Aufklärung und Selbstkritik der modernen Vernunft

Damit ist zugleich der Unterschied zwischen der Position Humboldts und derjenigen des Papstes bezeichnet, der ungeachtet der vordergründig gleichartigen Wortwahl besteht und letztlich im Verständnis der Aufklärung wurzelt. Während

---

534 Deus caritas est, Teilziffer 28 sub b); Hervorhebung nur hier.

535 Deus caritas est, Teilziffer 29; Hervorhebung nur hier.

536 *D. Horster*, Jürgen Habermas und der Papst. Glauben und Vernunft, Gerechtigkeit und Nächstenliebe im säkularen Staat, 2006, S. 86 f.

537 Deus caritas est, Teilziffer 28 sub b): „Die Kirche ist eine solche lebendige Kraft".

Humboldts Ideen zu den herausgehobenen literarischen Zeugnissen der Aufklärung gehören und ihr Inhalt geradezu paradigmatisch ist, gibt Benedikt XVI. zu bedenken, dass bei aller gebotenen Hochachtung vor den Errungenschaften der Aufklärung insbesondere die Vernunft nicht in der Weise verengt werden dürfe, „dass ihr die Fragen der Religion und des Ethos nicht mehr zugehören."[538] Diese in Anlehnung an Kant postulierte Selbstkritik der modernen Vernunft,[539] die nicht als aufklärungsfeindlich oder gar reaktionär missverstanden werden darf,[540] markiert einen fundamentalen Unterschied zur aufklärerischen Position Humboldts. Daher ist es auch folgerichtig und zur Vermeidung von Missverständnissen wohl sogar geboten, dass auf die Ideen Humboldts in der im Übrigen an Nachweisen reichen Enzyklika trotz aller phänotypischer Ähnlichkeiten nicht verwiesen wird.

II. Gesetzliche Einwirkung auf die Sittlichkeit

Nach dem bisher Bedachten leuchtet ein, wie wenig sich Humboldt von einer Einwirkung des Staates durch Gesetze auf die Verbesserung der Sitten verspricht.[541] Insofern wirkt die Beschreibung beinahe ironisch: „Das letzte Mittel, dessen sich die Staaten zu bedienen pflegen, um eine ihrem Endzweck der Beförderung der Sicherheit angemessene Umformung der Sitten zu bewirken, sind einzelne Gesetze und Verordnungen."[542]

1. Sinnlichkeit bei Humboldt und Kant

Bei der Bestimmung der Unsittlichkeit, die er freilich ebenso wenig definiert wie den Begriff des Rechts, unterscheidet er zwischen solchen Handlungen, die dabei zugleich fremde Rechte verletzen und solchen, die unsittlich sind, ohne die Rechte

538 *Benedikt XVI.*, Glaube und Vernunft. Die Regensburger Vorlesung, Text der Vorlesung und Kommentare von Gesine Schwan, Adel Theodor Khoury und Karl Lehmann, 2006, S. 29 f.
539 Skeptisch bezüglich der auf Kant (Die Religion innerhalb der Grenzen der bloßen Vernunft) zurückreichenden Begrenzung des Religiösen auch *E. Biser*, Das Antlitz, 1999, S. 296.
540 Wichtig daher die folgende Klarstellung am Ende der Regensburger Vorlesung: „Die eben in ganz groben Zügen versuchte Selbstkritik der modernen Vernunft schließt ganz und gar nicht die Auffassung ein, man müsse nun wieder hinter die Aufklärung zurückgehen und die Einsichten der Moderne verabschieden".
541 Am Rande sei vermerkt, dass diesbezüglich ein fundamentaler Unterschied zu Hegel besteht, nach dem das Individuum selbst Sittlichkeit nur als Glied des Staates hat (*Hegel*, Grundlinien der Philosophie des Rechts, Dritter Abschnitt, § 258).
542 *Humboldt*, Ideen, S. 98 (130).

anderer zu berühren. Er anerkennt im Ausgangspunkt die Möglichkeit von Gesetzen, die den Luxus einschränken, weil er diesen selbst für verderblich hält, ohne sich aber zum Mittel des gesetzlichen Verbots zu bekennen.[543] Alle auf den Luxus gerichteten Begehrlichkeiten fasst er unter dem Begriff Sinnlichkeit zusammen und macht diese verantwortlich für „eigentlich alle Kollisionen unter den Menschen".[544] Diese vergleichsweise schlichte sinnesfeindliche Haltung verdient an sich keines näheren rechtsphilosophischen Eingehens, wie überhaupt der Abschnitt über die Sittenverbesserung zu den schwächsten der gesamten Ideen gehört.[545] Es ist eine zwar an Kants Kritik der Urteilskraft geschulte, aber in der Ausführung eher unverbindliche Aneinanderreihung ästhetischer Betrachtungen.[546] Jedoch könnte eine gesetzliche Zurückdrängung der Sinnlichkeit aus Humboldts Sicht auf einen Prinzipienwiderspruch hinauslaufen, weil und sofern eine solche Beschränkung dem „wahren Interesse des Menschen" zuwider laufen würde.[547] Dieses kann freilich nicht gleichgesetzt werden mit dem bloßen Streben nach Glückseligkeit.

Der Einfluss Kants ist hier unverkennbar. Die genannte Stelle Humboldts erscheint beinahe als Widerhall der Kritik der praktischen Vernunft: „Es kommt allerdings auf unser Wohl und Weh in der Beurteilung unserer praktischen Vernunft gar sehr viel, und, was unsere Natur als sinnlicher Wesen betrifft,[548] alles auf unsere Glückseligkeit an, wenn diese, wie Vernunft es vorzüglich fordert, nicht nach der vorübergehenden Empfindung, sondern nach dem Einflusse, den diese Zufälligkeit auf unsere ganze Existenz und die Zufriedenheit mit derselben hat, beurteilt wird; aber alles überhaupt kommt darauf doch nicht an. Der Mensch ist

543 *Humboldt*, Ideen, S. 99 (131); dieses lehnt er ab, wie er später unmissverständlich deutlich macht; vgl. *Humboldt*, Ideen, S. 144 f.

544 *Humboldt*, Ideen, S. 99 (131).

545 Dazu bereits *Humboldt*, Über die Sittenverbesserung durch Anstalten des Staats (Zweites Bruchstück), Berlinische Monatsschrift 20 (1792) 419.

546 *C. Menze*, Die Rolle der Ästhetik in Wilhelm von Humboldts Theorie der Bildung (Festschrift für B. Lakebrink, 1969, S. 125, 129) hat demgegenüber „bei der neuhumanistischen Rezeption der Kantischen Ästhetik eine entscheidende Veränderung" festgestellt, „weil nicht eine Theorie der Kunst überhaupt entwickelt werden soll, sondern eine Analyse der Wirkung der Kunst auf den Menschen". Siehe auch *dens.*, Kunst und Bildung in Wilhelm von Humboldts ästhetischen Versuchen, in: Philosophie und Poesie. Otto von Pöggeler zum 60. Geburtstag, 1988, S. 159 ff.) – Aber selbst wenn man das als gegeben ansieht, führt dies bezogen auf die Ideen zu keiner positiveren Betrachtung und belegt eher ceteris paribus den Befund der durch Eklektizismen gewonnen Originalität. Auch *C. Sauter*, Wilhelm von Humboldt und die deutsche Aufklärung, 1989, S. 304, sieht darin eher eine „Absicherung seines eigenen Grundkonzepts".

547 *Humboldt*, Ideen, S. 99 (131).

548 Zum so genannten normativistischen Naturbegriff der Aufklärung *P. Kondylis*, Die Aufklärung im Rahmen des neuzeitlichen Rationalismus, 1981, S. 400 ff.

ein bedürftiges Wesen, so fern er zur Sinnenwelt gehört und so fern hat seine Vernunft allerdings einen nicht abzulehnenden Auftrag, von Seiten der Sinnlichkeit, sich um das Interesse derselben zu bekümmern und sich praktische Maximen, auch in Absicht auf die Glückseligkeit dieses, und, wo möglich, auch eines zukünftigen Lebens zu machen."[549]

Die Gegenüberstellung zeigt, dass sich die Argumentation ähnelt. Das an der Sinnlichkeit orientierte Glückseligkeitsstreben wird als conditio humana angenommen, jedoch weder für das richtige, das heißt pflichtgemäße Handeln des Menschen noch für den Staat für maßgeblich gehalten. Entscheidend ist jeweils die Triebfeder des Handelns. Das führt Kant gleichermaßen wie Humboldt zum moralischen Gesetz.

2. Das moralische Gesetz

Auch die rechtsphilosophisch relevanten Erwägungen zum moralischen Gesetz scheinen den eher bereits erhobenen Vorwurf des Eklektizismus zu nähren, als dass sie Originalität beanspruchen könnten: „Das Gefühl der Unangemessenheit der menschlichen Kräfte zum moralischen Gesetz, das tiefe Bewusstsein das der Tugendhafteste nur der ist, welcher am innigsten empfindet, wie unerreichbar hoch das Gesetz über ihn erhaben ist, erzeugt die Achtung. (...) Wenn nun das moralische Gesetz jeden Menschen als einen Zweck in sich zu betrachten nötigt, so vereint sich mit ihm das Schönheitsgefühl (...), um auch in ihm an einer eigenen Existenz sich zu freuen (...). Die Beimischung des Schönheitsgefühls scheint der Reinheit des moralischen Willens Abbruch zu tun, und sie könnte es allerdings und würde es auch in der Tat, wenn dies Gefühl eigentlich dem Menschen Antrieb zur Moralität sein sollte. Allein es soll bloß die Pflicht auf sich haben, gleichsam mannigfaltigere Anwendungen für das moralische Gesetz aufzufinden."[550]

a) Moralphilosophische Provenienz der Ideen

Auch für Kant bemisst sich der sittliche Wert wesentlich nach dem moralischen Gesetz, das den Willen bestimmt.[551] Hier entwickelt er seine bereits behandelte Unterscheidung zwischen Moralität und Legalität. So kann eine dem moralischen

549 *Kant*, Kritik der praktischen Vernunft, 1788, Band VII der von Weischedel herausgegebenen Ausgabe, 1977, S. 107, 178 f.
550 *Humboldt*, Ideen, S. 108 f. (139 f.); ähnlich ebenda, S. 110 (140): „So ist doch seine Seele für die Größe des moralischen Gesetzes empfänglich".
551 *Kant*, Kritik der praktischen Vernunft, S. 191.

Gesetz gemäße, aber aus anderen Motiven erfolgende Handlung „zwar Legalität, aber nicht Moralität enthalten.“[552] Der freie Wille muss alle sinnlichen Antriebe abweisen und mit allen Neigungen brechen und stattdessen nur durch das sittliche Gesetz bestimmt werden: „So weit ist also die Wirkung des moralischen Gesetzes als Triebfeder nur negativ, und als solche kann diese Triebfeder a priori erkannt werden. Denn alle Neigung und jeder sinnliche Antrieb ist auf Gefühl gegründet, und die negative Wirkung aufs Gefühl (durch den Abbruch, der den Neigungen geschieht) ist selbst Gefühl.“[553]

b) Parallelen zwischen Kant und Humboldt

Man muss diese Passagen wörtlich zitieren, um die moralphilosophische Provenienz der Prämissen Humboldts einzusehen, die wiederum maßgeblichen Einfluss auf seine staatstheoretische Konzeption haben und damit auch die Rolle der Gesetze bestimmen. Wiederum begegnet man allerdings der für Humboldt eigentümlichen Mischung aus Eklektizismus und Originalität, nur dass es sich hier gleichsam umgekehrt verhält im Verhältnis zu den früher beobachteten Konstellationen: Dort handelt es sich eher um einen symptomatischen Eklektizismus, der bei näherem Hinsehen auf anderen, nämlich naturrechtlichen und empiristischen Annahmen gründete. Hier dagegen ist der moralphilosophische Ausgangspunkt derselbe wie bei Kant, doch zieht Humboldt daraus für die Gesetzgebung im Staat Folgerungen, die allein seiner Grundannahme entsprechen. „Dennoch könnte indes die immer übrigbleibende, wahrlich nicht unbedeutende Gefahr die Vorstellung der Notwendigkeit erregen, der Sittenverderbnis durch Gesetze und Staatseinrichtungen entgegenzukommen. Allein, wären dergleichen Gesetze und Einrichtungen auch wirksam, so würde nur mit dem Grade ihrer Wirksamkeit auch ihre Schädlichkeit steigen. Ein Staat, in welchem die Bürger durch solche Mittel genötigt oder bewogen würden, auch den besten Gesetzen zu folgen, könnte ein ruhiger, friedliebender, wohlhabender Staat sein; allein er würde mir immer ein Haufe ernährter Sklaven, nicht eine Vereinigung freier, nur wo sie die Gesetze des Rechts übertreten, gebundener Menschen erscheinen.“[554]

Nur an wenigen Stellen hat Humboldt mit vergleichsweiser Rigorosität seine Ideen in einem Satz zusammengefasst: Wohlstand und innerer Friede – an sich Inbegriffe staatlicher Selbstgenügsamkeit – gelten ihm nichts, wo sie durch Regulierung und Reglementierung erkauft werden und die Kräfte des Menschen im

552 *Kant*, Kritik der praktischen Vernunft, S. 191.
553 *Kant*, Kritik der praktischen Vernunft, S. 192.
554 *Humboldt*, Ideen, S. 111 f. (142).

gleichen Maße lähmen. Mit der normativen Konsequenz seiner Ideen einher geht freilich die mangelnde Tauglichkeit für die Praxis; weniger im Sinne des verschiedentlich zitierten Gemeinspruchs, den Kant einer durchgreifenden Kritik unterzogen hat,[555] als vielmehr deshalb, weil die zugrunde liegenden anthropologischen Annahmen idealisierend sind.

555 *Kant*, Über den Gemeinspruch: Das mag in der Theorie richtig sein, taugt aber nicht für die Praxis, 1793, Band XI der von Weischeldel herausgegebenen Ausgabe, 1977.

6. Kapitel: Die Gesetze im Einzelnen

Man könnte meinen, die eigentlich rechtsphilosophischen Ausführungen Humboldts begännen mit der konkreten Ausarbeitung seiner Vorstellung über die Polizei- und Kriminalgesetze[556], die Zivilgesetze[557] und die rechtliche Entscheidung der Streitigkeiten.[558] Diese vergleichsweise ausführlichen, insgesamt ein Viertel der Abhandlung ausmachenden Teile illustrieren schon äußerlich, dass der spezifisch rechtliche Gehalt der ganzen Schrift zu lange unberücksichtigt geblieben ist. Jedoch würde man die eigentliche Dimension des rechtsphilosophischen Gehalts der Ideen verkennen, wenn man nur die konkreten rechtlichen Bezüge behandelt oder sie auch nur zum Ausgangspunkt der Erörterung machen würde. Denn nicht nur enthalten alle vorigen Teile, wie gesehen, Anspielungen auf rechtliche Zusammenhänge oder sogar Ansätze grundlegender Probleme, sondern es ist der Gegenstand selbst, der in einer namhaften rechtsphilosophischen Tradition steht und dessen Ausarbeitung auch dort rechtsphilosophisches Interesse beansprucht, wo vorderhand fern liegenden Fragen nachgegangen wird. Das ist nicht zuletzt deshalb in Erinnerung zu rufen, weil Humboldts erkennbar beherzter Zugriff bei der Niederschrift und sein idealistischer Grundansatz immer wieder zu Weitschweifigkeiten Anlass gegeben haben, die hier nur angedeutet und bewusst nicht weiter verfolgt worden sind, um nicht von der – im Übrigen durchaus vorherrschenden – Stringenz seiner Gedankenführung abzulenken.

I. Das Polizeirecht als Ausgangspunkt der Gesetzesbetrachtung

Dass Humboldt die Erörterung der einzelnen Kodifikationen mit der Behandlung der Polizeigesetze beginnt, kann nach dem Bisherigen schwerlich verwundern. Nachdem die staatliche Sorgfalt aus beinahe allen Lebensbereichen herausgerechnet wurde und als zentrale Aufgabe die Gewährleistung der Sicherheit verblieb, überrascht es nicht, dass ihre rechtliche Durchsetzung Humboldts Augenmerk galt. Auch am Beispiel des Polizeirechts wird sich zeigen, was im bisherigen Verlauf der Untersuchung schon zur Geltung kam und bereits von Stolleis treffend zum Ausdruck gebracht wurde: „Humboldts Grenzziehung war gewiss wirklichkeitsfern, aber sie markierte umso deutlicher den Punkt des gedanklichen Neu-

556 Dazu sub Kapitel 6 I.
557 Zu ihnen unter Kapitel 6 II.
558 Diese behandelt er unter XII. Dazu in später sub Kapitel 7 I.

ansatzes, der die umfassend angelegte ‚Policeywissenschaft' zuletzt um ihre Substanz bringen sollte."[559]

1. Gefahrenabwehr als zentrale Aufgabe des Staates

Dementsprechend nahe liegt, dass ein solchermaßen rigider Sicherheits- und Staatsbegriff, wie er von Humboldt verfochten wird, die klassische Gefahrenabwehr in den Mittelpunkt staatlichen Einschreitens stellt. Daher rücken die Polizeigesetze in den Blickpunkt.[560] Hierin liegt ein nicht hoch genug zu veranschlagendes Verdienst Humboldts, weil die Beschränkung der polizeilichen Aufgaben und Befugnisse bis heute – und um wie viel mehr bezogen auf die damaligen Verhältnisse – von vitaler Bedeutung für den Freiheitsbegriff und den Freiheitsgebrauch des Einzelnen ist. Den Gedanken der Gefahrenabwehr umschreibt Humboldt, ohne den Begriff selbst zu verwenden, indem er den Regelungsbereich der Polizeigesetze vorstellt: „Denn so schwankend auch dieser Ausdruck ist, so ist dennoch wohl die wichtigste und allgemeinste Bedeutung die, dass diese Gesetze, ohne selbst Handlungen zu betreffen, wodurch fremdes Recht selbst gekränkt wird, nur von Mitteln reden, dergleichen Kränkungen *vorzubeugen*."[561] An späterer Stelle spricht er plastisch von der „höchste(n) Achtung des fremden Rechts, verbunden mit der enthusiastischsten Liebe der eigenen Freiheit."[562]

a) Moralisches Gefühl bei der Verbrechensbekämpfung

Im Rahmen der Behandlung der Kriminalgesetze kommt Humboldt noch einmal auf die Befugnis bzw. Pflicht des Staates zurück, Verbrechen und damit ebenfalls Gefahren präventiv zu bekämpfen.[563] Auch dort bildet die Bedenklichkeit derartiger Verbrechensbekämpfung im Hinblick auf die Freiheit der Bürger den Ausgangspunkt der Betrachtung. Inzwischen hat er allerdings den Gesichtspunkt des

---

559 *M. Stolleis*, Geschichte des öffentlichen Rechts, Band I, 1988, S. 385.

560 Es greift zu kurz, wenn *D. Spitta* (Wilhelm von Humboldts Staatsbegriff, 2004, S. 120 Fußnote 185) darauf verweist, dass „Polizei" zu Humboldts Zeit nur die Verwaltung und die Polizeigesetze somit nur das Verwaltungsrecht bezeichneten; so richtig dies im Grundsatz sein mag (vgl. *H. Krüger*, Allgemeine Staatslehre, 1966, S. 7) beschäftigt sich Humboldt hier doch gleichwohl vordringlich mit dem klassischen Polizei- und Sicherheitsrecht.

561 *Humboldt*, Ideen, S. 121 (150); Hervorhebung nur hier.

562 *Humboldt*, Ideen, S. 189 (210).

563 *Humboldt*, Ideen, S. 164 (187 f.); mit freilich umständlich anmutender Begründung, warum darin kein Widerspruch zu sehen ist.

„moralischen Gefühls“ in die Betrachtung eingestellt. Das moralische Gefühl ist ein typischer Topos der Aufklärung, der bereits bei Forster anklingt und durch F. H. Jacobi zur Blüte gefunden hat.[564] Daran anknüpfend hat Humboldt damit eine gleichsam subjektive Komponente in die Untersuchung einbezogen:[565] „Jedes Bemühen des Staats, Verbrechen durch Unterdrückung ihrer Ursachen in dem Verbrecher verhüten zu wollen, wird daher (...) entweder dahin gerichtet sein müssen, solche Lagen der Bürger, welche leicht zu Verbrechen nötigen können, zu verändern und zu verbessern, oder solche Neigungen, welche zu Übertretungen der Gesetze zu führen pflegen, zu beschränken, oder endlich den Gründen der Vernunft und dem moralischen Gefühl eine wirksamere Stärke zu verschaffen.“[566] Der zuerst skizzierte Weg bringt den Nachteil einer Einschränkung der Betroffenen mit sich, er ist geeignet, sie zu demoralisieren[567] und wird daher von Humboldt als freiheitshemmend abgelehnt. Dabei ist bemerkenswert, dass die geringe Zahl mutmaßlich Betroffener für ihn unwesentlich ist, da auch und gerade sie vermöge ihrer Individualität schutzwürdig sind.[568] Damit scheint der Gesichtspunkt des Minderheitenschutzes auf.

b) Ausweitung der Freiheit und Achtung des Rechts

Es liegt daher nahe, dass Humboldt den zweiten Weg favorisiert. Jedoch stehen auch dem eine Reihe von Nachteilen gegenüber. So beschwört er die Gefahr, dass „die mit der größeren eigenen Freiheit immer wachsende Achtung auch des fremden Rechts dennoch vielleicht nicht hinlänglich wirkt“.[569] Vor allem aber erscheint es ihm als ein Gebot der Folgerichtigkeit, die weiter oben abgelehnte Einflussnahme des Staats auf die Verbesserung der Sitten konsequent durchzuhalten.[570] Auch ist ihm die damit einhergehende staatliche Kontrolle untragbar: „Jeder Bürger muss ungestört handeln können, wie er will, solange er nicht das

---

564 *C. Sauter*, Wilhelm von Humboldt und die deutsche Aufklärung, 1989, S. 280, paraphrasiert ihn „als eine mit Energie ausgestattete Instanz im Menschen, die um das sittlich Richtige weiß“.

565 Dazu eingehend unten im 6. Kapitel (sub III. 5.) sowie, was das Folgende betrifft, auf S. 165 (188) der Ideen.

566 *Humboldt*, Ideen, S. 166 (189). Zum moralischen Gefühl bei Adam Smith im Vergleich zu Humboldt im Zweiten Teil, 8. Kapitel, sub II 1 a.

567 Vgl. *Humboldt*, Ideen, S. 166 (190): „Gerade der Kampf der inneren Moralität mit der äußeren Lage wird aufgehoben“.

568 *Humboldt*, Ideen, S. 167 (190).

569 *Humboldt*, Ideen, S. 168 (191).

570 Ob sich daraus etwas für die Kant-Rezeption Humboldts Weitergehendes schließen lässt, wie *C. Sauter*, Wilhelm von Humboldt und die deutsche Aufklärung, 1989, S. 302, meint, ist zweifelhaft.

Gesetz überschreitet. (...) Wird er in dieser Freiheit gekränkt, so verletzt man sein Recht und schadet der Ausbildung seiner Fähigkeiten, der Entwicklung seiner Individualität.“[571] Humboldt führt also wiederum die von seinem Ansatz aus gewichtigsten Argumente ins Feld, um der Versuchung einer womöglich effektiveren, dafür aber die Freiheit der Bürger tangierenden Verbrechensbekämpfung nicht zu erliegen. So erweist sich gerade dieser Punkt letztlich als Nagelprobe.

c) Legalität, Moralität und Mannigfaltigkeit

Abermals findet sich die Unterscheidung zwischen Moralität und Legalität, aber wiederum eher als Lippenbekenntnis denn als zielführende Kategorisierung: „Einmal sind schon Gesetze nicht der Ort, Tugenden zu empfehlen, sondern nur erzwingbare Pflichten vorzuschreiben, und nicht selten wird nur die Tugend, die jeder Mensch nur *freiwillig* auszuüben sich freut, darüber verlieren.“[572] Hier scheint wiederum die ansatzweise Trennung von Legalität und Moralität, also erzwingbaren Rechtspflichten und freiwillig zu erfüllender Tugendpflichten, aufgegriffen. Angereichert wird dies durch den für Humboldt typischen und – freilich insoweit als systematischer Fremdkörper – über Kant hinausreichenden Gesichtspunkt der Mannigfaltigkeit: „Denn die Gestalten, deren die Moralität und die Gesetzmäßigkeit fähig ist, sind unendlich verschieden und mannigfaltig; und wenn ein Dritter entscheidet, dieses oder jenes Betragen muss auf gesetzwidrige Handlungen führen, so folgt er seiner Ansicht, welche, wie richtig sie auch in ihm sein möge, immer nur *eine* ist.“[573] Die Mannigfaltigkeit ist für Humboldt also eine unbestimmbare Größe, die jede Objektivierbarkeit ins Wanken bringt. Sie nimmt damit der Unterscheidung zwischen Legalität und Moralität die Trennschärfe und führt sie so in gewisser Weise ad absurdum.

2. Solipsistische Tendenzen

Humboldts Ausgangspunkt ist auch bei der Behandlung der Polizeigesetze ebenso charakteristisch wie eigentümlich: Er geht von dem Fall aus, dass der Einzelne ganz für sich ist, nur sein Eigentum nutzt und „nichts vornimmt, was sich unmittelbar und geradezu auf andre bezieht.“[574]

---

571 *Humboldt*, Ideen, S. 169 (192).
572 *Humboldt*, Ideen, S. 170 (193); Hervorhebung auch dort.
573 *Humboldt*, Ideen, S. 169 (192); Hervorhebung auch dort.
574 *Humboldt*, Ideen, S. 121 (150).

a) Pragmatischer Solipsismus?

Man ist geneigt, in leichter Überspitzung von einem pragmatischen Solipsismus zu sprechen, der für Humboldts Denken bezeichnend zu sein und den er geradezu im Wortsinne zu kultivieren scheint: „Jeder Mensch existiert doch eigentlich für sich; Ausbilden des Individuums für das Individuum und nach den dem Individuum eigenen Kräften und Fähigkeiten muss also der einzige Zweck alles Menschenbildens sein.“[575] Solange der Einzelne nur seine Kräfte ausbildet, kommt er dem Anderen nicht ins Gehege und darf vom Staat in keiner Weise bevormundet und reglementiert werden. Interessant ist in diesem Zusammenhang eine an anderer Stelle von Humboldt gestellte rhetorische Frage: „Was ist ein Staat, als eine Summe menschlicher wirkender und leidender Kräfte?“[576] Auch hier interessiert ihn weniger, wie der Staat wird als vielmehr, was er ist. Es wird wiederum das zugrunde gelegt, was weiter oben als idealisierter Naturzustand bezeichnet worden ist.[577] Um dem Vorwurf der Blauäugigkeit und Realitätsferne zu begegnen, muss der Fall in Rechnung gestellt werden, dass eine Übertretung der Willkürsphären erfolgt. Nach diesen Prinzipien, die er selbst im Übrigen so nennt, ist jedoch der Staat nur befugt verbietend einzuschreiten, wenn Rechtsbeeinträchtigungen konkret zu befürchten stehen.[578] Damit wird auch und gerade im Polizeirecht jeglicher Wohlfahrtgesetzgebung eine strikte Absage erteilt; insofern ist jeder sich selbst überlassen:[579] „Nirgends also, wo der Vorteil oder der Schade nur den Eigentümer allein betrifft, darf der Staat sich Einschränkungen durch Prohibitivgesetze erlauben.“[580] Beachtung verdient der Wortlaut; sie sind dem Staat also per se nicht erlaubt, und er darf es sich schon gar nicht anmaßen.

b) Der „Reichtum des andren“ als Korrelat

Dennoch wird man konstatieren müssen, dass Humboldt entgegen allem Anschein letztlich dem Solipsismus durch die – nicht immer gleichermaßen überzeugende – Betonung des „Reichtums des andren“ zu entkommen sucht.[581] In

575 Brief Humboldts an C. v. Beulwitz (abgedruckt in: Deutsche Rundschau 66 (1891) 243).
576 *Humboldt*, Ideen über Staatsverfassung, durch die neue französische Constitution veranlasst [1791], Werke in fünf Bänden (Hg. A. Flitner/K. Giel), Band I, S. 33, 36.
577 Unter Kapitel 2 III.
578 *Humboldt*, Ideen, S. 121 (150); dort heißt es statt konkret „mit Grund“.
579 Vgl. *Humboldt*, Ideen, S. 121 (150).
580 Siehe zu den Prohibitivgesetzen auch *Humboldt*, Ideen, S. 126 (154).
581 In diese Richtung auch schon *C. Sauter*, Wilhelm von Humboldt und die deutsche Aufklärung, 1989, S. 311: „So wird das Maß der Selbstbildung bestimmende für den Nutzen für den Mitmenschen, und diese Feststellung nimmt dieser Auffassung den befürchteten solipsistischen Zug“.

einem Tagebucheintrag heißt es denn auch, „dass man diesen Zweck (...) nicht immer unmittelbar im Auge behalten kann, weil selbst die Ausbildung des Individuums ein Vergesellschaften und folglich Bindung fürs Ganze erfordert."[582] Die entgegengesetzte Tendenz hat er offenbar in sich bekämpfen müssen. Es ist daher mit gutem Grund gesagt worden, der Mitmensch werde zu einer Art „Bildungswelt".[583] Das spricht letztlich auch gegen einen von Humboldt betriebenen „Bildungssolipsismus'".[584] Allerdings ist es weniger ein soziales Argument der unentbehrlichen Nähe etc. als vielmehr eine gleichsam reflexive Wahrnehmung des Anderen. Davon wird noch am Ende dieses Teils die Rede sein.

3. Schmälerung des Rechts

In diesem Zusammenhang erinnert Humboldt an eine zweite Bedingung, die er bereits vordem aufgestellt hat, für die er aber, wie verschiedentlich bemerkt wurde, eine nähere Eingrenzung schuldig geblieben ist. Er betont nämlich, dass es für ein staatliches Einschreiten nicht ausreicht, dass jemand in die Belange eines anderen eingreift; er muss vielmehr „auch sein Recht schmälern".[585]

a) Eingriff in den fremden Rechtskreis

Jetzt endlich kommt es zu einer – freilich eher ungefähren – Präzisierung. Eine Schmälerung des Rechts soll dann vorliegen, wenn entweder das Eigentum oder die persönliche Freiheit ganz oder teilweise gegen den Willen des Betroffenen entzogen wird. Er stellt dies bildhaft mit dem Eingriff in den fremden Rechtskreis dar. Dieses Bild ist insofern treffend und typisch für Humboldt, als der Andere immer als Mittelpunkt dieses Kreises gedacht wird. Es ist also letztlich eine Ausprägung jener solipsistisch anmutenden,[586] aber eher eine eigentümliche Haltung verkörpernden Ansicht, die jeden Eingriff erst dann wahrnimmt, wenn der Andere zielgerichtet gestört und in seinen verbrieften Rechten beeinträchtigt wird. Abermals erhärtet sich die Hypothese, dass nur jener Minimalstandard rechtlich geschützt wird, der sich im Eigentum und in der persönlichen Freiheit manifestiert, wobei das Attribut „persönlich" in dem Sinne ernst zu nehmen ist,

---

582 *Humboldt*, Gesammelte Schriften, Ausgabe der Königlich Preußischen Akademie der Wissenschaften, Band IX, S. 154 f.

583 *C. Menze*, Wilhelm von Humboldts Lehre und Bild vom Menschen, 1965, S. 149.

584 *S. Battisti*, Freiheit und Bindung, 1986, S. 59, der dies gleichfalls im Ergebnis ablehnt.

585 *Humboldt*, Ideen, S. 121 f. (150).

586 Dass es kein Solipsismus ist, wurde soeben behandelt.

als es nicht um ein irgendwie geartetes transzendentales Verständnis von Freiheit geht als um die Bezeichnung von Leib und Leben. Die Verwirklichung der transzendentalen Freiheit ist vielmehr dem Einzelnen selbst überantwortet und erfordert die Bildung seiner Kräfte. Nur wo er darin physisch behindert wird, kann und darf er auf staatliche Intervention hoffen.

b) Gleichklang von Recht und Moral

Insofern ist es folgerichtig und entspricht dem bereits Festgestellten, dass zwischen rechtlichen und lediglich moralischen Beeinträchtigungen unterschieden wird, wobei diese nicht ohne weiteres staatlicherseits sanktioniert werden, sondern erst dort, wo sie die Grenze zu jenen überschreiten. „Wer Dinge äußert oder Handlungen vornimmt, welche das Gewissen und die Sittlichkeit des andren beleidigen, mag allerdings unmoralisch handeln, allein sofern er sich keine Zudringlichkeit zuschulden kommen lässt, kränkt er kein Recht.“[587] Bezeichnend ist der Begriff der Zudringlichkeit, der offenbar nur die physische, den fremden Rechtskreis unmittelbar störende erfasst, jene also, welcher der Betroffene nicht von sich aus ausweichen kann. Bereits weiter oben war verschiedentlich beobachtet worden, dass Humboldt ungeachtet einer erklärten Abkehr von naturrechtlichen Positionen mitunter einen Gleichklang von Recht und Sitte voraussetzt und empirisch namhaft macht, der zumindest eine naturrechtliche Einfärbung erkennen lässt.[588] Diese vorderhand kantische Unterscheidung illustriert abermals die bereits mehrfach gemachte Beobachtung, dass ungeachtet jener eklektischen Tendenz eine Originalität dadurch zum Vorschein kommt, dass sich die Postulate und Folgerungen letztlich aus Humboldts eigentümlichem Menschenbild ergeben.

4. Kompromiss zwischen Freiheitsbeschränkung und Sicherheitsbeeinträchtigung

Im bisherigen Verlauf der Ideen wurde die Freiheit als Gradmesser der Sicherheit erkannt. Die Individuen sind nach Humboldt frei, weil und sofern sie sicher sind, und wenn sich der Staat darauf beschränkt, Sicherheit nach außen und innen zu gewährleisten, dann wächst zugleich ihre Freiheit. Zu einem Prinzipienwiderstreit

---

587 Vgl. *Humboldt*, Ideen, S. 122 (151).

588 Vgl. in diesem Zusammenhang aber nochmals die weiter oben im Text wiedergegebene Stelle aus dem Brief an seine Frau vom 22. September 1790: „Nach dem äußeren Recht ist man berechtigt, die Bitte eines Bettlers zu verweigern; ob man aber nach dem inneren Recht berechtigt ist, ihm nichts zu geben, entscheidet nicht das Naturrecht, sondern die Moral“.

kann es aber dann kommen, wenn es um die Beantwortung der Frage geht, ob und unter welchen Voraussetzungen der Staat eine Handlung einschränken kann, deren Folgen *möglicherweise* oder *notwendigerweise* nachteilig für andere sind. Würde eine Handlung gesetzlich schon dann verboten, wenn solche Folgen lediglich eintreten könnten, so würde die Freiheit leiden; verböte der Staat sie jedoch erst, wenn sie geradezu notwendig zu einer Beeinträchtigung führen, so geriete die Sicherheit in Gefahr.

Humboldt spricht sich in dieser Konstellation für einen Mittelweg aus, der sich jedoch einer generalisierenden Lösung entziehe: „Freilich müsste die Beratschlagung über einen Fall dieser Art durch die Betrachtung des Schadens, der Wahrscheinlichkeit des Erfolgs und der Einschränkung der Freiheit im Fall eines gegebnen Gesetzes zugleich geleitet werden erfolgen.“[589] Die Angabe dieser Kriterien ist nicht zuletzt deshalb interessant, weil sie einen Ausweg aus dem drohenden Dilemma weist, der abermals Züge eines beweglichen Systems trägt, wie es schon an früherer Stelle der Ideen aufgefallen ist,[590] womit eine der großen Entdeckungen der Rechtsdogmatik zwar mitnichten vorweggenommen wurde,[591] weil sie in ihren Abschattierungen und Konsequenzen nur sehr unvollkommen geäußert wurde, aber doch weitsichtige methodologische Beobachtungen zum Ausdruck kommen,[592] die überdies von einem hohen Gerechtigkeitssinn einerseits und einem Gespür für praktische Probleme andererseits zeugen.[593] Das belegt auch der Grundsatz, den Humboldt im Folgenden aufstellt, wobei er bezüglich der Schadenseintrittswahrscheinlichkeit im Rahmen der Gefahrenabwehr fordert, dass bei ihr *„allemal auf die Größe des zu besorgenden Schadens und die Wichtigkeit der durch ein Prohibitivgesetz entstehenden Freiheitseinschränkung zugleich Rücksicht genommen werden muss.“*

---

589 *Humboldt*, Ideen, S. 126 (155).

590 Dort freilich nicht bei einer rechtsdogmatischen Frage, sondern bezüglich eines Wirkungsmechanismus', der von Humboldt nach Art des beweglichen Systems beschrieben wurde; siehe dazu oben im ersten Kapitel, übrigens auch im Rahmen des Abschnitts über die Sicherheit als Gradmesser der Freiheit; hier findet sich insoweit in der Begründungsstruktur eine bemerkenswerte Spiegelbildlichkeit.

591 Vgl. *W. Wilburg*, Entwicklung eines beweglichen Systems im Bürgerlichen Recht, 1950.

592 Vgl. *Humboldt*, Ideen, S. 128 (156); Hervorhebung auch dort.

593 Vgl. *Humboldt*, Ideen, S. 126f. (155): „Allein keins dieser Stücke erlaubt eigentlich ein allgemeines Maß; vorzüglich täuschen immer Wahrscheinlichkeitsberechnungen. Die Theorie kann daher nicht mehr, als jene Momente der Überlegung angeben. In der Anwendung müsste man, glaube ich, allein auf die spezielle Lage sehen, nicht aber sowohl auf die allgemeine Natur der Fälle, und nur wenn Erfahrung der Vergangenheit und Betrachtung der Gegenwart eine Einschränkung *notwendig* machte, dieselbe verfügen“.

5. Das Naturrecht als Abgrenzungslinie

Schon mehrfach war vom Naturrecht und insbesondere der Frage die Rede, ob und inwieweit Humboldts Argumentation und Vorverständnis naturrechtlichen Prinzipien verpflichtet ist. Innerhalb der Abhandlung ließ sich dies nur approximativ beantworten, weil im bisherigen Verlauf zwar mitunter von der Natur die Rede ist, ein unmissverständliches Bekenntnis dem jedoch nicht entnommen werden konnte, zumal die näheren Belege außerhalb der Abhandlung, wenngleich sie in einem engen zeitlichen Zusammenhang mit ihr liegen, sich nicht als durchschlagend erweisen. Bei der Behandlung der Polizeigesetze kommt das Naturrecht erstmals expressis verbis zur Geltung. Die Stelle sei daher wörtlich wiedergegeben: „Das Naturrecht, wenn man es auf das Zusammenleben mehrerer Menschen anwendet, scheidet die Grenzlinie scharf ab. Es missbilligt alle Handlungen, bei welchen der eine *mit seiner Schuld* in den Kreis des Andern eingreift, alle folglich, wo der Schade entweder aus einem eigentlichen Versehen entsteht oder wo derselbe immer oder doch in einem solchen Grade der Wahrscheinlichkeit mit der Handlung verbunden ist, dass der Handelnde ihn entweder einsieht oder wenigstens nicht, ohne dass es ihm zugerechnet werden müsste, übersehn kann.“[594] Ein eindeutiges Bekenntnis kann auch dieser referierenden Bemerkung schwerlich entnommen werden. Andererseits ist aber auch der einleitende Konditionalsatz nicht distanzierend genug, als dass man ihn als eine nur theoretisch vorgestellte und daher nur umso entschiedener vorgebrachte Ablehnung verstehen könnte. Es ist freilich nicht zu übersehen, dass gerade durch das hervorgehobene „mit seiner Schuld“ der tautologische Grundzug der naturrechtlichen Bewertung hervortritt und auch durch das nachgeschobene Zurechnungsmoment nur unmerklich aufgefangen wird.

Aufschlussreich ist die nachfolgende präzisierende Bemerkung, dass sich jede weitere Ausdehnung „nur aus einem stillschweigenden Vertrage der Zusammenlebenden und also schon wiederum aus etwas Positivem herleiten ließe“.[595] Im Übrigen ist bemerkenswert, wie vergleichsweise weitsichtig sich Humboldt in diesem Zusammenhang, nämlich der Übernahme staatlichen Handelns durch Verträge Privater äußert, indem er die Möglichkeit in Betracht zieht, Gefahrenvorsorge durch privatrechtliche Verträge zu betreiben: „Verträge dieser Art sind Verordnungen des Staats bei weitem vorzuziehen.“ Das ist freilich weniger rechtsphilosophisch als vielmehr rechtsdogmatisch weiterführend, gewährt aber

594 *Humboldt*, Ideen, S. 127 (155); Hervorhebung auch dort. Man beachte den durchaus modernen Begriff der Zurechnung in diesem Zusammenhang.

595 Vgl. *Humboldt*, Ideen, S. 127 (155).

andererseits Einblick in das Naturrechtsverständnis Humboldts. Dieses ist in dem Sinne eng, dass jegliche Auslegung, die den Sachverhalt in anderem Licht erscheinen lässt oder modifiziert, allein mit den Mitteln des Naturrechts nicht zu einer anderen Entscheidung führt.

II. Humboldts Gedanken zum Zivilrecht

War bislang von denjenigen Verhältnissen die Rede, in denen Staat und Bürger einander gegenüberstehen, so geht es im Folgenden um die Rechtsverhältnisse der Bürger untereinander. Gleichwohl muss auch hier die Rolle des Staates zunächst klargestellt werden. Humboldt setzt dabei wiederum voraus, dass mit der Staatsvereinigung das Gewaltmonopol auf den Staat übergegangen ist, da der Geschädigte „in der Gesellschaft seine Privatrache dem Staat übertragen hat, auf nichts weiter als auf diesen."[596] Seine insgesamt sparsamen Bemerkungen zur Staatsbegründung erweisen sich damit insgesamt als konsistent, weil sich nicht zuletzt am Beispiel der Privatrechtsordnung ihre Stimmigkeit zeigen muss. Insofern ist es auch folgerichtig, dass er die Freiheitsberaubung zahlungsunfähiger Schuldner entgegen den Vorstellungen seiner Zeit grundsätzlich ablehnt und nur ausnahmsweise für zulässig erachtet, wenn die Gefahr besteht, „mit der Person des Verpflichteten seinen künftigen Erwerb zu verlieren."[597] So ist die Entziehung der körperlichen Freiheit nur solange und so weit denkbar, wie andererseits die Existenz der wirtschaftlichen Freiheit auf dem Spiel steht. Unausgesprochen bleibt zunächst der an sich zu erwartende Begründungsgesichtspunkt, dass die Pflicht des Staates Rechtsverletzungen im zivilrechtlichen Bereich zugunsten des Geschädigten zu verfolgen, auch ein Gebot der Sicherheit ist, die dieser in wirtschaftlicher Hinsicht als Gegenleistung für die Aufgabe der eigenmächtigen Verfolgung vom Staat erwarten kann: „Er muss dies um so mehr, als im außergesellschaftlichen Zustande diesem dem Beleidigten, wenn derselbe die Grenzen des Rechts überschritte, Widerstand leisten würde und hingegen hier die unwiderstehliche Macht des Staats ihn trifft und als allgemeine Bestimmungen, die immer da notwendig sind, wo ein Dritter entscheiden soll, dergleichen Vorwände immer eher begünstigen." Interessant ist der Vergleich mit dem außergesellschaftlichen Zustande als rechtfertigender Gesichtspunkt, um die Legitimität

596 *Humboldt*, Ideen, S. 132 (159).
597 *Humboldt*, Ideen, S. 132 (160).

staatlicher Durchsetzung auf die Probe zu stellen.[598] Diese Problematik wird uns im zweiten Teil noch begegnen.[599]

1. Begründung und Grenzen der Privatautonomie

Die unzureichende Durchdringung und Rezeption der Ideen Humboldts hat dazu geführt, dass seine auf die Vervollkommnung und Bildung gerichtete Konzeption des frei und privatautonom handelnden Individuums in privatrechtlicher Hinsicht noch nicht recht gewürdigt worden ist. Gerade seine diesbezüglichen Bemerkungen verdienen aber Hervorhebung, weil sie sich zum einen aus der konsequenten Durchführung seiner bisherigen Ideen ergeben, zum anderen aber auch eine gewisse zeitlose Gültigkeit im Hinblick auf die geltenden privatrechtlichen Vorstellungen haben. Beides zeigt sich am Beispiel seines Verständnisses der Willenserklärung und Einwilligung.

a) Einwilligung als Ausprägung des Autonomiegedankens

Denn die wirksame Einwilligung führt nach Humboldt zu dem von seinem Standpunkt aus konsequenten Ergebnis, dass Handlungen, die mit Einwilligung des Betroffenen seinen Rechtskreis tangieren, „völlig denjenigen gleich sind, welche *ein* Mensch für sich, ohne unmittelbare Beziehung auf andere ausübt." Das ist nicht nur für sich betrachtet ein interessanter und schlüssiger Ansatz, der soweit ersichtlich im bisherigen dogmatischen Schrifttum noch nicht gesehen worden ist,[600] sondern es entspricht vor allem auch innerer Folgerichtigkeit. Denn auch hier zeigt sich das, was beobachtet wurde,[601] also eine Haltung, die nur den Einzelnen – und das heißt bei Humboldt nicht zuletzt: sich selbst – reflektiert und den Anderen nur dort in die Betrachtung einbezieht, wo es unerlässlich für die Bewertung der Belange des Individuum ist. Gerade die Einwilligung gibt ihm aber die Möglichkeit, das Zweipersonenverhältnis auf das Individuum zu beschränken.

Zugleich entspricht die Einwilligungslösung dem, was Humboldt zur Staatsbegründung festgestellt hat, wonach die Einwilligung eines jeden konstitutiv ist.

---

598 *Humboldt*, Ideen, S. 132 (160).

599 Am Beispiel von *R. Nozick*, Anarchie, Staat und Utopia (Üb. von H. Vetter, 1976) und seiner dortigen Ausführungen zum Gewaltmonopol; vgl. Kapitel 11 II.

600 Siehe aber aus dem strafrechtlichen Schrifttum neuerdings die in Bezug auf die Einwilligung interessante und weiterführende Theorie von *M. Heinrich*, Rechtsgutszugriff und Entscheidungsträgerschaft, 2002.

601 Sub Kapitel 1 X 2.

Allerdings wurde zugleich auch konzediert, dass die Einwilligung letztlich alternativlos ist, weil die Verweigerung gleichbedeutend mit dem unmöglichen Ausgang aus der staatlichen Gemeinschaft wäre. Mag dies also praktisch an Grenzen stoßen, die zugleich die Grenzen der gesellschaftsvertraglichen Konzeption Humboldts markieren, so ist es als Ausprägung des Autonomiegedankens zumindest folgerichtig und insofern dogmatisch konsistent.

b) Geltung der Willenserklärung

Dogmatisch interessanter noch ist Humboldts Vorstellung der Willenserklärung. Für eine der wichtigsten Pflichten des Staates erachtet er die Aufrechterhaltung von Willenserklärungen im Sinne des Satzes pacta sunt servanda.[602] Es ist vor allem die Nichterfüllung des vertraglichen Leistungsversprechens, deren Sanktionierung Humboldt für wesentlich erachtet. Hier erst kommt er auf das für ihn so zentrale Argument der Sicherheit zurück.[603] Die Kehrseite dieses auf Privatautonomie und Selbstbindung gründenden Konzepts wird freilich dann sichtbar, wenn – wie Humboldt selbst erkennt – die Entschließungsfreiheit des Einzelnen getrübt ist. Sicherheit und Freiheit bedingen auch hier einander: „Es entsteht also die zweite Verbindlichkeit des Staats, rechtswidrigen Willenserklärungen den Beistand der Gesetze zu versagen und auch alle nur mit der Sicherheit des Eigentums vereinbare Vorkehrungen zu treffen, um zu verhindern, dass nicht die Unüberlegtheit *eines* Moments dem Menschen Fesseln anlege, welche seine ganze Ausbildung hemmen und zurückhalten."[604]

Die zeitlose Gültigkeit dieser Einschätzung lässt sich im Privatrecht allenthalben beobachten.[605] Vor allem aber ist es für Humboldt bezeichnend, dass im Hintergrund dieser Wechselbezüglichkeit von Freiheit und Sicherheit immer die Entwicklung der Bildung des Menschen steht. Zugleich zeigt sich auch hier wieder eine gewisse Beschränktheit des Konzepts dadurch, dass nicht angegeben wird, unter welchen Bedingungen eine Willenserklärung rechtmäßig und rechtswidrig ist. Dieser Einwand wird auch nicht zur Gänze dadurch entkräftet, dass Humboldt darauf verweist, dass „die Theorien des Rechts gehörig auseinandersetzen, was zur Gültigkeit eines Vertrags oder einer Willenserklärung überhaupt erfordert

---

602 *Humboldt*, Ideen, S. 133 (160); er selbst spricht davon freilich nicht ausdrücklich, sondern nur der Sache nach.

603 Allerdings nur mit dem pauschalen Verweis darauf, dass andernfalls die Sicherheit „gestört" werde.

604 *Humboldt*, Ideen, S. 133 f. (161); Hervorhebung auch dort.

605 Man denke nur an die Bürgschaften naher Angehöriger; näher *J. Petersen*, FamRZ 1998, 1215 ff.

wird.“ Denn damit sind ersichtlich nur dogmatische Erfordernisse gemeint, während es bei dem vorliegenden Einwand um einen rechtsphilosophischer Natur geht, weil der Begriff der Rechtmäßigkeit selbst betroffen ist. Humboldt spricht zwar wenig später von den „allgemeine(n) Begriffe(n) des Rechts“,[606] doch werden diese auch dort nur vorausgesetzt und keiner näheren Klärung zugeführt. Die nachgeschobene Bestimmung, wonach das Recht sich nach Freiheit und Eigentum bemisst, kommt hier allenfalls mittelbar zum Zug und trägt auch dann nur wenig zur Erhellung bei. Die zurückhaltende Bestimmung der Rechtswidrigkeit trägt somit bei beliebiger Schärfung aller Konstanten, wie der Bildung, Freiheit und Sicherheit, immer zu einer partiellen Unschärfe bei, die aber jederzeit auf das Ganze der Begründung übergreifen kann.

2. Die allgemeinen Begriffe des Rechts

Das illustriert auch die neuerliche Erinnerung Humboldts, „dass der Staat, dem den vorhin entwickelten Grundsätzen gemäß schlechterdings bloß die Erhaltung der Sicherheit obliegt, keine andern Gegenstände ausnehmen darf als diejenigen, welche entweder schon *die allgemeinen Begriffe des Rechts* selbst ausnehmen oder deren Ausnahme gleichfalls durch die Sorge für die Sicherheit gerechtfertigt wird.“[607] Wiederum stellt sich die Frage, was genau die allgemeinen Begriffe des Rechts sind. Mit der in Bezug genommenen Präzisierung sind damit ersichtlich Leib, Leben und Eigentum bzw. persönliche Freiheit und Vermögen gemeint. Verräterisch ist aber die Formulierung nicht zuletzt deswegen, weil damit zum Ausdruck kommt, dass es einen konkreten Rechtsbegriff bei Humboldt gar nicht gibt. Es sind vielmehr naturrechtliche Anleihen, vermittels derer der Rechtsbegriff erst mit Leben erfüllt werden kann. Auch wenn konzediert wird, dass die Ideen ihrer ursprünglichen Ausrichtung nach nicht in erster Linie als rechtsphilosophische Schrift konzipiert sind – was sie der Sache nach aber gleichwohl sein können – und auch wenn demgemäß zugestanden wird, dass ihre Herleitung nicht zwingend vom Rechtsbegriff ausgehen müssen, wie es etwa in Kants Metaphysischen Anfangsgründen der Rechtslehre oder auch Hegels Grundlinien der Fall ist, so rächt sich doch im weiteren Verlauf ihrer Entwicklung die späte und eher beiläufige Behandlung des Rechtsbegriffs. Denn so lange die Ausfüllung des Begriffs offen bleibt, steigen die Erwartungen, die indes durch die vergleichsweise – nämlich bezogen etwa auf Kant – pauschale Gleichsetzung mit Leib, Leben und

606 Vgl. *Humboldt*, Ideen, S. 134 (161).
607 *Humboldt*, Ideen, S. 134 (161); Hervorhebung nur hier.

Eigentum enttäuschen. Zumindest lässt die verweisende Begründung nach wie vor den Schluss zu, dass es sich hier letztlich um naturrechtlich gefärbte Voraussetzungen handelt, die eine transzendentale Dimension des für Humboldt so zentralen Freiheitsbegriffs vermissen lassen.[608]

3. Kategorischer Imperativ

Die vorstehenden Ausführungen dürfen nicht als Kritik am Gesamtkonzept missdeutet werden, allenfalls in dem gleichsam wörtlichen Sinne, wonach sich angesichts Humboldts kantischer Prägung immer auch die Frage stellt, ob und inwieweit er konkret von Kant beeinflusst war.[609] Aufschlussreich ist in diesem Zusammenhang jener erste Fall, den Humboldt im Folgenden als Beispiel für die Möglichkeit anführt, dass eine Ausnahme „durch die Sorge für die Sicherheit gerechtfertigt wird", und der dort vorliegt, „wo der Versprechende kein Zwangsrecht übertragen kann, ohne sich selbst bloß zu einem Mittel der Absichten des andern herabzuwürdigen, wie z. B. jeder auf Sklaverei hinauslaufende Vertrag wäre".[610] Diese Ausnahme erinnert an Kants kategorischen Imperativ in seiner dritten Ausprägung:[611] „Handle so, dass du die Menschheit, sowohl in deiner Person, als in der Person eines jeden andern, jederzeit zugleich als Zweck, niemals

---

608 Abermals darf natürlich nicht übersehen werden, dass Kants „Metaphysische Anfangsgründe der Rechtslehre" aus dem Jahre 1797 datieren und die Niederschrift der Ideen ihnen somit zeitlich vorausging. Gleichwohl kann zulässigerweise die Frage gestellt werden, inwieweit Humboldt herkömmlichem naturrechtlichem Denken verhaftet gewesen ist. Zutreffend *K. Kühl*, Festschrift für G. Spendel, 1992, S. 75, 78: „Was hier geboten werden kann, hängt freilich sowohl mit Wilhelm von Humboldt als auch mit dem sonstigen sog. Jüngeren Naturrecht zusammen: die Rechtsphilosophie Immanuel Kants. Die dabei zugrunde gelegten ‚Metaphysischen Anfangsgründe der Rechtslehre' sowie die ergänzend herangezogenen ‚Metaphysischen Anfangsgründe der Tugendlehre' sind zwar erst 1797 erschienen – also Jahre später, als Wilhelm von Humboldt seine ‚Ideen' verfasste und die meisten der zur Untersuchung anstehenden Naturrechtsschriften entstanden –, doch ist sowohl von Humboldt als auch das jüngere Naturrecht insgesamt von der kritischen Philosophie Kants beeinflußt, zum Teil sogar geprägt." Siehe dazu ferner *J. Petersen*, Kants „Metaphysische Anfangsgründe der Rechtslehre" – kritisches Spätwerk oder „Erzeugnis eines gewöhnlichen Erdensohnes", Festschrift für Canaris, 2007, S. 1217 ff.

609 Siehe zum Folgenden auch *D. Henrich*, Das Prinzip der kantischen Ethik, Philosophische Rundschau 2 (1954/55) 25 f.

610 *Humboldt*, Ideen, S. 134 (161).

611 Allgemein dazu *H. J. Paton*, Der kategorische Imperativ. Eine Untersuchung über Kants Moralphilosophie, 1962.

bloß als Mittel brauchest."[612] Denn in einem solchen von Humboldt vorausgesetzten Fall besteht gerade die Gefahr, dass der Versprechende die Menschheit in seiner Person zum bloßen Mittel herabwürdigt und nicht zugleich als Zweck, das heißt mit einer eigenen Würde ausgestattet, angesehen wird. Man wird diesen Gleichklang in der Formulierung ohne unzulässige Unterstellung für derart auffällig halten dürfen, dass Humboldt hier auf Kants Moralphilosophie Bezug nimmt.

Zugleich veranschaulicht dies in der Zusammenschau mit dem Vorherigen,[613] dass auch hier eine jener Stellen einschlägig ist, die Humboldt selbst in jenem bereits zitierten Wort an Jacobi vorausgesetzt hat: „Sie wissen ja selbst, ich bin in der Wolffischen Philosophie gesäugt und großgezogen worden, und in Kants und anderer Systeme stahl ich mich hinüber."[614] Die gleichsam pedantische Unterlegung der Zivilgesetze mit den moralphilosophischen Grundlagen der kantischen Metaphysik sät letztlich Zweifel an der konsequenten Scheidung von Legalität und Moralität und bestätigt so die Möglichkeit, dass die Anwendung der kantischen Prämissen eher vordergründig als aus eigenem Impetus erfolgt. Damit ist freilich noch nicht gesagt, dass den aus ihr gezogenen Folgerungen nicht ungeachtet ihres anscheinenden Eklektizismus' durchaus etwas Originelles anhaften kann, wie dies ebenfalls schon verschiedentlich gesehen wurde und auch im Folgenden zu prüfen bleibt.[615]

4. Gefährdung der Rechte Anderer

Humboldts Vorstellung der Willenserklärung kennt neben der soeben behandelten Konstellation der auf Sklaverei hinauslaufenden Verträge noch zwei weitere Ausnahmen, in denen ihr die Geltung versagt bleibt.[616] Weniger interessant ist der

612 *Kant*, Grundlegung zur Metaphysik der Sitten (1785, Band VII der von Weischedel herausgegebenen Ausgabe, 1977), S. 11, 61.

613 Vgl. soeben sub Kapitel 1 X 2.

614 Brief vom 7. Februar 1789.

615 Vgl. auch *C. Sauter*, Wilhelm von Humboldt und die deutsche Aufklärung, 1989, S. 309: „Die Ausrichtung des Humboldtschen Denkens auf die Bildung des Menschen, die in dieser Maxime (sc. Humboldts Aufruf in einem Brief ‚Bilde Dich selbst') ihren Ausdruck findet, kennzeichnet einen Kants Philosophie fremden Ansatz; er erlaubt Humboldt, Erwägungen aus Kants theoretischer wie praktischer Philosophie aufzunehmen, die ihm einen Beitrag zu seiner Fragestellung leisten, ohne sich der Kantschen Philosophie im Ganzen verpflichtet zu wissen".

616 Siehe in diesem Zusammenhang auch *C. Menze*, Wilhelm von Humboldt und die Antike Sklaverei. Eine Stellungnahme zur Diskussion über die Rezeption des griechischen Altertums im deutschen Humanismus, Vierteljahresschrift für wissenschaftliche Pädagogik 63 (1987) 319.

Fall, dass der Versprechende naturgemäß nicht imstande ist zu leisten,[617] wichtiger dagegen derjenige, „wo das Versprechen, entweder an sich oder in seinen Folgen den Rechten andrer wirklich entgegen oder doch gefährlich ist".[618] Im Unterschied zu den beiden vorgenannten Fällen, in denen er „bloß das Zwangsrecht der Gesetze versagen muss", hat der Staat hier nach Humboldt die Erklärung selbst zu unterbinden. Hier erweisen sich exemplarisch die Liberalität einerseits und die Rigorosität andererseits, nämlich letztere dort, wo die Willkürsphäre anderer Individuen betroffen ist und Rechtsverletzungen auch nur drohen. Auch hier zeigt sich anhand der unterschiedlichen Rechtsfolgenanordnung, wie wesentlich der Rechtsbegriff für Humboldt ist, obwohl er ihn nur beiläufig eingrenzt. Man kann darüber spekulieren, ob in diesem Fall der kategorische Imperativ in seiner ersten Ausprägung wegweisend für Humboldt war.[619] Aber im Unterschied dazu geht es ihm hier ersichtlich um echte Rechtspflichten und nicht nur moralische Verbindlichkeiten.

5. Persönliche Ausnahmen vom Grundsatz pacta sunt servanda

Es ist bezeichnend für Humboldts Rechtsphilosophie, dass er auch dort, wo er an sich schon Grundsatz und Ausnahmen angegeben hat, noch eine weitere Fallgruppe eröffnet, die im Wortsinne radikal ist, weil sie an den Wurzeln der persönlichen Lebensverhältnisse ansetzt und damit das Individuum selbst betrifft. So sehr man nämlich meinen möchte, dass die Gefährdung bzw. Verletzung der Rechte Dritter schon den Extremfall markiert, ist dies für Humboldt eher derjenige, in dem der Einzelne langfristig seiner freien Entfaltung verlustig zu gehen droht. Die rhetorische Dramaturgie der Auseinandersetzung dieses Falles sucht ihresgleichen. Im Ausgangspunkt fragt man sich, welche Konstellation dies sein mag, die nicht schon von dem ersten Fall der freiwilligen Versklavung erfasst sein soll. Humboldt räumt dies an späterer Stelle ein, indem er konzediert, dass diese Fälle „nur dem Grade nach von denjenigen verschieden sind, worin der eine sich zu einem bloßen Mittel der Absicht des andren macht oder vielmehr von dem andren

617 Gemeint sind nicht die dogmatisch überaus schwierigen Fragen des Allgemeinen Schuldrechts, sondern Fälle, in denen der Leistungsgegenstand der Empfindung oder dem Glauben zugehört; vgl. *Humboldt*, Ideen, S. 134 (161).

618 *Humboldt*, Ideen, S. 134 (161).

619 *Kant*, Grundlegung der Metaphysik der Sitten (1785, Band VII der von Weischedel herausgegebenen Ausgabe, 1977, S. 11, 28): „d.i. ich soll niemals anders verfahren, als so, daß ich auch wollen könne, meine Maxime solle ein allgemeines Gesetz werden".

dazu gemacht wird".[620] Dementsprechend vielsagend ist die Einleitung: „Wo aber gegen die Rechtmäßigkeit eines Vertrags oder einer Willenserklärung kein Einwand zu machen ist, da kann der Staat dennoch, um den Zwang zu erleichtern, welchen selbst der freie Wille der Menschen sich untereinander auferlegt, indem er die Trennung der durch den Vertrag eingegangenen Verbindung minder erschwert, verhindern, dass nicht der zu einer Zeit gefasste Entschluss auf einen zu großen Teil des Lebens hinaus die Willkür beschränke."[621] Dass es hier nicht um die Übertragung von Sachen gehen kann, präzisiert Humboldt unverzüglich. Es sind also eher Verträge, „welche persönliche Leistungen zur Pflicht machen *oder gar eigentliche persönliche Verhältnisse hervorbringen.*"[622] Dass es aber auch weder Dauerschuldverhältnisse noch gewöhnliche andere langfristige Verbindlichkeiten sind, die Humboldt im Sinne hat, enthüllt sich erst allmählich, dann aber abrupt: „Wo daher durch den Vertrag ein solches persönliches Verhältnis entsteht, das nicht bloß einzelne Handlungen erfordert, sondern im eigentlichsten Sinn die Person und die ganze Lebensweise betrifft, wo dasjenige, was geleistet, oder dasjenige, dem entsagt wird, in dem genauesten Zusammenhange mit inneren Empfindungen steht, da muss die Trennung zu jeder Zeit und ohne Anführung aller Gründe erlaubt sein. So bei der Ehe."[623]

Auf den ersten Blick scheint sich diese staatlicherseits ermöglichte jederzeitige Lösungsmöglichkeit widersprüchlich gegenüber dem zu verhalten, was Humboldt an früherer Stelle über die Rolle des Staats bei der Ehe sagt: „Es erhellt demnach aus dem Vorigen, dass die Wirkungen der Ehe ebenso mannigfaltig sind als der Charakter der Individuen und dass es also die nachteiligsten Folgen haben muss, wenn der Staat eine mit der jedesmaligen Beschaffenheit der Individuen so eng verschwisterte Verbindung durch Gesetze zu bestimmen oder durch seine Einrichtungen von andren Dingen als von der bloßen Neigung abhängig zu machen versucht."[624] Wilhelm von Humboldt selbst war übrigens zur Zeit der Niederschrift seit einem halben Jahr mit Caroline von Dacheröden verheiratet. Die Ehe war zwar von Dauer, aber von heftigen Krisen erschüttert.[625] Aufschlussreicher ist ein briefliches Bekenntnis vom 23. Dezember 1809 gegenüber F. G. Welcker „Bei meiner Frau kommt aber noch hinzu, dass, da einer der Hauptzüge in ihr *Ehrfurcht*

---

620 Vgl. *Humboldt*, Ideen, S. 136 (163).
621 *Humboldt*, Ideen, S. 135 (162).
622 Hervorhebung nur hier.
623 *Humboldt*, Ideen, S. 135 f. (163).
624 Vgl. *Humboldt*, Ideen, S. 41 (80 f.).
625 *P. Berglar*, Wilhelm von Humboldt, 1970, S. 32 ff.

vor jedermanns Freiheit ist, das Bildende nur immer jeden in seiner Freiheit weiterführt."[626]

Bei näherem Hinsehen wird deutlich, dass und warum Humboldt für die Ehe eine ganz eigene Fallgruppe eröffnet, die gerade nichts mit staatlichem Zwang zu tun hat, sondern darauf gerichtet ist, dass der Staat dem Einzelnen auch und gerade bei der Lösung der Ehe nicht im Weg steht.[627] Das zeigt die negatorische Formulierung, wonach der Staat, „um den Zwang zu erleichtern" die selbst veranlasste Beschränkung der Willkürbeschränkung verhindern kann. Abermals steht Humboldt das von allen Zwängen freie, „entfesselte" Individuum vor Augen, dem der Staat bei der Entfaltung seiner Freiheit solange zusehen muss, wie es nicht die Freiheit Anderer beeinträchtigt. Auf diese in vieler Hinsicht merkwürdige Stelle wird im zweiten Teil noch zurückzukommen sein, weil sie von John Stuart Mill ausdrücklich aufgegriffen und abgelehnt wird.

6. Der Staat als gemeinsamer Wille der Gesellschaft

Ebenso wie sich Humboldts Rechtsbegriff erst allmählich entwickelt und herauskristallisiert, dabei aber immer schon vorausgesetzt wird, ohne freilich dessen Bedingungen hinreichend deutlich hervortreten zu lassen, ist Humboldt auch die Staatsbegründung anfangs schuldig geblieben und hat sie im weiteren Verlauf der Untersuchung nur mit immer neuen Prämissen versehen, aber nur undeutlich zu bestimmen unternommen. Daher waren vor allem die beiläufigen und vermeintlich nur präzisierenden, in Wahrheit aber häufig erst einleitenden und nicht selten für das Verständnis konstitutiven Beschreibungen der Staatsbegründung entscheidend. Dabei entsteht der Eindruck, dass Humboldt jeweils ein bestimmtes Begründungssegment nachschiebt, das für die Beleuchtung des jeweiligen Zusammenhangs erforderlich ist. Erst in der nachträglichen Zusammenschau tritt so ein bestimmtes Vorverständnis zutage. Dabei handelt es sich zwar nicht unbedingt um unzulässige Ad-hoc-Hypothesen,[628] da sie auch im Folgenden zugrunde gelegt werden und sich keine inneren Brüche im Verhältnis zu vorangehenden Prämissen erkennen lassen, dafür aber mitunter um Eklektizismen.

---

626 Briefe Humboldts, Auswahl von W. Rößle, 1952, S. 315; Hervorhebung nur hier.
627 *V. Hösle*, Moral und Politik. Grundlagen einer Politischen Ethik für das 21. Jahrhundert, 1997, S. 852, macht darauf aufmerksam, dass Humboldts Vorstellung über die Ehe kurioserweise „am nächsten das sowjetische Eherecht in der Anfangsphase der Sowjetunion kam".
628 Zu ihnen im Bereich der juristischen Theorienbildung *C.-W. Canaris*, JZ 1993, 377.

a) Anlehnung an Rousseau

Ein besonders deutliches Beispiel für diese Form der allmählichen Enthüllung der Prämissen unter Rückgriff auf bekannte Topoi bildet eine Präzisierung am Beispiel der Zivilgesetze, die jedoch darüber hinaus ein grundsätzliches Verständnis des Staates und seiner Befugnisse veranschaulicht: „die Befugnis, hier die Grenzlinie zu bestimmen zwischen dem ungerechter und gerechter Weise aus dem Vertrag entstehenden Zwangsrecht, kann dem Staat, *d.i. dem gemeinsamen Willen der Gesellschaft*, nicht bestritten werden (...).“[629] Im bisherigen Verlauf der Begründung der Grenzen der Wirksamkeit des Staats bedurfte es aus Humboldts Sicht keiner Präzisierung, was der Staat letztlich überhaupt ist, sondern nur welchen Zweck er in Bezug auf die ihm Unterworfenen hat. Dementsprechend hütet er sich vor Verallgemeinerungen, wie der vorliegenden, die hier ganz selbstverständlich vorausgesetzt, aber bislang unbegründet geblieben ist. Auch hier fällt freilich eine als anscheinend selbstverständlich vorausgesetzte begriffliche Annäherung auf. Denn am ehesten erinnert die Formulierung vom Staat als gemeinsamen Willen der Gesellschaft an Rousseaus volonté géneralé. Interessant ist allerdings auch hier die Gegenüberstellung mit Hegels interpretierender Vereinnahmung Rousseaus: „In Ansehung des Aufsuchens dieses Begriffs hat *Rousseau* das Verdienst gehabt, ein Prinzip, das nicht nur seiner Form nach (...), sondern dem Inhalt nach *Gedanke* ist, und zwar das *Denken* selbst ist, nämlich den *Willen* als Prinzip des Staats aufgestellt zu haben.“[630] So passt Rousseaus allgemeiner Wille besser zum Staat Hegels als zur Staatsidee Humboldts.

b) Bildung und Staatsbegründung

Aber auch hier begegnet abermals die Beobachtung, dass der selbstverständliche Rückgriff auf Bekanntes gleichwohl die Originalität des Ansatzes nicht in Abrede zu stellen geeignet ist. Das liegt im konkreten Zusammenhang freilich nicht zuletzt daran, dass es sich um keine für seine Hauptthese zentrale Stelle handelt, sondern eher um eine Konzession seinerseits, weil es hier um eine Befugnis des Staats zur Bestimmung der Grenzlinie geht, also im Wortsinne um eine Randkorrektur. Dennoch ist die unscheinbare Stelle für die Methode Humboldts sowie seine rechtsphilosophische Provenienz nicht zu unterschätzen.[631] Nochmals sei in Erinnerung gerufen, dass Humboldt Rousseau verschiedentlich und teils ganz ausdrücklich zitiert, wobei freilich nicht die staatsphilosophischen Schriften be-

---

629 *Humboldt*, Ideen, S. 136f. (163f.); Hervorhebung nur hier.
630 *Hegel*, Grundlinien der Philosophie des Rechts, § 258. (Hervorhebungen auch dort).
631 Vgl. *Humboldt*, Ideen, S. 26 (67).

müht werden, sondern Rousseaus Emile, also die Erziehungsschrift, die Quelle seiner Zitate darstellt. Es ist für Humboldts Staatsidee bezeichnend, dass ihn Rousseau eher als Erzieher denn als Staatsphilosoph interessiert.

Das veranschaulicht zugleich, dass die Staatsbegründung aus seiner Sicht eben letztlich nicht notwendig ist, sondern vielmehr der Staat überall dort legitimationsbedürftig ist, wo er sich in die Belange des Einzelnen einmischt und so potentiell freiheitsgefährdend wird. So ist es wohl auch zu erklären, dass Humboldt im Schrifttum vorgeworfen wurde, er erkläre nicht hinreichend, wieso der Mensch überhaupt in den Staat eintreten solle, da er damit nur eine Beschränkung seiner Freiheit eingehe.[632] Mit dieser Kritik wird zwar der Gesichtspunkt der Gewährleistung der Sicherheit unzureichend gewürdigt. Dennoch ist, wie bereits mehrfach betont, etwas Richtiges daran. Es zeigt sich somit allenthalben, dass die Begründung des Staates ebenso wenig durchdrungen ist wie der von Humboldt vorausgesetzte Weg aus dem Staat – Unzulänglichkeiten, die gerade bei der Beantwortung der Detailfragen wieder zum Vorschein kommen.

7. Die ersten Grundsätze des Rechts

Obwohl die von Humboldt im Abschnitt über die Zivilgesetze behandelten Fragen an sich zeitloses zivilrechtsdogmatisches Interesse beanspruchen können und auch die von ihm gebrauchte Terminologie cum grano salis noch heute von Bedeutung ist, sind seine Antworten auf die von ihm gestellten Fragen nur bedingt von rechtsphilosophischem Interesse.

a) Sollenssätze im Privatrecht

Bedeutsam ist immerhin, dass er nur ansatzweise Angaben über den damaligen Rechtszustand macht, und vielmehr bestrebt ist, Maßgaben für Zivilgesetze zu formulieren, die gerade seinem Staatsverständnis entsprechen. Damit stellt er grundsätzlich Sollenssätze auf. Jedoch finden sich Ausnahmen, die zumindest Raum für unterschiedliche Auslegungen lassen. So ist aufschlussreich, wie er Verfügungen über fremdes Recht begegnet: „Die ersten Grundsätze des Rechts lehren von selbst, und es ist auch im vorigen schon ausdrücklich erwähnt worden, dass niemand gültigerweise über etwas andres einen Vertrag schließen oder überhaupt seinen Willen erklären kann, als über das, was wirklich sein Eigentum

632 Vgl. *C. Sauter*, Wilhelm von Humboldt und die deutsche Aufklärung, 1989, S. 107.

ist, *seine* Handlungen oder *seinen* Besitz."[633] Auffällig ist dabei zunächst sein Eigentumsverständnis, das nicht nur vom heutigen sachenrechtlichen abweicht,[634] sondern ersichtlich weitergeht als Besitz und Eigentum im umgangssprachlichen Sinne, da es auch Handlungen erfasst. Das entspricht dem weiter oben Behandelten, wo eine gewisse Parallele zu John Locke gezogen wurde.[635] Es korrespondiert aber vor allem mit seinem Rechtsbegriff, wie er in Ermangelung trennscharfer Definitionen näherungsweise herausgearbeitet und mit dem Inbegriff des Vermögens und der persönlichen Freiheit zusammen gebracht wurde. Das bestätigt sich hier insoweit, als die Verfügung über fremde Handlungen einen Eingriff in dessen persönliche Freiheit bedeuten würde, der als solcher nicht Rechtens wäre.

b) Die „konsequenteste Theorie des Naturrechts"

Man muss dies voranstellen und das Pferd gleichsam von hinten aufzäumen, weil sonst die einleitende Formulierung wenig aussagekräftig wäre, die doch schon abstrakt betrachtet rechtsphilosophisches Interesse auf sich zieht. Wenn es dort nämlich heißt, dass dies „die ersten Grundsätze des Rechts von selbst lehren", so bleibt die Frage, ob dies konkret, also nach geltendem Recht, gemeint ist oder ob sich hierin ein Rekurs auf naturrechtliche Gedanken finden lässt. Der bereits bedachte Umstand, dass Humboldt das Recht, wie er es sich vorstellt und weniger das gesetzte Recht seiner Zeit darstellt, streitet für die letztere Möglichkeit. Hinzu kommt, dass nur so der Zusatz „von selbst" mehr als nur floskelhafte Bedeutung erlangen würde. Damit könnte man auch diese Sentenz als Indiz für einen naturrechtlich gefärbten Ansatz werten.

Aufschlussreich ist in diesem Zusammenhang eine Briefstelle Humboldts, in der er von den ersten Grundsätzen der Moralphilosophie spricht und von dort aus zum Naturrecht gelangt: „Ich gestehe es Ihnen offenherzig, dass je mehr und anhaltender ich seit einiger Zeit über die ersten Grundsätze der Moralphilosophie lese und nachdenke, desto schwankender und ungewisser meine Ideen darüber werden. Vorzüglich fühl ich das immer, so oft ich sie auf das Naturrecht anwenden will. Im Naturrecht soll bewiesen werden, dass es Unrecht ist, den anderen zu zwingen, ihm Kräfte, oder auch nur Äußerungen davon zu rauben. (...) Ich finde also nirgends eine feste Regel, nirgends eine genau abschneidende Grenze. (...)

633 *Humboldt*, Ideen, S. 137 (164); Hervorhebungen auch dort.

634 So verhält es sich im Übrigen auch bei dem kantischen, wie es in den ‚Metaphysischen Anfangsgründen der Rechtslehre' ausgearbeitet ist.

635 Oben sub Kapitel 4 II 1 b).

Wende ich mich aber von diesen materialen Prinzipien zu Kants formalem hinweg, so find' ich auch da sehr viel Schwierigkeiten, nur von andrer Art."[636]

Darüber hinaus ist auch hier letztlich nicht entscheidend, ob und inwieweit Humboldts Prämissen denen anderer Denker partiell entsprechen, weil ungeachtet aller eklektischen Tendenzen die Originalität seines Ansatzes unangefochten bleibt. Diese besteht nicht zuletzt in der Rückführung der von ihm vermissten materialen Gerechtigkeitsprinzipien auf die Freiheit zum Zwecke der Ausbildung der Individualität des Menschen.[637] Wie dies aussehen könnte entfaltet er in einer bereits zitierten Briefstelle: „Wäre es allen Menschen völlig eigen, nur ihre Individualität ausbilden zu wollen, nichts mehr so heilig zu ehren, als die Individualität des Anderen; wollte jeder nie mehr in andere übertragen, nie mehr aus anderen herausnehmen, als von selbst aus ihm in andere übergeht, so wäre die höchste Moral, die konsequenteste Theorie des Naturrechts, der Erziehung und der Gesetzgebung den Herzen der Menschen einverleibt."[638]

c) Zusammenfassende Würdigung

Was wie eine naive Schwärmerei anmutet, ist Ergebnis eines inneren Ringens um die Statuierung eines obersten Prinzips des Naturrechts. Reflektiert man die soeben zitierte Briefstelle und wendet sie auf den Gang der Ideen an, so stellt sich eine Frage: Warum handelt Humboldt immerfort von der Achtung der Individualität einerseits und warum setzt er andererseits einen Begriff des Rechts voraus, der doch nach dem zuletzt Zitierten, das wiederum Resultat einer Jahre langen Beschäftigung mit dem Naturrecht ist, gerade in der bedingungslosen Achtung der Individualität zusammen zu fallen scheint? Warum nutzt Humboldt nicht gerade seine Ideen zur expliziten Offenbarung dieses von ihm gefundenen materialen Gerechtigkeitsprinzips?

aa) Verhältnis zur kantischen Philosophie

Man kann sich an die Antworten dieser elementaren Fragen vielleicht am besten herantasten, wenn man im Ausgangspunkt eine vielfach schon beobachtete Unentschiedenheit im Umgang mit der kantischen Rechts- und Moralphilosophie konstatiert, die – wie ebenfalls verschiedentlich gesehen – bis in die Ideen hin-

---

636 An Jacobi vom 7. Februar 1789.

637 Vgl. auch *D. Spitta*, Die Staatsidee Wilhelm von Humboldts, 2004, S. 28 („Ausbildung der menschlichen Individualität und Achtung der Individualität des anderen").

638 Brief an Forster vom 8. Februar 1790.

einwirkt. Daraus erhellt, dass ein klares Bekenntnis zum kategorischen Imperativ ungeachtet der ebenfalls dokumentierten Anklänge letztlich fehlt.[639] Das belegt die soeben zitierte Briefstelle, wonach er im kantischen Prinzip, das er formal nennt „sehr viel Schwierigkeiten" findet, „nur von andrer Art, und die ich mir selbst noch nicht genug entwickelt habe, um sie Ihnen vorzutragen."[640] Man ist daher geneigt, diese Unfertigkeit auf die Ideen zu übertragen, obwohl sie erst drei Jahre später niedergeschrieben wurden. Was jedoch wie ein Manko der Ideen wirkt, macht zugleich ihre Originalität aus. Denn immerhin enthält das Prinzip der Individualität, so typisch und häufig es auch für die Zeit gewesen sein mag und so sehr daher gerade seine Betonung Humboldt einmal mehr als Eklektiker ausweist,[641] etwas genuin Eigenständiges. Eine Antwort auf die oben gestellten Fragen könnte daher – zumindest in formaler Hinsicht[642] – so lauten, dass sich Humboldt bewusst davor hütete, nach gleichsam kantischen Vorbild im Wege der Deduktion aus dem Rechtsbegriff die Individualität zu entfalten.

bb) Egozentrik des Ansatzes

Mit dieser Hervorhebung der Originalität ist freilich noch nicht gesagt noch wohl beansprucht, dass Humboldt hier in der Zusammenführung von Naturrechtsbegriff und Individualitätsanspruch gleichsam den Stein des Weisen gefunden habe. Dagegen ließe sich einwenden, dass die „konsequenteste Theorie des Naturrechts" dann auch zugleich die trivialste wäre, die unwillkürlich den Leerlauf aller prinzipienmäßigen Erklärungsversuche des Naturrechts exemplifizieren würde. Darüber hinaus ist die Egozentrik des Ansatzes bedenklich,[643] weil sie den Anderen nur reflexiv wahrnimmt und Beeinträchtigungen nicht zuletzt deshalb verbietet, weil man selbst in Ruhe gelassen werden möchte.[644] Aber dieser Ein-

---

639 Dazu oben unter Kapitel 6 II 3.

640 So endet der Brief an Jacobi vom 7. Februar 1789.

641 Davon war schon verschiedentlich die Rede.

642 Es wurde bereits in anderem Zusammenhang darauf hingewiesen, dass Humboldts Methode eher dem angloamerikanischen Essay als der strengen Deduktion nach dem Vorbild Kants ähnelt; hierin mag man eine gewisse Originalität in formaler Hinsicht sehen, die, wie ebenfalls gezeigt, gerade auf J. St. Mill anziehend gewirkt haben mag.

643 *L. Gall*, Wilhelm von Humboldt. Ein Preuße von Welt, 2011, S. 71, spricht treffend von der „ideologische(n) Überhöhung des eigenen Egozentrismus. (...). Dahinter stand, als die ganze eigene Lebensauffassung und Lebensperspektive bestimmende Idee, der Kult der eigenen Persönlichkeit".

644 Da diese Gedanken im Abschnitt über die Zivilgesetze verankert sind, ließe sich als Beispiel die nachbarliche Duldungspflicht benennen, die seit alters gerade dieser Zwecksetzung von Störung und Duldung gehorcht; näher *J. Petersen*, Duldungspflicht und Umwelthaftung, 1996.

wand zeigt schon, wie brüchig jeder Versuch der Vereinfachung des Humboldtschen Ansatzes ist.[645] Um Humboldts hinter den Ideen stehende und in ihnen nur zum Teil zum Ausdruck kommende Rechtsphilosophie angemessen zu würdigen, muss man daher den Versuch würdigen, ein oberstes materiales Prinzip unausgesprochen voranzustellen und mit Hilfe des Freiheitsbegriffs in sich schlüssig auszuarbeiten. Gerade diese Indienstnahme des Freiheitsbegriffs, deren Gradmesser nicht zuletzt die Sicherheit des Individuums ist,[646] veranschaulicht, dass ein prinzipiengeleitetes Natur- und Vernunftrecht nicht überkommen und überwunden ist, was nicht bedeutet, dass man sich im Ganzen der durchaus angreifbaren Konzeption Humboldts anschließen muss.

8. Personenbezogenheit des Rechts

Wie wenig es Humboldt um gegenwärtiges Recht zu tun ist und wie sehr seine Vorstellungen der Freiheit des Einzelnen zu dienen bestimmt sind, zeigt sich an seiner Behandlung der Frage, welche Bindungen der jeweilige Rechtsträger seinen Nachkommen auferlegen kann.

a) Freiheit im Erbrecht

Für ihn ist der Mensch immer von neuem frei, das heißt er kann in seiner Freiheit nicht von Todes wegen beschränkt werden: „Keineswegs aber steht ihm die Befugnis zu, auf eine für andre verbindliche Weise zu bestimmen, wie es mit seinem Vermögen nach seinem Tode gehalten werden oder wie der künftige Besitzer desselben handeln oder nicht handeln solle."[647] In diese Richtung weisen auch seine Ausführungen zum Erbrecht, die im Einzelnen weniger interessant denn als Ausdruck seiner allgemeinen Haltung sind. Das Leitmotiv der Mannigfaltigkeit, die mit der Individualität einhergeht und diese wiederum befördert,[648] spielt daher für ihn auch bei erbrechtlichen Gestaltungen eine Frucht bringende Rolle.[649] Die den erbrechtlichen Instituten zum Zwecke der Aufrechterhaltung des Erblasser-

---

645 Man denke nur daran, wie sich Kant gegen eine Trivialisierung seines kategorischen Imperativ in Gestalt des schlichten „Was du nicht willst ..." verwahrt hat.

646 Eingehend oben in Kapitel 1 unter VII.

647 Vgl. *Humboldt*, Ideen, S. 138 (164).

648 Siehe dazu bereits oben.

649 Vgl. *Humboldt*, Ideen, S. 140 (166): „Dazu entsteht durch die Freiheit der Menschen, ihr Vermögen willkürlich zu hinterlassen ein neues Band unter ihnen, das zwar oft sehr gemissbraucht, allein auch oft heilsam benutzt werden kann".

willens stets innewohnende Gefahr der Herrschaft der Toten über die Lebenden[650] sucht er so zu bannen, dass diese Möglichkeiten ungeachtet der diesbezüglichen dogmatischen Streitfragen,[651] die er lediglich streift,[652] von vornherein ablehnt. Alle diese Institute versteht er im Übrigen als Gesetze, womit er einen weiten Gesetzesbegriff verficht, der auch für seinen Ansatz bezeichnend ist, weil somit alles Gesetz im materiellen Sinne ist, was die Freiheit aller oder eines Einzelnen potentiell beschneiden kann. Auch hier zeigt sich die Kompromisslosigkeit seines Ansatzes, wenn es um gleich wie geartete Freiheitsbeschränkungen geht. „Sie hemmen die Freiheit, deren die Ausbildung des Menschen notwendig bedarf, *und streiten gegen alle in diesem ganzen Aufsatz entwickelten Grundsätze.*“[653] Von vergleichsweise geringem Interesse sind die Vorschläge im Einzelnen, auf die daher auch nicht näher eingegangen wird. Das sieht auch Humboldt selbst, wenn er letztlich sagt: „Allein die Ausführung der Sätze (...) gehört nicht zu meiner gegenwärtigen Absicht, und ich kann mich mit der Bemerkung begnügen, dass der Staat auch hier nicht positive Endzwecke, z. B. Aufrechterhaltung des Glanzes und des Wohlstandes der Familien (...) vor Augen haben darf, sondern allein den Begriffen des Rechts folgen muss, die sich hier vielleicht bloß auf den Begriff des ehemaligen Miteigentums bei dem Leben des Erblassers beschränken (...).[654] Immerhin sind hier die Begriffe des Rechts ersichtlich viel konkreter, doch lassen sich daraus gleichwohl keine klar konturierten Vorstellungen von Humboldts Rechtsbegriff ableiten, zumal hier – anders als an verschiedenen anderen Stellen – offenbar eher auf konkrete Rechtssätze Bezug genommen wird.

b) Transzendentaler Bezug des Freiheitsbegriffs

Darüber hinaus und im Zusammenhang mit dem Vorstehenden von Interesse ist die von Humboldt vorausgesetzte Personenbezogenheit des Rechts: „Alles Recht kann sich unmittelbar nur immer auf die Person beziehn.“[655] Person versteht er in demselben weiten Sinne, wie dies im heutigen Zivilrecht der Fall ist, d. h. er meint

---

650 Deutlich insoweit *Humboldt*, Ideen, S. 139 (165): „Endlich dient die Freiheit letztwilliger Verordnungen sehr oft und meistenteils gerade den unedleren Leidenschaften des Menschen, dem Stolze, *der Herrschsucht*, der Eitelkeit usf.“ (Hervorhebung nur hier).

651 Interessanterweise bezieht er sich ausdrücklich auf die Frage nach der „Gültigkeit der Testamente *nach dem Naturrecht*“. (Hervorhebung nur hier).

652 Insofern müssen auch seine Anspielungen auf das „System unsres gemeinen Rechts, in welchem sich hier die Spitzfindigkeiten römischer Rechtsgelehrten (...) vereint“, nicht vertieft werden.

653 Deutlich *Humboldt*, Ideen, S. 138 (165); Hervorhebung nur hier.

654 *Humboldt*, Ideen, S. 142 f. (168 f.).

655 *Humboldt*, Ideen, S. 137 (164).

nicht nur die natürlichen Personen, sondern auch die von ihm so genannten „moralischen Personen“,[656] die cum grano salis dem heutigen Verständnis der juristischen Person entsprechen. Interessant ist immerhin die Einsicht: „Übrigens sind Gesellschaften und Vereinigungen, weit entfernt, an sich schädliche Folgen hervorzubringen, gerade eins der sichersten und zweckmäßigsten Mittel, die Ausbildung des Menschen zu befördern und zu beschleunigen.“[657] Diese Prämisse benötigt er zum einen für die Begründung des soeben Ausgeführten, da die Personalität des Rechtsträgers unbedingte Voraussetzung des Rechts selbst ist: „Mit dem Aufhören der Person fällt daher auch dies Recht weg.“[658] Die erforderliche Personalität des Rechtsträgers ist bei ihm freilich etwas Faktisches und nichts Normatives. Hegels Imperativ: „Sei eine Person und respektiere die anderen als Personen“ hat also nach Humboldt keine unmittelbare Bedeutung für die Rechtsfähigkeit. Entscheidend ist für ihn letztlich wiederum nur das Individuum, das frei von Beschränkungen, also auch im rechtlichen Sinne autonom existieren und sich dadurch fortbilden können muss.[659]

Zur Personenbezogenheit des Rechts gehört noch ein vorderhand unscheinbarer Gedanke, der aber gleichsam die Pointe seiner Überlegungen darstellt. Denn nach dem Bedachten könnte man meinen, dass auch der verlängerte Wille des Erblassers die Personalität des Rechtsträgers aufrechterhalten würde und sonach keine diesbezüglichen Bedenken angemeldet werden könnten. Aber auch hier ist es die jeweils einzelne Person, deren Freiheit auf dem Spiel steht, wenn sie durch fremde Willensbetätigungen eingeschränkt werden könnte. Zum andern – und womöglich noch wichtiger für Humboldt – ist das Verhältnis des Menschen zu den Dingen selbst betroffen. Denn wenn zwar von Menschenhand Regelungen geschaffen werden könnten, vermöge derer künftige Generationen gebunden würden, so würden „statt dass die Menschen den Dingen die Gestalt geben sollten, diese die Menschen selbst ihrem Joche unterwerfen.“[660] Dieses zweite Argument ist deshalb wesentlich, weil es die Freiheit über die bloße Handlungswillkür hinaushebt und damit dem Freiheitsbegriff einen transzendentalen Bezug verleiht.

---

656 *Humboldt*, Ideen, S. 144 f., 148 (170, 173).
657 Vgl. *Humboldt*, Ideen, S. 145 (171).
658 *Humboldt*, Ideen, S. 137 (164).
659 Folgerichtig fügt er über die Beschränkungen hinzu: „Auch lenken sie am meisten den Gesichtspunkt der Menschen von der wahren Kraft und ihrer Ausbildung ab und auf den äußren Besitz und das Vermögen hin, da dies nun einmal das einzige ist, wodurch dem Willen noch nach dem Tode Gehorsam erzwungen werden kann.“ Vgl. *Humboldt*, Ideen, S. 138 f. (165).
660 *Humboldt*, Ideen, S. 138 (165). Vgl. auch *J. Petersen*, Festschrift für Canaris, 2007, S. 1217, 1222 ff.

9. Isolation und Freiheit

Allenthalben äußert Humboldt Skepsis dem Staat gegenüber, zumal dort, wo er die Vermutung hegt, dass dieselben Aufgaben besser durch die Bürger wahrgenommen werden könnten.[661] Zweifel hegt Humboldt daher vor allem dort, wo eine bestimmte Regelung geeignet wäre „dem Staate einen so mächtigen positiven Einfluss (...) einzuräumen",[662] und es ist nicht zuletzt das Wort *positiv*, das in diesem Zusammenhang Bedeutung hat. Dies nicht nur deswegen, weil ein Machtmissbrauch geargwöhnt wird, sondern auch weil staatliches Handeln zur Stagnation führen kann: „Überhaupt ist im ganzen der mannigfaltige und wechselnde Wille der einzelnen Menschen dem einförmigen und unveränderlichen des Staats vorzuziehen."[663]

a) Unbestimmtheit der sozialen Komponente

Aber noch viel deutlicher wird Humboldts eigentliches Anliegen in einem Paradoxon, das er selbst so beschreibt: „Und die ganze Absicht der hier vorgetragenen Ideen ließe sich ja vielleicht nicht unrichtig darin setzen, dass sie alle Fesseln in der Gesellschaft zu zerbrechen, aber auch dieselbe mit so vielen Banden als möglich untereinander zu verschlingen bemüht sind."[664] Humboldt lehrt also keine zügellose, völlig ungebundene Freiheit, sondern eine solche, die auf Gegenseitigkeit gegründet ist. Allmählich kristallisiert sich demnach auch eine soziale Komponente heraus, die man nicht unterschlagen darf, ohne der Gefahr von Verkürzungen Vorschub zu leisten. Sie kommt überdeutlich in dem begründenden Folgesatz zum Ausdruck: „Der Isolierte vermag sich ebenso wenig zu bilden als der Gefesselte."[665] Die Ablehnung der Isolation ist ihm ein ebenso zentrales Anliegen, weil ohne sie die Mannigfaltigkeit leer laufen würde. Ob und inwieweit mit der Freiheit jedoch auch Verantwortung für den Anderen einhergeht, ist damit noch

---

661 Das Vorurteil der Staatsfeindlichkeit geht namentlich auf *S. Kaehler*, Wilhelm von Humboldt und der Staat, 1963, zurück, wurde aber bereits vorher von *W. Stolze*, Der junge Wilhelm von Humboldt und der preußische Staat, in: Forschungen zur Brandenburgischen und Preußischen Geschichte 47 (1935) 161, in Frage gestellt und abgelehnt; ebenso *C. Sauter*, Wilhelm von Humboldt und die deutsche Aufklärung, 1989, S. 321 Fußnote 1.

662 *Humboldt*, Ideen, S. 139 (166).

663 *Humboldt*, Ideen, S. 140 (166).

664 *Humboldt*, Ideen, S. 140 (166 f.). – Ein metaphorisch ähnliches Paradoxon liegt in *Rousseaus* berühmten Wort: „Der Mensch ist frei geboren und liegt doch überall in Ketten." Vgl. aber auch *F. Schiller*, Die Worte des Glaubens: „Der Mensch ist frei geschaffen, ist frei und würd' er in Ketten geboren" (instruktiv dazu *J. Ratzinger*, Glaube – Wahrheit – Toleranz, 4. Auflage 2005, S. 192).

665 *Humboldt*, Ideen, S. 140 (170).

nicht gesagt. Humboldt scheut vielmehr davor zurück, den Bürgern positive Pflichten gegeneinander aufzugeben. Freigebigkeit muss allenfalls aus dem moralischen Gefühl, von dem Humboldt verschiedentlich spricht, erwachsen und darf nicht verordnet werden. Die soziale Komponente bleibt mithin letztlich unbestimmt.[666] Anders gewendet: Sie darf nicht verwechselt werden mit Verantwortung, sondern bedeutet für Humboldt zunächst nicht mehr, als dass es den Einzelnen nach Gesellschaft drängen soll. Es bleibt also eine völlig unbedingte Freiheit, welche die Frage nach der Verantwortung aufstehen lässt, von der auch im zweiten Teil noch die Rede sein wird.

b) Verlust an „ausschließendem Isoliertsein"

Die Gleichsetzung des Isolierten mit dem Gefesselten, also Unfreien, ist aber noch in anderer Hinsicht bedeutsam. Das Motiv begegnet schon an einer früheren Stelle, von der bereits die Rede war, nämlich bei der Staatsbegründung: „Daher müssen sich die Menschen untereinander verbinden, nicht um an Eigentümlichkeit, aber an ausschließendem Isoliertsein zu verlieren."[667] Die soziale Komponente führt also, richtig verstanden, nicht zu einem Verlust an Individualität, sondern bildet diese erst wahrhaft heraus. Ohne das verantwortungsvolle Miteinander läuft auch der Wille zur Selbstbildung leer. Dabei ist wichtig, dass Humboldt in bewusst scharfer Abgrenzung von Isoliertsein bzw. Isolation spricht und nicht etwa von Einsamkeit. Auch wenn er diesen letzteren Begriff – bewusst – nicht verwendet, kann gerade dieser verbalen Kontrastierung entnommen werden, dass die Einsamkeit im Gegensatz zur Isolation für ihn gerade nicht negativ besetzt ist.

Sein späteres und berühmt gewordenes akademisches Ideal der „Einsamkeit und Freiheit"[668] kündigt sich hier an. Das gilt insbesondere auch für die staatliche Einflussnahme auf diesem Sektor: „Der Staat (...) muss im Ganzen von ihnen (sc. seinen Universitäten) nichts fordern, was sich unmittelbar und geradezu auf ihn bezieht, sondern die innere Ueberzeugung hegen, dass, wenn sie ihren Endzweck erreichen, sie auch seine Zwecke, und zwar von einem viel höheren Gesichts-

---

666 *V. Hösle*, Moral und Politik. Grundlagen einer Politischen Ethik für das 21. Jahrhundert, 1997, S. 792, bemerkt zum Aufbau eines Sozialstaats richtig: „Eben dies ist aber nach Auffassung des extremen Wirtschaftsliberalismus, wie ihn Humboldt und in der Gegenwart besonders radikal Nozick entwickelt haben, naturrechtswidrig".

667 *Humboldt*, Ideen, S. 43 (82).

668 Dazu *H. Schelsky*, Einsamkeit und Freiheit. Idee und Gestalt der deutschen Universität und ihrer Reformen, 2. Auflage 1971, der darin freilich eine soziale Grundformel sieht; kritisch zu dieser Sicht mit guten Gründen *D. Spitta*, Die Staatsidee Wilhelm von Humboldts, 2004, S. 68.

punkte aus erfüllen, von einem, von dem sich viel mehr zusammenfassen lässt und ganz andere Kräfte und Hebel angebracht werden können, als er in Bewegung zu setzen vermag."[669] Ebenso wie schon früher die Zentralität des Bildungsbegriffs betont wurde und diese eine groß angelegte Kontinuität in Humboldts Denken illustriert,[670] ist auch hier ein innerer Kausal- und Verweisungszusammenhang festzustellen. Denn die Ideen legen unmissverständlich und nach wie vor gültig nahe, dass auch die Einsamkeit und Freiheit nicht mit ausschließendem Isoliertsein verwechselt werden darf, weil sie dann eben nicht zur Bildung führt.

10. Humboldt über Leibniz' Monadologie

Schließlich sei im Zusammenhang mit der Problematik des ausschließenden Isoliertseins und dem für ihn zentralen Begriff der Kraft noch eine aufschlussreiche Briefstelle Humboldts über Leibniz wiedergegeben.[671] Damit sollen nicht wahllos fremde Gedanken in gleichsam anaphorischer Häufung und unzureichender Kürze referiert werden. Vielmehr geht es darum, zentrale Gedanken gerade aus der Sicht Humboldts erfahrbar zu machen, um beurteilen zu können, inwieweit er bei der Niederschrift seiner Ideen beeinflusst und wahrhaft originell war. In dem Brief an seine Verlobte Caroline von Dacheröden heißt es über Leibniz' Monadologie: „Nach diesem System ist alles Körperliche bloß Schein. Es gibt nichts als vorstellende Kräfte, Monaden. Diese Monaden sind einfach, es kann also nichts in ihnen ausgehn und nichts in sie eingehn. So gibt es kein unmittelbares Einwirken des einen Wesens ins andere. Jedes lebt ewig vereinzelt nur in sich und seinen Ideen, und wenn eins aufs andere wirkt, so ist es bloß eine Anordnung des Schöpfers, der die Ideen in jedem in eine solche harmonisierende Verbindung gesetzt hat, dass, wenn in dem, welches wirkt, eine gewisse Idee entsteht, zugleich auch in dem, auf das gewirkt wird, eine korrespondierende

669 *Humboldt*, Über die innere und äußere Organisation in höheren wissenschaftlichen Anstalten in Berlin [1810], Werke in fünf Bänden (Hg. A. Flitner/K. Giel), Band IV, S. 255, 260.

670 In gleichsam umgekehrter Weise vornehmlich aus dem Biographischen vorgehend, aber zu denselben Ergebnissen kommend bemerkt *C. Sauter*, Wilhelm von Humboldt und die deutsche Aufklärung, 1989, S. 312: „Diese Einheit braucht Humboldt jedoch nicht erst nachträglich aus Sorge um die Konsistenz seiner Bildungstheorie zu knüpfen. Sie ist vielmehr von vorneherein gegeben, denn seine Lehre entwickelt sich aus seinem Leben." Siehe auch *S. Battisti*, Freiheit und Bindung, 1986, S. 153 ff.

671 Siehe dazu auch *O. Harnack*, Leibniz und Wilhelm von Humboldt als Begründer der Königlich Preußischen Akademie der Wissenschaften, Preußische Jahrbücher, Jahrgang 1910, S. 197 ff.

hervorgeht. Kannst Du Dir etwas Spitzfindigeres und allem Gefühl Widersprechenderes vorstellen?“[672]

Es kann hier dahinstehen, ob Humboldt der Monadologie Leibniz’ mit dieser vergröbernden Paraphrase gerecht wird.[673] Entscheidend ist vielmehr, dass der von ihm so verstandene Ansatz etwas für ihn Abschreckendes hatte.[674] Er perhorresziert hier gleichsam auf erkenntnistheoretischer Ebene die Vorstellung des ausschließenden Isoliertseins, dem freilich in seiner Vorstellung ausweislich der abschließenden rhetorischen Frage eine soziale Komponente innewohnt. So lässt sich mittelbar auch hier der verschiedentlich beobachtete Vorwurf eines gewissen Eklektizismus’ erheben, verbunden freilich mit der scheinbar paradoxen weiteren Beobachtung, dass Humboldt auch hierdurch wiederum seine Originalität bezieht, die daher rührt, dass er die auf ihn einwirkenden und ihn ersichtlich aufwühlenden Erkenntnisse und Vorstellungen seiner Zeit und Lektüre in sich aufnimmt und zu einer genuin eigenen Sicht verarbeitet. Diese unwillkürliche und mitunter etwas krude anmutende Vorgehensweise macht womöglich auch zu einem beträchtlichen Teil das rechtsphilosophische Interesse an seinen Ideen aus.

III. Das Strafrecht Humboldts

Unter der Überschrift „Kriminalgesetze“ entwirft Humboldt eine Strafrechtskonzeption,[675] die zwar nicht den großen kriminalpolitischen Systementwürfen an die Seite gestellt zu werden verdient,[676] aber immerhin doch so bedeutend ist, dass sie auch schon eine monographische Durcharbeitung erfahren hat.[677] Die Notwendigkeit und Grenzen der Bestrafung leitet Humboldt aus dem Endzweck des

---

672 Brief vom 12. November 1790. Näher zu Leibniz’ Rechtsphilosophie *P. Landau*, Stufen der Gerechtigkeit. Zur Rechtsphilosophie von Gottfried Wilhelm Leibniz und Karl Christian Friedrich Krause, Bayerische Akademie der Wissenschaften, Philosophisch-Historische Klasse, Sitzungsbericht 1995 (erschienen 1996) Heft 7.

673 Im zweiten Teil wird noch die Rede davon sein, ob und inwieweit die Sicht Humboldts „atomistisch“ ist, wie behauptet wird; vgl. dazu Kapitel 10 IV 2.

674 Es ist daher durchaus zweifelhaft, wenn *S. Battisti*, Freiheit und Bindung, 1986, S. 165, die Ähnlichkeiten zwischen Leibniz und Humboldt so sehr betont.

675 Zur Strafrechtsphilosophie Wilhelm von Humboldts und John Stuart Mills, die im zweiten Teil noch näher vergleichend behandelt wird, siehe *K. Papageorgiou*, ARSP 76 (1990) 324 ff.

676 Grundlegend *C. Roxin*, Kriminalpolitik und Strafrechtssystem, 1970; dazu *K. Amelung*, Zur Kritik des kriminalpolitischen Strafrechtssystems von Roxin, in: Grundfragen des modernen Strafrechtssystems (Hg. B. Schünemann), 1984, S. 85 ff.; siehe auch *B. Schünemann*, ebenda, S. 1 ff.

677 *F. Schaffstein*, Das Strafrecht bei W. v. Humboldt, 1986.

Staates ab, der in der Gewährleistung der Sicherheit besteht: „Denn die durch eine ununterbrochene Erfahrung bestätigte Überzeugung der Bürger, dass es ihnen nicht möglich ist, in fremdes Recht einzugreifen, ohne eine gerade verhältnismäßige Schmälerung des eignen zu erdulden, scheint mir zugleich die einzige Schutzmauer der Sicherheit der Bürger und das einzige untrügliche Mittel, unverletzliche Achtung des fremden Rechts zu begründen.“[678] Nur was dem zuwider läuft, darf überhaupt bestraft werden.[679] Ursprung dürfte ein Tagebucheintrag nach einem Gespräch mit dem Berner Hochschullehrer Ith gewesen sein;[680] der Eintrag lautet: „Der Staat kann jede Handlung strafen, die seinem Endzweck zuwider ist, durch eine Strafe, die physisch in seiner Macht steht, verhindert werden kann, und deren Bestrafung seinem Endzweck nicht noch mehr schadet, als sie selbst. Nun aber ist der Zweck des Staates der, den Bürgern Freiheit zur Erreichung aller ihrer Zwecke zu verschaffen, d.i. recht verstanden: Sicherheit. Folglich dürfen nur diejenigen Handlungen bestraft werden, die die Sicherheit beleidigen, und unter diesen Umständen auch nur die, bei welchen jene Bedingungen eintreffen.“[681] Dieses dem Geist der Aufklärung verpflichtete Konzept entspricht im Übrigen durchaus modernen Rechtsgutstheorien.[682] Deren am gründlichsten ausgearbeitete von *Claus Roxin* bekennt sich ausdrücklich zu diesen Wurzeln,[683] die nicht zuletzt auf Humboldt zurückreichen dürften.

1. Letztbegründung aus den ersten Rechtsgrundsätzen

Inwieweit das Strafrecht reicht, drückt Humboldt in einer auch rechtsphilosophisch bemerkenswerten Sentenz aus, in der auch sein verschiedentlich geäu-

---

678 *Humboldt*, Ideen, S. 173 (196).

679 *Humboldt*, Ideen, S. 153 (178).

680 Ironisch bemerkt dazu *S. Kaehler*, Wilhelm von Humboldt und der Staat, 1963, S. 140: „Kaum, dass Humboldt die neuen Gesichtspunkte aufgefasst hatte, so vertrat er sie schon mit Lebhaftigkeit im Gespräch mit einem Berner Professor, der über diese Ansicht eines preußischen Junkers sich einigermaßen gewundert haben mag“.

681 *D. Spitta*, Die Staatsidee Wilhelm von Humboldts, 2004, S. 39.

682 *F. Herzog*, Über die Grenzen der Wirksamkeit des Strafrechts, S. 9, spricht in Anlehnung an W. Hassemer (Theorie und Soziologie des Verbrechens, 2. Auflage 1980, S. 27 ff.) von einer „systemtranszendenten Rechtsgutstheorie“, die er in einer Linie sieht mit *P. J. A. Feuerbachs* ‚Kritik des natürlichen Rechts als Propädeutik zu einer Wissenschaft des natürlichen Rechts‘ von 1796.

683 *C. Roxin*, Strafrecht. Allgemeiner Teil, Band 1, § 2 Rz. 7: „Das ist ein liberaler Rechtsgutsbegriff, der seine geistesgeschichtlichen Wurzeln in der Epoche der Aufklärung (also vornehmlich in der zweiten Hälfte des 18. Jahrhunderts) hat, auch wenn er sich natürlich an den modernen Lebensbedingungen des Einzelnen in der modernen Gesellschaft orientieren muss“.

ßerter Gedanke der Rechtskreisberührung zum Tragen kommt. Danach „muss auch *schon den ersten Rechtsgrundsätzen nach* jeder sich gefallen lassen, dass die Strafe ebenso weit gleichsam in den Kreis seines Rechts eingreife, als sein Verbrechen in den des fremden eingedrungen ist.“[684] Hier begegnet man wieder der für Humboldt eigenartigen Letztbegründung aus den ersten Rechtsgrundsätzen, die zu bestimmen er freilich schuldig bleibt, so dass – gleichsam im Wege des Ausschlußverfahrens – nur eine naturrechtliche Hinwendung anzunehmen ist.[685] Mit Recht folgert *Kühl* aus der zitierten Passage, dass „keiner der (...) Autoren von Naturrechtsschriften es einem so leicht macht wie Wilhelm von Humboldt“.[686]

a) Der „wohl geordnete Staat“

Auch hier ist es letztlich das Gebot des neminem laedere, das in seiner allgemeinsten Ausprägung sowie allenfalls noch in der wenig konkreteren Ausrichtung, den fremden Rechtskreis nicht nachteilig zu berühren, eine ungefähre Bestimmung ermöglicht: „Denn in einem wohlgeordneten Staate, wo nicht in der Verfassung selbst liegende Umstände zu Verbrechen veranlassen, kann es keinen andren eigentlichen Grund zu Verbrechen geben als eben jene Nichtachtung des fremden Rechts, welcher sich nur die zu Verbrechen reizenden Antriebe, Neigungen, Leidenschaften usf. bedienen.“[687]

Auf abstrakter Ebene kommt darin ein Kompensationsgedanke zum Vorschein. Es ist jedenfalls auch hier bemerkenswert, dass zwar der Sicherheitsbegriff in allen Abschattierungen von Humboldt untersucht und aus diesem das Strafrecht gleichsam deduziert wird, der letzten Endes zentralere Rechtsbegriff aber vergleichsweise unfundiert vorausgesetzt wird. So bescheidet sich Humboldt gerade in diesem wegen seiner Eingriffsqualität besonders wichtigen Gegenstand mit einer vergleichsweise vagen Voraussetzung. „Denn so richtig es wenigstens insofern ist, Verhinderung der Beleidigungen für die Zukunft als den Zweck aller Strafen anzunehmen, als keine Strafe je aus einem andren Zwecke verfügt werden darf, so entspringt doch die Verbindlichkeit des Beleidigten, die Strafe zu dulden,

---

684 *Humboldt*, Ideen, S. 154 (178); Hervorhebung nur hier.

685 Vgl. auch *R. Spaemann*, Die Aktualität des Naturrechts, in: Zur Kritik der politischen Utopie, 1977, S. 186, der mit Recht in Erinnerung ruft: „Dass das Verlassen des Naturzustandes, d. h. das Bestehen eines gesetzlichen Zustandes, selbst die erste Forderung des Naturrechts ist, hinter diese Einsicht Hobbes' und Kants' sollten wir nicht zurückfallen“.

686 *K. Kühl*, Festschrift für G. Spendel, 1992, S. 75, 77; vgl. auch ebenda, S. 78: „gleichsam als Vorgeschmack auf die noch ausstehende Untersuchung des strafrechtskritischen Potentials des sog. Jüngeren Naturrechts“.

687 Zur Motivation eines Eingriffs in fremdes Recht siehe *Humboldt*, Ideen, S. 159 (183).

eigentlich daraus, dass jeder sich gefallen lassen muss, seine Rechte von dem andren insoweit verletzt zu sehen, als er selbst die Rechte des andren gekränkt hat."[688] Mit dieser etwas konstruiert anmutenden Sicht wird ein eigentümliches Erklärungsmuster propagiert, das letztlich in dem Einwilligungskonzept gründet, das Humboldt verschiedentlich verficht.[689] Der Selbstbestimmungsgedanke wird so stark betont, dass auch dem Rechtsbrecher noch eine auf seine Bestrafung zielende Einwilligung angesonnen wird.

b) Grundsätze des Rechts

Diese Unbestimmtheit setzt sich im Folgenden fort, da sich Humboldt wiederholt auf die (allgemeinen) Grundsätze des Rechts bezieht.[690] Diese sind zum einen für die konkrete Rechtsanwendung erheblich, wobei unklar bleibt, ob damit eine positiv-rechtliche Fundierung gemeint ist oder ein darüber hinausgehender naturrechtlicher Hintergrund. Denn Humboldt spricht zunächst von der Anwendung des „gegebene(n) Strafgesetz(es)", was auf einen positivistischen Ausgangspunkt schließen lässt und präzisiert sodann: „Bei dieser Anwendung sagen *schon die Grundsätze des Rechts von selbst*, dass die Strafe nur nach dem Grade des Vorsatzes oder der Schuld den Verbrecher treffen kann, mit welchem er die Handlung beging."[691]

Rechtstechnisch betrachtet entspricht dies der heutigen Unterscheidung zwischen dem Allgemeinen Teil des Strafgesetzbuchs und dem Besonderen Teil mit seinen einzelnen Delikten. Modern ist insbesondere die Bestrafung des Täters nur nach seiner Schuld (vgl. § 20 StGB); der Richter muss „durch das Gesetz in den Stand gesetzt werden, die allgemeine Strafe noch nach dem individuellen Grade, in welchem er das Recht, welches er beleidigte, außer Augen setzte, zu modifizieren." Es soll nicht übersehen werden, dass der Maßstab der Individualität hier nicht nur sprachlich Einzug gehalten hat; vielmehr kann es auch als Ausprägung der Individualität, die Humboldt so hoch achtet, gesehen werden, dass sie auch dort Bemessungsgrundlage wird, wo der Einzelne gegen Andere oder die Gesellschaft fehlt. Rechtsphilosophisch ist dies weniger einfach zu würdigen, deutet aber nach Humboldts Gesamtkonzeption darauf hin, dass neben dem positiven Recht der naturrechtliche Hintergrund, auf den er letztlich sein Rechts- und Staatsverständnis aufbaut, allgegenwärtig ist. Denn die Grundsätze des Rechts sind für Humboldt allem Anschein nach unhintergehbar.

---

688 Vgl. auch *Humboldt*, Ideen, S. 159 f. (183 f.).
689 Dazu sogleich unter Kapitel 6 III 2 näher.
690 *Humboldt*, Ideen, S. 163 (186).
691 *Humboldt*, Ideen, S. 163 (186); Hervorhebung nur hier.

c) Menschen- und Bürgerrechte des Täters

Das setzt sich auch auf der Ebene des Prozessrechts fort. Denn das Verfahren „findet gleichfalls sowohl in den allgemeinen Grundsätzen des Rechts als in dem Vorigen seine bestimmten Vorschriften". Wenn Humboldt im Folgenden vom Recht spricht, so ist freilich nur vom gesetzten Recht die Rede, das für den Richter bindend ist: „Der Richter muss nämlich alle rechtmäßigen Mittel anwenden, die Wahrheit zu erforschen, darf sich hingegen keines erlauben, das außerhalb der Schranken des Rechts liegt."[692] Interessant und fortschrittlich zu nennen ist die Vorstellung, dass nicht nur die Unschuldvermutung zu gelten hat, sondern auch der überführte Täter unter keinen Umständen „in dem Genuss seiner Menschen- und Bürgerrechte (zu) kränken (ist), da er die ersteren erst mit dem Leben, die letzteren erst durch eine gesetzmäßige richterliche Ausschließung aus der Staatsverbindung verlieren kann." So wenig formal Humboldt also die Staatsverbindung begründet, so sehr hält er zum Schutz des Betroffenen auf eine formelle Einhaltung beim Ausschluss.

d) Die vergleichsweise drastischen Konsequenzen bei Fichte

Ein in diese Richtung gehender, wenngleich eher stichwortartig skizzierter Gedanke findet sich bei Fichte: „Also kurz, sie sind unfähig, den übrigen Bürgern Sicherheit zu leisten, ihre Unfähigkeit zeigt sich jetzt. (...) Es kann drum nichts andres erfolgen, als ihre Ausschließung vom Staate: ihre Erklärung des Verlusts des *Bürgerrechts*. Der nervus probandi ist klar, die Sicherheitsleistung, das Band, wodurch alle gehalten werden, fällt bei ihnen weg."[693] Hier zeigt sich, wie vergleichsweise fortschrittlich Humboldt dachte. Dass die Aufrechterhaltung des Menschenrechts, die uns heutigen kein erklärendes Wort abfordert, seinerzeit alles andere als selbstverständlich ist, belegt die ungleich einschneidendere und archaisch anmutende Konsequenz, die Fichte ceteris paribus zieht: „Wer den Bürgervertrag, oder das Recht in irgend einem Stücke verletzt, sei es nun mit Willen oder aus Unbedachtsamkeit, da, wo im Vertrage auf seine Besonnenheit gerechnet wurde, verliert der Strenge nach dadurch alle seine Rechte als Bürger und als Mensch und wird völlig rechtlos; denn er beweist, dass er nicht von dem Rechtswillen durchdrungen sei, und dieser als Naturgesetz in ihm herrsche. Er sei drum seiner Rechte verlustig, da dies ja die Bedingung ist." Auch die Begründung ist nicht weniger durchgreifend und erscheint uns heute überaus befremdlich:

---

692 *Humboldt*, Ideen, S. 163 (187).

693 *J. G. Fichte*, Rechtslehre, Dritter Teil, Über den Staatsbürgervertrag: Vom Strafgesetz, S. 135 der Ausgabe bei Meiner 1980; Hervorhebung auch dort.

„Denn es hat Jemand zufolge des Rechtsbegriffs überhaupt Rechte, lediglich unter der Bedingung, dass er in eine Gemeinschaft vernünftiger Weise passe, d. h. dass er sich die Regel des Rechts zum unverbrüchlichen Gesetze aller seiner Handlungen gemacht habe, und fähig sei, durch die Vorstellung dieses Gesetzes auch wirklich in allen Äußerungen seiner Freiheit, die unter demselben stehen, bestimmt zu werden. (...) So fällt also die Bedingung der Rechtsfähigkeit, und darum auch das Bedingte, die Rechtsfähigkeit selbst weg."[694] So gekünstelt Humboldts Konzeption der vom Täter in seine Bestrafung vorausgesetzten Einwilligung erscheinen mag, erweist sie sich mit der Perpetuierung des Menschen- und Bürgerrechts als aufgeklärter als diejenige Fichtes.

2. Einwilligung

Eine leicht zu übersehende, aber gerade für die strafrechtsphilosophische Beurteilung wesentliche Konstante des Ansatzes Humboldts stellt sein Verständnis der Einwilligung dar.[695] Die wirksame Einwilligung des Rechtsinhabers enthebt nämlich den Täter nach Humboldts Ansicht ebenso der staatlichen Strafe, wie es bei Handlungen der Fall sein soll, die sich nur auf den Handelnden selbst beziehen. Diese Fallgruppe der selbstbezogenen Handlungen wird hier noch nicht weiter verfolgt, ist aber deshalb von Interesse, weil sie auch von J. S. Mill zugrunde gelegt wird, wovon im zweiten Teil noch näher zu handeln ist. Dahinter steht das Verständnis, dass der Einwilligende – entsprechend dem von Humboldt nicht ausgesprochenen, aber offenbar ebenfalls zugrunde gelegten Grundsatz *volenti non fit iniuria* – vermöge seiner Selbstbestimmung und damit als Ausprägung seiner Individualität den eigenen Rechtskreis beliebig einengen darf,[696] wenn er sich davon einen Vorteil oder zumindest einen hinnehmbaren Nachteil verspricht. Sogar die Einwilligung in den Mord wäre für Humboldt grundsätzlich straflos.[697]

---

694 *J. G. Fichte*, ebenda, S. 135 f.
695 Dazu jüngst die strafrechtsdogmatische Studie von *M. Heinrich*, Rechtsgutszugriff und Entscheidungsträgerschaft, 2002.
696 Siehe auch *F. Köhler*, Wesen und Bedeutung des Individualismus, 1922; *J. Volkelt*, Das Problem der Individualität, 1928; *H. Bergmann*, Auf dem Wege zur Persönlichkeit. Wesen, Wert und Recht der Individualität, 1964; *M. Landmann*, Anthropologie des Individuums. Originalität und Modellierbarkeit des Menschen, in: Integritas. Geistige Wandlung und menschliche Entwicklung (Hg. D. Stolte/R. Wisser), 1966, S. 166; *H. Zdarzil*, Individualität und Humanität. Zur 200. Wiederkehr des Geburtstags W. v. Humboldts, in: Wissenschaft und Weltbild 21 (1968) 72.
697 Ausnahme: „wenn nicht in diesem letzteren Falle die zu leichte Möglichkeit eines gefährlichen Missbrauchs ein Strafgesetz notwendig machte" ; vgl. *Humboldt*, Ideen, S. 154 (179) – also ein generalpräventiver Vorbehalt.

Das ist in dieser Radikalität dem geltenden Recht fremd, das für die Tötung auf Verlangen nur eine Privilegierung kennt.[698] Der Sache nach favorisiert Humboldt hier eine Selbstbestimmungsmöglichkeit – eine Sichtweise, die im Hinblick auf Fragen der Sterbehilfe etwa, schwerwiegende Konsequenzen hat.[699] Dabei ist auffällig, dass sich Humboldt ungeachtet seines naturrechtlichen Ansatzes moralischen Fragen bewusst entzieht. Diese Auslassung veranschaulicht die von ihm weithin, aber eben nicht durchgängig praktizierte Trennung von Moralität und Legalität, aus der freilich vorliegend keine Konsequenzen gezogen werden können, da sie hier eher unausgesprochen zum Ausdruck kommt.

3. Prävention und „moralisches Gegengewicht"

Lässt Humboldt beim Gegenstand der Bestrafung die Moralität beiseite, so gewinnt diese für ihn bei der Strafe selbst, insbesondere dem Strafmaß, an Bedeutung.[700] Sein generalpräventiver Ausgangspunkt besteht zunächst darin, dass die Strafe für den Täter ein so empfindliches Übel darstellen muss, dass es ihn und die Gesellschaft abschreckt und vor allem die Achtung des fremden Rechts wiederherstellt: „Doch besser für die Gesellschaft, *eine* Gesetzesübertretung mehr störe die Ruhe, aber die nachfolgende Strafe diene zur Belehrung und Warnung, als dass zwar die Ruhe diesmal nicht leide, aber darum das, worauf alle Ruhe und Sicherheit der Bürger sich gründet, die Achtung des fremden Rechts, weder an sich wirklich größer sei noch auch jetzt vermehrt und befördert werde."[701] Zudem wird sie mit Erwägungen des „physischen und moralischen Gefühls" begleitet.[702] Damit kommt zugleich ein spezialpräventiver Zug ins Spiel,[703] weil auch eine geringe

---

698 Vgl. § 216 StGB; es wäre auch rechtspolitisch fragwürdig.

699 Vgl. auch *K. Kühl*, Festschrift für G. Spendel, 1992, S. 75, 91: „Kritisch ins Visier genommen werden muss in kantischer Perspektive auch die Tötung auf Verlangen nach § 216 StGB, denn sie übergeht das Selbstbestimmungsrecht des Todeswilligen, ohne dass dafür der Schutz oder gar die Verletzung der Rechte anderer angeführt werden kann. Angeführt wird auch heute noch im Wesentlichen das Missbrauchsargument, das wir oben schon in der Formulierung W. v. Humboldts wiedergegeben haben".

700 *F. Herzog*, Über die Grenzen der Wirksamkeit des Strafrechts, S. 8, 13 Anmerkung 10, macht auf die „frappant(e) Ähnlichkeit" mit der Rechtsphilosophie Hegels aufmerksam; zu ihr insbesondere *F. Herzog*, Prävention des Unrechts oder Manifestation des Rechts, 1987, S. 75 ff.; *J. Braun*, Einführung in die Rechtsphilosophie, 2006, S. 336.

701 Vgl. *Humboldt*, Ideen, S. 169 f. (192).

702 *Humboldt*, Ideen, S. 155 (179).

703 Vgl. auch *Humboldt*, Ideen, S. 160 (184): „Dem Beleidiger selbst ist daher gar keine Rücksicht auf die Wirksamkeit der Strafe erlaubt, und wäre es auch noch so gewiss, dass der Beleidigte keine

Strafe im Einzelfall geboten sein kann: „Denn nicht bloß, dass gelinde Strafen schon an sich geringere Übel sind, so leiten sie auch den Menschen auf die *seiner am meisten würdige Weise* von Verbrechen ab. Denn je minder sie *physisch* schmerzhaft und schrecklich sind, desto mehr sind sie es *moralisch*; da hingegen großes körperliches Leiden bei dem Leidenden selbst das Gefühl der Schande, bei dem Zuschauer das der Missbilligung vermindert. (...) Daher kommt es denn auch, dass gelinde Strafen in der Tat viel öfter angewendet werden können, als der erste Anblick zu erlauben scheint; indem sie auf der anderen Seite ein ersetzendes *moralisches Gegengewicht* erhalten."[704]

Diese psychologisierende Betrachtung, die von einer scheinbaren Paradoxie ausgeht, ist aus rechtsphilosophischer Sicht deswegen bemerkenswert, weil sie das soeben Bedachte veranschaulicht. Die Moralität kommt nämlich bei Humboldt durchaus gezielt zum Einsatz. Bereits in seinen Vorlesungsmitschriften an der Universität Göttingen kommt dieser Gedanke ansatzweise zum Tragen: „Mit unsern Begriffen von der Freiheit hingegen verträgt sich die Strafe sehr gut, zwar nicht jene rächerische, keinem vernünftigen Wesen, am wenigsten Gott anständige, die nur Böses mit Bösem vergelten will, aber wohl die, welche nur straft, um zu bessern, denn nun wird gerade die Strafe ein Motiv, wodurch der Mensch, künftig besser zu handeln, gezwungen wird."[705] Auch ist der Terminus des moralischen Gegengewichts nicht zuletzt deshalb interessant, weil so im freien Spiel der Kräfte – auch dies ja ein favorisierter Ausdruck Humboldts – eine kalkulierte Konstante entsteht, die bezeichnender Weise einerseits auf den Täter selbst und seine Individualität abstellt,[706] andererseits als solche auch eine generalpräventive, nämlich notwendigerweise verallgemeinernde Blickrichtung erkennen lässt.[707]

a) Erklärung der milden Strafe

Die Milde, die in der Behandlung des Täters zum Ausdruck kommt, ist womöglich eine Weiterführung des Freiheits- und Individualitätsdenkens Humboldts, der

zweite Beleidigung von ihm zu fürchten hätte, so müsste er dessen ungeachtet die Rechtmäßigkeit der Strafe anerkennen".

704 *Humboldt*, Ideen, S. 155 (179 f.); Hervorhebungen nur hier.

705 *Humboldt*, Gesammelte Schriften, Ausgabe der Königlich Preußischen Akademie der Wissenschaften, Band VII, 2, S. 442.

706 Vgl. auch *Humboldt*, Ideen, S. 155 (180): „Überhaupt hängt die Wirksamkeit der Strafen ganz und gar von dem Eindruck ab, welchen dieselben auf das Gemüt der Verbrecher machen".

707 Zum Verhältnis von Spezial- und Generalprävention *C. Roxin*, Kriminalpolitik und Strafrechtssystem, 1970.

auch den Rechtsbrecher weitestmöglich in seiner Freiheit geachtet sehen möchte. Dem liegt der Gedanke zugrunde, dass auch derjenige, der sich gegen die Gemeinschaft oder Einzelne andere vergangen hat, möglichst im Weg der Selbstbildung und damit der möglichst – wenngleich notwendigerweise beschränkten – freien Entfaltung zu der Einsicht gelangen soll, dass ihm künftiges Wohlverhalten die volle Freiheit garantiert, eine Sichtweise, die man nicht mit modernen Gedanken zur Resozialisierung verwechseln sollte, sondern die eher einem in der Aufklärung verwurzelten Idealismus verwurzelt ist, der auch den Rechtsbrecher in den Grenzen des vernünftigerweise Möglichen als autonom Handelnden würdigt. Es ist dies letztlich die „seiner am meisten würdige Weise" der Bestrafung, die also auch den Delinquenten in kantischer Fortführung als mit einer eigenen Würde ausgestatteten Menschen sieht.

b) Fichtes Verständnis des Gegengewichts

Interessant ist auch in diesem Zusammenhang ein Gedanke Fichtes aus seiner später entstandenen Rechtslehre. Zum Inhalt des Strafgesetzes bemerkt er: „Jeder muss notwendig von seinen Rechten und Freiheiten (seinem Eigentum in der weitesten Bedeutung des Wortes) gerade so viel auf das Spiel setzen, als er die Rechte des Andern aus Eigennutz oder Ungerechtigkeit in Versuchung zu setzen gerät. Der Geist dieses Prinzips ist: es muss dem ungerechten Willen, oder der Unbesonnenheit ein hinlängliches *Gegengewicht* gegeben werden."[708] Dieses Gegengewicht beschreibt ungefähr dasjenige, was Humboldt unter dem moralischen Gegengewicht versteht. Das Gesetz selbst wird für Fichte zu einer Entscheidungsinstanz: „Dieses Gegengewicht ist bedingt dadurch, dass der Wille ein materialiter böser, ein eigennütziger und nach fremden Gütern lüsterner Wille ist. Also durch die widerrechtliche Handlung wird ein materieller Erfolg beabsichtigt, Gewinn. Da tritt das Gesetz dazwischen, und sagt: Nein, das grade, was du gewinnen wolltest, sollst du verlieren."[709] Hier zeigt sich abermals, dass Humboldts Anthropologie und Freiheitsbegriff nicht nur Kant nachempfunden ist, sondern dass auch und gerade Fichte im Rahmen der Würdigung der Ideen Humboldts nicht gering geachtet werden sollte.

---

708 *J. G. Fichte*, Rechtslehre, Dritter Teil, Über den Staatsbürgervertrag: Vom Strafgesetz, S. 132 der Ausgabe bei Meiner 1980.

709 *J. G. Fichte*, ebenda.

4. Abwendung vom Wohlfahrtstaat

Drei Jahre vor der Niederschrift der Ideen klang dies noch anders. In sein Tagebuch notierte er am 11. August 1789 nach dem Besuch eines Waisenhauses: „Nicht also auf diese Art – durch Furcht vor Schande müsste man dem Übel steuern, sondern auf einem ganz anderen Wege. Man müsste die Heiraten erleichtern, der Armut abzuhelfen suchen, *das moralische Gefühl* und den Geschmack mehr ausbilden. Alle Laster entspringen beinahe aus dem Missverhältnis der Armut gegen den Reichtum. In einem Lande, worin durchaus ein allgemeiner Wohlstand herrschte, würde es weniger oder gar keine Verbrechen geben. Darum ist kein Teil der Staatsverwaltung so wichtig als der, welcher für die physischen Bedürfnisse der Untertanen sorgt."[710] Zwar ist auch hier bereits die Rede vom moralischen Gefühl, doch ist das Mittel zu dessen Kultivierung ersichtlich eine Form des Staatsinterventionismus, das heißt eine Maßnahme zur Gewährleistung der öffentlichen Wohlfahrt und nicht primär der Sicherheit,[711] womit sich diese Haltung als Gegenstück zu dem in den Ideen vorgetragenen Ansatz erweist.[712] Man kann nur darüber spekulieren, ob die gleichzeitige Französische Revolution zu einem Sinneswandel beigetragen hat[713] oder ob erst die Niederschrift der Ideen selbst ihn zu dieser wichtigen Modifizierung veranlasste.

5. Gefühl des Rechts und Gefühl der Moralität

Die Trennung von Recht und Moral setzt sich für Humboldt auf subjektiver Ebene fort, da er das Gefühl des Rechts vom Gefühl der Moralität unterscheidet: „Zwischen dem inneren Gefühle des Rechts und dem Genuss des äußeren Glücks ist, wenigstens in der Idee des Menschen, ein unleugbarer Zusammenhang, und es vermag nicht bestritten zu werden, dass er sich durch das erstere zu dem letzteren berechtigt glaubt."[714]

---

710 *Humboldt*, Gesammelte Schriften, Ausgabe der Königlich Preußischen Akademie der Wissenschaften, Band XIV, S. 129; Hervorhebung nur hier.

711 Vgl. auch *H. Bouillon*, Freiheit, Liberalismus und Wohlfahrtsstaat. Eine analytische Untersuchung zur individuellen Freiheit im klassischen Liberalismus und im Wohlfahrtsstaat, 1977.

712 Das hat *P. Berglar*, Wilhelm von Humboldt, 1970, S. 43, bereits erkannt. Näher zu diesem „Gesinnungswandel" *S. Battisti*, Freiheit und Bindung, 1986, S. 84 ff.

713 Vgl. dazu *C. Menze*, Wilhelm von Humboldt und die Französische Revolution, in: Jahrbuch des Freien Deutschen Hochschulstifts, 1987, S. 158.

714 *Humboldt*, Ideen, S. 160 f. (184).

a) Überakzentuierung der Staatssicherheit

Dieses Rechtsgefühl ist jedoch für ihn allein noch kein Garant der Sicherheit: „Denn wenn er gleich diesem oder jenem einzelnen Gesetze vielleicht Gehorsam erzwingen kann, so verwirrt er gerade das, was die festeste Stütze der Sicherheit der Bürger in einem Staate ist, das Gefühl der Moralität, indem er einen Streit zwischen der Behandlung, welche der Verbrecher erfährt, und der eignen Empfindung seiner Schuld veranlasst.“[715] Dieses Gefühl der Moralität stellt sich letztlich als eine Folge der inneren moralischen Bildung dar; sie muss im Einklang mit dem Staat stehen, wenn nicht die Gesetzgebung leer laufen soll. Das kann nur dadurch erreicht werden, dass eine Achtung vor dem fremden Recht geschaffen wird: „Dem fremden Rechte Achtung zu verschaffen, ist das einzige sichre und unfehlbare Mittel, Verbrechen zu verhüten; und diese Absicht erreicht man nie, sobald nicht jeder, welcher fremdes Recht angreift, gerade in eben dem Maße in der Ausübung des seinigen gehemmt wird.“[716] Das soll um so mehr gelten und verdient nach Humboldt daher auch die härtesten Strafen, wenn sich die Delikte gegen die Rechte des Staats richten, „da wer die Rechte des Staats nicht achtet, auch die seiner Mitbürger nicht zu ehren vermag, deren Sicherheit allein von jenen abhängig ist.“[717]

Dieses Argument überrascht, schließt es doch gleichsam a maiore ad minus vom Staat auf die Bürger. Diese Folgerung wirkt aus sich heraus wenig überzeugend, da Humboldt sonst durchweg vom einzelnen Bürger ausgeht, zumal diese Überakzentuierung der Staatssicherheit gefährlich und missbrauchsanfällig ist, da sie nur zu leicht zum Anlass genommen werden kann, gegen einzelne Bürger unter dem Vorwand der Gefährdung der Sicherheit vorzugehen. Daher lässt sich die Argumentation auch schwerlich mit der Zentralität des Sicherheitsbegriffs in Humboldts Konzeption begründen, weil dieser selbst hier an seine Grenzen gerät. Das Problem besteht nämlich in einer Verabsolutierung des Sicherheitsbegriffs, weil und sofern dieser vom Begriff der Freiheit gelöst wird. Nur solange Freiheit und Sicherheit einander bedingen, erweisen sie sich – und damit auch die Berufung auf die Sicherheit – als stichhaltig. Allein der Verweis auf eine der Allgemeinheit drohende Freiheitsgefährdung rechtfertigt noch nicht die härtesten Strafen.

---

715 *Humboldt*, Ideen, S. 161 (185).
716 *Humboldt*, Ideen, S. 161 (185).
717 *Humboldt*, Ideen, S. 162 (186).

b) Folter als Angriff gegen die Würde des Staates

In anderer Hinsicht, die im vorliegenden Zusammenhang mit zu berücksichtigen ist, weil sie die Moralität des Staats selbst betrifft, verdient demgegenüber uneingeschränkt Zustimmung: „Bei der Untersuchung begangener Verbrechen darf der Staat zwar jedes dem Endzweck angemessene Mittel anwenden, hingegen keines (...), das den Staat einer *unmoralischen* Handlung schuldig machen würde."[718] Die Rede ist von der strikten Ablehnung der Folter, die neuerdings auch im juristischen Schrifttum in erstaunlicher und nicht zu rechtfertigender Weise partiell aufgeweicht wird und bei Humboldt einer geradezu exemplarischen Behandlung zugeführt wird, in der sich auch seine humane Grundhaltung spiegelt. Sie ist nämlich „der Würde des Staats, welchen der Richter vorstellt, allemal unangemessen."[719] Dem ist – zumal in dieser kategorischen Haltung – nichts hinzuzufügen.[720] Es ist interessant, dass Humboldt bei der Würde des Staats und nicht derjenigen des Menschen ansetzt. Das scheint nicht zu seiner sonstigen Anthropozentrierung zu passen,[721] wonach der Endzweck des Staates mit dem Mittel der Freiheit in der Bildung des Menschen liegt. Es lässt sich aber gleichwohl rechtfertigen. Denn indem sich die Menschen zum Staat zusammenschließen und damit, wie Humboldt an anderer Stelle folgert, von der Privatrache Abschied nehmen und das Gewaltmonopol dem Staat überantworten, kommt es bei der Bestrafung nurmehr auf ihn an, so dass der somit auch für die moralische Bewertung zum Bezugspunkt wird. Man kann daher schwerlich von der Würde der zum Staat zusammengeschlossenen Individuen sprechen, sondern dieser erhält nach Humboldt mit der Übertragung der Gewalt- und Strafbefugnisse selbst eine Würde, das heißt auch eine Verantwortung gegenüber den seiner Gewalt Unterworfenen, die auch und gerade dann zum Tragen kommt, wenn der Staat zu freiheitshemmenden Mitteln greift und so in den Rechtskreis der Bürger, die sie – wie gesehen – gleichwohl bleiben, eingreift.

In der früheren Staatsschrift Humboldts finden sich demgegenüber die diesbezüglich interessanten Sätze: „So stehen Kraft und Bildung in ewig umgekehrtem Verhältnis. (...) Der Mensch vermag außer sich zu wirken, und in sich zu bilden. Bei dem ersteren kommt es nur auf Kraft, und zweckmäßige Richtung

---

718 Vgl. *Humboldt*, Ideen, S. 177 (198 f.); Hervorhebung nur hier.

719 *Humboldt*, Ideen, S. 164 (187).

720 Vgl. auch *J. P. Reemtsma*, Folter im Rechtsstaat?, 2005.

721 Diese rührt, wie *C. Sauter* (Wilhelm von Humboldt und die deutsche Aufklärung, 1989, S. 222 f.) gezeigt hat, namentlich von seinem Freund Forster her: „Von Forster übernimmt Humboldt die Überzeugung, dass die Neuformulierung des Menschheitszweckes von einer Neubestimmung dieser drei maßgeblichen Normierungsinstanzen (sc. Staat, Religion und Erziehung) begleitet sein muss. Der Umsetzung dieses Gedankens ist die ‚Staatsschrift' von 1792 gewidmet".

derselben an; bei dem letzteren auf Selbsttätigkeit. Daher ist zu diesem Freiheit, zu jenem, da mehrere Kräfte nie besser gerichtet werden, als wenn ein Wille sie lenkt, Unterwürfigkeit notwendig." Hier zeigen sich noch die vergleichsweise rudimentären und diffusen Vorstellungen im Jahr vor der Niederschrift der eigentlichen Ideen.[722]

IV. Leitlinien für eine Theorie der Gesetzgebung

Eine Theorie der Gesetzgebung wollte Humboldt erklärtermaßen nicht entwickeln.[723] Sein Vorgehen trägt demgegenüber eher rechtspolitische Züge, was freilich nicht ausschließt, dass sein Werk einen rechtsphilosophischen Grundansatz vorstellt, der als solcher diskutabel und erörterungsbedürftig ist.[724]

1. Zweck-Mittel-Relation

Humboldts erklärte Absicht war es, „allein den Gesichtspunkt herauszuheben, inwiefern die Gesetzgebung in ihren verschiedenen Zweigen die Wirksamkeit des Staats ausdehnen dürfe oder einschränken müsse."[725] Interessanterweise ist nur im Singular von dem Gesichtspunkt die Rede, so dass offen bleibt, ob dies die Sicherheit, die Freiheit oder die Bildung des Menschen und seine Individualität selbst ist, doch kann dies letztlich offen bleiben, da alle jene nach Humboldts Weltbild ohnedies miteinander zusammenhängen. Denn es ist zunächst die Sicherheit, welche wiederum die Freiheit garantiert und die ihrerseits Grundbedingung für die Bildung des Menschen und die Entfaltung seiner Individualität ist: „Indes wird doch, hoffe ich, das Gesagte immer hinreichend sein, meine eigentliche Absicht bei diesem ganzen Aufsatz noch deutlicher gemacht zu haben, die Absicht nämlich, dass *der wichtigste Gesichtspunkt des Staats* immer die Entwicklung der Kräfte der einzelnen Bürger in ihrer Individualität sein muss, dass er daher nie etwas andres zu einem Gegenstand seiner Wirksamkeit machen darf als das, was sie allein nicht selbst sich zu verschaffen vermögen, die Beförderung der

---

722 *Humboldt*, Ideen über Staatsverfassung, durch die neue französische Constitution veranlasst [1791], Werke in fünf Bänden (Hg. A. Flitner/K. Gill), Band I, S. 33, 37 f.
723 *Humboldt*, Ideen, S. 184 (205).
724 *K. Giel/A. Flitner*, Kommentare und Anmerkungen zu Band I – V (Humboldts Werke, Band 5, S. 288 f.) deduzieren die Ideen zu sehr aus der Theorie der Gesetzgebung, die Humboldt gerade nicht ausarbeiten wollte, und verkürzen damit die rechtsphilosophische Dimension der Ideen.
725 Ebenda.

Sicherheit, und dass dies das einzige wahre und untrügliche Mittel ist, scheinbar widersprechende Dinge, den Zweck des Staats im ganzen und die Summe aller Zwecke der einzelnen Bürger, durch ein festes und dauerndes Band freundlich miteinander zu verknüpfen."[726]

Diese zentrale Stelle der Ideen, die das Bisherige zusammenfasst,[727] lädt zur näheren Betrachtung ein. Unwillkürlich fragt man sich, wie fest dieses Band ist, ein loser interessengeleiteter Zusammenschluss oder eine dauernde und womöglich auf gegenseitige Solidarität gegründete Verbindung. Aber ebenso interessant ist, die von Humboldt hier erstmals ausgesprochene Zweck-Mittel-Relation. Während er den Zweck gleich zu Beginn seiner Ideen hervorhob, bekennt er sich hier explizit zum Mittel in Gestalt der Beförderung der Sicherheit. Das ist entgegen allem Anschein kein Widerspruch zur bisher zugrunde gelegten Überlegung, wonach nur die Freiheit Mittel zum Zweck der Ausbildung der Individualität ist. Denn Freiheit und Sicherheit bedingen einander, beide Begriffe stehen in einem Komplementaritätsverhältnis zueinander.

2. Hauptgesichtspunkte der Gesetzgebung

Es fällt auch auf, dass Humboldt im Folgenden von drei „Hauptgesichtspunkten" der Gesetzgebung spricht.[728] Zum ersten ist dies nach Humboldt die Handlungs- und Folgenorientierung: „Der erste Gesichtspunkt ist daher die Natur dieser Handlungen selbst und diejenigen ihrer Folgen, welche allein aus den Grundsätzen des Rechts entspringen."[729] Abermals begegnen also die Grundsätze des Rechts, womit zugleich die Hypothese gewinnt, dass hier naturrechtliches Verständnis aufscheint. Es ist beinahe konsequent zu nennen, dass Humboldt auch hier diese Grundsätze zu präzisieren schuldig bleibt. Offenbar sind also diese naturrechtlichen Grundsätze selbst Prüfungsmaßstab eines jeden Gesetzes. Die damit zusammenhängenden Fragen haben gerade in neuerer Zeit im Zusammenhang mit der Radbruch'schen Formel an Bedeutung gewonnen.[730] Humboldts

726 *Humboldt*, Ideen, S. 186 f. (207); Hervorhebung nur hier.

727 *C. Sauter*, Wilhelm von Humboldt und die deutsche Aufklärung, 1989, S. 362, sieht in diesem Satz Humboldts die „Quintessenz seiner Staatstheorie".

728 Und zwar mit dem bemerkenswerten Zusatz „um mich zugleich eigentlicher und richtiger auszudrücken", woran man sieht, dass weiter oben bewusst nur von dem einen Gesichtspunkt die Rede war.

729 *Humboldt*, Ideen, S. 185 (205).

730 *G. Radbruch*, Vorschule der Rechtsphilosophie, 2. Auflage 1959, S. 97 ff.; lesenswert dazu *B. Schlink*, Vergangenheitsschuld und gegenwärtiges Recht, 2002, S. 44 f.

eigener Standpunkt zu Gesetzen, die ersichtlich die Menschenwürde verletzen oder gefährden, könnte demgemäß so zu verstehen sein, dass sie nicht positivistisch Geltung beanspruchen dürfen, sondern ihnen aus übergeordneten Grundsätzen des Rechts die Gefolgschaft zu versagen wäre. Von den beiden weiteren Hauptgesichtspunkten war verschiedentlich die Rede; es sind dies zum zweiten der Staatszweck, also die Grenzziehung bezüglich der Wirksamkeit, die das Thema seiner Untersuchung darstellt und daher nicht eigens ausgeführt werden muss, sowie die Bereitstellung der Mittel, die zur Erreichung des Staatszwecks erforderlich sind.[731] Alle drei Hauptgesichtspunkte müssen ihrerseits theoretisch fundiert sein. Jeder von ihnen sollte in einem jeden Gesetz zum Ausdruck kommen.

3. Methodologische Betrachtung

Betrachtet man diese Leitlinien methodologisch, so kann man im Wechselspiel und Zusammenwirken dieser Gesichtspunkte wiederum ein bewegliches System im Sinne Wilburgs verwirklicht sehen,[732] in dem die unterschiedlichen Kriterien in bedingt kompensierbarer Weise miteinander wirken.[733] Hierfür ist gerade charakteristisch, dass jedes der Elemente bzw. Kriterien oder – wie man besser sagt[734] – Prinzipien im konkreten Fall, hier also bei einem jeden Gesetz, mitwirkt,[735] jedoch nicht unbedingt in gleich starker Weise, so dass beispielsweise ein in besonderer Weise auf den Staatszweck zugeschnittenes Gesetz vergleichsweise wenig für die konkrete Bereitstellung der Staatseinrichtung gewährleisten kann. Auch zeigt sich hier, dass die von Humboldt ins Feld geführten Hauptgesichtspunkte nach der Herleitung in seiner Untersuchung durchweg Prinzipienrang haben,[736] was wie gesagt ebenfalls zum Verständnis als bewegliches System passt.

---

731 *Humboldt*, Ideen, S. 185 (205 f.).

732 *W. Wilburg*, Entwicklung eines beweglichen Systems im Bürgerlichen Recht, Grazer Rektoratsrede, 1950.

733 Davon war schon verschiedentlich die Rede.

734 *C.-W. Canaris*, Systemdenken und Systembegriff in der Jurisprudenz, 2. Auflage 1983, S. 70 ff.

735 Es sollte freilich nicht ein Element ganz herausfallen (vgl. *J. Petersen*, Unternehmenssteuerrecht und bewegliches System, 1999, S. 55 ff. und passim), was auch Humboldt mit den zitierten Worten gemeint haben dürfte.

736 Vgl. *Humboldt*, Ideen, S. 184 (205): „Ich habe bei jedem (sc. Gegenstand) die höchsten Prinzipien aufzustellen versucht." Ähnlich ebenda, S. 186 (207): „Prinzipien der Gesetzgebung". Methodologisch schließlich bemerkenswert ebenda: „Auch um die höchsten Prinzipien festzusetzen, und gerade vorzüglich zu diesem Zweck, ist es notwendig, in das genaueste Detail einzugehen".

Um Missverständnissen vorzubeugen sei bei dieser Gelegenheit – da hier schon wiederholt von beweglichen Systemen die Rede ist – klargestellt, dass dies keinen methodologischen Selbstzweck verfolgt, sondern eher eine bestimmte Wirkungsweise verdeutlicht: „Werden indes diese Modifikationen nicht nach völlig allgemeinen, von allen zugleich hergenommenen Rücksichten, sondern nach andren zufälligeren Umständen gemacht, ist z. B. in einem Staat ein festes politisches System, sind unabänderliche Finanzeinrichtungen, so gerät das zweite der genannten Stücke in ein sehr großes Gedränge, und sehr oft leidet sogar hierdurch das erste."[737] Es kann sogar als einer der vielen Vorzüge der Ideen Humboldts verstanden werden, dass er intuitiv Methoden verfolgte, die erst nachher als solche bezeichnet wurden. Es zeugt somit eher von einem bemerkenswerten Gerechtigkeitsgefühl sowie der Fähigkeit, Prinzipien nicht nur herauszuarbeiten, sondern mit- und gegeneinander ins Verhältnis zu setzen, weil sich erst daraus die Geschlossenheit und Kohärenz seiner Staatsidee ergibt.

737 *Humboldt*, Ideen, S. 186 (206).

7. Kapitel: Praktische Durchsetzung

Humboldts Ideen sind ungeachtet ihres idealistischen Ansatzes durchweg farbig und nachgerade lebensnah abgefasst. Selten werden mehrseitige theoretische Erörterungen nicht durch Beispiele unterbrochen, kaum ein zentraler Gedanke erfährt nicht im Folgenden eine exemplarische Veranschaulichung. Daher nimmt es nicht wunder, dass Humboldt auch und gerade die Folgefragen der praktischen Durchsetzung am Herzen liegen. Dabei geht es ihm nur um die prozedurale Durchsetzung des Rechts, nicht aber um eine gleichwie geartete prozedurale Gerechtigkeitstheorie, wie man heute sagen würde.[738]

I. Wahrheitssuche im Zivilprozess

Neben diesem auf die Operationalisierbarkeit seiner Ideen gerichteten Gesichtspunkt ist es für Humboldt indes auch ein Gebot der materiellen Gerechtigkeit, Vorkehrungen für die Rechtsdurchsetzung in seinem Staatsgebäude zu treffen.

1. Übertragung der Durchsetzungsbefugnis auf den Staat

Entscheidender noch – wenngleich damit zusammenhängend – ist auch hier der Gesichtspunkt der Sicherheit, die Humboldt gestört sieht, wenn Rechtsverletzungen nicht von Staats wegen sanktioniert werden.[739] Interessant ist insoweit der konstruktive Ansatz Humboldts: „Hierbei tritt der Staat allein und ohne eigenes Interesse in die Stelle der Bürger." Abermals begegnet der Gedanke der Übertragung des Rechts auf eigenmächtige Durchsetzung des Anspruchs auf den Staat: „Aus dieser Übertragung entspringt aber auch für diesen die Pflicht, den Bürgern nunmehr zu leisten, was sie selbst sich nicht mehr verschaffen dürfen, und folglich das Recht, wenn es unter ihnen streitig ist, zu entscheiden und den, auf dessen Seite es sich findet, in dem Besitze desselben zu schützen."[740] Andernfalls sieht Humboldt die Sicherheit in Gefahr.

---

738 Vgl. nur *N. Luhmann*, Legitimation durch Verfahren, 1969.
739 Vgl. *Humboldt*, Ideen, S. 148 (173).
740 *Humboldt*, Ideen, S. 148 (173 f.). – Es ist bemerkenswert, dass hier das Recht sprachlich geradezu als ein abstrakter Gegenstand von Verfügungen begriffen wird.

All dies soll jedoch nur auf Antrag des Bürgers und nicht gleichsam von Amts wegen geschehen, weil auch das ansonsten auf eine ungebührliche Einmischung von Seiten des Staates hinauslaufen würde.[741] Und wenn Humboldt dies damit begründet, dass er „seinen Pflichten Genüge geleistet (hat), sobald er nur nicht durch verwickelte, dunkle oder nicht gehörig bekannt gemachte Gesetze zu dergleichen Irrtümern Gelegenheit gibt",[742] so ist wohl hinzuzulesen, dass er dann auch nicht weiter befugt ist.

2. Staatliche Einmischung im Prozess

Dass Humboldt hier zwar nicht mehr explizit, aber dem systematischen Zusammenhang nach immer noch von der Rechtsdurchsetzung in Zivilrechtsstreitigkeiten spricht, erhellt die folgende Grenzziehung:[743] „Hieraus entsteht der Unterschied zwischen dem Zivil- und Kriminalverfahren, dass in jenem das äußerste Mittel zur Erforschung der Wahrheit der Eid ist, in diesem aber der Staat größere Freiheit genießt." Die strikte Parteimaxime kommt nämlich darin zum Ausdruck, dass er im Rahmen der Wahrheitsfindung eine Beschränkung auf das von den Parteien Gewollte statuiert: „Der erste Grundsatz jeder Prozessordnung müsste daher notwendig der sein, niemals die Wahrheit an sich und schlechterdings, sondern nur immer insofern aufzusuchen, als diejenige Partei es fordert, welche deren Aufsuchung überhaupt zu verlangen berechtigt ist."[744]

Auch hier ist es wiederum der Gesichtspunkt der Einmischung des Staates in die Belange des Bürgers, welcher die Untersuchung leitet. Das ist umso bemerkenswerter, als uns Humboldts Gedanken vom geltenden Recht her gut vertraut sind,[745] so dass sich hier nicht nur der praxisnahe Blick Humboldts zeigt, sondern – wichtiger noch – die rechtsphilosophische Fundierung des Praktizierten sichtbar wird. Am Rande sei erwähnt, dass auch hier ein empiristischer Zug der Untersuchung sichtbar wird: „Von beiden Extremen finden sich Beispiele in der Wirklichkeit, und die Erfahrung bestätigt, dass, wenn das zuletzt geschilderte die Freiheit zu eng und widerrechtlich beschränkt, das zuerst aufgestellte der Sicherheit des Eigentums nachteilig ist."[746] Nur soweit der einzelne Rechte über-

---

741 Vgl. in diesem Zusammenhang den im Zivilprozessrecht geltenden Grundsatz *ne ultra petita* (§ 308 ZPO).
742 *Humboldt*, Ideen, S. 148 (174).
743 *Humboldt*, Ideen, S. 149 (174 f.).
744 *Humboldt*, Ideen, S. 149 (174).
745 Siehe bereits den diesbezüglichen Nachweis weiter oben.
746 Vgl. *Humboldt*, Ideen, S. 150 (175).

tragen hat und es zugleich zum Schutz seiner Sicherheit unerlässlich ist, darf der Staat, sei es auch in der Person des Richters, bei der Erforschung der Wahrheit und der Interessen gehen. Das belegt auch die Gegenprobe: „Entfernt man sich hingegen von dem ersteren Grundsatz, so wird das Verfahren inquisitorisch, der Richter erhält eine zu große Gewalt und mischt sich in die geringsten Privatangelegenheiten der Bürger."[747] Es ist gerade aus heutiger Sicht interessant, die Grundsätze des Prozessrechts nur unter dem Gesichtspunkt staatlicher Einmischung gewertet zu sehen. So ist die frappierende Einseitigkeit der Ideen Humboldts in gewisser Hinsicht zugleich ihre Stärke, weil zumindest die innere Folgerichtigkeit gewahrt bleibt.

II. Existenzsicherung des Staates

Mit der Existenzsicherung meint Humboldt zunächst und vor allem die Finanzierung des Staats und damit die Erhebung von Abgaben.[748] Seinem Ausgangspunkt entsprechend betont er die Nachteile, welche alle Arten von Abgaben sowie das Eigentum des Staats überhaupt haben.[749]

1. Abgaben und Steuern

Warum Humboldt die Abgaben zugunsten des Staates erst so verhältnismäßig spät behandelt und weshalb er sie der praktischen Durchsetzung im weiteren Sinne zuordnet, obwohl sie doch so augenscheinlich notwendig sind, enthüllt er mit einer so verblüffenden Direktheit, dass ihr geradezu eine tendenziöse Voreingenommenheit zu eignen scheint: Wenn nämlich die Wirksamkeit und damit die Befugnisse des Staates zunächst entsprechend beschnitten sind, so vermindert sich in diesem Maße auch die Notwendigkeit von Steuern.[750] Diese auf den ersten Blick zynisch und rabulistisch anmutende Lösung des Abgabenproblems, die zugleich eine perpetuierte Absage an den Wohlstaatsstaat einbezieht und enthält, stellt sich immerhin als konsequente Durchführung der Staatskonzeption dar. Dahinter steht das Verständnis, dass die Existenzsicherung des Staates letztlich in der Freiheit und Individualität der ihm unterworfenen Bürger besteht, die vermöge ihrer Kräfte das zur Staatseinrichtung Erforderliche beitragen. Wie wenig reali-

---

747 Vgl. *Humboldt*, Ideen, S. 150 (175).
748 *Humboldt*, Ideen, S. 187 (208).
749 *Humboldt*, Ideen, S. 188 (208).
750 Vgl. *Humboldt*, Ideen, S. 188 f. (209).

tätsnah diese idealistische Konzeption gerade im Einzelnen ist, soll hier nicht beurteilt werden; die Nachteile und Grenzen sind schwerlich übersehbar. Immerhin bleibt festzuhalten, dass Humboldts Staatsidee auch hier der inneren Folgerichtigkeit und konsequenten Durchführung nicht entbehrt: „Ich bin zufrieden, wenn ich bewiesen habe, dass dieser Grundsatz (sc. der Beschränkung der Wirksamkeit des Staates) wenigstens bei allen Staatseinrichtungen dem Gesetzgeber als Ideal vorschweben sollte.“[751] So selbstzufrieden dies wirkt, liegt darin jedoch zugleich eine Betonung der idealistischen Ausrichtung. Es scheint, als wisse Humboldt um die mangelnde Realisierbarkeit seiner Ideen und wolle sie daher zumindest zum regulativen Prinzip erheben.[752]

2. Gesichtspunkt des Rechts

In geradezu beiläufiger Weise wird zudem deutlich, warum Humboldt dem Rechtsbegriff, wie verschiedentlich moniert, so wenig Beachtung geschenkt hat. Ob er diesen jedoch ohne Einbuße an innerer Legitimation in gleicher Weise hinweg dividieren und abschichten kann wie die Steuer, ist zweifelhaft, weil er, wie verschiedentlich gezeigt und auch hier ersichtlich, immer wieder auflebt. So heißt es nur: „Der (sc. Gesichtspunkt) des Rechts könnte (!) noch neben demselben nicht uninteressant scheinen.“[753] An die Stelle einer klaren Definition tritt indes abermals das Begründungssegment der Begrenzung, die jener trotz scheinbarer Wortgleichheit letztlich nicht entspricht: „Allein wo eine Staatsgesellschaft wirklich einen gewissen Zweck, sichere Grenzen der Wirksamkeit freiwillig bestimmt hat, da sind natürlich dieser Zweck und diese Grenzen – sobald sie nur von der Art sind, dass ihre Bestimmung in der Macht der Bestimmenden lag – rechtmäßig.“[754]

Dieser Begründung haftet etwas Zirkuläres an. Das Recht wird so nurmehr zu einer Affirmation der Wirksamkeitsbegrenzung. Allenfalls indem man die Betonung auf das Freiwilligkeitsmoment legt und ihrem Sinnzusammenhang nach in das Verständnis der Einwilligung einbettet, wie sie verschiedentlich herausgearbeitet wurde, erweist sich die Begründung als tragfähig, wobei freilich die Frage bleibt, welchem Recht gemäß eine solche Wirksamkeitsbegrenzung letztlich ist. Es

---

751 *Humboldt*, Ideen, S. 191 (211).

752 Vgl. *K. Popper*, Bemerkungen zur Theorie und Praxis des demokratischen Staates, 1988, in: *ders.* Alles Leben ist Problemlösen. Über Erkenntnis, Geschichte und Politik, 4. Auflage 1996, S. 215, 230.

753 *Humboldt*, Ideen, S. 190 (210).

754 *Humboldt*, Ideen, S. 190 f. (210 f.).

bleibt auch hier wohl nur die Zugrundelegung eines naturrechtlichen Verständnisses.

III. Tauglichkeit für die Praxis

Humboldts idealistischer Ansatz bringt es mit sich, dass die Frage der Anwendbarkeit seiner Theorie so nahe liegend ist, dass er sie selbst stellt, wissend oder – politische Vorsicht nicht außer Acht lassend[755] – zumindest ahnend, dass sie diese Probe bestehen muss,[756] weil ihr ansonsten keine praktische Wirksamkeit beschieden sein würde. In historischer Hinsicht bemerkenswert ist, dass Humboldt in der Person Dalberg einen praktisch mächtigen Adressaten seiner Ideen sah. Diesen zitiert er auch an einer Stelle in einer sehr devoten Weise.[757] Dennoch gehören die abschließenden Passagen der Ideen paradoxerweise gerade zu den abstraktesten, weil Humboldt hier auf Beispiele weitgehend verzichtet. Es nimmt daher auch nicht wunder, dass verschiedentlich der Begriff der Utopie im Zusammenhang mit Humboldts Ideen gebraucht wurde.[758] Dabei handelt es sich weniger um rechts- als vielmehr um geschichtsphilosophisch geprägte Reflexionen, etwa wenn er den Einfluss der Revolution in der Weltgeschichte beschreibt: „Wenn man die wichtigsten Revolutionen der Geschichte übersieht, so entdeckt man ohne Mühe, dass die meisten derselben aus den periodischen Revolutionen des menschlichen Geistes entstanden sind."[759] Zu berücksichtigen ist in diesem Zusammenhang seine in der Einleitung angesprochene Schrift „Ideen über die

---

755 Vgl. *Humboldt*, Ideen, S. 193 (213): „Daher gibt es auch Ideen, welche der Weise nie nur auszuführen versuchen würde. Ja für die schönste, gereifteste Frucht des Geistes ist die Wirklichkeit nie, in keinem Zeitalter reif genug; das Ideal muss der Seele des Bildners jeder Art immer nur als unerreichbares Muster vorschweben".

756 Zum Folgenden auch *D. Spitta*, Die Staatsidee Wilhelm von Humboldts, 2004, S. 297 ff.

757 *Humboldt*, Ideen, S. 108 (139): „Die Analogie zwischen den Gesetzen der plastischen Natur und denen des geistigen Schaffens ist schon mit einem wahrlich unendlich genievollen Blicke beobachtet und mit treffenden Bemerkungen bewährt worden." Siehe auch *B. Sutter*, Dalbergs Antwort auf Wilhelm von Humboldts ‚Ideen zu einem Versuch, die Grenzen der Wirksamkeit des Staats zu bestimmen', in: Reformen des Rechts, 1979, S. 687 – 766.

758 So etwa *S. Kaehler*, Wilhelm von Humboldt, Eine Auswahl seiner politischen Schriften, 1922, S. 22; *H. Scurla*, Wilhelm von Humboldt, S. 81 ff. („seine Staatsauffassung war utopisch, gehörte der ‚idealen', nicht der wirklichen Welt an"); lesenswert in diesem Zusammenhang – wenn auch ohne ausdrückliche Bezugnahme auf Humboldt – *J. Habermas*, Die Krise des Wohlfahrtstaates und die Erschöpfung utopischer Energien, in: Die neue Unübersichtlichkeit, 1985, S. 141 – 167.

759 *Humboldt*, Ideen, S. 194 (214).

Staatsverfassung, durch die neue französische Konstitution veranlasst".[760] Als prägende Revolutionen des menschlichen Geistes mögen ihm die Schriften Rousseaus und Montesquieus vor Augen gestanden haben. Auch wenn Humboldt hier wohl namentlich die Französische Revolution vor Augen hatte, ist seine Beobachtung auch darüber hinaus von Interesse und – auf die Rechtsgeschichte gewendet – auch der Sache nach aufgegriffen worden.[761]

1. Zurück zum Naturrecht

Humboldts abschließende Gedanken erinnern an Kants verschiedentlich zitierte Abhandlung „Über den Gemeinspruch: Das mag in der Theorie richtig sein, taugt aber nicht für die Praxis."[762] Diese, auch für die juristische Theoriebildung schon fruchtbar gemachte Schrift[763] endet mit einer Absage, deren abschließende Sätze auch hier Interesse beanspruchen können: „Ich meinerseits vertraue dagegen doch auf die Theorie, die von dem Rechtsprinzip ausgeht, wie das Verhältnis unter Menschen und Staaten sein soll (...). So bleibt es also auch in kosmopolitischer Rücksicht bei der Behauptung: Was aus Vernunftgründen für die Theorie gilt, das gilt auch für die Praxis."[764] Dieses Sollenselement ist auch Humboldt eigentümlich, und so nimmt es nicht wunder, dass er bei der Aufhebung der Freiheitsbeschränkungen zuallererst die von ihm so genannte „Reife zur Freiheit" zur Voraussetzung macht, die dann unweigerlich zur Freiheit führt.[765] Wie wenig freilich Humboldt auch an dieser Stelle die kantische Trennung von Legalität und Moralität durchhält, verdeutlicht folgender Satz: „Zuletzt brauche ich wohl nicht erst zu bemerken, dass hier nur von dem Falle die Rede war, wo dem Staate eine Umänderung überhaupt nicht nur physisch, *sondern auch moralisch möglich ist, wo also die Grundsätze des Rechts nicht entgegenstehen.*"[766] Diese pauschale Gleichsetzung von Recht und Moral ist einmal mehr geeignet, den naturrechtli-

760 *E. Spranger*, Wilhelm von Humboldt und die Humanitätsidee, 1909 (Nachdruck 1928), S. 51, meint gar: „Die ganze Schrift bedeutet in ihrer naturrechtlichen Art einen Rückschritt gegen jenen früheren, von historischem Sinn getragenen Brief an Gentz".

761 *H. J. Berman*, Recht und Revolution 1991 (englisch: Law and Revolution, 1983). Siehe dazu aber auch *P. Landau*, The University of Chicago Law Review 51 (1984), 937–943.

762 Band XI der von Weischedel herausgegebenen Ausgabe, 1977, S. 127 ff.

763 *C.-W. Canaris*, JZ 1993, 377, 390 f.

764 *Kant*, Über den Gemeinspruch: Das mag in der Theorie richtig sein, taugt aber nicht für die Praxis, 1793, Band XI der von Weischedel herausgegebenen Ausgabe, 1977, S. 127, 172.

765 *Humboldt*, Ideen, S. 199 (218): „Denn durch nichts wird diese Reife zur Freiheit in gleichem Grade befördert als durch Freiheit selbst".

766 *Humboldt*, Ideen, S. 201 f. (220); Hervorhebung nur hier.

chen Ausgangspunkt Humboldts zu exemplifizieren. In einer bisher ungekannten Deutlichkeit wird dies am Ende der Ideen im Folgesatz deutlich: „Nur darf bei dieser letzteren Bestimmung nicht vergessen werden, dass das natürliche und allgemeine Recht die einzige Grundlage alles übrigen positiven ist und dass daher auf dieses allemal zurückgegangen werden muss, dass folglich, um einen Rechtssatz anzuführen, welcher gleichsam der Quell aller übrigen ist, niemand jemals und auf irgendeine Weise ein Recht erlangen kann, mit den Kräften oder dem Vermögen eines andren ohne oder gegen dessen Einwilligung zu schalten."[767] Neben diesem rechtsphilosophischen Bekenntnis zum Naturrecht,[768] wird hier abermals auf dogmatischer Ebene die Einwilligung zum Dreh- und Angelpunkt.

2. Das Prinzip der Notwendigkeit

In praktischer Hinsicht bescheidet sich Humboldt damit, Leitlinien für den Gesetzgeber aufzustellen. Dieser müsste nicht nur die „reiner Theorie", sondern auch „den Zustand der individuellen Wirklichkeit, die er umzuschaffen bestimmt wäre" vor Augen haben.[769]

a) Scheinbare Nähe zu Hegel

Die nachfolgend erläuterte Angleichung beider führt dann freilich regelrecht fort von den bisherigen „kantischen Fahrwassern". Fast scheint es, als schlüge die bisherige deduktive Methode kantischer Prägung um in einen dialektischen Prozess im Sinne Hegels,[770] wie auch die Wortschöpfung der „individuellen Wirklichkeit" eher an Hegel als an Kant erinnert.[771] Erinnert sei in diesem Zusammenhang an Hegels berühmte Definition: „Der Staat ist die Wirklichkeit der

767 *Humboldt*, Ideen, S. 202 (220).
768 Vgl. *E. Spranger*, Wilhelm von Humboldt und die Humanitätsidee, 1909 (Nachdruck 1928), S. 51. Skeptisch *D. Spitta*, Die Staatsidee Wilhelm von Humboldts, 2004, S. 70f.
769 *Humboldt*, Ideen, S. 200 (219).
770 Vgl. *Humboldt*, Ideen, S. 200 (219): „Beide Gemälde müsste er (sc. der Gesetzgeber) nun miteinander vergleichen, und der Zeitpunkt, einen Grundsatz der Theorie in die Wirklichkeit überzutragen, wäre da, wenn in der Vergleichung sich fände, dass, auch nach der Übertragung, der Grundsatz unverändert bleiben und noch eben die Folgen hervorbringen würde, welche das erste Gemälde darstellte; oder, wenn dies nicht ganz der Fall wäre, sich doch voraussehen ließe, dass diesem Mangel alsdann, wenn die Wirklichkeit der Theorie noch mehr genähert wäre, abgeholfen werden müsste. Denn dies letzte Ziel, diese gänzliche Näherung müsste den Blick des Gesetzgebers unablässig an sich ziehen".
771 *Hegel*, Grundlinien der Philosophie des Rechts, § 257.

sittlichen Idee." Dort heißt es: „Er (sc. der Staat) hat aber ein ganz anderes Verhältnis zum Individuum; indem er objektiver Geist ist, so hat das Individuum selbst nur Objektivität, Wahrheit und Sittlichkeit, als es ein Glied desselben ist."[772] Bei näherem Hinsehen ergibt sich also auch hier, eine verhältnismäßige Ferne. Dabei darf freilich nicht übersehen werden, dass Hegels Grundlinien der Philosophie des Rechts Jahrzehnte nach Humboldts Ideen niedergeschrieben und gedruckt wurden[773] – ein Umstand, der auch bei allen bisherigen Zitaten Hegels, die im Wesentlichen der Kontrastierung dienen, in Rechnung gestellt werden muss.[774] Insofern kann man allenfalls von einer teilweisen terminologischen Vorwegnahme sprechen. Diese darf freilich nicht leichthin angenommen werden, weil die partiell gleiche Wortwahl nicht darüber hinweg scheinen kann, dass der Sinnzusammenhang ein anderer ist.

b) Notwendigkeit als Garant der Freiheit

Das lässt sich etwa an dem von Humboldt apostrophierten *Prinzip der Notwendigkeit* veranschaulichen.[775] Dies scheint dem hegelianischen Verständnis des Staates als *äußerlicher* Notwendigkeit zu entsprechen[776] – und ist doch etwas gänzlich anderes. Zwar haftet der Notwendigkeit im Sinne Hegels durchaus ein idealistisches Moment an[777] und sie ist auch eng mit dem Begriff der Freiheit verknüpft,[778] doch bildet bei Humboldt die Eigentümlichkeit des Menschen die Grenzen der Notwendigkeit staatlichen Eingreifens.[779] Das Prinzip der Notwendigkeit ist also bei Humboldt im Gegensatz zu Hegel ganz konkret gesprochen und gleichbedeutend mit dem Prinzip der Erforderlichkeit,[780] meint zugleich aber auch

772 *Hegel*, Grundlinien der Philosophie des Rechts, § 258.

773 Sie datieren aus dem Jahre 1820 und wurden 1821 gedruckt.

774 Siehe zum Verhältnis beider zueinander auch *C. Menze*, Nachtrag über Wilhelm von Humboldt und Hegel, in: Preußen, Seine Wirkung auf die deutsche Geschichte, Vorlesungen von K. D. Erdmann u. a. (1985), S. 140 ff.

775 *Humboldt*, Ideen, S. 203 (222); Hervorhebung auch dort.

776 *Hegel*, Grundlinien der Philosophie des Rechts, § 261; Hervorhebung auch dort.

777 Vgl. *Hegel*, ebenda, § 267: „Die *Notwendigkeit* in der Idealität ist die Entwicklung der Idee innerhalb ihrer selbst." (Hervorhebung auch dort).

778 Vgl. *Hegel*, ebenda, § 266: „So ist diese substantielle Allgemeinheit *sich selbst* Gegenstand und Zweck und jene Notwendigkeit hierdurch sich ebensosehr in *Gestalt* der Freiheit." (Hervorhebungen auch dort).

779 *Humboldt*, Ideen, S. 203 (221): „Verbinde ich mit dieser Regel für das praktische Benehmen des Staats die Gesetze, welche die im vorigen entwickelte Theorie ihm auflegte, so darf derselbe seine Tätigkeit immer nur durch die Notwendigkeit bestimmen lassen".

780 Monographisch dazu, insbesondere im Hinblick auf den Zusammenhang mit dem Freiheitsbegriff *J. Jahrmarkt*, Freiheit und Notwendigkeit bei Wilhelm von Humboldt, 1932.

dasjenige Maß staatlichen Eingriffs, dem sich jeder fügen muss.[781] Der Unterschied zwischen Theorie und Praxis ist ihm also die Verschiedenheit des natürlichen vom wirklichen Menschen.[782] Das Prinzip der Notwendigkeit erweist sich sonach als Garant der Freiheit, indem es der Individualität zur Geltung verhilft.[783]

Daher kann hier auch keine Umorientierung – gleichsam auf der Zielgerade – propagiert werden.[784] Schließlich wurde im bisherigen Verlauf der Untersuchung immer wieder festgestellt, wie verschieden die Konzeption Humboldts der späteren Hegels im Ausgangspunkt ist.[785] Andererseits wurde eingangs im Anschluss an Rawls bemerkt, dass die spätere praktische Arbeit Humboldts bezogen auf die Staatsverfassung durchaus Züge des hegelianischen Staatsverständnisses trug oder diesem zumindest nicht diametral entgegengesetzt ist.[786]

3. Kontinuität des Denkens trotz Diskontinuität der Staatsidee

Allerdings ist zu berücksichtigen, dass gerade der spätere Humboldt der nationalen Individualität das Wort redete und damit eine Art Mittlerinstanz zwischen dem Staat und dem Einzelnen anerkannte:[787] „Es liegt in der Art, wie die Natur Individuen in Nationen vereinigt, und das Menschengeschlecht in Nationen absondert, ein überaus tiefes und geheimnisvolles Mittel, den Einzelnen, der für sich nichts ist, und das Geschlecht, das nur im Einzelnen gilt, in dem wahren Wege verhältnismässiger und allmähliger Kraftentwickelung zu erhalten."[788]

---

781 Bildhaft *Humboldt*, Ideen, S. 205 (223): „Unter das Joch der Notwendigkeit hingegen beugt jeder willig den Nacken".

782 *Humboldt*, Ideen, S. 203 (222).

783 *Humboldt*, Ideen, S. 204 (222).

784 Siehe andererseits auch die Würdigung der Passage bei – dem ansonsten bei der Bewertung der Ideen sehr kritischen – *S. Kaehler*, Wilhelm von Humboldt und der Staat, 1963, S. 146: „So enthält der Abschluss seiner Schrift gegen den Staat den Grundgedanken seiner letzten und tiefsten Arbeit für den Staat; in ihm eröffnet sich der Ausblick auf den Bereich der Geschichte, in ihm bereitet sich vor die Erkenntnis, dass der Staat Notwendigkeit und Schicksal in sich trägt".

785 Siehe allerdings auch *F. Herzog*, Über die Grenzen der Wirksamkeit des Strafrechts, S. 8 ff., der dort einige gedankliche Linien zur Rechtsphilosophie Hegels aufzeigt.

786 *J. Rawls*, Geschichte der Moralphilosophie, 2004, S. 545.

787 *S. Kaehler*, Wilhelm von Humboldt und der Staat, 1963, S. 226 ff.

788 Vgl. *Humboldt*, Denkschrift über die deutsche Verfassung an den Freiherrn vom Stein [1813], Werke in fünf Bänden (Hg. A. Flitner/K. Giel), Band IV, S. 302, 304.

a) Der Staat als überindividuelle Mittlerinstanz

Dies kündigt sich in den Ideen freilich ungeachtet der genannten Passage schwerlich an, die daher nicht in vordergründig assoziativer Weise überinterpretiert werden darf.[789] Daher ist hier auch nicht der Ort zu entscheiden, ob sich insoweit eine Inkohärenz in Humboldts Denken ausmachen lässt.[790] So widerspricht dies weder dem bisherigen Verlauf der vorliegenden Untersuchung noch kann darin eine Distanzierung Humboldts von seinen eigenen Gedanken gesehen werden,[791] sondern eher dasjenige, was schon am Beispiel seines Bildungsverständnisses gesehen wurde, nämlich dass hier ungeachtet der Hinwendung zur gleichsam überindividuellen Mittlerinstanz der Nation eine Kontinuität in seinem Denken und späteren Handeln aufscheint. Das verrät auch eine späte Bemerkung aus seiner Denkschrift ‚Über die Behandlung der Angelegenheiten des Deutschen Bundes durch Preußen'[792]: „Sieht man hingegen auf die besondere Natur des Bundes, so giebt es, meiner Meinung nach, die wichtigsten Gründe, alle Thätigkeit des Bundes, als eigenen Gesammtstaats, so viel nur immer möglich zu beschränken."[793] Mag also auch die äußerliche Betrachtung des Staatsverständnisses eine Wendung zum hegelianischen Staat zu verraten scheinen und damit einer gewissen Diskontinuität im Hinblick auf die Staatsidee Ausdruck zu verleihen,[794] so bedeutet dies nicht zwangsläufig einen Bruch in seinem Denken.[795]

---

789 So wohl allerdings *F. Meineke*, Weltbürgertum und Nationalstaat, 1928, S. 43 f., bezogen auf Humboldts Ideen; dagegen *D. Spitta*, Die Staatsidee Wilhelm von Humboldts, 2004, S. 49. Vgl. ferner *F. Meineke*, Wilhelm von Humboldt und der deutsche Staat, Neue Rundschau 31/2 (1920) S. 889.

790 In diese Richtung *P. Berglar*, Wilhelm von Humboldt, 1970, S. 86: „Diese (sc. die nationale Individualität insbesondere Preußens) riss jedoch zugleich alle persönliche Individualität, die zwanzig Jahre lang sein Leitstern gewesen, in sich ein".

791 So die kontrastierende Charakteristik bei *Th. Nipperdey*, Deutsche Geschichte 1800 – 1866. Bürgerwelt und starker Staat, 2. Auflage 1984, S. 304: „Humboldt, Repräsentant der klassisch-neuhumanistischen Bildungswelt und ursprünglich ausgesprochen antietatistischer und individulistischer Liberaler".

792 *Humboldt*, Über die Behandlung der Angelegenheiten des Deutschen Bundes durch Preußen [1816], Werke in fünf Bänden (Hg. A. Flitner/K. Giel), Band IV, S. 347, 391.

793 Mit gutem Grund sieht *P. Berglar* (Wilhelm von Humboldt, 1970, S. 121) hierin „die realpolitische Variante zu den theoretisch-politischen *Ideen* von 1792" (Hervorhebung auch dort).

794 Siehe in diesem Zusammenhang zur Geschichtsphilosophie Wilhelm von Humboldts und Hegels *C. Menze*, Vierteljahresschrift für wissenschaftliche Pädagogik 63 (1987) S. 179 ff.

795 Vgl. auch *S. Kaehler*, Wilhelm von Humboldt und der Staat, 1963, S. 432: „Aus dem politischen Erleben wie aus der politischen Einsicht langer Jahre erwuchs ihm die reife Frucht dieser letzten historisch-politischen Idee".

b) Kontinuität des Bildungsbegriffs

Dies gilt zumindest dann, wenn man berücksichtigt, dass sich die aufgezeigte Kontinuität am Bildungsbegriff manifestiert.[796] Die weitgehende Freiheit von staatlichen Zwecksetzungen vermag erst das Ideal einer Gemeinschaft von Lernenden und Lehrenden zu schaffen.[797] Es ist im Schrifttum immer wieder darauf hingewiesen worden, dass Humboldt in seiner vergleichsweise kurzen Amtszeit[798] als Reformer des Bildungswesens nur deshalb so effektiv wirken konnte, weil die Grundidee bereits in seinem Denken angelegt war.[799] Nicht deutlich genug gesagt worden ist freilich, dass hier die Ideen des Fünfundzwanzigjährigen einen maßgeblichen Anteil hatten.[800] In ihnen liegt der Keim einer Vorstellung der Einsamkeit, die etwas substantiell anderes ist als „ausschließendes Isoliertsein" und Freiheit, die ebenso Freiheit vom Staat wie damit auch Mittel zur Herausbildung der Individualität und so womöglich unverhoffte und ohne unmittelbare Berechnung geförderte Keimzelle neuer Entdeckungen ist, die wiederum der Gesellschaft zugute kommen und damit bessere Ergebnisse versprechen, als durch staatliche Wohlfahrtmaßnahmen zu gewärtigen wären.[801] Ohne die Radikalität seiner Ideen wäre womöglich der später gefeierte Reformator Humboldt gar nicht

796 In diese Richtung auch *F. Herzog*, Über die Grenzen der Wirksamkeit des Strafrechts, S. 12.

797 Humboldt unterschied diese folgerichtig in selbständig Forschende, also Dozenten, und unselbständig Forschende, d. h. Studenten.

798 Näher zu Humboldts Ausscheiden aus dem Ministerium der gleichlautende Aufsatz von *B. Gebhardt*, Historische Zeitschrift 74 (1895) 44 ff.

799 *P. Berglar*, Wilhelm von Humboldt, 1970, S. 90 f.

800 Eine etwas andere Akzentsetzung verfolgt *Th. Nipperdey*, Deutsche Geschichte 1800 – 1866, S. 61: „Auf der Basis einer Selbstorganisation der Gesellschaft, an die Humboldt in jungen Jahren geglaubt hatte, war dies nicht möglich. Bildung hing mit Freiheit zusammen, aber der Staat war der Agent und Garant der Freiheit und der Modernität." – Das muss jedoch nicht zwingend als Abkehr Humboldts von seinen früheren Ideen gesehen werden. Vielmehr suchte er in dem Staat, den er vorfand, im Rahmen des Möglichen die Bedingungen der Freiheit in ihrer akademischen Ausprägung zu sichern.

801 Auch insoweit betont *Th. Nipperdey*, ebenda, S. 57 f. die Diskontinuität: „Dazu kommen nun die Ideen des Neuhumanismus, wie sie sich auf dem Boden der deutschen Klassik entfaltet haben und zumal über Wilhelm von Humboldt in der preußischen Reform wirksam werden. Die neuhumanistische Idee der Bildung richtet sich negativ gegen die leicht trivial gewordenen Ideale der Aufklärung: Verständlichkeit und Nützlichkeit, Wohlfahrt und Glückseligkeit. Im Zentrum des neuen Konzepts steht positiv die Individualität." – Aber das ist, wie gesehen, gerade nichts Neues, sondern in den Ideen ebenso angelegt wie umgekehrt die Abkehr von der Wohlfahrtgesetzgebung.

denkbar,[802] was sie allein schon trotz aller Unzulänglichkeiten, Schwächen und Überspitzungen zu einer bleibenden geistigen Leistung macht.[803]

IV. Kritische Anmerkungen

Ungeachtet des zuletzt Bedachten bleibt Kritik – zumal an einer so radikalen Sicht wie derjenigen Humboldts – unausweichlich. Gleichwohl wurde bereits eingangs um Verständnis dafür geworben, dass eine eigene Bewertung dieses exzentrischen Ansatzes nicht das eigentliche Anliegen der vorliegenden Untersuchung darstellt. Zwei Gesichtspunkte seien gleichwohl hervorgehoben. Zum einen eine beispielhafte Ablehnung des Ansatzes, der die Sicht des ausklingenden 19. Jahrhunderts aus Sicht eines der großen Rechtswissenschaftler der Zeit veranschaulicht und bereits einen Übergang zum zweiten Teil markiert. Zum zweiten seien aber auch einige kritische Anmerkungen zum instrumentellen Verständnis der Freiheit angemerkt.

1. Die Kritik Rudolf von Jherings

Auf eine besonders kritische und gewichtige Stimme sei gesondert hingewiesen, weil sie gleichsam im Übergang zwischen diesem ersten Teil, welcher der Darstellung der Ideen gewidmet ist, und dem zweiten Teil darstellt.[804] Es handelt sich

---

802 *L. Gall*, Wilhelm von Humboldt. Ein Preuße von Welt, 2011, S. 69, macht mit guten Gründen auf einen in dieser Gestalt noch nicht gesehenen Kontinuitätsgesichtspunkt aufmerksam, indem er auch „die freie Verbindung von Einzelnen zu den verschiedensten Zwecken" auf die Universitätsgründung bezieht: „in diesem Sinne vertand er etwa später auch die von ihm mitbegründete Universität Berlin vor allem als freie Verbindung von Lehrenden und Lernenden unter der die Einhaltung ihrer meist selbstgesetzten Regeln kontrollierenden Oberaufsicht des Staates. Das konnte man, sehr weitläufig verstanden, als ein Element der ‚Sicherheit' im Gemeinwesen interpretieren, und Humboldt hat es auch so verstanden".

803 Einige Abschnitte dieses ersten Teils wurden zwischenzeitlich in leicht veränderter Form unter der Überschrift „Die rechts- und staatsphilosophischen Ideen Wilhelm von Humboldts als Grundlage seiner Bildungsreform" in der Festschrift 200 Jahre Juristische Fakultät der Humboldt-Universität zu Berlin, 2010, S. 115 – 133, erneut abgedruckt.

804 Jhering markiert im Übrigen noch durch andere Vermittlung einen gewissen Übergang von der kontinental-europäischen zur anglo-amerikanischen Rechtstradition, nämlich durch den amerikanischen Rechtsphilosophen Roscoe Pound, der dem Naturrecht übrigens durchaus ablehnend gegenüberstand und für die von ihm begründete soziologische bzw. – wie manche für besser halten – pragmatische Jurisprudenz auf Jhering rekurrierte; näher *W. Fikentscher*, Roscoe Pound. Von der Zweckjurisprudenz zur „Sociological Jurisprudence", Festschrift für K. Larenz,

um Rudolf von Jhering, der Humboldts Ideen einer ebenso kritischen Überprüfung unterzogen hat wie John Stuart Mills Abhandlung über die Freiheit.[805] Beiden hat er attestiert, dass sie „glänzenden Schiffbruch (...) erlitten haben"[806] – ein markiges Wort, das zum Innehalten einlädt. Hier soll es einstweilen nur im Hinblick auf Humboldt überprüft werden.[807] Jhering gelangt zur Themenstellung Humboldts – wie wir gesehen haben: nicht zufällig[808] – über den Rechtsbegriff. Ihm stellt sich damit „eine Frage von höchst prinzipieller Bedeutung: die Frage von den Grenzen der Staatsgewalt und des Rechts gegenüber der Freiheitssphäre des Individuums".[809] Anders als Humboldt, den er exemplarisch nennt, ist er der Ansicht, dass diese Frage letztlich nicht zu beantworten ist. Auch er sieht die naturrechtliche Provenienz des Denkens und mit ihr die Zentrierung des Individuums als Kern des Problems, das er für unlösbar hält. Wörtlich und bildhaft heißt es dort: „Der naturrechtlichen Theorie ist das Individuum der Angelpunkt des ganzen Rechtes und Staates. (...) Um dies zu können, verträgt es sich mit ihnen nach der Kantschen Formel der Verträglichkeit der eigenen Freiheit mit der des anderen. Staat und Recht haben nur die Aufgabe, diese Formel zu verwirklichen, d.h. den Übergriff der Freiheit des einen in die Freiheitssphäre des andern zu verwirklichen – eine Abgrenzung der Freiheitssphären nach Art der Käfige in der Menagerie, damit die wilden Bestien sich nicht gegenseitig zerfleischen."[810] Den Individualismus charakterisiert er mit den Worten: „Jeder ist für sich, niemand für den andern da."[811]

Gerade die darin zum Ausdruck kommende Lebensfremdheit tadelt Jhering. Er hält ihm zwar den idealistischen Ansatz zugute, lässt aber ansonsten kein gutes Haar daran: „Aber zur Ehre des großen Denkers, den wir in dieser Weise die ab-

---

1973, S. 93 f.; siehe auch *O. Lepsius*, Sozialwissenschaften im Verfassungsrecht – Amerika als Vorbild?, JZ 2005, 1, 7; sowie *dens.*, Verwaltungsrecht unter dem Common Law, 1997, mit einer dem Ansatz der vorliegenden Abhandlung verwandten Vorgehensweise.

805 *R. v. Jhering*, Der Zweck im Recht, 1893, S. 538 ff.; weiterführend zu Jhering *P. Landau*, Das substantielle Moment im Recht bei Rudolph von Jhering. Krausistische Elemente in Jherings Rechtstheorie, Festschrift für K.-M. Kodalle, Band 2, 2003, S. 247 ff., mit der Nachzeichnung einer „geistesgeschichtlichen Linie von Thomas (sc. von Aquin) zu Jhering" (ebenda, S. 255). – Das Stichwort ist nicht zuletzt deshalb interessant, weil es auch hier um eine solche „geistesgeschichtliche Linie" von Humboldt über Mill zu Rawls und Nozick geht.

806 Ebenda, S. 550.

807 Zu Mill siehe im zweiten Teil an den jeweiligen Stellen.

808 Näher oben im zweiten Kapitel.

809 *R. v. Jhering*, Der Zweck im Recht, S. 536.

810 Ebenda, S. 537.

811 Ebenda, S. 538; modifizierend auf S. 540: „Der Mensch, d.h. der einzelne, der wahre Zweck – mit diesen wenig Worten ist die ganze Ansicht gekennzeichnet".

schüssige Bahn einer der geschichtlichen Wirklichkeit sich völlig entschlagenden aprioristischen Konstruktion des Staates und Rechts hinabgleiten sehen, müssen wir hinzufügen, dass das Ziel, das er vor Augen hat, trotz aller der Verheerungen, die er auf dem Wege zu demselben vollbringen muss, gleichwohl ein ideales ist."[812]

2. Reflexive Wahrnehmung des Anderen

Auch wenn Jhering jenseits aller karikierenden Überzeichnungen gegen Humboldt keine durchgreifenden Argumente ins Feld geführt hat, hat er doch mit seiner grundsätzlichen Kritik einen zentralen Aspekt angesprochen, der auch vor dem Hintergrund moderner gedanklicher Strömungen Beachtung heischt. Die trotz aller gegenteiligen Bekenntnisse weitgehende Ausblendung des Anderen, die radikal-individualistische Sicht Humboldts fordert in einem wesentlichen Punkt zum Widerspruch heraus. Zwar blendet Humboldt den Mitmenschen nicht vollends aus und geht sogar vielmehr ausdrücklich davon aus, dass es gerade das befruchtende Miteinander der jeweils zu ihrer ganz eigenen Bildung und Entfaltung drängenden Individuen ist, das positive Wirkungen für das Gemeinwohl erhoffen lässt. Insofern konnte ihm auch kein solipsistischer Zug im engen Sinne des Worts nachgewiesen werden. Jedoch nimmt Humboldt den Anderen auf diese Weise reflexiv wahr, nämlich letztlich nur rückbezüglich aus dem Einwirken auf die eigene Individualität. Es ist also, wenn man es einmal überspitzt in Anlehnung an einen berühmten Buchtitel von Habermas formulieren möchte, die mangelnde „Einbeziehung des Anderen",[813] die man Humboldt vorwerfen kann.

3. Der Nachtwächterstaat als Zukunftsmodell?

In der neueren Diskussion ist die Frage aufgeworfen worden, ob der Nachtwächterstaat nicht als Zukunftsmodell gelten kann: „Man kann sich heute im Banne der Globalisierung (...) fragen, warum der liberale Weg überhaupt verlassen wurde – ist nicht womöglich der ehemals belächelte Nachtwächterstaat in Wahrheit ein Zukunftsmodell?"[814] Bereits die soeben angesprochenen Gründe

---

812 *R. v. Jhering*, ebenda, S. 540 f.

813 Vgl. *J. Habermas*, Die Einbeziehung des Anderen, 2. Auflage 1997.

814 *U. Di Fabio*, Der Verfassungsstaat in der Weltgesellschaft, 2001, S. 26, unter Verweis auf *F. A. von Hayek*, Entnationalisierung des Geldes, 1977. *O. Höffe*, Kritik der Freiheit. Das Grundproblem der Moderne, 2015, S. 120, gibt allerdings zu bedenken, dass die „nach Humboldt einzig legitime

veranschaulichen, dass die Frage letztlich zu verneinen ist. Dass es sich dabei nicht lediglich um ein soziologisches Problem handelt, veranschaulicht das Freiheitsverständnis. Zwar beansprucht Humboldt keine Freiheit um ihrer selbst willen, sondern eher als Mittel zum Zweck der Individualitätsentfaltung. Damit wird freilich eine wesentliche Dimension der Freiheit ausgeblendet, die nicht zuletzt im Recht als einem geordneten Miteinander aufscheint: „Deswegen ist es für jede Gesellschaft wichtig, die Verdächtigung des Rechts und seiner Ordnungen zu überwinden, weil nur so Willkür gebannt und Freiheit als gemeinsam geteilte Freiheit gelebt werden kann."[815] Auf der Ebene der Freiheit, das heißt bei der Abgrenzung der unterschiedlichen Willkürsphären, begegnet eine gleichsam reflexive Achtung der Freiheit des Anderen. Auch die Freiheit des Anderen wird nicht um ihrer selbst willen geachtet, sondern nur im Hinblick auf die ungeschmälerte Entfaltung der eigenen Freiheit zum Zwecke der eigenen Individualität. Alle Versuche, Humboldt von einem Egozentrismus freizusprechen, sind daher anfechtbar; die Gefahr besteht, dass sein Freiheitsbegriff im Treibsand des übersteigerten Individualismus endet.

Staatsaufgabe, die Wahrung von Sicherheit und Ordnung, zwar nach einem bloßen Nachtwächterstaat klingt. Humboldt verlangt aber eine Förderung des ‚wahren Zwecks des Menschen', nämlich der ‚höchsten und proportionierlichsten Bildung seiner Kräfte zu einem Ganzen'. Damit erhält auch bei ihm der Liberalismus einen sozialen Akzent und zugleich eine neue Qualität".

815 *J. Ratzinger*, Werte in Zeiten des Umbruchs, 2005, S. 29. Wichtig zur Freiheit im Staat in praktischer Hinsicht *D. Grimm*, Recht und Staat der bürgerlichen Gesellschaft, 1987, S. 114 f.: „Die Formel für das Verhältnis von Kultur und Staat fand Humboldt als erster Leiter der Sektion für Kultus und Unterricht im preußischen Innenministerium. Ihm ging es darum, dass der Staat die Kultur nicht mehr für außerhalb ihrer selbst gelegene Zwecke einsetzte und dadurch verfälschte, sondern um ihrer selbst willen in den Staatszweck aufnahm, *damit seinerseits notwendig freiheitlicher Staat werdend.*" Hervorhebung nur hier.

Zweiter Teil: Angloamerikanische Rezeption und Konzeptionen

8. Kapitel: Schottische Einflüsse auf Humboldt?

Die Rezeption der Ideen wird darstellungsmäßig bewusst getrennt. Während die Reaktionen aus dem deutschen Sprachraum auf Humboldts Frühschrift bereits im ersten Teil ausführlich einbezogen wurden, finden sich nur sporadische Verweise auf die Wahrnehmung in anderen Ländern.[816] Zuerst sollen im Folgenden zwei Klassiker der schottischen Philosophie bzw. Nationalökonomie behandelt werden,[817] die Wilhelm von Humboldt zeitlich voran gingen. Wären die rezeptionsgeschichtlichen Daten gesichert, so könnte die Darstellung des Einflusses von David Hume und Adam Smith auf Humboldt besonders lohnenswert sein.[818] So jedoch genügt eine summarische Skizzierung. Diese ist nötig, weil auf ihrer Grundlage gezeigt werden kann, worauf Humboldt zurückgreifen konnte.

I. David Humes mutmaßlicher Einfluss auf Humboldt

Eine schwer zu definierende Sonderstellung nimmt hier David Hume ein. Seine Rechts- und Staatsphilosophie, der etwa die fundamentale Trennung zwischen Sein und Sollen zu verdanken ist,[819] wird gemeinhin vernachlässigt und kann auch hier nicht adäquat wiedergegeben werden.[820] Immerhin aber ist seine Staatsphilosophie aufs engste mit dem Begriff des Liberalismus verwoben.[821] Neben der Übertragung des Besitzes durch Zustimmung und der Erfüllung von Versprechungen zählt Hume die Sicherheit des Besitzes zu den drei Grundgesetzen des Naturrechts,[822] womit ein gewisser Bezug zu Humboldt zumindest nahe liegend ist.

---

816 Aus der italienischen Rezeption der Schrift sei hingewiesen auf *M. Minghetti*, Stato e Chiesa, 1878; *F. Tessitore*, I fondamenti della filosofia politica di Humboldt, 1965.

817 Instruktiver Überblick über die schottische Aufklärung bei *K. Ballestrem*, Festgabe für H. Hürten, 1988, S. 317. Siehe auch *C. L. Griswold*, Adam Smith and the virtues of Enlightenment, 1999.

818 Zu ihrer beider Rechtsphilosophie *K. Haakonssen*, The Science of a Legislator. The Natural Jurisprudence of David Hume and Adam Smith, 1981.

819 *D. Hume*, A Treatise of Human Nature, 1738; deutsch: Ein Traktat über die menschliche Natur, Üb. von Th. Lipps, 1906, II. Teil, S. 245.

820 Monographisch *W. Wallenfels*, Die Rechtsphilosophie David Humes, 1938.

821 Vgl. nur *F. Meineke*, Die Entstehung des Historismus, 1938, Band I, S. 234.

822 *D. Hume*, ebenda, S. 293.

1. Laisser faire

Wichtiger ist aber etwas Prinzipielles in Humes Denken, das auch Humboldt entgegen kommt und das darin besteht, dass möglichst der Natur Lauf gelassen wird. Dieser Gedanke des laisser faire, der sogleich noch vertieft wird,[823] findet auch in den staatsphilosophischen Arbeiten Humes seinen Niederschlag. Er verleitet ihn zu der Annahme, dass – anders als nach Hobbes und Locke – ein Gesellschaftsvertrag nicht erforderlich ist. Vielmehr resultiert der Zusammenschluss naturgemäß daraus, dass der Zusammenhalt hilft, äußeren Gefahren gemeinsam zu trotzen. Ausgehend von der natürlichen Autorität des Familienoberhauptes findet auch im Staat eine Unterwerfung zum Zweck der Sicherung statt, die auch nach Bewältigung der Gefahren gewohnheitsgemäß beibehalten wird.[824]

Dieser Gedanke wird uns annäherungsweise, aber mit markanten Unterschieden im Einzelnen, noch an späterer Stelle begegnen.[825] Er divergiert auf den ersten Blick stark von Humboldts Ideen, da ihm der Gesellschaftsvertrag – so wenig er auch dort ausgearbeitet, aber immerhin doch vorausgesetzt ist – ganz fehlt. Auf der anderen Seite lenkt er den Blick auf das Naturgemäße, eine Sicht, die Humboldt, wie im ersten Teil verschiedentlich gesehen,[826] durchaus entspricht. Hinzu kommt, dass der Topos des laisser faire den Blick auf Adam Smith öffnet, dessen Gedanken noch eher zu Humboldts Ideen zu passen scheinen.

2. Hypothetischer Einfluss

So ergibt sich in der Zusammenschau, dass sowohl Adam Smith, von dem sogleich die Rede sein wird, als auch David Hume konvergierende Gedanken über Gründung und Funktionieren des Staates hatten, von denen durchaus vorstellbar ist, dass ein Eklektiker, wie es Humboldt war, Nutzen daraus ziehen konnte. Friedrich August von Hayek bemerkt gar:[827] „Sicher wussten Kant, aber auch die beiden anderen großen Liberalen, Schiller und Humboldt, über Hume besser Bescheid, als dies auf die folgenden Generationen zutraf, die völlig von französischen Ideen

---

823 Unter Kapitel 8 II.

824 *E. v. Aster*, Geschichte der Philosophie, 1932, S. 227.

825 In Kapitel 11.

826 Kapitel 1 unter I und II.

827 Näher *J. Petersen*, Freiheit unter dem Gesetz. Friedrich August von Hayeks Rechtsdenken, 2014.

und insbesondere vom Einfluss Rousseaus beherrscht waren."[828] Aber letztlich ist dies Spekulation, zumal sich in Humboldts Werk – anders als bei Kant – nicht nachweisen lässt, dass er gerade durch Hume inspiriert wurde. Auch wenn Hume für die angloamerikanische Rechtsphilosophie prägend wurde,[829] soll es hier bei diesen allgemeineren Hinweisen bewenden.

II. Adam Smith als Vorreiter

Interessanter sind die Übereinstimmungen der Ideen Humboldts mit den Gedanken von David Humes Freund Adam Smith,[830] der zwei Jahre vor der Niederschrift der Humboldtschen Staatsschrift starb. Man könnte dem Einfluss von Adam Smith auf Wilhelm von Humboldt ohne weiteres eine eigene Monographie widmen, obwohl oder gerade weil auch hier vieles im Dunkeln liegt und die Rezeption alles andere als gesichert ist.[831] Es erscheint gleichwohl weiterführend, die nahe liegende ideengeschichtliche Verbindung zwischen beiden zu erörtern, zumal auch über die philosophiegeschichtlichen Einflüsse, die auf Adam Smith wirkten, spekuliert wird.[832] Umgekehrt wird die Theorie der ethischen Gefühle von Adam Smith gerade im deutschsprachigen[833] Raum nicht selten[834] – ob zu Recht

828 *F. A. v. Hayek*, Die Rechts- und Staatsphilosophie David Humes; in: Freiburger Studien, 1994, S. 232, 235.

829 Vgl. nur *J. Rawls*, Eine Theorie der Gerechtigkeit, Üb. von H. Vetter, 1975, S. 50, 148f. mit Fußnote 2, S. 211 ff., 297, 372 Fußnote 2; siehe auch *M. Sandel*, Liberalism and the Limits of Justice, 1982; *Ch. Taylor*, Negative Freiheit?, 1992, S. 145 mit Fußnote 1.

830 Zum Verhältnis beider zueinander *K. Graf Ballestrem*, David Hume und Adam Smith. Zur philosophischen Dimension einer Freundschaft, in: Adam Smith als Moralphilosoph (Hg. Ch. Fricke/H.-P. Schütt), 2005, S. 331. Eingehend zum Folgenden *J. Petersen*, Adam Smith als Rechtstheoretiker, 2012.

831 Siehe dazu *H. C. Recktenwald*, An Adam Smith Renaissance in 1976? The Bicentenary Output – A Reappraisal of His Scholarship, in: Journal of Economic Literature 16 (1978) 56.

832 *J. R. Otteson*, Adam Smith und die Objektivität moralischer Urteile: Ein Mittelweg, in: Adam Smith als Moralphilosoph (Hg. Ch. Fricke/H.-P. Schütt), 2005, S. 30, nennt in der Nachfolge von *S. Toulmin* (Cosmopolis. The Hidden Agenda of Modernity, 1990) etwa Erasmus und Montaigne. Zu Letzterem *J. Petersen*, Montaignes Erschließung der Grundlagen des Rechts, 2014.

833 Aus dem angloamerikanischen Schrifttum insbesondere *S. Fleischacker*, Smith und der Kulturrelativismus, in: Adam Smith als Moralphilosoph (Hg. Ch. Fricke/H.-P. Schütt), 2005, S. 100, 124, der zwar eine Verwandtschaft zwischen Kant und Smith konstatiert, aber nicht so weit geht zu sagen, „Smith habe Kant *bloß* antizipiert" (Hervorhebung auch dort).

834 Siehe nur *G. Lohmann*, Sympathie und Unparteilichkeit bei Adam Smith, in: Adam Smith als Moralphilosoph (Hg. Ch. Fricke/H.-P. Schütt), 2005, S. 88.

oder zu Unrecht[835] – als Meilenstein auf dem Wege zur Ethik Kants begriffen,[836] wodurch allein sie schon von Interesse für den vorliegenden Zusammenhang ist,[837] da Humboldt wiederum, wie verschiedentlich gesehen, maßgeblich von der Moralphilosophie Kants geprägt ist.

1. Adam Smith als Moralphilosoph

Der grandiose Erfolg seines Buchs über den Wohlstand der Nationen, das Schumpeter als erfolgreichstes Buch über die ökonomische Wissenschaft bezeichnete,[838] hat in Vergessenheit geraten lassen,[839] dass Adam Smith einen wesentlichen Teil seines Werks der Moralphilosophie gewidmet hat.[840] Sein zweibändiges Werk über die „Theorie der ethischen Gefühle“[841] legt sogar die moralphilosophische Grundlage für sein nationalökonomisches Hauptwerk.[842] Das hat im Schrifttum zu der Annahme geführt, dass die von Smith intendierte

835 *G. Lohmann*, Festschrift für J. Habermas, S. 434 ff., hat die hierzulande vorherrschende Sicht freilich einer kritischen Betrachtung unterzogen.

836 Näher *C. v. Villiez*, Sympathische Unparteilichkeit: Adam Smiths moralischer Kontextualismus, in: Adam Smith als Moralphilosoph (Hg. Ch. Fricke/H.-P. Schütt), 2005, S. 64; *K. Abramson*, Tugendideale in Smiths *Theorie der moralischen Gefühle*, ebenda, S. 248 f.

837 Grundlegend zum Verhältnis zwischen Kant und Smith *S. Fleischacker*, A Third Concept of Liberty. Judgment and Freedom in Kant and Adam Smith, 1999; *ders.*, Kant-Studien 82 (1999) 249 ff.

838 Paradigmatisch zur ungebrochenen Aktualität *M. Friedman*, Adam Smith's Relevance for 1976, Selected Papers No. 50, Graduate School of Business. The University of Chicago, 1977.

839 In Erinnerung gerufen wurde es in Deutschland vor allem durch *E. Tugendhat*, Vorlesungen über Ethik, 1993, S. 282 ff.

840 Er war übrigens seit 1752 Nachfolger seines Lehrers Francis Hutcheson (zu ihm *H. Jensen*, Motivation and the Moral Sense in Francis Hutcheson's Ethical Theory, 1971; *W. Leidhold*, Ethik und Politik bei Francis Hutcheson, 1985) auf dem Lehrstuhl für Moralphilosophie an der Universität Glasgow; vgl. *Ch. Fricke/H.-P. Schütt* in der Einleitung (S. 1) des von ihnen herausgegebenen Bandes „Adam Smith als Moralphilosoph“, 2005. Zur Moralphilosophie der drei Denker vergleichend *V. M. Hope*, Virtue by Consensus. The Moral Philosophy of Hutcheson, Hume and Adam Smith, 1989.

841 *A. Smith*, The Theory of Moral Sentiments, 1759 (deutsch: Theorie der ethischen Gefühle, nach der Üb. von W. Eckstein, 2004). Die folgenden Auflagen hat Smith übrigens (etwa die 3. Auflage 1776) durch eine „Abhandlung über den Ursprung der Sprachen“ erweitert; auch dieses sprachphilosophische Interesse verbindet ihn mit Humboldt.

842 *A. L. Macfie*, Adam Smith's Moral Sentiments as Foundation of His Wealth of Nations, Oxford Economic Papers 11 (1959) 209; *ders.*, The Individual in Society: Papers on Adam Smith, 1967; aus dem älteren Schrifttum *W. Hasbach*, Untersuchungen über Adam Smith und die Entwicklung der Politischen Ökonomie, 1891; *J. Bonar*, Philosophy and Political Economy, 3. Auflage 1922.

Analogie zwischen moralischem und ökonomischem Markt eine Verbindungslinie seiner Werke zur Moralphilosophie mit dem ‚Wohlstand der Nationen' bildet.[843] Nach anderer Ansicht begriff Smith die politische Ökonomie sogar als einen „Zweig der Moralphilosophie"[844]

a) Das moralische Gefühl bei Smith und Humboldt

Auch als Moralphilosoph zeichnete sich Smith übrigens durch einen bemerkenswerten und für den angelsächsischen Bereich bezeichnenden Pragmatismus aus, der im Kontrast zum spekulativen Idealismus steht;[845] hierin liegt paradoxerweise eher eine äußerliche Gemeinsamkeit als ein Unterschied zu Humboldt, dessen Ideen ungeachtet ihrer idealistischen Provenienz, wie verschiedentlich bemerkt, ein pragmatischer Grundzug eignete, der sie für den angloamerikanischen Rechtskreis interessant machte. Dem Titel entsprechend macht er das Gemeinschaftsgefühl zum bestimmenden Begriff der Ethik. Ohne auf die Einzelheiten dieser Konzeption einzugehen, lässt sich bereits daran sehen, dass die für Humboldt zentrale Kategorie des „moralischen Gefühls",[846] von der in den Ideen durchgängig die Rede ist, nicht neu war.[847] Dabei muss freilich wiederum in Rechnung gestellt werden, dass es sich zugleich um einen auch bei Kant[848] und Jacobi anzutreffenden Topos der Aufklärung handelt,[849] so dass auch hier nicht der Vorwurf des bloßen Plagiats im Raum steht. Indes bestätigt sich hier die Einschätzung, dass Humboldt in vieler Hinsicht Eklektiker war und hinsichtlich der Originalität seiner Ideen zumindest nicht an Adam Smith heranreichte.

---

843 *J. R. Otteson*, Adam Smith's Marketplace of Life, 2002, Kapitel 7; siehe auch *dens.*, Adam Smith's First Market: The Development of Language, History of Philosophical Quaterly 19 (2002) S. 65 ff.

844 *C. L. Griswold*, Fair play, Übelnehmen und der Sinn für Gerechtigkeit: Kritische Überlegungen zu Adam Smith, in: Adam Smith als Moralphilosoph (Hg. Ch. Fricke/H.-P. Schütt), 2005, S. 128, 131.

845 *H. C. Recktenwald*, Würdigung des Werkes, in: Adam Smith, Der Wohlstand der Nationen, 10. Auflage 2003, S. XVI.

846 Zur Geschichte dessen bei Smith *G. Mohr*, „Moral Sense" – Zur Geschichte einer Hypothese und ihrer Kritik bei Adam Smith, in: Adam Smith als Moralphilosoph (Hg. Ch. Fricke/H.-P. Schütt), 2005, S. 304.

847 Vgl. nur *Humboldt*, Ideen, S. 166 (189).

848 Siehe nur *C.-G. Park*, Das moralische Gefühl in der britischen *moral-sense*-Schule und bei Kant, 1995. Näher *J. Petersen*, Adam Smith als Rechtstheoretiker, 2012.

849 Näher oben im 6. Kapitel unter I 1 a).

b) Die moralphilosophische Methode Adam Smiths

Ein schlaglichtartiger Blick auf die Vorgehensweise illustriert wesentliche Gemeinsamkeiten und Unterschiede beider. Schon der erste Satz der Theorie des ethischen Gefühls lehrt,[850] wie nahe sich Humboldt und Smith bezüglich bestimmter anthropologischer Grundannahmen stehen: „Mag man den Menschen für noch so egoistisch halten, es liegen doch offenbar gewisse Prinzipien in seiner Natur, die ihn dazu bestimmen, an dem Schicksal anderer Anteil zu nehmen, und die ihm selbst die Glückseligkeit dieser anderen zum Bedürfnis machen, obgleich er keinen anderen Vorteil daraus zieht, als das Vergnügen, Zeuge davon zu sein.“[851] Neben dem empiristischen Vorgehen[852] ist es vor allem die reflexive Wahrnehmung des Anderen,[853] die beiden eigen ist. Dabei erweist sich Smith als weniger egozentrisch denn Humboldt, da er die moralischen Gefühle methodologisch vor allem dadurch erschließt,[854] dass er sich in den Anderen hineinversetzt und die Ergebnisse als außenstehender Beobachter (impartial spectator)[855] wiedergibt,[856] während Humboldt streng von sich aus deduzierte. Zugleich führt dies Smith zu einer – auch im Vergleich zu Humboldts idealistischen Beurteilung – sehr realistischen Wahrnehmung der Interessen des Anderen, die dann seinem nationalökonomischen Hauptwerk zugute kam, aber nichtsdestoweniger von führenden Nationalökonomen mitunter auch kritisiert wurde.[857]

---

850 Zu ihm, wenngleich in anderer Übersetzung, und seiner wegweisenden Ausrichtung näher *J. R. Otteson*, Adam Smith und die Objektivität moralischer Urteile: Ein Mittelweg, in: Adam Smith als Moralphilosoph (Hg. Ch. Fricke/H.-P. Schütt), 2005, S. 15, 21 mit Fußnote 15.

851 *A. Smith*, Theorie der ethischen Gefühle, Üb. von W. Eckstein, 2004, S. 1.

852 *G. Lohmann*, Sympathie ohne Unparteilichkeit ist willkürlich, Unparteilichkeit ohne Sympathie ist blind. Sympathie und Unparteilichkeit bei Adam Smith, in: Adam Smith als Moralphilosoph (Hg. Ch. Fricke/H.-P. Schütt), 2005, S. 88, 89.

853 Zu ihr am Beispiel Humboldts näher am Ende des ersten Teils.

854 Zur Genesis moralischer Normen bei Adam Smith *Ch. Fricke*, Genesis und Geltung moralischer Normen – Ein Gedankenexperiment von Adam Smith, in: Adam Smith als Moralphilosoph (Hg. dies./H.-P. Schütt), 2005, S. 33 ff.

855 Pointiert *C. L. Griswold*, ebenda, S. 128, 153: „Der unparteiische Zuschauer erscheint als ein Philosoph im Sinne des Begriffs des 18. Jahrhunderts – oder zumindest als ein paradigmatisch tugendhafter Akteur, der Smiths ökonomische und moralische Schriften verstanden hat.“ Siehe dazu auch *A. Garrett*, *V. Brown* und *K. Abramson*, ebenda, S. 160 ff.; 190 ff., 214 ff.

856 *A. Smith*, ebenda, S. 24 ff. und öfter. Näher *J. Petersen*, Adam Smith als Rechtstheoretiker, 2012.

857 Etwa von *J. Schumpeter*, Kapitalismus, Sozialismus und Demokratie, 2. Auflage 1950; siehe zu Adam Smith auch *dens.*, History of Economic Analysis, 1954, S. 310.

c) Regeln der Gerechtigkeit

In seiner Theorie der ethischen Gefühle hat Smith auch Fragen behandelt, die von rechtsphilosophischem Interesse sind. Smith hatte eine Geschichte des Rechts und Staatswesens entworfen und teilweise ausgearbeitet, aber nie vollendet und deshalb kurz vor seinem Tode die Vernichtung der Manuskripte angeordnet. Ursprünglich hatte er eine umfassende Kulturgeschichte verfassen wollen, deren moralphilosophische und nationalökonomische Teile auf uns gekommen sind, aber insoweit nur ein Teil des Ganzen sein sollten.[858] Daher lassen sich auch seine rechtsphilosophischen Gedanken nicht vollständig erschließen.[859] Erhalten sind allerdings seine Lectures on Jurisprudence,[860] deren rechtsphilosophische Durchdringung im Übrigen mitnichten abgeschlossen ist.

Ausgehend von seiner zuletzt dargestellten Methode und geleitet von der Prämisse, dass zu den moralischen Gefühlen auch die Sympathie gehört,[861] welche das egoistische Handeln mit Blick auf den Anderen in Schranken hält, ergeben sich wesentliche rechtsphilosophische Folgerungen. Diese entwickelt Smith in seinen Regeln der Gerechtigkeit.[862] Die Sympathie erweist sich so als Gerechtigkeitssinn. Gerechtigkeit in diesem Sinne kann man zusammenfassen als die „obligatorische Befolgung von Grundsätzen des Verhaltens (...), deren Befolgung beim unparteiischen Zuschauer Übelnehmen hervorruft und das Verlangen nach angemessener Strafe".[863] Zu den Regeln der Gerechtigkeit gehört nicht nur dasjenige, was der Mensch selbst anerkennt und dementsprechend Anderen aufbürdet, sondern auch ein System positiver Gesetze, das sich als nötig erweist, um die mit dem persönlichen Streben nach Wohlstand und sozialer Achtung

---

858 *H. C. Recktenwald*, Einführung in: Adam Smith, Der Wohlstand der Nationen, 10. Auflage 2003, S. XXXII („Torso einer Kuturgeschichte"); siehe auch *J. Schumpeter*, Geschichte der ökonomischen Analyse, 1965, Band 1, S. 248.

859 Ansätze finden sich im Schrifttum etwa bei *J. Salter*, Adam Smith on Justice and Distribution in Commercial Societies, Scottish Journal of Political Economy 41 (1994) 299; sowie *R. Verburg*, Adam Smith's Growing Concern on the Issue of Distributive Justice, European Journal of the History of Economic Thought 7 (2000) 23.

860 Ed. by R. L. Meek, D. D. Raphael, P. Stein, Oxford 1978; deutsche Ausgabe der Vorlesungen über Rechts- und Staatswissenschaften, übersetzt, eingeleitet und kommentiert von D. Brühlmeier, 1996.

861 Zum Schlüsselbegriff der Sympathie bei Adam Smith *G. Lohmann* (S. 88 ff.); *C. v. Villiez* (S. 64 ff.) und *R. C. Solomon* (S. 251 ff.) in: Adam Smith als Moralphilosoph (Hg. Ch. Fricke/H.-P. Schütt), 2005.

862 *A. Smith*, Theorie der ethischen Gefühle, Üb. von W. Eckstein, 2004, S. 122 ff.

863 *C. L. Griswold*, Fair play, Übelnehmen und der Sinn für Gerechtigkeit: Kritische Überlegungen zu Adam Smith, in: Adam Smith als Moralphilosoph (Hg. Ch. Fricke/H.-P. Schütt), 2005, S. 128, 136.

einhergehende Beeinträchtigung der Anderen auszugleichen und sinnvoll zu beschränken. Dieses System positiver Gesetze, dessen Merkmal die gemeinsame Geltung ist, ist letztlich gleichbedeutend mit dem Staat, dessen Notwendigkeit Adam Smith also moralphilosophisch begründet hat.

d) Moralphilosophischer Vergleich im Spiegel der Aufklärung

Bereits diese knappe Skizzierung verrät, wie viel aufgeklärter die Gedanken Smiths im Verhältnis zu denen Humboldts sind.[864] Der für die soziale Marktwirtschaft, die mit seinem Namen verbunden ist, bis heute prägende Gesichtspunkt der von ihm so genannten Sympathie ist Humboldt fremd. Er propagiert demgegenüber eine Marktwirtschaft in Reinkultur, die in ihrer Rigorosität vergleichsweise rudimentär anmutet. Nur deshalb kommt Humboldt auch mit dem normativen Gerüst eines neminem laedere aus, demgegenüber sich jede weitere Normierung als grundsätzlich illegitim erweist. Nur gegenüber Unmündigen anerkennt er die kompensatorische Notwendigkeit der Intervention.

Hieran zeigt sich, wie unerlässlich die moralphilosophische Fundierung für das nationalökonomische Werk bei Adam Smith ist, wohingegen die moralphilosophische Unterfütterung der Ideen ausgehend von der kantischen Trennung zwischen Legalität und Moralität parallel verläuft und dementsprechend wenige Berührungen zulässt. Für das unterschiedlich ausdifferenzierte Gerechtigkeitsverständnis ist zudem folgende Stelle bei Adam Smith zu berücksichtigen: „Das Eigentum, das jeder Mensch an seiner Arbeit besitzt, ist in höchstem Maße heilig und unverletzlich, weil es im Ursprung alles andere Eigentum begründet. Das Erbe eines armen Mannes liegt in der Kraft und in dem Geschick seiner Hände, und ihn daran zu hindern, beides so einzusetzen, wie er es für richtig hält, ohne dabei seinen Nachbarn zu schädigen, ist eine offene Verletzung dieses heiligsten Eigentums (und) offenkundig ein Übergriff in die wohlbegründete Freiheit des Einzelnen."[865]

Vergleicht man dies mit dem Eigentumsverständnis Humboldts, von dem im ersten Teil die Rede war,[866] so ergibt sich, dass beide Konzeptionen in ihrem jeweiligen Kontext dem Geist der Aufklärung verpflichtet sind, das Eigentum bei Smith jedoch unvergleichlich konkreter vorausgesetzt ist als in Humboldts idea-

---

864 Zu Recht bemerkt *H. C. Recktenwald* (Einführung in: Adam Smith, Der Wohlstand der Nationen, 10. Auflage 2003, S. XLI): „Es handelt sich dabei um einen *geläuterten*, einen *aufgeklärten* und einen sozialen und rechtlichen *Regeln unterworfenen* Egoismus." (Hervorhebungen auch dort).

865 *A. Smith*, Der Wohlstand der Nationen, Üb. von H. C. Recktenwald, S. 106. Näher *J. Petersen*, Adam Smith als Rechtstheoretiker, 2012.

866 Im 3. Kapitel unter I sub 3.

listischer Vorstellung.[867] Adam Smith urteilt nicht nur im Wortsinne radikaler, sondern auch vergleichsweise schärfer als Humboldt. Hier zeigt sich paradigmatisch, warum Adam Smith wirkungsmächtiger wurde als Wilhelm von Humboldt mit seinen Ideen. Auch in rechtsphilosophischer Hinsicht ist dies folgerichtig, zumal die Humboldt vorschwebende Idee des Eigentums weniger handhabbar ist als der von Smith hergeleitete „Übergriff in die wohlbegründete Freiheit", weil die – obzwar gleiche wie bei Humboldt, nämlich letztlich in der Freiheit begründete – Wertungsgrundlage klarer zum Ausdruck kommt.[868]

2. Nationalökonomie

Mit dem zuletzt vorgestellten Zitat ist bereits übergeleitet zur epochalen Leistung von Adam Smith, die jedoch, wie nochmals in Erinnerung zu rufen ist, in einem engen Kausal- und Verweisungszusammenhang mit seinen moralphilosophischen Arbeiten steht. Vergleicht man jedoch die Grundgedanken von Adam Smith auf dem Gebiet der Nationalökonomie mit den Prämissen Humboldts, so wirken dessen Ideen geradezu plagiatorisch. Smith postuliert ein „offenbares und einfaches System der natürlichen Freiheit."[869] Vor allem seine Annahme, wonach die Regulierung durch den Staat der Volkswirtschaft schädlich sein kann, ist im Hinblick auf die Ideen Humboldts aufschlussreich.

a) System der natürlichen Freiheit

Das so genannte System der natürlichen Freiheit[870] besagt im Grundsatz wenig anderes als das, was gut eineinhalb Jahrzehnte später auch Humboldt für uner-

---

867 Vgl. unter diesem Gesichtspunkt nochmals *Humboldt*, Ideen, S. 32 (72 f.): „Nun aber hält der Mensch das nie so sehr für sein, was er besitzt, als was er tut, und der Arbeiter, welcher einen Garten *bestellt*, ist vielleicht in einem wahreren Sinne *Eigentümer* als der müßige Schwelger, der ihn genießt." (Hervorhebungen auch dort).

868 Dementsprechend folgert *C. L. Griswold*, Fair play, Übelnehmen und der Sinn für Gerechtigkeit: Kritische Überlegungen zu Adam Smith, in: Adam Smith als Moralphilosoph (Hg. Ch. Fricke/H.-P. Schütt), 2005, S. 128, 139: „Es ist eine *normative Jurisprudenz*, die zum größten Teil im Rahmen der begrifflichen Grenzen der kommutativen Gerechtigkeit bleibt und sich auf eine Doktrin der individuellen Freiheit von moralisch gleichberechtigten Individuen gründet." (Hervorhebung nur hier).

869 *A. Smith*, Der Wohlstand der Nationen, Üb. von H. C. Recktenwald, zu Beginn des IV. Buches; vgl. ferner im dortigen Kapitel 9.

870 Ob dem auch diese Vorstellung einer universellen Gleichheit zugrunde liegt, wird kontrovers diskutiert, aber mit guten Gründen (vgl. *S. Darwall*, Smith über die Gleichheit der Würde und den

lässlich hielt, nämlich die Pflicht des Staates, den Einzelnen möglichst unbehelligt zu lassen. In diesem Zustand weitestgehender Freiheit vom Staat ist nach Adam Smith „jeder Mensch, solange er die Gesetze nicht verletzt, völlig frei, seine Interessen in seiner Weise zu verfolgen."[871] Das ist beinahe wortgetreu die Humboldtsche Grenzziehung. Auch die zugrunde liegende Annahme stimmt mit den Prämissen Humboldts überein, namentlich der Gedanke, dass das Gemeinwohl optimal gefördert wird durch die Kultivierung des Eigennutzes. Davon wird weiter unten noch die Rede sein.[872] Dabei ist das System der natürlichen Freiheit als System vollkommener Gerechtigkeit gleichsam für Smith etwas Utopisches.[873] Was bei Smith die treibende Kraft ist, nämlich die Arbeit des Menschen im Interesse der Verbesserung seiner materiellen und sozialen Verhältnisse, ist zumindest auch eine Ausprägung dessen, was Humboldt unter den Kräften des Menschen versteht. Es ist letztlich dasjenige, was auch Humboldt als das „freie Spiel der Kräfte" bezeichnet.[874] Allerdings ist auch hier für Smith die „Sympathie" entscheidend, da das Urteil über die Gerechtigkeit des freien Markts nicht zuletzt davon abhängt, ob auf Seiten eines unparteiischen Zuschauers das Gefühl einer sympathetischen Entrüstung über den gegebenen Zustand entsteht,[875] weshalb auch von einem System des „sympathetischen Liberalismus" gesprochen wird.[876] Das System der natürlichen Freiheit steht also in einem engen Zusammenhang zu seiner Konzeption des Gerechtigkeitssinns.[877] Auch im Bereich der staatlichen Förderung von Bildungseinrichtungen – um nur einen für Humboldt besonders zentralen Bereich zu nennen – finden sich wegweisende Gedanken bereits bei Adam Smith.[878]

Standpunkt der 2. Person, in: Adam Smith als Moralphilosoph, Hg. Ch. Fricke/H.-P. Schütt, 2005, S. 178) angenommen.

871 Vgl. *R. Dahrendorf*, Rezension zu Adam Smith, Der Wohlstand der Nationen, Zeit-Bibliothek der 100 Sachbücher (Hg. F. J. Raddatz), 1984, S. 103, 104. Näher *J. Petersen*, Adam Smith als Rechtstheoretiker, 2012.

872 In den beiden Schlusskapiteln.

873 *C. L. Griswold*, Fair play, Übelnehmen und der Sinn für Gerechtigkeit, in: Adam Smith als Moralphilosoph (Hg. Ch. Fricke/H.-P. Schütt), 2005, S. 128, 157; zur Utopie in diesem Zusammenhang ebenfalls im vorletzten und letzten Kapitel.

874 *Humboldt*, Ideen, S. 31 (72).

875 *C. L. Griswold*, ebenda, S. 128, 139.

876 *S. Darwall*, Sympathetic Liberalism: Recent Work on Adam Smith, Philosophical and Public Affairs 28 (1999) 139 ff.

877 *C. L. Griswold*, ebenda, S. 128, 142.

878 *A. Smith*, Der Wohlstand der Nationen, Üb. von H. C. Recktenwald, Buch V., Kapitel I, Zweiter Abschnitt.

Bei aller Betonung der Übereinstimmungen darf aber eine zentrale Divergenz nicht unbeachtet bleiben. Diese ergibt sich ihrerseits aus einer – wiederum frappierenden – Übereinstimmung. Smith gibt dem Staat nämlich dreierlei auf, wobei die ersten beiden Pflichten von Humboldt zumindest der Sache nach unverändert aufgegriffen wurden: Der Staat muss zuvörderst den Schutz nach außen sowie Recht und Ordnung im Innern gewährleisten. Diese beiden Erfordernisse nehmen Humboldts Standpunkt wie gesagt exakt vorweg.

b) Mitberücksichtigung der Daseinsvorsorge

Die dritte Anforderung an den Staat ist jedoch umso bemerkenswerter, als sie bei Humboldt keine Übereinstimmung findet. Danach hat der Staat „die Pflicht, bestimmte öffentliche Anstalten und Einrichtungen zu gründen und zu unterhalten, die ein einzelner oder eine kleine Gruppe aus eigenem Interesse nicht betreiben kann."[879] Dabei geht es etwa um die allgemeine Schulpflicht, aus welcher der Staat zwar keinen unmittelbaren Nutzen ziehe, wohl aber den langfristigen, dass er kein Interesse daran haben könne, dass die Armen Analphabeten blieben.[880]

Dieses Moment unerlässlicher Daseinsvorsorge leugnet Humboldt a limine. Es macht seinen Ansatz zugleich angreifbar, weil es Ausdruck einer Rigorosität ist, die seine Ideen nurmehr theoretisch interessant, aber praktisch wirkungslos werden ließ.[881] Es ist interessant, dass sich in diesem Punkt eine vergleichsweise höhere Anerkennung der Notwendigkeit einer partiellen Wohlfahrtgesetzgebung bei einem angelsächsischen gegenüber einem deutschem Autor findet, obwohl es landläufiger Ansicht entspricht, dass gerade im angloamerikanischen Rechtskreis Wohlfahrtselemente in den Verdacht ungerechtfertigter Umverteilung gerieten. Im letzten Kapitel dieser Abhandlung wird sich zeigen, dass damit Buchanans Zweiteilung in den productive state und den protective state vorweggenommen wurde. Mag dieser auch bei Humboldt schon angelegt sein, so ist jener eine Eingebung von Adam Smith, der sich deshalb auch als wirkungsmächtiger erwies,

879 *A. Smith*, Der Wohlstand der Nationen, Üb. von H. C. Recktenwald, S. 582.

880 *A. Smith*, ebenda, S. 667. Im Schrifttum wird kontrovers diskutiert, ob es dabei um Gesichtspunkte der Nützlichkeit geht (vgl. *C. L. Griswold*, ebenda, S. 128, 147 Fußnote 22) oder der (distributiven) Gerechtigkeit (in diese Richtung *S. Fleischacker*, On Adam Smith's Wealth of Nations: a Philosophical Companion, 2004, Kapitel 10). Im Hintergrund steht hier die weitere Frage, ob sich der unparteiische Zuschauer in der Zeit weiterentwickeln könne (dazu *C. L. Griswold*, ebenda, S. 128, 158 Fußnote 44). Am ehesten wird man ihn als „regulative Idee" im Sinne Kants ansehen können.

881 Dazu bereits näher am Ende des ersten Teils.

weil er den ökonomischen, aber eben auch anthropologischen Anforderungen der Gesellschaft in weitsichtigerer Weise gerecht wurde.

c) Staatliche Intervention

Es stimmt also nicht, wie weithin angenommen wird, dass staatliche Intervention Adam Smith von vornherein verdächtig ist. So anerkennt er Eingriffe etwa in extremen Ausnahmefällen, wie zum Beispiel bei der in seinen Ausführungen vergleichsweise breit abgehandelten Getreidegesetzgebung.[882] Dasjenige, was Adam Smith hierzu sagt,[883] würde Humboldt wohl nicht einmal ausnahmsweise gelten lassen. Am Maßstab eines gesamtwirtschaftlichen Effizienzkriteriums ausgerichtet, lässt er Interventionen vielmehr zu, wobei diese typischerweise zeitlich begrenzt sind. Ebenso wenig trifft es zu, dass Smith den freien Markt einschränkungslos verteidigt.[884] Der Staat ist also weder überflüssig noch auf ein Mindestmaß zurück gestutzt. Erst recht ist er kein notwendiges Übel.[885]

Zur Verdeutlichung des Zusammenhangs sei daher zusammenfassend die entscheidende Passage aus dem ‚Wohlstand der Nationen' noch einmal wiedergegeben: „Gibt man daher alle Systeme der Begünstigung und Beschränkung auf, so stellt sich ganz von selbst das einsichtige und einfache System der natürlichen Freiheit her. Solange der Einzelne nicht die Gesetze verletzt, lässt man ihm völlige Freiheit, damit er das eigene Interesse auf seine Weise verfolgen kann und seinen Erwerbsfleiß und sein Kapital im Wettbewerb mit jedem anderen oder einem anderen Stand entwickeln oder einsetzen kann. Der Herrscher wird dadurch vollständig seiner Pflicht entbunden, bei deren Ausübung er stets unzähligen Täuschungen ausgesetzt sein muss und zu deren Erfüllung keine menschliche Weisheit oder Kenntnis jemals ausreichen könnte, nämlich der Pflicht oder Aufgabe, den Erwerb privater Leute zu überwachen und ihn in Wirtschaftszweige zu

---

882 Hierzu im zeitgenössischen Kontext *D. Winch*, Riches and Poverty. An Intellectual History of Political Economy in Britain, 1750 – 1834, (1996), S. 205 ff.; zustimmend *C. L. Griswold*, ebenda, S. 128, 143 Fußnote 21.

883 Vgl. *A. Smith*, Der Wohlstand der Nationen, Üb. von H. C. Recktenwald, S. 451: „Einen Landwirt daran zu hindern, seine Erzeugnisse jederzeit auf den günstigsten Markt zu bringen, heißt augenscheinlich außerdem, das allgemein gültige Gesetz der Gerechtigkeit einer Idee der Gemeinnützigkeit, einer Art Staatsräson, zu opfern. Es handelt sich um einen Akt gesetzgebender Gewalt, die nur in äußersten Notfällen ausgeübt werden sollte und auch nur dann entschuldbar ist".

884 *C. L. Griswold*, ebenda, S. 128.

885 *H. C. Recktenwald*, Einführung in: Adam Smith, Der Wohlstand der Nationen, 10. Auflage 2003, S. LXV: „Es kann also keine Rede davon sein, dass in seinem System der Staat überflüssig oder auf ein Minimum reduziert sei. Auch ist er für ihn keine leidige Notwendigkeit".

lenken, die für das Land am nützlichsten sind. Im System der natürlichen Freiheit hat der Souverän lediglich drei Aufgaben zu erfüllen, die sicherlich von höchster Wichtigkeit sind, aber einfach und dem normalen Verstand zugänglich: Erstens die Pflicht, das Land gegen Gewalttätigkeit und Angriff anderer unabhängiger Staaten zu schützen, zweitens die Aufgabe, jedes Mitglied der Gesellschaft soweit wie möglich vor Ungerechtigkeit und Unterdrückung durch andere Mitbürger in Schutz zu nehmen oder ein zuverlässiges Justizwesen einzurichten, und drittens die Pflicht, bestimmte öffentliche Anstalten und Einrichtungen zu gründen und zu unterhalten, die ein einzelner oder eine kleine Gruppe aus eigenem Interesse nicht betreiben kann, weil der Gewinn ihre Kosten niemals decken könnte, obwohl er häufig höher sein mag als die Kosten für das ganze Gemeinwesen."[886]

3. Nachhaltigkeit des Einflusses

Die Nachhaltigkeit des Einflusses von Adam Smith wird uns im Folgenden wiederholt begegnen. Zum einen ist die von ihm kreierte Denkfigur der unsichtbaren Hand[887] bei der Erörterung der Konzeption Robert Nozicks von augenscheinlichem Interesse.[888] Zum anderen steht Adam Smith bei der Begrenzung der Freiheit durch James Buchanan allgegenwärtig im Hintergrund. Das wird im letzten Kapitel behandelt.[889] Bereits hier kann festgestellt werden, dass die starke Rezeption des Adam Smith gegenüber der vergleichsweise schwachen Wilhelm von Humboldts angesichts der Übereinstimmungen und des zeitlichen Verhältnisses zwischen beiden durchaus berechtigt ist, wenngleich sich zeigen wird, dass auch insoweit Humboldts Ideen ungeachtet der unleugbaren Eklektizismen nicht zu gering zu schätzen sind.

---

886 *A. Smith*, Der Wohlstand der Nationen, Üb. von H. C. Recktenwald, Buch IV Kapitel IX, S. 582.

887 Sehr skeptisch insoweit *C. L. Griswold*, ebenda, S. 128, 129: „Wenn man uns bedeutet, alles werde sich kraft einer ‚unsichtbaren Hand' zum Guten entwickeln, oder es werde sich auf irgendeine Weise kraft des weisen Plans der Natur die Gerechtigkeit des freien Markts durchsetzen, oder Fairness sei durch Spielregeln gewährleistet, die für alle gleich sind, dann fragen wir uns unwillkürlich, ob uns hier nicht das begegnet, was Marx und Engels ‚Ideologie' genannt hätten".

888 Dazu unten in Kapitel 11 I 8 a und b.

889 Unter III 1 b.

4. Vergleichende Würdigung

Vergleicht man – sofern das überhaupt möglich ist – Adam Smith moralphilosophische und nationalökonomische Konzeptionen mit den Ideen Humboldts, so scheinen diese schlecht abzuschneiden. In der Tat hat Smith eine ganze Dimension des Staates vorausgesehen, die Humboldt ignoriert und die sich auf lange Sicht durchgesetzt hat. Das soziale Element der Marktwirtschaft, die über die bloße Schutzfunktion hinausweisende Bestimmung des Staates, mitunter kurzfristige Wohlfahrtmaßnahmen einzuleiten, die aus dem Gedanken der Sympathie als moralischem Gefühl[890] geborene Konzeption lassen Humboldts vergleichsweise rudimentäre Ideen eindimensional erscheinen. Fast könnte man meinen, Humboldt habe sie zuerst entworfen und sie seien erst später von Mill verfeinert worden, wenn man nicht wüsste, dass Smith Jahrzehnte vor Humboldt ungleich differenzierter argumentierte. Bezüglich der naturrechtlichen Fundierung gibt es im Übrigen weitreichende Übereinstimmung, denn auch Smith Vorstellung des Gerechtigkeitssinns (sense of justice) ist stark naturrechtlich geprägt.[891]

Recktenwald hat die Übereinstimmungen und Unterschiede wie folgt zusammengefasst:[892] „Wie wir gesehen haben, hat die weitverbreitete, aber dennoch irrige Ansicht, Smith lehne im Grunde den Staat ab oder fordere ein Minimum öffentlicher Aufgaben, ihre Ursache in seiner *prinzipiellen* Verurteilung von *Eingriffen* in den *Markt* und in seiner tief verwurzelten Skepsis, was die Motive, mitunter auch die Kompetenz des Staates anlangt.[893] *Smith ist aber nicht Humboldt*, schon gar kein Manchester-Liberaler, denn er war niemals ein unvernünftiger Doktrinär, der das laisser-faire-Prinzip entstellt."[894]

Dabei sollte man indes nicht übersehen, wie sich Humboldt seinerseits im Verhältnis zu späteren Entwürfen behauptet, von denen in den folgenden Kapiteln die Rede sein wird. Gerade deshalb ist es so wichtig, seine Ideen nicht nur mit den Arbeiten John Stuart Mills, sondern vor allem dem Minimalstaatsentwurf Robert Nozick in Beziehung zu setzen, zumal damit das zeitliche Nacheinander ver-

890 Monographisch dazu *G. J. Andree*, Sympathie und Unparteilichkeit. Adam Smiths System der natürlichen Moralität, 2003.

891 *A. Smith*, Der Wohlstand der Nationen, Üb. von H. C. Recktenwald, S. 123; siehe auch *K. Graf Ballestrem*, David Hume und Adam Smith. Zur philosophischen Dimension einer Freundschaft, in: Adam Smith als Moralphilosoph (Hg. Ch. Fricke/H.-P. Schütt), 2005, S. 336, 340.

892 *H. C. Recktenwald*, Einführung in: Adam Smith, Der Wohlstand der Nationen, 10. Auflage 2003, S. LXXVI.

893 Hervorhebungen auch dort; unter Verweis auf *L. Robbins*, The Theory of Economic Policy in English Classical Political Economy, 1961; *J. Stigler*, Smith's Travels on the Ship of State, History of Political Economy 3 (1971) 265.

894 Hervorhebung nur hier; unter Verweis auf *A. Gray*, Adam Smith, 1948, S. 26.

vollständigt wird, indem nicht nur ein Vorläufer Humboldts in Gestalt von Smith, sondern auch ein Epigone zu Wort kommt. Denn dieser wird sich im Verhältnis zu den Ideen als vergleichsweise wenig weiterführend erweisen, während er sich gegenüber den Arbeiten von Adam Smith als pseudo-ökonomische Trivialisierung des Staates ausnimmt. Vor allem wird sich dabei zeigen, wie es sich rächt, wenn die rechts- und moralphilosophischen Versuche keine Fundierung der ökonomischen Folgerungen mehr sind, sondern zum garnierenden Beiwerk verkümmern, das Illegitimität staatlicher Einmischung beweisen soll.

5. Divergenzen im Freiheitsverständnis

Bevor im Folgenden diese Linie von Humboldt zu Nozick kritisch nachgezeichnet und weiterverfolgt wird, sei jedoch eine erhellende Beobachtung eines profilierten Kenners der deutschen Geistesgeschichte in rechtsphilosophischer und rechtshistorischer Hinsicht einerseits sowie der angloamerikanischen Tradition andererseits referiert, die zugleich weiterführend im Hinblick auf den Einfluss Adam Smiths auf Humboldt und das jeweilige Freiheitsverständnis ist. James Whitman, von dem die Rede ist, hat dies folgendermaßen zusammengefasst:[895]

„But in its modern form, it is an idea that was especially championed by Wilhelm von Humboldt in the early nineteenth century.[896] The early nineteenth century was a period when Germans were struggling with the economic liberalism of Adam Smith, trying to learn the lessons of Smith while preserving some role for a managed economy as well as for ideals of freedom that were not defined by the market. For writers of the period like Humboldt, it seemed essential to insist that human flourishing required the pursuit of individual fulfilment in forms the market could not provide. The paradigmatic free actor, for such German philosophers, was commonly the artist more than the consumer. The German philosophical tradition on the subject of freedom was thus close in spirit to the German tradition of so-called 'national' economics, a school critical of free trade and in many ways of the free market more broadly. That does not mean that German philosophers (or German economists) did not believe in the freedom to buy and sell, of course. Nor does it mean that there have never been English or American writers who have found the German approach wise and beautiful. It means only

895 *J. Whitman*, The Two Western Cultures of Privacy: Dignity Versus Liberty, Yale Law Journal 2004 (113) 1151, 1181 f.; siehe auch *dens.*, Enforcing Civility and Respect: Three Societies, Yale Law Journal 2000 (109) 1279.

896 Unter Verweis auf *L. Krieger*, The German Idea of Freedom: History of a Political Tradition, 1975, S. 166 ff.

that the German tradition always put less of an emphasis on consumer sovereignty, and more of an emphasis on unfettered creation, than the Anglo-American tradition did – and most especially on the unfettered creation of the self, on the fashioning of one's image and the realization of one's potentialities. This approach to the problem of freedom formed a fundamental part of what Leonard Krieger, writing in the wake of the Nazi experience, famously called 'The German Idea of Freedom': an idea different from Anglo-American ideas of liberty – an idea focused much more on inward self-realization, and consequently much more open to the exercise of state power and regulation of the market."

Diese Überlegungen sind wegweisend für die nachfolgende Untersuchung, weil sie insbesondere den unterschiedlich geprägten Freiheitsbegriff in der deutschen Tradition einerseits und der angloamerikanischen andererseits herausstellen.[897] Diese Präzisierung ist nicht zuletzt deshalb wichtig, weil andernfalls die Gefahr besteht, dass gleichsam um jeden Preis eine schnurgerade Linie von Kant und Humboldt zu Mill, Rawls und Nozick konstruiert wird, die den Divergenzen im Grundsätzlichen nicht mehr Rechnung tragen und damit Bedeutungsunterschiede einebnen würde.

897 Zu den vergleichsweise wenigen Vertretern im angloamerikanischen Schrifttum die Humboldt zitieren und in einen Zusammenhang zu Adam Smith und John Stuart Mill stellen, gehört namentlich *N. Chomsky*, Class Warfare. Interviews with David Barsamian, 1995, S. 20: „The founders of classical liberalism, people like Adam Smith and Wilhelm von Humboldt, who is one of the great exponents of classical liberalism, and who inspired John Stuart Mill – they were what we would call libertarian socialists, at least that is the way I read them. For example, Humboldt, like Smith, says, Consider a craftsman who builds some beautiful thing. Humboldt says if he does it under external coercion, like pay, for wages, we may admire what he does but we despise what he is. On the other hand, if he does it out of his own free, creative expression of himself, under free will, not under external coercion or wage labor, then we also admire what he is, because he's a human being. He said any socioeconomic system will be based on the assumption that people have the freedom to inquire and create – since that's the fundamental nature of humans – in free association with others, but certainly not under the kinds of external constraints that came to be called capitalism".

9. Kapitel: John Stuart Mill über die Freiheit

Bereits in der Einleitung war die Rede davon, wie sehr John Stuart Mill durch Humboldt beeinflusst und nachgerade zur Schrift über die Freiheit angeregt worden war.[898] Schwerpunktmäßig zu untersuchen ist in diesem Zusammenhang daher die Aufnahme der Ideen in sein epochales Werk über die Freiheit,[899] zumal es sich hier um einen kongenialen Denker handelt, dessen freimütiger Umgang mit seiner Quelle veranschaulicht, wie inspirierend die Ideen auf den unvoreingenommenen Betrachter wirkten.[900] Daher wird seine Einarbeitung der Ideen auch vergleichsweise ausführlich behandelt. Vor allem zeigt sich an der Gegenüberstellung, welche markanten Abweichungen Mill wenige Jahre nach dem Erscheinen der Ideen bei aller Wertschätzung gegenüber Humboldt vollzogen hat.[901] Aus diesem Grund war es im ersten Teil auch noch nicht geboten, Humboldts Ideen abschließend kritisch zu würdigen.

Ähnlich verfuhr im Übrigen R.v. Jhering, freilich nicht ohne darauf hinzuweisen, dass „dieser Versuch der eines gereiften Mannes ist, und zwischen ihm und dem von Humboldt eine Periode langer und fruchtbarer politischer Erfahrung liegt, (sowie) der ganze Umschwung der Wissenschaft von dem Individualismus der Staats- und Rechtskonstruktion des Naturrechts zum verständnisvollen Begreifen des wirklichen und geschichtlichen Staats und Rechts und zu der geschichtlichen und naturwissenschaftlichen Anschauung der heutigen Zeit. Die Autorität, welche der Name Mill mit Recht genießt, macht es doppelt nötig, die Irrlehre, welche mit ihr bekleidet unsere ganze gesellschaftliche Ordnung in Frage zu stellen sucht, in ihrer wahren Gestalt zu kennzeichnen, und ich bitte den Leser, mir mit Rücksicht darauf ein Maß der Ausführlichkeit zu gestatten, das ich einem minder bedeutenden Gegner gegenüber an dieser Stelle keinenfalls mir erlaubt haben würde."[902]

---

898 Die englische Übersetzung („The Sphere and Duties of Government") wurde bereits 1854 von *J. Coulthard* besorgt; überschwenglich dazu *J. Chapman*, The Westminster Review, New Series 12, Oct. 1854.

899 Siehe auch *I. Berlin*, Four Essays on Liberty, 1969.

900 Zuerst soweit ersichtlich in einen größeren Zusammenhang gestellt vom Franzosen *R. Leroux*, Guillaume von Humboldt et J. Stuart Mill, in: Etudes Germanique 1951, S. 262 ff.

901 Zu der genannten Wertschätzung sogleich im ersten Kapitel vor I.

902 *R. v. Jhering*, Der Zweck im Recht, 1893, S. 543.

I. Humboldts Einfluss auf Mill in dessen Selbstzeugnissen

Der immense Einfluss, den Humboldt auf John Stuart Mill ausgeübt hat, hat sich in seiner Autobiographie niedergeschlagen,[903] in der er bekennt, von jenem maßgeblich geprägt worden zu sein,[904] zumal was seine Vorstellung der Individualität betrifft. Er stellt ihn dort sogar Goethe an die Seite, woraus zugleich erhellt, wie viel ihm Humboldt vergleichsweise galt. Mill hat Wilhelm von Humboldts Ideen aber auch an einer zentralen Stelle seines Werks über die Freiheit zu Wort kommen lassen.[905]

1. Die erklärte Zentralität der Ideen Humboldts

Obwohl diese Passage erst etwa in der Mitte der Abhandlung steht, nämlich bezeichnenderweise zu Beginn des Kapitels über die Individualität, sei sie hier zunächst kommentarlos wiedergegeben:

„Wenige Personen außerhalb Deutschlands verstehen auch nur den Sinn der Lehre, die Wilhelm von Humboldt – ebenso hervorragend als Gelehrter wie als Politiker – zum Text einer Abhandlung gewählt hat: dass ‚der wahre Zweck des Menschen, der, den die ewigen und unveränderlichen Gesetze der Vernunft vorschreiben und der nicht von vagen und wechselnden Begierden angeregt wird, die höchste und harmonischste Entwicklung seiner Kräfte zu einem kompletten und folgerichtigen Ganzen ist'; dass daher denn auch das Ziel, ‚auf welches jedes menschliche Wesen seine Anstrengungen unaufhörlich richten und was der besonders, der seine Mitmenschen beeinflussen will, immer im Auge behalten muss, die Eigentümlichkeit der Kraft und der Bildung' ist und dass es dafür zwei Erfordernisse gibt: ‚Freiheit und Mannigfaltigkeit der Situationen', aus deren Vereinigung ‚individuelle Kraft und mannigfaltige Verschiedenheit' entspringen, die sich zu ‚Originalität' einigen. Sowenig auch die Menge eine Lehre wie die Humboldts gewöhnt ist und so überraschend es ihr auch vorkommen mag, dass der Individualität ein so hoher Wert beigemessen wird, schließlich, das darf man nicht übersehen, ist das Problem doch nur ein graduelles."

---

903 *J. St. Mill*, Autobiographie (Hg. J. Stillinger), 1969.

904 Ebenda, S. 151 f.

905 Die deutsche Ausgabe wird im Folgenden nach der von B. Lemke besorgten Übersetzung bei Reclam (1974) zitiert; die englische Fassung von ‚On Liberty' (1859) wird nach den Penguin Classics von 1987 zitiert.

2. Die inhaltliche Bedeutung

Man mag sich fragen, warum es dieser affirmativen Wiederholung des bereits im ersten Teil angesprochenen Textes bedarf. Wenn es gleichsam nur um die Heiligung dieses Textes durch eine Wahrnehmung von prominenter Seite gehen würde, so wäre dies vergleichsweise wenig und womöglich nicht mehr als eine Fußnote wert, obwohl das eingangs wiedergegebene Zitat Jherings auch hier gilt und sich eine ausführlichere Darstellung Mills schon wegen seiner für den angloamerikanischen Rechtskreis prägende Bedeutung rechtfertigen würde. Letztlich wäre es aber auch unter Berücksichtigung der Bedeutung Mills nur wenig mehr als eines unter verschiedenen Zitaten. Lediglich zu Recht unbeachtet gebliebene Jugendschriften wären – so könnte man weiter argumentieren – angewiesen auf die geringste Erwähnung. Und selbst wenn es eine so herausragende Stimme wie die Mills ist,[906] die bekennt, von Humboldt beeinflusst worden zu sein, bedeutet dies – so ließe sich ferner einwenden – vielleicht doch eine dem Gegenstand unangemessene Zentrierung, die nur illustriert, wie geradezu forciert die halbvergessene Schrift zu einer geistesgeschichtlich bedeutenden stilisiert wird.

a) Weitere äußerliche Hinweise auf den Einfluss Humboldts

Indes würden diese Einwände verkennen, wie sehr Humboldts Ideen nahezu die gesamte Abhandlung Mills gleich einem roten Faden durchziehen.[907] Äußerlich belegt dies, dass nachgerade von Anfang über die soeben zitierte Mitte bis Ende des Werks Humboldts Einfluss nachweisbar ist. In der Originalausgabe stellt Mill ein Zitat Humboldts aus den Ideen voran, das in deutschen Übersetzungen leider mitunter weggelassen wird[908]: „The grand, leading principle, towards which every argument unfolded in these pages directly converges, is the absolute and essential importance of human development in its richest diversity." So stehen Humboldts Ideen gleichsam leitmotivartig vor der Klammer der Abhandlung über die Freiheit. Und gegen Ende bezieht sich Mill nochmals explizit auf Humboldt,[909] diesmal

---

906 Siehe dazu *J. Gray*, Mill on Liberty: A Defence, 1983.

907 Bedauerlicherweise hat *H. Jakobs*, Rechtsphilosophie und politische Philosophie bei John Stuart Mill, 1964, die Abhandlung über die Freiheit nur am Rande ausgewertet, so dass sein Bild von der Rechtsphilosophie Mills in wesentlichen Teilen unscharf bleibt, weil Mill in dieser Schrift mitunter Abweichungen vornimmt.

908 So in der hier zitierten Ausgabe.

909 *J. St. Mill*, Über die Freiheit, Üb. von B. Lemke, S. 148: „Mit Wilhelm von Humboldt bin ich der Ansicht, dass man einen akademischen Grad oder ein anderes öffentliches Zeugnis für wissenschaftliche oder Fachkenntnisse jedem geben sollte, der sich zum Examen meldet und es besteht".

freilich in seiner Eigenschaft als Bildungsreformer, die jedoch, wie im ersten Teil gezeigt, nicht völlig losgelöst von dem in den Ideen gelegten Grund betrachtet werden kann. Neben diesen äußerlichen Aspekten ist es aber entscheidend die innere Verschränkung der Themen Freiheit und Individualität, die es nahe legt, Mills Gedanken im Einzelnen, und das heißt dem Verlauf seiner Argumentation entsprechend, darzustellen, um auf dieser Grundlage jeweils den Bezug zu den Ideen offen zu legen und zu interpretieren.

b) Arbeitshypothese

Die für die folgende Erörterung maßgebliche Frage lautet also nicht, welche Bedeutung das eingangs ausführliche Zitat Mills für die Würdigung der Ideen Humboldts hat – das wäre vergleichsweise trivial –, sondern wo entlang der genannte rote Faden verläuft und von wo er ausgeht. Die Arbeitshypothese kann daher dahingehend formuliert werden, dass es sich bei der zitierten Stelle nur um den äußerlich sichtbarsten Punkt der Beeinflussung handelt, wohingegen das eigentliche Interesse der unterschwelligen Wirkung der Ideen Humboldts auf Mills Freiheitsverständnis gilt. Das macht eine Nachzeichnung der Argumentation der ganzen Abhandlung Mills und nicht lediglich ihres zitierten dritten Kapitels erforderlich. Nur auf dieser Grundlage kann sich zeigen, ob Humboldt den erklärten Einfluss auch dort genommen hat, wo er nicht offen zu Tage getreten ist, nämlich an den Weichenstellungen der Argumentation.

II. Mills Freiheitsverständnis

Mill geht weniger von der Begrenzung des staatlichen Einflusses aus, obwohl er zu dieser alsbald gelangt,[910] als vielmehr vom Begriff der Freiheit selbst.[911] Ähnlich wie Humboldt folgt er dabei zunächst einem empiristischen Grundansatz und fragt sich, wie und wo Freiheit geschichtlich zum Tragen kam. Dabei erkennt er die Gefahr einer „Tyrannei der Mehrheit" durch die Gesellschaft.[912]

910 Er spricht von der „limitation (...) of the power of government over individuals", *J. St. Mill*, On Liberty, S. 62.

911 Aus dem deutschsprachigen Schrifttum *W. Hübner*, John Stuart Mills Freiheitsbegriff, Festgabe für H. Herzfeld, 1958, S. 97 ff.

912 Er entlehnt diesen Topos bei *A. de Toqueville*, Democracy in America, Band 1, Kapitel 15. Diesen Band hat Mill übrigens in der London and Westminster Review, October 1835 besprochen; vgl. *J. St. Mill*, Essays on Politics and Culture (Hg. G. Himmelfarb), 1962.

1. Gemeinsamkeiten im Ansatz und Verfeinerungen im Einzelnen

Die Gesellschaft versteht Mill ebenso wie Humboldt „als Gesamtheit der Einzelwesen, die sie zusammensetzen".[913] Schärfer als Humboldt sieht er freilich die Bedrohungen, denen gerade die Bildung jeglicher Individualität durch die so bezeichnete Tyrannei der Mehrheit ausgesetzt ist,[914] was eine hellsichtige Verfeinerung der Sicht Humboldts darstellt.[915]

a) Diktatur der öffentlichen Meinung

Die später allgegenwärtige Diktatur der öffentlichen Meinung hat er im Ansatz erahnt,[916] konnte sie freilich noch nicht vorhersehen in einer Zeit,[917] in der zunächst die Reste des Absolutismus zu beseitigen waren; um so bemerkenswerter ist im Übrigen Humboldts Sensibilität für die Problematik der Begrenzung der staatlichen Wirksamkeit, mag diese auch seinerzeit noch viel spürbarer gewesen sein.[918] Durchgreifend ist sodann der Befund Mills, dass sich die Rechtmäßigkeit bzw. Rechtswidrigkeit von staatlichen Eingriffen nicht durch bestehende oder gewohnheitsrechtlich gefestigte Prinzipien ermessen lasse.[919] Die Rüge dieses Defizits mündet in die Einschätzung, dass die Einmischung des Staates – im Übrigen ein stehender Terminus Humboldts[920] – infolgedessen wohl ebenso häufig unrechtmäßig beansprucht wie auch abgelehnt werde.[921] Vergleichbar neuartig ist für Mill das Problem des Ausgleichs von individueller Unabhängigkeit

---

913 *J. St. Mill*, Über die Freiheit, Üb. von B. Lemke, S. 9 („society collectively over the separate individuals who compose it"; vgl. *J. St. Mill*, On Liberty, S. 63).

914 Es ist in der Übersetzung nahezu die Terminologie Humboldts; im Original (*J. St. Mill*, On Liberty, S. 63) liest sich dies wie folgt: „to fetter the development and, if possible, prevent *the formation of any individuality*" (Hervorhebung nur hier).

915 Programmatisch insoweit *J. St. Mill*, On Liberty, S. 63: „There is a limit to the legitimate interference of collective opinion with individual independence; and to find that limit, and maintain it against encroachment, is as indispensable to a good condition of human affairs as protection against political despotism".

916 Vgl. *J. Habermas*, Strukturwandel der Öffentlichkeit, 1990, S. 213: „Sein großes Plädoyer ‚On Liberty' richtet sich bereits gegen die Gewalt der Öffentlichkeit, die bis dahin als Garant der Vernunft gegen Gewalt überhaupt gegolten hatte".

917 Nur insoweit Mill zustimmend *R. v. Jhering*, Der Zweck im Recht, 1893, S. 543 in der Fußnote.

918 Hierzu bereits in der Einleitung.

919 *J. St. Mill*, On Liberty, S. 67: „There is, in fact, no recognized principle by which the propriety or impropriety of government interference is customarily tested".

920 Siehe nur *Humboldt*, Ideen, S. 28 (69), 31 (72), 148 (174) und öfter.

921 *J. St. Mill*, On Liberty, S. 68.

und sozialer Kontrolle andererseits, das seines Erachtens nur zum Teil durch die öffentliche Meinung,[922] andernteils durch Gesetze gelöst werden kann.[923]

b) Gleichklang von Recht und Sitte

Eine auch im Hinblick auf Humboldt interessante Beobachtung Mills besteht darin, dass in Gefolgschaft von Gesetz und öffentlicher Meinung bestimmte Sittenregeln entstehen,[924] eine Erkenntnis, die einerseits auch dem von Humboldt gesehenen Gleichklang von Recht und Moral in bestimmten Bereichen entspricht,[925] andererseits aber auch durch seine umgekehrte Erkenntnis ergänzt wird, dass mitunter das von der öffentlichen Meinung als positive Wirkung der Gesetze erachtet wird, was in Wirklichkeit vordem schon Sitte war. In diesem Sinne formulierte Humboldt: „Dann war auch das meiste, was man jetzt so oft für Wirkung der Klugheit des Gesetzgebers hält, bloß schon wirkliche, nur vielleicht wankende und daher der Sanktion des Gesetzes bedürfende Volkssitte."[926] Dementsprechend kennt auch Mill das mit den Gründen der Vernunft nicht erklärbare moralische Empfinden (moral sentiment),[927] was dem „moralischen Gefühl" Humboldts korrespondiert.[928] In religiösen Fragen misstraut er freilich dem moralischen Sinn (moral sense)[929] ebenso wie Humboldt,[930] der die Moralität gänzlich unabhängig von der Religion machen wollte.[931]

---

922 Zu diesem Begriff insbesondere bei Humboldt *R. Flad*, Studien zur politischen Begriffsbildung in Deutschland während der preußischen Reform. Der Begriff der öffentlichen Meinung bei Stein, Arndt und Humboldt, 1929.

923 *J. St. Mill*, Über die Freiheit, Üb. von B. Lemke, S. 10.

924 Ebenda, S. 12.

925 *Humboldt*, Ideen, S. 34 (74). Dazu oben im Kapitel 1 sub IV 2.

926 Vgl. *Humboldt*, Ideen, S. 69 (105). Dazu bereits näher oben im Kapitel 4 sub. IV 1.

927 *J. St. Mill*, Über die Freiheit, Üb. von B. Lemke, S. 13; vgl. *J. St. Mill*, On Liberty, S. 65.

928 *Humboldt*, Ideen, S. 165 f. (189); dazu in Kapitel 6 I 1.

929 *J. St. Mill*, Über die Freiheit, Üb. von B. Lemke, S. 13 f.; vgl. *J. St. Mill*, On Liberty, S. 66.

930 Vgl. *Humboldt*, Ideen, S. 82 (116): „Allein so geht meine Absicht schlechterdings allein dahin zu zeigen, dass die Moralität auch bei der höchsten Konsequenz des Menschen schlechterdings nicht von der Religion abhängig oder überhaupt notwendig mit ihr verbunden ist".

931 Eine weitere Entsprechung im Hinblick auf die Religion und die Frage der Einmischung des Staates findet sich gegen Ende der Einleitung des Essays über die Freiheit (S. 21).

2. Selbstschutz als Legitimation von Eingriffen

Der zentrale Grundsatz von Mills Untersuchung über die Freiheit besteht erklärtermaßen darin, dass allein der Selbstschutz die Menschen,[932] sei es je einzeln oder in ihrer Gesamtheit, ermächtigt, in die Willkürsphäre Anderer einzugreifen.[933] Nur zur Verhütung der Schädigung anderer sind Zwangsmaßnahmen gegen einen Einzelnen zulässig. Eingriffe zum eigenen Wohl sind dagegen niemals gerechtfertigt; insoweit ist jeder mündige Bürger von Rechts wegen sein eigener Herr. Dementsprechend scheiden auch alle aufgedrängt-paternalistischen Maßnahmen zum Wohl des Anderen aus.[934]

Die Übereinstimmung mit der Konzeption Humboldts ist so bestechend, dass man sich wundert, dass Mill ihn nicht bereits an dieser Stelle zitiert. Denn Selbstschutz in der von Mill vorausgesetzten Weise ist der Sache nach nichts anderes als Sicherheit im Sinne Humboldts.[935] Folgerichtig macht auch Mill zugunsten Unmündiger eine Ausnahme.[936] Damit zeigt sich trotz unterschiedlichem Ausgangspunkt bereits im Ansatz eines liberalen Staatsverständnisses eine augenscheinliche Parallele, die, da sie in einem zeitlichen Nacheinander zum Tragen kam, Humboldts ursprüngliche Einsicht ist. Auch wenn es hier und im Folgenden nicht nur darum gehen darf, gedankliche Segmente kleinteilig zu vergleichen und ihre Originalität bald diesem bald jenem zuzuweisen, zumal mit einer solchen Analyse wenig gewonnen und eine sinnvolle Synthese in entsprechend weite Ferne gerückt würde, muss dieser Grundgedanke doch Humboldt zugeordnet werden, der diesen Staatstypus gleichsam erdacht hat. So bestätigt sich hier erstmals die eingangs zugrunde gelegte Arbeitshypothese, wonach der Einfluss Humboldts auf Mill allenthalben, also nicht erst im dritten Kapitel seines Essays über die Freiheit, festzustellen ist und nur an einigen Stellen explizit zum Ausdruck kommt.

---

932 Zu seinem Menschenbild *R. Borchard*, John Stuart Mill and the Man, 1957.

933 *J. St. Mill*, On Liberty, S. 68: „That principle is that the sole end for which mankind are warrantes, individually or collectively, in interfering with the liberty of action of any of their number is self-protection“.

934 Ebenda, S. 69: „In the part which merely concerns himself, his independence is, of right, absolute. Over himself over is own body and mind, the individual is sovereign“.

935 So auch *R. v. Jhering*, Der Zweck im Recht, S. 544: „Die Formel, welche Mill für das Verhalten des Rechts zum Individuum aufstellt, ist im Wesentlichen dieselbe wie die von Humboldt“.

936 Zu ihr bezogen auf *Humboldt*, Ideen S. 178 ff. (199 ff.); dazu im 4. Kapitel unter V.

3. Nützlichkeit als letzte Berufungsinstanz

Eine Besonderheit in Mills Begründung stellt die Rolle des Nützlichkeitsprinzips dar. Es ist für ihn, richtig verstanden,[937] nicht nur die höchste Instanz in allen moralischen Belangen, sondern lässt sich auch nicht durch die Anerkennung eines gleichwie gearteten höheren Rechts verdrängen.[938]

a) Utilitaristische Tendenzen bei Humboldt?

Bevor dieser Gedanke weiter nachgezeichnet wird, lohnt sich ein Blick auf die bisher zurückgestellte Frage danach, wie sich Humboldt zum Nützlichkeitsprinzip verhält.[939] Dort wurde insbesondere erwogen, ob und inwieweit Humboldt zu den Wegbereitern des modernen Utilitarismus' gezählt werden kann, eine Richtung,[940] die bekanntlich Mills Lehrer Jeremy Bentham sowie natürlich er selbst in prominentester Weise vertreten haben.[941] Einige markante Sätze Humboldts, die in diese Richtung weisen, wurden bereits angedeutet und seien hier in Erinnerung gerufen: „Daher muss es immer des Gesetzgebers letztes, aber – wie ihn wahre Kenntnis des Menschen bald lehren wird – nur durch Gewährung der höchsten Freiheit erreichbares Ziel bleiben die Bildung der Bürger bis dahin zu erhöhen, dass sie alle Triebfedern zur Beförderung des Zwecks des Staats allein in der *Idee des Nutzens* finden, welche ihnen die Staatseinrichtung zu Erreichung ihrer individuellen Absichten gewährt."[942]

---

937 D. h. „es muss Nützlichkeit im weitesten Sinne sein, begründet in den ewigen Interessen der Menschheit als eines sich entwickelnden Wesens"; *J. St. Mill*, Über die Freiheit, Üb. von B. Lemke, S. 18.

938 Im Original lautet dies: „the idea of abstract right as a thing independant of utility" (*J. St. Mill*, On Liberty, S. 69 f.).

939 Siehe oben im Ersten Kapitel unter VI.

940 Von den moderneren amerikanischen „Utilitarians" ist auch in diesem Zusammenhang *R. Pound* (Social Control through Law, 1942) zu erwähnen; Überblick bei *H. Coing*, Neue Strömungen in der nordamerikanischen Rechtsphilosophie, ARSP 38 (1949/50) 536.

941 *J. Bentham*, Principles of Moral and Legislation, 1789, S. 1: „By the principle of utility is meant that principle which approves or disapproves of every action whatsoever, according to the tendency which it appears to have to augment or diminish the happiness of the party whose interest is in question".

942 *Humboldt*, Ideen, S. 90 (123); Hervorhebung nur hier.

b) Nützlichkeit als Komplementärüberlegung

Auch wenn bereits darauf hingewiesen wurde, dass allein die Verwendung eines Schlüsselwortes mit Selbstverständlichkeit nicht ausreichen kann, den Autor in die eine oder andere Richtung zu drängen,[943] soll nicht übersehen werden, dass Humboldt den Nutzen hier auf die – von seinem Ansatz aus hohe – Ebene der Ideen hebt. Die andere Stelle lautet zur Erinnerung: „Denn da jede Sache und jedes Geschäft (...) jedem einen so unübersehbar verschiedenen Nutzen gewähren und da dieser Nutzen auf gleich mannigfaltige Weise interessant, wichtig und unentbehrlich sein kann, so führt die Entscheidung, welches Gut des einen welchem des andren vorzuziehen sei (...), immer etwas Hartes, über die Empfindung und Individualität des andren Absprechendes mit sich."[944] Vor allem aber fällt auf, dass Nützlichkeitsgesichtspunkte demnach auch den Gesetzgeber bestimmen, so dass es zumindest so scheint, als ordne auch Humboldt das Recht dem Nutzen unter. Dabei darf freilich nicht übersehen werden, dass die Nützlichkeit bei Humboldt eher den Stellenwert einer Komplementärüberlegung hat. Er leitet nichts aus dem Nützlichkeitsprinzip ab, sondern eher etwas aus den „ersten Grundsätzen des Rechts".[945] Damit wurde aber einem konsequent naturrechtlichen Ansatz das Wort geredet,[946] im Rahmen dessen Nützlichkeitserwägungen zwar auch darüber entscheiden können, was den Gesetzgeber leiten soll, diesen nicht jedoch unter allen Umständen durchdringen.[947] Entgegen einem anders lautenden Schein ist daher Humboldt nicht als Wegbereiter des modernen Utilitarismus einzuordnen.[948]

4. Selbst- und fremdbezogene Handlungen

Eine andere, für das Verständnis der Philosophie Mills ebenfalls zentrale Frage könnte demgegenüber auch im Hinblick auf die Ideen Humboldts weiterführende Impulse erfahren. Es handelt sich um die für Mill zentrale Unterscheidung zwischen selbst- und fremdbezogenen Handlungen. Nur fremdbezogene Handlungen, also solche, welche die Interessen anderer berühren, sind nach Mill einer

943 So bereits oben unter VI. im ersten Kapitel.

944 Vgl. *Humboldt*, Ideen, S. 130 (158).

945 *Humboldt*, Ideen, S. 137 (164); dazu im 6. Kapitel unter II 7.

946 Siehe in der oben zitierten Stelle im Text unter b) und c).

947 Zum unterschiedlichen Verhältnis Humboldts und Mills zur Glückseligkeit siehe *K. Papageorgiou*, Die Strafrechtsphilosophie Wilhelm von Humboldts und John Stuart Mills, ARSP 76 (1990) 324, 330 f.

948 Aus dem Schrifttum zu Mill diesbezüglich *H. D. Aiken*, Utilitarianism and Liberty: John Stuart Mill's Defense of Freedom, in: Reasons and Conduct. New Bearings in Moral Philosophy, 1962, S. 294 ff.

Überwachung zugänglich.[949] Im Gegensatz dazu sind selbstbezogene Handlungen, die also nur das Individuum angehen und andere allenfalls mittelbar betreffen,[950] auch allein Sache des Einzelnen, in dessen Belange mithin auch nicht eingegriffen werden darf.[951] Darin sieht er den eigentlichen Anwendungsbereich menschlicher Freiheit,[952] zu der für ihn auch die Gedanken- und Meinungsfreiheit gehört.[953]

a) Selbstbezogene Handlungen bei Humboldt

Es ist in diesem Zusammenhang nicht ganz unbedeutsam, dass Mill die fremdbezogenen Handlungen am Beispiel des Strafrechts illustriert, wo der Eingriff in fremdes Recht in der Tat am augenfälligsten zu Tage tritt. Das ist hier insbesondere deshalb von Interesse, weil Humboldt umgekehrt im Rahmen der Behandlung der Kriminalgesetze, also ebenfalls des Strafrechts, bereits vordem eine ganz ähnliche Unterscheidung zugrunde gelegt hat, die uns weiter oben in anderem Zusammenhang interessiert hat.[954] Bei der Bestrafung von vorsätzlichen Eingriffen in fremdes Recht unterscheidet nämlich bereits Humboldt in entsprechender Weise. Ausgehend von der Prämisse, dass die Strafe gleich weit in den Rechtskreis des Täters eingreift wie dieser es zuvor dem Opfer gegenüber gewagt hat, grenzt er demgegenüber wie folgt ab: „Hingegen Handlungen, welche sich allein auf den Handelnden beziehen oder mit Einwilligung dessen geschehen, den sie treffen, zu bestrafen, verbieten eben die Grundsätze, welche dieselben nicht einmal einzuschränken erlauben." Bei gleichem sachlichen Zusammenhang – der Bestrafung[955] – ist es also eher eine Verschiebung des systematischen Kontextes, die hier eine unterschiedliche Vorgehensweise bei gleicher Denkrichtung illustriert. Während Mill streng von der bei Humboldt bereits angelegten Unterscheidung in selbst- und fremdbezogene Handlungen ausgeht und von daher – gleichsam

---

949 *J. St. Mill*, Über die Freiheit, Üb. von B. Lemke, S. 18; er spricht von „actions which concern the interest of other people" (vgl. *J. St. Mill*, On Liberty, S. 70).

950 Dass die Unterscheidung Probleme hervorruft, wird häufig bemängelt; vgl. nur *M. Finley*, Antike und moderne Demokratie, 1980, S. 76.

951 Ebenda, S. 19; vgl. *J. St. Mill*, On Liberty, S. 71: „But there is a sphere of action in which society, as distinguished from the individual, has, if any, only an indirect interest".

952 *J. St. Mill*, On Liberty, S. 71: „This, then, is the appropriate region of human liberty".

953 Zu ihr noch näher unter Kapitel 9 III.

954 Im 6. Kapitel unter III 1.

955 Über das Verhältnis der Strafrechtstheorie von Wilhelm von Humboldt zu derjenigen John St. Mills siehe im Übrigen *K. Papageorgiou*, ARSP 76 (1990) 324.

freiheitsbezogen – deduziert,[956] geht Humboldt eher themenbezogen, hier also am Beispiel des Strafrechts, vor und unterscheidet inzident.

b) Der unterschiedliche systematische Ausgangspunkt

Es geht daher auch an dieser Stelle mit Selbstverständlichkeit nicht darum, Mill des Plagiats zu zeihen, weil er eine bestimmte, vordem vorausgesetzte Unterscheidung fruchtbar gemacht hat, sondern es zeigt sich hier etwas, dass auch bei Humboldt bereits begegnete: Ebenso wie jener kann nämlich auch Mill durchaus als Eklektiker bezeichnet werden,[957] ohne dass dies abwertend gemeint ist, weil die Befruchtung mit den Gedanken Humboldts für ihn zugleich ein Nährboden für genuin eigene Akzentsetzungen war. So ist auch die Anknüpfung an die selbst- und fremdbezogenen Handlungen alles andere als eine unmittelbare Leistungsübernahme. Vielmehr veranschaulicht dies den unterschiedlichen gedanklichen Ausgangspunkt.

Das kann nämlich Auswirkungen auf das zugrunde liegende Freiheitsverständnis haben. Während die Freiheit bei Humboldt, wie verschiedentlich gesehen, eher instrumentellen Charakter hat, also Mittel zum Zweck der Bildung der Individualität ist, steht sie bei Mill nicht nur der äußeren Themenstellung, sondern auch der inneren Systematik nach im Mittelpunkt, von dem aus alle weiteren Unterscheidungen und fallgruppenweisen Einschränkungen erfolgen. Daher hat auch die Unterscheidung in selbst- und fremdbezogene Handlungen für ihn eine größere Tragweite,[958] während es bei Humboldt womöglich dem Umstand geschuldet ist, dass aus seiner Sicht von der Differenzierung weniger abhängt, weshalb von ihr auch bislang praktisch noch keine Kenntnis genommen wurde. Gleichwohl ist es schon im Hinblick auf die Themenstellung wichtig hervorzuheben, dass der Freiheit nicht nur bei Mill,[959] sondern gerade auch bei Humboldt

---

956 Auf den vieldiskutierten Einwand, dass zwischen selbstbezogenen und fremdbezogenen Handlungen nicht immer trennscharf unterschieden werden könne (siehe nur *M. Finley*, Antike und moderne Demokratie, 1980, S. 76), sei hier nur hingewiesen und nicht näher eingegangen.

957 So attestiert ihm *H. Laski* in seiner von ihm herausgegebenen Einleitung zur Autobiographie Mills (1935, S. XV) „jenen Instinkt für Eklektizismus, der für die einflussreichsten Geister jeder Zeit charakteristisch ist".

958 Einen scharfsichtigen Einwand, auf den wegen des Näheverhältnisses zu Humboldt gleichwohl (vgl. vorige Anm.) hinzuweisen ist, hat *R. v. Jhering* (Der Zweck im Recht, 1893, S. 425 mit der dortigen Fußnote) vorgebracht: „Aber alle Handlungen, für die es Sinn hat die Frage aufzuwerfen, erstrecken ihre Wirkungen auf andere, letztere werden dadurch stets betroffen, und nur aus diesem Grunde nimmt die Gesellschaft überhaupt Notiz von ihnen".

959 Siehe in diesem Zusammenhang nochmals das bereits in der Einleitung zitierte Wort: „Freiheit, als Prinzip, kann man nicht auf einer Entwicklungsstufe anwenden, auf der die

Prinzipienrang zukommt. Denn es ist keine nur konstruktiv nötige Grundbedingung für die Erfüllung der in der Selbstentfaltung liegenden Aufgabe. Vielmehr handelt es sich um einen durchgehenden Leitgedanken, von dessen Existenz und Verwirklichung für ihn alles abhängt.

III. Gedanken- und Meinungsfreiheit

Mills Ausführungen über die Freiheit des Gedankens und der Diskussion beginnen mit einem flammenden Plädoyer für die Pressefreiheit.[960] Ungerechtfertigte Eingriffe in die Meinungsfreiheit betrachtet er nicht nur als individuelle Rechtsverletzung, sondern als Raub an der Nachwelt, die gerade an dieser Meinung ein Interesse haben kann.[961] Sofern der Betroffene aber zudem beruflich auf die Meinungsfreiheit angewiesen ist, wirkt eine gegen ihn gerichtete Öffentlichkeit für Mill ebenso schwer wie ein (Straf-)Gesetz: „Man könnte ebenso gut im Gefängnis sein wie der Möglichkeit beraubt, sein Brot zu verdienen."[962] Aber auch von solchen Zwängen abgesehen ist die Meinungsfreiheit für Mill ein wesentlicher Faktor für das Erklimmen bestimmter Kulturstufen und zeitweiser Aufschwünge in der Geistesgeschichte für die er u. a. den deutschen Idealismus als Beispiel anführt: „Ein drittes, von noch kürzerer Dauer, die intellektuelle Gärung in Deutschland zur Zeit Goethes und Fichtes."[963] Man darf nicht vergessen – und es wird Mill nur zu bewusst gewesen sein[964] –, dass auch Humboldt, wenn auch als Philosoph nicht mit den ausdrücklich Genannten zu messen, in diesen Gärungsprozess gehörte und einer seiner wichtigen Bestandteile war.[965]

Menschheit noch nicht einer freien und gleichberechtigten Erörterung derselben fähig ist." Vgl. *J. St. Mill*, Über die Freiheit, Üb. von B. Lemke, S. 17.

960 Vor allem die zeitbezogene Fußnote (*J. St. Mill*, Über die Freiheit, Üb. von B. Lemke, S. 24 f.) illustriert dies.

961 Vgl. auch die rechtsphilosophische Kontrollüberlegung: „Ja, wäre die Meinung persönliches Eigentum, das nur für ihren Besitzer wertvoll wäre, in deren Genuss beeinträchtigt zu werden nur eine Rechtsverletzung darstellte, dann würde es einen Unterschied machen, ob man diese Unbill nur wenigen oder vielen Personen zufügt." (*J. St. Mill*, Über die Freiheit, Üb. von B. Lemke, S. 25 f.) – Gemeint sind, auf die Meinungsfreiheit gewendet, die Mit- und Nachwelt.

962 *J. St. Mill*, Über die Freiheit, Üb. von B. Lemke, S. 45.

963 *J. St. Mill*, Über die Freiheit, Üb. von B. Lemke, S. 49.

964 Das wird im Original deutlich, wo von der „*Goethian and Fichtean period*" die Rede ist (*J. St. Mill*, On Liberty, S. 96). Denn dazu bemerkt die Herausgeberin *G. Himmelfarb* (ebenda in der Anmerkung, S. 14): „‚Goethian and Fichtean period' is a rather awkward way of destinating the romanticism and philosophical idealism of the last 18th and early 19th centuries".

965 Statt Gärung heißt es im Original „intellectual fermentation".

1. Meinungsfreiheit als Richtigkeitsgewähr

Die rückhaltlos praktizierte Meihungsfreiheit gerät ihm so zu einer Richtigkeitsgewähr: „Vollständige Freiheit, unserer Meinung zu widersprechen oder sie zu missbilligen, ist die einzige Bedingung, die uns rechtfertigt, sie als richtig anzunehmen zum Zwecke des Handelns; unter keiner anderen Bedingung kann ein Wesen mit menschlichen Fähigkeiten eine vernünftige Sicherheit haben, im Recht zu sein.“[966]

a) Inhaltliche Indifferenz

Da für Mill die Wahrheit eines Gedankens zugleich Bestandteil seines Nutzens ist,[967] fehlt der Beurteilung einer Wahrheit der Nützlichkeitsmaßstab, wenn es gesetzlich oder durch die Öffentlichkeit verhindert wird, dass eine Anschauung im Wege der Diskussion auf ihre Richtigkeit hin überprüft wird.[968] Ihm geht es demgemäß auch weniger um die konkrete Herleitung einer bestimmten Meinung und den Beweis ihrer Richtigkeit als vielmehr darum zu zeigen, dass die Meinungsfreiheit als solche bestehen muss, um im politischen Diskurs fortschreiten zu können.

Daher bezieht er auch nicht selbst Stellung, sondern illustriert am Beispiel des politischen Meinungsspektrums sein Plädoyer für die Freiheit: „Wenn nicht Ideen gleich günstig für Demokratie wie Aristokratie, persönliches wie gemeinsames Eigentum, Genossenschaften wie Wettbewerb, Luxus wie Abstinenz, Sozialismus wie Individualismus, Freiheit wie Disziplin und für alle anderen bestehenden Gegenwirkungen des täglichen Lebens mit gleicher Freimütigkeit zu Wort kommen und mit gleichem Talent und gleicher Energie angegriffen und verteidigt werden, dann ist keine Möglichkeit vorhanden, dass beiden Elementen ihr Recht wird, die eine Schale muss steigen, die andere sinken.“[969] So sehr diese inhaltliche Indifferenz Humboldt zuwiderlaufen zu scheint, so gleich ist doch letztlich die jeweilige Achtung gegenüber den Rahmenbedingungen der Freiheitsverwirkli-

---

966 *J. St. Mill*, Über die Freiheit, Üb. von B. Lemke, S. 29. („Complete liberty of contracting and disproving our opinion is the very condition which justifies us in assuming its truth for purposes of action; and on no other terms can a being with human faculties have any rational assurance of being right.“).

967 *J. St. Mill*, Über die Freiheit, Üb. von B. Lemke, S. 33.

968 *J. St. Mill*, On Liberty, S. 83: „And in point of fact, when law or public feeling do not permit the truth of an opinion to be disputed, they are just as little tolerant of a denial of its usefulness“.

969 *J. St. Mill*, Über die Freiheit, Üb. von B. Lemke, S. 66.

chung. Bevor dies jedoch näher dargelegt wird,[970] sei die strukturelle Ähnlichkeit mit moderneren Strömungen kurz behandelt.

b) Parallelen zur Diskurstheorie

Die Aussagen Mills konvergieren in wesentlichen Punkten mit der modernen Diskurstheorie und finden daher auch eine Entsprechung in ihren rechtsphilosophischen Ausprägungen.[971] Sie sind jedoch auch keine genuine Schöpfung Mills, sondern auch vorher schon ansatzweise vertreten worden.[972] Dieser hatte freilich – zusammen mit Tocqueville[973] – bereits früher auf die bedenklichen Erscheinungen der öffentlichen Meinung hingewiesen. So konzediert Jürgen Habermas als prominentester Exponent der Diskurstheorie: „Tocqueville und J. St. Mill hatten vielleicht doch nicht so unrecht, wenn sie in der frühliberalen Vorstellung einer diskursiven Meinungs- und Willensbildung nur die verschleierte Macht der Majorität wiederzuerkennen glaubten; unter normativen Gesichtspunkten wollten sie die öffentliche Meinung allenfalls als gewalteinschränkende Instanz zulassen, keinesfalls als ein Medium der möglichen Rationalisierung von Gewalt überhaupt."[974] Er diagnostiziert insoweit eine Ambivalenz des Begriffs der öffentlichen Meinung bei Mill, der somit auch eine bedrohliche Konnotation erhält.[975] Dementsprechend werden die Folgerungen auch in staatsphilosophischer Hinsicht gedeutet: „Das Bürgertum, nicht mehr liberal, zum Liberalismus sich bekehrend,[976] greift auf die Sicherheiten vorbürgerlicher Einrichtungen zurück: auf jene Abwehrrechte ständischer Freiheiten, die sich von den Freiheiten bürgerlicher Menschenrechte in ihrem Wesen unterscheiden."[977]

Hier schließt sich in gewisser Weise der Kreis, denn der Zusammenhang mit der Extremform des extrem liberalen Staatsverständnisses Humboldts wird au-

---

970 Dazu Kapitel 9 sub III 2.

971 Vgl. *J. Habermas*, Faktizität und Geltung, 1992, S. 211: „Nach Kant haben vor allem John Stuart Mill und John Dewey das Prinzip der Publizität und die Rolle, die eine informierte öffentliche Meinung für die Kontrolle des Parlaments haben sollte, analysiert." Zu John Dewey kursorisch im Kapitel 10 unter I.

972 *J. Habermas*, Faktizität und Geltung, S. 612, macht darauf aufmerksam, dass bereits vor Mill der süddeutsche Demokrat Julius Fröbel den Zusammenhang zwischen Freiheit und diskursiver Öffentlichkeit in einem Pamphlet aus dem Jahre 1848 aufgezeigt hat.

973 Zu ihm bereits andeutungsweise oben Kapitel 9 I vor 1.

974 *J. Habermas*, Strukturwandel der Öffentlichkeit, 1990 (1962), S. 32.

975 *J. Habermas*, Strukturwandel, S. 209.

976 In diesem Zusammenhang bemerkenswert *M. Cowling*, Mill and Liberalism, 1963; sowie *G. Himmelfarb*, On Liberty and Liberalism. The Case of John Stuart Mill, 1974.

977 *J. Habermas*, Strukturwandel, S. 219.

genscheinlich; freilich weist diese Sicht einen erkennbar anderen Weg als die angloamerikanische Diskussion genommen hat, wie sich in den weiteren Kapiteln noch zeigen wird. In jedem Fall ist die Rückbindung Mills auf Humboldt hier auch im Lichte der Diskurstheorie nachvollziehbar.[978]

2. Humboldts Verständnis der Gedanken- und Pressefreiheit

Humboldt beschäftigt sich mit der Gedankenfreiheit innerhalb der Ideen eher am Rande, und zwar naheliegenderweise im Abschnitt über die Religion. Er spricht in diesem Zusammenhang von „Denkfreiheit"[979] bzw. Geistesfreiheit.

a) Denkfreiheit in den Ideen

Seine Tendenz ist auch dort unmissverständlich: „So wichtig ist Geistesfreiheit, so schädlich jede Einschränkung derselben. (…) Und vergisst man denn, dass die Geistesfreiheit selbst und die Aufklärung, die nur unter ihrem Schutze gedeiht, das wirksamste aller Beförderungsmittel der Sicherheit ist?"[980] Angesichts der zentralen Stellung, welche die Sicherheit in seinem Staatsdenken einnimmt, könnte wohl kaum etwas die außerordentliche Wertschätzung illustrieren, die Humboldt zu Folge der Geistesfreiheit gebührt. Gerade der Gleichklang mit der Beförderung der Aufklärung, deren conditio sine qua non die Gedankenfreiheit in der Tat darstellt, bringt dies zur Geltung. Humboldt veranschaulicht dies mit dem im Verhältnis geradezu umgekehrten Majoritätsargument, wenn er ausruft: „Man glaube auch nicht, dass jene Geistesfreiheit und Aufklärung nur für einige wenige des Volks sei, dass für den größeren Teil desselben, dessen Geschäftigkeit freilich nur die Sorge für die physischen Bedürfnisse des Lebens erschöpft wird, sie unnütz bleibe oder nachteilig werde, dass man auf ihn nur durch Verbreitung bestimmter Sätze, durch Einschränkung der Denkfreiheit wirken könne."[981]

---

978 Bereits in der Einleitung wurde auf die Paraphrase und Kritik von *J. Habermas* gegenüber dem von ihm so genannten Nachtwächterstaat in der Tradition Humboldts hingewiesen; vgl. vor diesem Hintergrund nochmals *J. Habermas*, Strukturwandel, S. 229.

979 *Humboldt*, Ideen, S. 88 f. (122) mit der dort aufgeworfenen Frage: „Wenn jedoch gewisse Religionsgrundsätze auch nur gesetzmäßige Handlungen hervorbringen, ist dies nicht genug, um den Staat zu berechtigen, sie auch auf Kosten der allgemeinen Denkfreiheit zu verbreiten?".

980 *Humboldt*, Ideen, S. 94 f. (127).

981 *Humboldt*, Ideen, S. 95 (127 f.).

b) Zensur beim späteren Humboldt

Man kann jedoch Humboldts Sicht der Dinge nur dann zureichend erfassen, wenn man zwei Quellen außerhalb der Ideen zu Rate zieht. Die Rede ist zunächst von einer von einem von Humboldt ausgearbeiteten Dekret zur Zensur.[982] Ohne dieses im Zusammenhang seiner Amtstätigkeit stehende und daher nicht allein ihm zuzurechnende Werk des späteren Humboldts an dieser Stelle in den Einzelheiten würdigen zu wollen,[983] interessiert hier vor allem ein Satz aus den vorangestellten Bemerkungen Humboldts: „Die wohltätige Absicht dieser Veränderung ist keine andere, als der Entwicklung der geistigen Kräfte, insofern solche durch schriftstellerische Produkte befördert wird, den höchsten Grad der *Freiheit* zuzusichern, welcher nur immer mit der augenblicklichen und allgemeinen, äusseren und inneren *Sicherheit* des Staates verträglich ist."[984] Es wäre billig, anhand derartiger praktischer Staatsschriften die Metamorphose des freiheitsliebenden jungen Humboldt zum staatstragenden Konservativen illustrieren zu wollen. Vielmehr leuchtet auch hier die bereits verschiedentlich festgestellte Kontinuität in seinem Denken auf,[985] soweit sie freilich mit dem Regelungsgegenstand noch vereinbar war: „Von diesen beiden Behörden lässt sich mit Recht erwarten, dass sie der Freiheit nur da Grenzen setzen wird, wo es das Wohl des Staats und die Beschützung der Rechte seiner Bürger unmittelbar notwendig macht." Allenfalls könnte man nicht ohne Spitzfindigkeit anmerken, dass neben dem ehedem einzigen Vorbehalt der Bürgerrechte nunmehr auch das Staatswohl ausnahmsweise anerkannt wird und damit eine gewisse Öffnungsklausel einhergeht, weil dieser unbestimmte Begriff eine gewisse Missbrauchsanfälligkeit im Hinblick auf Freiheitsbeschneidungen in sich bergen kann.[986]

c) Pressefreiheit beim späten Humboldt

Das soeben Festgestellte lässt sich noch mit Blick auf eine amtliche Äußerung des späten Humboldts zur Pressefreiheit erhärten.[987] Denn wer geglaubt hat, dass

---

982 „Entwurf zu einer Verordnung, die Veränderung und Vereinfachung der Zensurbehörden betreffend", Werke in fünf Bänden (Hg. A. Flitner/K. Giel), Band IV, S. 4 ff.

983 Es stammt aus dem Jahre 1808. Zur Zensur auch *J. Petersen*, Medienrecht, 5. Auflage 2010, § 2 V.

984 *Humboldt*, „Entwurf zu einer Verordnung, die Veränderung und Vereinfachung der Zensurbehörden betreffend", Werke in fünf Bänden (Hg. A. Flitner/K. Giel), Band IV, S. 4; Hervorhebungen nur hier.

985 Siehe vor allem im ersten Teil am Beispiel des Bildungsbegriffs.

986 *Humboldt*, ebenda, S. 5.

987 *Humboldt*, Über Pressefreiheit [1816], Werke in fünf Bänden (Hg. A. Flitner/K. Giel), Band IV, S. 338 ff.

Humboldt mit dem Alter immer restaurativer wurde, sieht sich hier getäuscht.[988] An die Stelle der Zensur setzt er die Verantwortung des Schreibenden vor dem Gericht: „Sie ist die einzig Haltbare und trägt außerdem eine dem Missbrauch der Pressefreiheit durch sich selbst verhindernde moralische Kraft in sich."[989] Hier erscheint wieder die moralische Kraft als für Humboldt wirksamste Konstante. Freiheit und Verantwortung sollen hier gleichsam zu einem Ebenmaß gelangen.[990] Auch wenn dem eine idealisierende Tendenz innewohnt, ist die Abhandlung von dem Bestreben gekennzeichnet, verantwortungsvoll ausgeübte Freiheit als Gegenteil obrigkeitsstaatlicher Willkür zu errichten.[991]

Allerdings sei nicht verhehlt, dass Humboldt zur effektiven Begegnung von Missbräuchen weitere Gesetze fordert,[992] eine Tendenz, die nicht eben auf der Linie der Ideen liegt, die freilich andererseits die Zensur als alternativlos hinnehmen mussten, zumal sie ihr selbst unterfielen. Humboldt selbst fasst den neuen Gedanken mit den Worten zusammen: „Gestattung grosser Freiheit, aber unverbrüchliche Wachsamkeit über diejenige Grenze, welche zum Wohl aller und nicht am wenigsten zur Erhaltung der Würde des Schriftstelleramts selbst gezogen werden muss, sind gewiss das zuverlässigste Mittel, die Rechte des Staats und der Bürger von dieser Seite sicher zu stellen."[993] Auch in diesem Satz mag man eine Verschiebung durch den Vorbehalt des Allgemeinwohls erblicken, doch scheint dies nicht im Ganzen geeignet, eine Abkehr von den früheren Idealen begründen zu können, zumal die Grundrichtung eindeutig freiheitsfördernd und erkennbar um die Herstellung praktischer Konkordanz bemüht ist. Auch wenn nicht übersehen wird, dass Humboldt bei Missbräuchen mögliche Repressionen eröffnet, kann man insgesamt von einer durch die auferlegte Verantwortung gebundene Gedankenfreiheit sprechen.[994]

---

988 Das Schreiben datiert vom 9. Januar 1816.
989 *Humboldt*, ebenda, S. 338.
990 Vgl. *Humboldt*, ebenda, S. 339.
991 *Humboldt*, Über Pressefreiheit [1816], Werke in fünf Bänden (Hg. A. Flitner/K. Giel), Band IV, S. 338, 340 schreibt selbst von „gemutmaßter Willkür" bei der Zensur.
992 Vgl. *Humboldt*, ebenda, S. 341: „Es ist daher unmöglich, dass die bisherige Gesetzgebung zu dem neuen Zwecke hinreichend sei, sie muss vielmehr demselben erst angepasst werden".
993 *Humboldt*, ebenda, S. 338, 343.
994 *Humboldt*, ebenda, S. 345: „Es kann nicht unbillig scheinen, die Schriften desjenigen, der die Freiheit, selbst zu beurtheilen, was dem Gesetz angemessen ist, gemissbraucht hat, künftig der Beurtheilung andrer zu übergeben".

3. Zwischenbefund

Humboldts Betonung der Sicherheit ohne dazugehörige Freiheit würde ersichtlich leicht zur Diktatur führen. Mills Analyse der Gedankenfreiheit lenkt den Blick auf das, was bei Humboldt eher unausgesprochen und beiläufig zum Ausdruck kommt, indem auch und gerade die Gedanken- und Meinungsfreiheit zur conditio sine qua non erhoben wird. Auch wenn dies wie gesagt bei Humboldt angelegt bzw. mitgedacht war, sind seine diesbezüglichen Prämissen zu unverbindlich als dass sie staatstragend sein könnten. Zugleich wird jedoch deutlich, dass Humboldt auch in diesem Punkt – also wiederum gleichsam unausgesprochen – zum geistigen Nährboden des besonderen Freiheitsverständnisses Mills gehört. Die späteren Stellungnahmen Humboldts veranschaulichen zudem, dass er die in den Ideen formulierten Grundbedingungen nicht preisgegeben hat und insbesondere die Zensur institutionell durch eine, freilich sanktionsbewehrte, Form der Eigenverantwortung zu ersetzen suchte. Andererseits tritt das Staatswohl als zusätzliche Komponente ins Blickfeld, das diejenige Tendenz veranschaulicht, die einen gleichsam schleichenden Wandel zu einem hegelianischen Staatsverständnis argwöhnt.[995] Jedoch sind die Anzeichen zu schwach, als dass sie als eine Preisgabe der ursprünglichen Ideen missdeutet werden könnten, weil die freiheitswahrenden Komponenten überwiegen. Auch insofern kann man Humboldt also angesichts der zeitbezogenen Differenzen und ohne nivellierende Schleifung der Besonderheiten auf einer gedanklichen Linie mit Mill ansiedeln.

IV. Individualität bei Mill

Von der Meinungsfreiheit gelangt Mill zur Handlungsfreiheit. Sie muss insoweit gewährleistet sein, als es „auf eigene Kosten und Gefahr geht",[996] das heißt, sie kann eingeschränkt werden, wenn ihre Ausübung andere belästigt. Das entspricht im Wesentlichen Humboldts Freiheits- und Rechtsverständnis. Auch der zugrunde liegende Gedanke ist ein ähnlicher. Solange die unterschiedlichen „Charaktereigenschaften"[997] – Humboldt würde sagen „Kräfte" – nach freiem Belieben und ohne andere zu schädigen zur Geltung gebracht werden, kann dies nicht nur dem Einzelnen, sondern gegebenenfalls allen nützen: „Kurz, es ist zu wünschen, dass

995 Davon war gegen Ende des ersten Teils die Rede.
996 *J. St. Mill*, Über die Freiheit, Üb. von B. Lemke, S. 77.
997 Im Original: varieties of character.

man in Dingen, die nicht von vornherein andere mitbetreffen, der Individualität eine Chance gibt."[998]

1. Explizite und implizite Entsprechungen

Dies ist der systematische Standort, an dem Mill die eingangs ausführlich wiedergegebene Passage aus Humboldts Ideen zitiert, die er einleitet mit den Worten: „Wenige Personen außerhalb Deutschlands verstehen auch nur den Sinn der Lehre, die Wilhelm von Humboldt – ebenso hervorragend als Gelehrter wie als Politiker – zum Text einer Abhandlung gewählt hat."[999] Schon die Parenthese veranschaulicht, dass die Ideen Humboldts bereits wenige Jahre nach ihrem Erscheinen und ihrer Übersetzung in die intellektuellen Kreise Englands nicht nur eingedrungen, sondern von einem ihrer herausragendsten Vertreter auch verinnerlicht wurden. Denn Mill macht sich hier Humboldts Individualitätsbegriff in gewisser Weise zu Eigen.[1000] Schließlich ist das Kapitel zur Individualität das im Wortsinne zentrale in der Abhandlung über die Freiheit. Der Zusammenhang zwischen Individualität und Freiheit steht also ebenso unausgesprochen im Hintergrund, wie Humboldt ihn umgekehrt nach außen trägt, da er nicht von der Freiheit, sondern vom Staat handelt.

a) Gleichartigkeit in Begriffen

Es ist aber über die Äußerlichkeiten hinaus noch eine Übereinstimmung zwischen beiden erkennbar, die bereits von der Wortwahl her lehrt, dass Mill sich an Humboldt anlehnt: „Die geistigen und moralischen Kräfte werden, wie die Muskeln, nur durch Gebrauch stark."[1001] Nicht nur die Entlehnung naturwissenschaftlicher Vergleiche, sondern gerade der Topos der moralischen Kräfte entstammt Humboldt.[1002] Auch im Folgenden ist von einer „energischen Natur" die

---

998 *J. St. Mill*, Über die Freiheit, Üb. von B. Lemke, S. 78.
999 *J. St. Mill*, Über die Freiheit, Üb. von B. Lemke, S. 79.
1000 Das gilt ungeachtet der folgenden Abschwächung (*J. St. Mill*, Über die Freiheit, Üb. von B. Lemke, S. 80): „Sowenig auch die Menge eine Lehre wie die Humboldts gewöhnt ist und so überraschend es ihr auch vorkommen mag, dass der Individualität ein so hoher Wert beigemessen wird, schließlich, das darf man nicht übersehen, ist das Problem doch nur ein graduelles".
1001 *J. St. Mill*, Über die Freiheit, Üb. von B. Lemke, S. 81.
1002 Im Original *J. St. Mill*, On Liberty, S. 122: „The mental and moral, like the muscular, powers are improved only by being used".

Rede;[1003] Energie ist für Mill ebenso wie vorher für Humboldt eine zentrale anthropologische Kategorie,[1004] ein sittliches Grundprinzip.[1005]

Aber Mill rechnet dies auch auf die Gesellschaft hoch: „Wenn man der Meinung ist, dass man die Individualität der Regungen und Triebe nicht in ihrer Entfaltung ermutigen sollte, dann muss man auch behaupten, dass die Gesellschaft für starke Naturen keine Verwendung habe, dass sie nicht besser davon werde, wenn sie viele Personen mit entschiedenem Charakter besitzt, und dass ein hoher Durchschnitt energiegeladener Naturen nicht wünschenswert sei."[1006] Wo Humboldt von Bildung spricht, redet Mill von Entwicklung (development),[1007] die er mit der Individualität gleichsetzt, womit sich zugleich ein gradueller Unterschied zeigt, weil dies bei Humboldt nicht unmittelbar ineinander fällt, sondern die Ausprägung der Individualität zur Bildung des Menschen führt. Doch ist dieser Unterschied vergleichsweise gering, da auch Mill letztlich auf die Bildung des Menschen abzielt.[1008]

b) „Nachtwächterfunktionen"?

Ebenso wie Humboldt untermauert er seine Beobachtungen historisch, um jedoch zu der Erkenntnis zu kommen, dass sich die Verhältnisse geändert haben und der Gemeinschaft nunmehr der Vorrang vor dem Individuum zukommt. Darin sieht er freilich eine Gefahr für die Menschheit, die daher rühre, dass es zu wenig persönliche Impulse und Vorrechte gebe.[1009] Fast verächtlich spricht er von der Umgebung, der früher einige wenige „den Genuss von ein bißchen Sicherheit ermöglichten".[1010] Der Gesichtspunkt der Gewährleistung der Sicherheit rückt also für Mill im Gegensatz zu Humboldt vergleichsweise in den Hintergrund. So wie bei

---

1003 *J. St. Mill*, Über die Freiheit, Üb. von B. Lemke, S. 83.

1004 *J. St. Mill*, On Liberty, S. 124: „Strong impulses are but another name for energy. Energy may be turned to bad uses; but more good may always be made of an energetic nature than of an indolent and impassive one".

1005 Näher *S. Rubinstein*, Die Energie als Wilhelm von Humboldts sittliches Grundprinzip, Zeitschrift für Philosophie und Pädagogik 13 (1906) 1 ff.

1006 *J. St. Mill*, Über die Freiheit, Üb. von B. Lemke, S. 83 f.

1007 *J. St. Mill*, On Liberty, S. 128.

1008 *J. St. Mill*, Über die Freiheit, Üb. von B. Lemke, S. 88: „Mit der Bemerkung, dass Individualität und Entwicklung eins sind, und dass einzig ihre Pflege wohl entwickelte menschliche Wesen hervorbringt oder bringen kann, könnte ich die Beweisführung hier schließen".

1009 Wörtlich: „Deficiency of personal impulses and preferences" (*J. St. Mill*, On Liberty, S. 125; Über die Freiheit, Üb. von B. Lemke, S. 84).

1010 *J. St. Mill*, Über die Freiheit, Üb. von B. Lemke, S. 84.

Humboldt die Sicherheit zum Gradmesser der Freiheit wurde,[1011] kann man sagen, dass dies bei Mill die Individualität bewirkt. Wo dem Einzelnen auch nur ein Restspielraum und eine Entfaltungsmöglichkeit seiner Individualität gelassen wird, kann er sich auch unter widrigsten Umständen noch frei fühlen. Hier zeigt sich wiederum eine dem unterschiedlichen Erkenntnisinteresse geschuldete Akzentverschiebung zwischen Humboldt und Mill bei im Übrigen gleichartiger Wertung.

Pointiert folgert Schlenke für Mills Staatsverständnis: „Für ihn sollte der Staat nicht nur *Nachtwächterfunktionen* wahrnehmen."[1012] Er weist in diesem Zusammenhang auf eine über zehn Jahre zuvor geschriebene Abhandlung Mills hin, in der er dem Staat unter bestimmten Voraussetzungen und in festgelegten Bereichen die Befugnis konzediert, die Freiheit der ihm Unterworfenen zu begrenzen.[1013] Das ist insofern bemerkenswert, als diese Gedanken noch nicht von Humboldts Ideen beeinflusst worden sein können und Mill die Auflistung der Ausnahmen von der unbeschränkten Freiheit in den folgenden Auflagen sogar noch erweitert hat.[1014]

2. Rechtsphilosophische Übereinstimmungen

Nach dem soeben Vorangestellten überrascht es nicht, dass der folgende Satz Mills ebenso gut von Humboldt stammen könnte: „Nicht dadurch, dass man alles Individuelle zur Einförmigkeit abflacht, sondern indem man es ausbildet und seine Kräfte aufbietet – innerhalb der durch die Rechte und Interessen anderer gezogenen Grenzen –, wird das menschliche Wesen zu einem edlen und schönen Gegenstand der Betrachtung."[1015] Diese Ähnlichkeit ist freilich nicht nur der idealistischen Färbung,[1016] sondern auch dem impliziten Rechtsbegriff geschuldet. Denn ebenso wie bei Humboldt kommt in der Parenthese der vorausgesetzte Begriff des Rechts zur Geltung. Allerdings lehnt Mill das Naturrecht ab, was er in

1011 Siehe dazu im Kapitel 1 unter VII.

1012 In seinem Nachwort der deutschen Ausgabe (*M. Schlenke*, S. 169; Hervorhebung nur hier).

1013 *J. St. Mill*, Principles of Political Economy.

1014 Vgl. auch die ironische Zuspitzung: „Wir sind eifrig im Verbessern des Staatswesens, der Erziehung, sogar der Moral, obwohl in der letztgenannten unsere Ideale von Verbessern hauptsächlich darin besteht, andere Leute zu überreden oder zu zwingen, ebenso gut zu sein wie wir selbst." (*J. St. Mill*, Über die Freiheit, Üb. von B. Lemke, S. 99).

1015 *J. St. Mill*, Über die Freiheit, Üb. von B. Lemke, S. 87.

1016 Übrigens findet auch das von Humboldt akzentuierte Adjektiv mannigfaltig (diversified) im folgenden Satz Erwähnung.

einer eigenständigen Schrift ausführlich darlegt.[1017] Ähnlich wie Humboldt hält auch Mill rechtlichen Zwang bei Eingriffen von Seiten Stärkerer in fremde Rechte für unerlässlich und geboten, „aber dafür ist eine hinreichende Entschädigung hinsichtlich der menschlichen Entwicklung zu erwarten (...). An strenge Regeln der Gerechtigkeit in Sachen anderer gehalten zu sein, entwickelt das Gefühl und die Fähigkeit, das Wohl anderer zu befördern."[1018] Mill teilt also auch hier im Ausgangspunkt den rechtsphilosophischen Ansatz Humboldts,[1019] über den er dann freilich noch hinausgeht, indem er den Eindruck analysiert, den die Verwirklichung der Gerechtigkeit auf den Einzelnen macht. Das wird nicht zuletzt deutlich am Beispiel der staatsrechtlichen Extremvorstellung des Despotismus, der nach Mill erst dann sein abschreckendstes Gesicht zeigt, wenn dem Einzelnen die Individualität geraubt wird, so dass man umgekehrt auch dann von Despotismus sprechen kann, wenn – unter welchem weltanschaulichen Deckmantel auch immer – keine Individualität mehr zugelassen wird.[1020]

Überdeutlich wird die Entsprechung, die Humboldt zum eigentlichen Ahnherrn seiner Anschauung macht, wenn Mill das eingangs wiedergegebene Zitat noch einmal in Erinnerung ruft: „In der schon zitierten Stelle weist Humboldt auf zwei für die menschliche Entwicklung nötige Bedingungen hin, welche die Menschen einander ungleich machen, nämlich Freiheit und Mannigfaltigkeit der äußeren Umstände."[1021]

Zugleich belegt dies die oben aufgestellte Hypothese,[1022] dass Mill mit ‚development' nichts anderes meint als Humboldts Bildungsbegriff, denn Freiheit und Mannigfaltigkeit sind für Humboldt die Bedingungen der Bildung des Men-

1017 *J. St. Mill*, Nature, in: Three Essay on Religion (Hg. H. Taylor), 1874, S. 18 f.: „Der Irrtum, dass es Recht als solches unabhängig von gesetzlichen Sanktionen gebe, erscheint in einer erschwerten Form in der Vorstellung, dass es ein Naturrecht gebe – ein Recht, vom Licht der Natur erkannt, das nicht von Gesetzgebern ausgeht, aber dennoch die Gerichte bindet und dass diese nur aufgrund seiner natürlichen Verpflichtung zur Geltung bringen können und sollen".

1018 *J. St. Mill*, Über die Freiheit, Üb. von B. Lemke, S. 87.

1019 Vgl. auch *D. Birnbacher*, John Stuart Mill (1806–1873), in: Klassiker der Philosophie, Band II, 2. Auflage 1985, S. 132, 146: „In Anknüpfung an das Bildungsideal Wilhelm von Humboldts hält Mill dem Viktorianischen Zeitalter, in dem die gesellschaftlichen Konventionen und die Absolutheitsansprüche der Religion auch noch in die privatesten Lebensbereiche hineinregierten, das Bild eines autonomen, unabhängigen Individuums entgegen, das sich, statt in ängstlichem Konformismus an das Bewährte anzuklammern, unerschrocken den herrschenden Tendenzen seiner Zeit entgegenstellt und für die erklärte Toleranzbereitschaft seiner Zeitgenossen eine fortwährende Bewährungsprobe darstellt".

1020 *J. St. Mill*, Über die Freiheit, Üb. von B. Lemke, S. 88.

1021 *J. St. Mill*, Über die Freiheit, Üb. von B. Lemke, S. 100 f.

1022 Unter Kapitel 9 IV 1 a.

schen.[1023] So kommt es bei Mill womöglich noch zu einer Übersteigerung des Individualismus,[1024] die ihm der Widerstand gegen den als nivellierend empfundenen Zeitgeist gebietet: „Wenn die Ansprüche des Individualismus überhaupt zu verfechten sind – jetzt ist die Zeit dafür, solange noch viel fehlt, um die aufgezwungene Angleichung vollständig zu machen."[1025] Jedoch ist der unvollendete Einleitungssatz nicht nur als rhetorisches Stilmittel zu lesen, sondern auch in seinem konditionalen Gehalt, der die Möglichkeit offen lässt, dass der Individualismus letztlich doch nicht verfängt. Zugleich geht es ihm mehr noch als Humboldt um geistige Freiheit und nicht nur rein physische,[1026] wie sie mit der Überwindung des Naturzustandes und der Herstellung staatlicher Ordnung zum Problem geworden ist. In jedem Fall veranschaulichen die beiden Humboldt-Zitate, die den Gedankengang des dritten Kapitels der Abhandlung über die Freiheit gleichsam verklammern, dass Humboldts Ideen nicht nur entscheidend für Mills eigenes Verständnis der Individualität waren, sondern damit auch sein Freiheitsverständnis geprägt haben.

V. Individuum und Gesellschaft

Die sonach entscheidende Frage lautet für Mill, wie ein angemessener Ausgleich zwischen der Selbstbestimmung des Individuums und dem Anspruch der Gesellschaft auf das Individuum bzw. Leistungen seinerseits herzustellen ist. Seine Ausgangshypothese besteht darin, dass der Einzelne das bekommt, was speziell ihn betrifft und die Gesellschaft umgekehrt das, woran sie im Hinblick auf den Einzelnen ein Interesse hat. Diese etwas trivial anmutende Überlegung findet nach Mill, der im Übrigen gesellschaftsvertragliche Konstruktionen für fruchtlos

---

1023 Dazu eingehend im Ersten Teil.

1024 So ist auch die – nicht zuletzt zeitbezogene – emphatische und rhetorische Überspitzung zu verstehen: „Individualität ist es, wogegen wir im Kriege sind! Wir würden glauben, wir hätten ein Wunder vollbracht, wenn wir uns alle gleichgemacht hätten." (*J. St. Mill*, Über die Freiheit, Üb. von B. Lemke, S. 99). Siehe dazu *K. Henley*, Children of the Individualism of Mill and Nozick, in: The Personalist. An International Review of Philosophy 59 (1978) 415; zu Nozick diesbezüglich *M. McGrath*, On Radical Individualism and Social Justice: A Critique of Robert Nozick's Political Theory, in: Liberalism and the Modern Polity. Essays in Contemporary Political Theory, 1978, S. 273. Mehr zu Nozick im übernächsten Kapitel.

1025 Vgl. *J. St. Mill*, Über die Freiheit, Üb. von B. Lemke, S. 102.

1026 *M. Schlenke*, Nachwort ‚Über die Freiheit', 1974, S. 169, weist jedoch darauf hin, dass Mills Freiheitsbegriff nicht auf die geistige Freiheit begrenzt ist und damit zugleich auch die freie Entfaltung der Persönlichkeit erfasst wird, wobei auch die soziale Freiheit, etwa in Gestalt der Versammlungsfreiheit, mitgedacht werde.

hält,[1027] darin Ausdruck, dass der Einzelne den Schutz der Gesellschaft genießt.[1028] Insoweit ist noch ein gewisser Anklang an Humboldt feststellbar, weil der Aspekt der Sicherheitsgewährleistung durch die Gesellschaft für maßgeblich gehalten wird. Deutlicher als bei Humboldt fällt bei Mill freilich die Ablehnung jeglichen kontraktualistischen Modells auf.[1029] Die zugrunde liegende Haltung ähnelt Humboldt auch bezüglich des Naturzustandes, den er „nur eine Abstraktion der Philosophen" nennt.[1030]

1. Der zugrunde liegende Rechtsbegriff

Für Mill ist allein die Tatsache, dass man in einer Gesellschaft lebt, Grund genug für die Achtung fremder Interessen. Diese Interessen – und das ist für die Bestimmung seines Rechtsbegriffs aufschlussreich[1031] – nennt er Rechte, wenn und weil sie „entweder durch gesetzliche Verfügung oder schweigendes Übereinkommen" als solche bezeichnet werden können.[1032] Jedes Individuum hat die in diesem Sinne unausgesprochene oder gesetzlich festgelegte Verpflichtung, die Rechte anderer nicht zu verletzen. Dieses neminem laedere lag wie gesehen auch Humboldts Ideen zugrunde. Der Rechtsbegriff ist auch insofern ein ähnlicher, als weiter oben schon eine rechtsphilosophische Entsprechung beider Konzeptionen

---

1027 Zu ihnen *H. Bielefeldt*, Neuzeitliches Freiheitsrecht und politische Gerechtigkeit. Perspektiven der Gerechtigkeitstheorien, 1990.

1028 Vgl. *J. St. Mill*, On Liberty, S. 141: „Though society is not founded on a contract, and though no good purpose is answered by inventing a contract in order to deduce social obligations from it, everyone who receives the protection of society owes a return for the benefit, and the fact of living in society renders it indispensable that each should be bound to observe a certain line of conduct towards the rest".

1029 Zu Humboldts – etwas diffusem – Verständnis des Gesellschaftsvertrags siehe oben im Kapitel 3 I 1.

1030 *Humboldt*, Gesammelte Schriften, Ausgabe der Königlich Preußischen Akademie der Wissenschaften, Band VII, 2, S. 485.

1031 In diesem Zusammenhang ist auch noch *J. St. Mills* Abhandlung „Nature", dem ersten der „Three Essays on Religion" aus dem Jahre 1874 zu erwähnen; dazu *D. Birnbacher*, John Stuart Mill (1806–1873), in: Klassiker der Philosophie, Band II, 2. Auflage 1985, S. 132, 149: „Mills Argumentation ist nichts anderes als die konsequente Anwendung von Humes Unterscheidung zwischen beschreibenden (Seins-) und bewertenden oder vorschreibenden (Sollens-)Aussagen auf den Begriff ‚Natur'." Zu Mills Religionskritik *R. Carr*, The Religious Thought of John Stuart Mill: A Study in Reluctant Scepticism, in: Journal of the History of Ideas 23, 1962, 475–495.

1032 *J. St. Mill*, Über die Freiheit, Üb. von B. Lemke, S. 103.

bemerkt wurde.[1033] Ähnlich verhält es sich auch mit der Prämisse, dass es unterhalb der Rechtsschwelle Interessen gibt, deren Verletzung keine rechtlichen Sanktionen nach sich zieht, sondern im Wortsinne lediglich gesellschaftliche Ächtung folgt.[1034]

Dabei ist Mills Vorstellung insoweit folgerichtig, als sich die Missbilligung hier im Bereich der öffentlichen Meinung bewegt,[1035] deren freiheitliche Fundierung den größten Teil seines ersten Kapitels ausgemacht hat.[1036] Ebenfalls konsequent ist die Fortsetzung der Unterscheidung zwischen primär selbstbezogenen und primär gesellschaftsbezogenen Handlungen in den rechtlichen Bereich,[1037] das heißt in den Bereich der Zuwiderhandlungen.[1038] Während es im Falle gesellschaftsbezogener Zuwiderhandlungen der Allgemeinheit obliegt, den Betreffenden zu bestrafen, bedürfen erstere keiner rechtlichen Sanktionierung: „In allen solchen Fällen sollte vollkommene gesetzliche und gesellschaftliche Freiheit herrschen, das Vorhaben auszuführen und die Folgen zu tragen."[1039] Damit ist freilich noch nichts gesagt über die Sinnhaftigkeit der Unterscheidung selbst, der wie gesagt seit jeher entgegengehalten wird, dass es alles andere als einfach sei festzustellen, wann konkret eine selbst- und wann eine fremdbezogene Handlung vorliegt.[1040] Im Übrigen lässt sich dies in aller Regel erst nach Abschluss der jeweiligen Handlung bestimmen.[1041]

2. Ungesetzmäßige Einmischung von außen

Eine weitere Parallele, die Humboldts ureigenstes Anliegen aufgreift und abwandelt, ohne freilich ausdrücklich auf ihn Bezug zu nehmen, besteht in der Art und Weise, in der Mill die Einmischung von außen auf das Individuum bewertet: „Die Einmischung der Gesellschaft in der Absicht, Urteil und Vorhaben des Be-

1033 Unter II 2; freilich mit der dort genannten Maßgabe, dass Mill dem Naturrecht grundsätzlich kritisch gegenübersteht.
1034 Zu dieser graduellen Differenzierung noch näher unter Kapitel 9 V 3.
1035 *J. St. Mill*, Über die Freiheit, Üb. von B. Lemke, S. 104.
1036 Siehe dazu eingehend unter I.
1037 Zu dieser Unterscheidungen unter I 4.
1038 Die deutsche Übersetzung spricht hier (S. 104) von „Belangen" und lässt damit offen, ob es sich um Rechte im Sinne Mills handelt. Dieser selbst spricht von „interests" (*J. St. Mill*, On Liberty, S. 141), und stellt dies damit klar.
1039 *J. St. Mill*, Über die Freiheit, Üb. von B. Lemke, S. 104.
1040 Vgl. nur *M. Finley*, Antike und moderne Demokratie, 1980, S. 77 f.
1041 *M. Schlenke*, im Nachwort der deutschen Ausgabe (S. 170).

treffenden in privaten Angelegenheiten zu beherrschen, muss sich auf allgemeine Annahmen stützen, die ganz falsch sein können. Selbst wenn sie richtig sein sollten, besteht noch die Möglichkeit, dass Personen, die mit den näheren Umständen nicht besser vertraut sind als Außenstehende, diese Vermutungen auf den individuellen Fall falsch anwenden. In diesem Bereich der menschlichen Angelegenheiten befindet sich daher der Individualismus auf seinem ureigenen Gebiet.[1042] Im Verhalten der Menschen untereinander ist es meist notwendig, allgemeine Regeln zu beachten, damit man weiß, was man zu erwarten hat, doch bei den privaten Belangen des Einzelnen ist dieser berechtigt, nach seinem individuellen Antrieb frei zu handeln. (...) Alle Irrtümer, die er vielleicht entgegen Rat und Warnung begehen kann, werden weit übertroffen von dem Übel, andern zu erlauben, ihm das aufzuzwingen, was sie für gut halten."[1043]

a) Handlung und Erfolg

Daran lässt sich ersehen, dass Mill zwischen richtigen und unrichtigen Gründen unterscheidet, welche die Gesellschaft dazu bewegen können sich einzumischen. Diese Trennung ist Humboldt fremd; für ihn ist eine unnötige Einmischung gleichsam a priori unrichtig. Mill betrachtet also auch die Handlung, Humboldt nur den Erfolg. Das ist von seinem Standpunkt aus folgerichtig, hebt er doch an mehreren Stellen seiner Untersuchung die Möglichkeit hervor, dass eine Einmischung aus edelsten Motiven erfolgen und gleichwohl ungesetzlich sein kann. Freilich kennt auch Mill die ungesetzmäßige Einmischung. An späterer Stelle bringt er dies nochmals auf den Punkt, indem er kategorisch von einer „ungesetzmäßigen Einmischung in die berechtigten Freiheiten des Einzelmenschen" spricht.[1044] Derartige Eingriffe ordnet er also explizit der Unrechtsebene zu. Demgegenüber kann die Gesellschaft Abweichlern nur durch gesellschaftliche Konventionen „*rechtmäßig* Missfallen oder Missbilligung seines Verhaltens ausdrücken".[1045]

1042 Siehe aber auch *F. A. v. Hayek*, Individualismus und wirtschaftliche Ordnung, 1952, 2. Auflage 1976.

1043 *J. St. Mill*, Über die Freiheit, Üb. von B. Lemke, S. 105 f.

1044 *J. St. Mill*, Über die Freiheit, Üb. von B. Lemke, S. 124; im Original (*J. St. Mill*, On Liberty, S. 158): „Illegitimate interference with the rightful liberty of the individual".

1045 *J. St. Mill*, Über die Freiheit, Üb. von B. Lemke, S. 129; Hervorhebung nur hier.

b) Perspektivenwechsel

Es fällt auf, dass bei gleicher Prämisse – keine Einmischung von außen, wenn und weil das Individuum ebenso gut selbst entscheiden kann[1046] – auch ein Perspektivenwechsel von Humboldts Ideen zu Mills Freiheitsverständnis auszumachen ist, der das Erkenntnisinteresse bestimmt. Eingangs der Untersuchung wurde ausgeführt, dass Humboldt im Unterschied zu Hegel den Staat vom Individuum her, also gleichsam „von unten" her betrachtet, indem er seine Wirksamkeit Stück für Stück abschichtend begrenzt.[1047] Dabei spricht er nicht durchweg vom Staat, sondern im Verlauf der Erörterung zunehmend von der Gesellschaft.[1048] An einer besonders wichtigen Stelle heißt es nämlich: „Und die ganze Absicht der hier vorgetragenen Ideen ließe sich ja vielleicht nicht unrichtig darin setzen, dass sie alle Fesseln in der *Gesellschaft* zu zerbrechen, aber auch *dieselbe* mit so viel Banden als möglich untereinander zu verschlingen bemüht sind."[1049] Hier scheint ein soziales Moment auf, das deutlich macht, warum Humboldt nicht vom Staat spricht. Diese zentrale Stelle dokumentiert die Anknüpfung Mills an Humboldt besonders eindrücklich.

Mill greift dies auf und vermeidet den Dualismus Staat-Bürger, indem er nurmehr vom Individuum aus blickt und die Gesellschaft eher als solche denn in einem staatsphilosophischen Sinne betrachtet. Das ist insbesondere von seinem Ausgangspunkt her folgerichtig, weil damit das eingangs geäußerte obiter dictum Bedeutung erlangt, wonach die Gesellschaft seines Erachtens nicht auf einen Vertrag gegründet ist. Denn mit der Ablehnung eines wie auch immer gearteten vertragstheoretischen Zusammenschlusses, muss er sich auch nicht mit der Frage auseinandersetzen, ob und inwieweit der Einzelne dem Staat unterworfen und von daher seine Freiheit begrenzt ist. Die Gesellschaft sieht er eher als Faktum: „Die Tatsache, dass man in Gesellschaft lebt, macht es nicht unbedingt zur Pflicht, eine bestimmte Linie des Benehmens gegen die andern einzuhalten."[1050] An die Stelle einer staatsphilosophischen Betrachtungsweise tritt so eine soziologische.[1051]

1046 Vgl. aber auch *R. Rorty*, Kontingenz, Ironie und Solidarität, 1992, S. 114: „John Stuart Mills Vorschlag, dass die Regierungen sich auf die Optimierung des Gleichgewichtes zwischen Nicht-Einmischung in das Privatleben und Verhindern von Leiden konzentrieren sollten, scheint mir ein passendes Schlusswort zum Thema zu sein".

1047 Dazu im Kapitel 1 unter I 2.

1048 *Humboldt*, Ideen, S. 119 (148) der Ideen spricht noch von „Staatsvereinigung".

1049 *Humboldt*, Ideen, S. 140 (166 f.); die Stelle wurde auch in anderem Zusammenhang schon zitiert.

1050 *J. St. Mill*, Über die Freiheit, Üb. von B. Lemke, S. 103.

1051 Vgl. auch *P. Winch*, Die Idee der Sozialwissenschaft und ihr Verhältnis zur Philosophie, 1966, 3. Kapitel.

3. Recht und Moral

Eine auffällige Schnittstelle, die geeignet ist, Unterschiede hinsichtlich der zugrunde liegenden Konzeption im Grundlagenbereich zu illustrieren, betrifft das Verhältnis von Recht und Moral.[1052] Humboldt schien diesbezüglich einer kategorischen Trennung von Recht und Moral im kantischen Sinne verhaftet, doch zeigte sich, dass diese Unterscheidung zumindest nicht mit kantischer Strenge durchgehalten wurde.[1053]

a) Graduelle Differenz

Mill dagegen geht zwar wie gesehen von einem ähnlichen Rechtsbegriff aus, lässt aber ein durchaus unterschiedliches Verständnis erkennen: „Unrecht gegenüber anderen freilich erfordert eine völlig andere Behandlung. Beeinträchtigungen ihrer Rechte, Zufügung von Verlusten oder Beschädigungen, die nicht durch den eigenen Anspruch zu rechtfertigen sind, Falschheit oder Zweideutigkeit im Verkehr mit ihnen, unfaire und kleinliche Ausnützung von Vorteilen gegen sie, sogar selbstsüchtiges Unterlassen ihrer Verteidigung gegen Unrecht – das sind geeignete Anlässe für moralische Vorwürfe und, in schwerwiegenden Fällen, für moralische Vergeltung und Bestrafung."[1054]

An dieser Stelle wird der Anschein erzeugt, dass zwischen Recht und Moral für Mill keine grundsätzliche Differenz besteht, erst recht kein unüberbrückbarer Graben verläuft, sondern vielmehr ein gradueller und durch die jeweilige Intensität der Rechtsverletzung bzw. Beeinträchtigung gekennzeichneter Unterschied liegt. Folgerichtig weist Mill darauf hin, dass zwischen dem einen und dem anderen, nämlich der Rechtsverletzung, „nicht nur eine nominelle Unterscheidung besteht".[1055] Allerdings ist hinzuzufügen, dass sich aus anderen Schriften Mills ergibt, dass er im Grundsätzlichen durchaus einen Unterschied zwischen Recht und Moral sieht. So bemerkt er an einer Stelle, dass ein bestimmter Irrtum „die ganze Vorstellung des Rechts der Unklarheit ausgesetzt (hat), die erheblich dazu beigetragen hat, den Unterschied zwischen ihm und der positiven Moral zu ver-

---

1052 *M. Finley* (Antike und moderne Demokratie, 1980, S. 76 f.) hat in anderem Zusammenhang darauf aufmerksam gemacht, dass Mills Freiheitsverständnis geradewegs auf diese Frage zusteuert.

1053 Siehe nur im Kapitel 4 unter II. und öfter.

1054 *J. St. Mill*, Über die Freiheit, Üb. von B. Lemke, S. 107 f.

1055 *J. St. Mill*, Über die Freiheit, Üb. von B. Lemke, S. 109.

dunkeln."[1056] Das wird hier freilich nicht so deutlich. Denn zum einen scheint es, als separiere Mill tatbestandlich nicht zwischen den Vorwerfbarkeiten auf rechtlichem und moralischem Bereich, zum andern sieht es so aus, als vermeide er es, an das eine Rechtsfolgen und an das andere gesellschaftliche Sanktionen zu knüpfen. Dabei ist freilich zu berücksichtigen, dass er sich durchaus für die gerechte und hinreichend harte Bestrafung des Rechtsbrechers ausspricht: „Es ist natürlich etwas anderes, wenn er die Gesetze zum Schutz seiner Mitgeschöpfe, einzeln oder als Gesamtheit genommen, verletzt hat. Die bösen Folgen seines Handelns fallen dann nicht auf ihn, sondern auf andere, und *die Gemeinschaft, als Beschützerin ihrer Mitglieder*, muss Vergeltung an ihm üben, muss ihm Leid zufügen zu dem ausdrücklichen Zweck der Bestrafung und dafür sorgen, dass sie streng genug ausfällt."[1057] Insoweit besteht eine weitgehende Übereinstimmung mit der Strafrechtsvorstellung Humboldts, mit der – freilich nicht maßgeblichen – Ausnahme, dass Humboldt, wie wir gesehen haben, eher für milde Strafen plädierte.[1058]

b) Pflichten gegen sich selbst

Der vordergründige Unterschied zu Humboldt resultiert jedoch aus der für Mill entscheidenden und gleichsam vorgelagerten Trennung zwischen selbstbezogenen und fremdbezogenen (Zuwider-)Handlungen und ist von daher auch folgerichtig. Dementsprechend folgert Mill: „Was man Pflichten gegen sich selbst nennt, hat keine soziale Verbindlichkeit, wenn nicht die Umstände sie zugleich zu Pflichten gegen andere machen. Der Ausdruck ‚Pflicht gegen sich selbst' bedeutet – wenn er nicht einfach nur Vorsicht meint – Selbstachtung oder Selbstentwicklung, und für keine von ihnen ist man seinen Mitgeschöpfen verantwortlich, weil man für keine von ihnen zum Wohle der Menschheit verantwortlich gemacht werden kann."[1059] Hier wiederum schließ sich der Kreis zu Humboldt, denn Selbstentwicklung (self-development) ist nichts anderes als – in Reflexive gewandte – Bildung im Sinne Humboldts und hier wie dort eine Pflicht gegen sich selbst.[1060]

Vor diesem Hintergrund erklärt sich auch eine Auffälligkeit bei Humboldt, die uns zunächst nur isoliert als äußere Übereinstimmung mit den Prämissen Mills

---

1056 *J. St. Mill*, Austin on Jurisprudence, in: Dissertations and Discussions, 2. Auflage 1874, S. 206, 237.

1057 *J. St. Mill*, Über die Freiheit, Üb. von B. Lemke, S. 109 f.

1058 *Humboldt*, Ideen, S. 153 ff. (178 ff.).

1059 *J. St. Mill*, Über die Freiheit, Üb. von B. Lemke, S. 108.

1060 Vgl. oben Kapitel 1 III 2.

begegnete. Denn es war bereits eingangs bei der Unterscheidung zwischen selbst- und fremdbezogenen Handlungen die Rede davon,[1061] dass diese Differenzierung bereits an einer eher versteckten Stelle der Ideen Humboldts angelegt war. Diese lautete zur Erinnerung: „Hingegen Handlungen, welche sich allein auf den Handelnden beziehen oder mit Einwilligung dessen geschehen, den sie treffen, zu bestrafen, verbieten eben die Grundsätze, welche dieselben nicht einmal einzuschränken erlauben."[1062] Die genannte Stelle findet sich nämlich just zu Beginn der Behandlung der Strafgesetze, steht also im selben systematischen Zusammenhang wie der soeben angesprochene Gedanke Mills. Daraus folgt, dass dieser die Unterscheidung, die Humboldt an einer – aber eben auch derselben – Stelle aufscheinen lässt, lediglich zum Grundgedanken seiner ganzen Abhandlung erhoben und von dort aus konsequent zu Ende gedacht hat. Es ist somit gar kein substanzieller Unterschied, der zwischen Humboldt und Mill besteht, sondern eher ein methodischer. Dieser ist freilich wiederum durch das jeweilige Erkenntnisinteresse bestimmt, die Freiheit selbst bei Mill und die Freiheit als Mittel zur Bildung des Menschen bei Humboldt.

c) „Moralische Polizei"

Anders als Humboldt interessiert sich Mill stärker für Beeinträchtigungen der Freiheit durch moralische Vorgaben, was von seinem Ausgangspunkt schon deswegen konsequent ist, weil die moralischen je nach Intensität in rechtliche übergehen können. Daher interessieren ihn besonders diejenigen Einmischungen, die von außen moralische Vorgaben infiltrieren. Er spricht insoweit bildhaft von einer „moralischen Polizei",[1063] welche die legitime Freiheit des Einzelnen durch ständige Überschreitung der ihr gesetzten Grenzen aufzuweichen geeignet sei.[1064] Hier sieht er eine durch die menschlichen Leidenschaften bewirkte ständige Bedrohung der individuellen Freiheit. An eine freiwillige Selbstbeschränkung und Selbstbesinnung von Seiten der Gesellschaft, die sich in die moralischen Belange des Einzelnen nicht einmischt, glaubt er nicht: „Es ist leicht, sich eine ideale Gemeinschaft vorzustellen, welche die Freiheit und die Fähigkeit der einzelnen, in allen unentschiedenen Dingen zu wählen, unangetastet lässt und nur von ihnen verlangt, Handlungsweisen zu unterlassen, die von der allgemeinen Erfahrung verurteilt werden: Es werden Meinungen vorgebracht, die für die Öffentlichkeit ein unbegrenztes Recht beanspruchen, nicht nur gesetzlich all das, was sie für übel

1061 Oben Kapitel 9 II 4 a).
1062 Vgl. *Humboldt*, Ideen, S. 154 (178 f.).
1063 *J. St. Mill*, Über die Freiheit, Üb. von B. Lemke, S. 117.
1064 Nochmals beispielhaft aufgegriffen auf S. 121.

hält, sondern auch beliebig viele ihr selbst harmlos erscheinenden Dinge zu verbieten, um zur Wurzel des Übels zu gelangen.[1065] Aber wo ein solches Gemeinwesen finden, das sein Aufpasseramt soweit beschränkte?"[1066] Es ist interessanterweise auch für Mill das Aufpasseramt (censorship),[1067] also die nur beschränkt geduldete Einmischung des Staates – er spricht insoweit sogar von einer „Rechtsgewalt über Privatangelegenheiten"[1068] – die ebenso wie bei Humboldt im Hintergrund steht, wobei anders als bei diesem der Gewährleistung der Sicherheit kein den Eingriff ausgleichender Stellenwert eingeräumt wird.[1069] So kommt dieser Topos auch zur Rechtfertigung der Eingriffe praktisch nicht zur Geltung.[1070]

d) Theorie „sozialer Rechte" kraft sittlicher Fundierung

Ebenfalls zum Verhältnis von Recht und Moral gehört die von Mill so genannte ‚Theorie sozialer Rechte', gegen die er sich in aller Schärfe verwahrt.[1071] Ihr Inhalt ist die Vorstellung, dass jedermann es als Ausfluss seiner sozialen Rechte von anderen verlangen kann, dass sie so handeln, wie sie sollten. Jede Missachtung und die geringste Abweichung würde den Inhaber eines solchen sozialen Rechts in den Stand setzen, vom Anderen Unterlassung zu verlangen: „Ein so ungeheuerliches Prinzip ist weit gefährlicher als irgendein vereinzelter Angriff auf die Freiheit, jede Vergewaltigung der Freiheit ließe sich damit rechtfertigen, es erkennt kein Recht auf irgendeine Selbstbestimmung an, außer vielleicht dem, im geheimen eine Meinung haben zu dürfen – ohne sie jemals zu äußern. (...) Diese Theorie spricht jedem Menschen ein begründetes Interesse an der moralischen, geistigen und sogar körperlichen Vollkommenheit des andern zu, die jeder, der den Anspruch erhebt, nach seinem eigenen Maßstab bestimmen kann." Das Willkürszenario, das Mill hier wortreich mit dieser Pervertierung der Freiheit in Gestalt einer Diktatur der Öffentlichkeit beschreibt, macht deutlich, dass ihm der kategoriale Unterschied von Recht und Moral ungeachtet des von ihm vertretenen graduellen Übergangs bewusst ist.

1065 *J. St. Mill*, Über die Freiheit, Üb. von B. Lemke, S. 122.
1066 *J. St. Mill*, Über die Freiheit, Üb. von B. Lemke, S. 116.
1067 *J. St. Mill*, On Liberty, S. 151.
1068 *J. St. Mill*, Über die Freiheit, Üb. von B. Lemke, S. 121.
1069 Nur zitatweise nennt *J. St. Mill* das „Recht auf Sicherheit" (ebenda, S. 123), das er freilich ausdrücklich nicht als seine eigene Rede kenntlich macht.
1070 Er spricht stattdessen von der „berechtigten Ausübung der moralischen Ausübung moralischer Autorität" (*J. St. Mill*, Über die Freiheit, Üb. von B. Lemke, S. 118), ohne freilich die Sicherheit hier auch nur in Betracht zu ziehen.
1071 Siehe auch *B. Ackerman*, Social Justice in the Liberal State, 1980.

4. Vergleichende Rückschau auf Humboldt

Vor allem ist dies alles im Ausgangspunkt nicht weit entfernt von Humboldts in den ‚Ideen' geäußerter Sicht zur Sittenverbesserung.[1072] Er nennt dort ausdrücklich die den Luxus einschränkenden Gesetze als Anwendungsfall,[1073] die im Übrigen auch Mill ausdrücklich erwähnt.[1074] Humboldt geht es dort freilich seiner idealistischen Ausrichtung entsprechend nur um das moralische Gesetz.[1075] Dennoch bleibt er seiner Linie treu und verurteilt jede positive Einmischung des Staates zur Sittenverbesserung: „Nach den im vorigen ausgeführten Grundsätzen aber ist dem Staat nicht erlaubt, mit positiven Endzwecken auf die Lage der Bürger zu wirken."[1076] Da ihn nur das Verhältnis des Staats zum Bürger bewegt, kommt ihm der Gedanke nicht, dass die Rechtsgenossen untereinander auf die Idee kommen könnten, moralisches Wohlverhalten gegeneinander einzufordern. Es ist wohl vor allem der von Mill akzentuierte Topos der öffentlichen Meinung, der überhaupt die Möglichkeit aufbringen kann, dass die Bürger untereinander derartige sozialen Rechte geltend machen könnten. Hier geht Mill einen entscheidenden Schritt weiter als Humboldt, indem er ein Szenario ausmalt, das für jenen nicht zuletzt deshalb unvorstellbar war, weil er den auf Selbstvervollkommnung und Bildung gerichteten Menschen voraussetzte, dem das moralische Gesetz die vom Recht unterschiedene aber nichtsdestoweniger verpflichtende Richtschnur ist, der er sich selbst gegenüber unzulänglich weiß, so dass er daran nicht noch durch andere erinnert zu werden braucht: „Das Gefühl der Unangemessenheit der menschlichen Kräfte zum moralischen Gesetz, das tiefe Bewusstsein, dass der Tugendhafteste nur der ist, welcher am innigsten empfindet, wie unerreichbar hoch das Gesetz über ihn erhaben ist, erzeugt die Achtung – eine Empfindung, welche nicht mehr körperliche Hülle zu umgeben scheint, als nötig ist, sterbliche Augen nicht durch den reinen Glanz zu verblenden."[1077] Zwischen den Kräften, die er bei Kant unzureichend berücksichtigt sieht, und dem moralischen Gesetz besteht eine unüberbrückbare Kluft, welche die menschliche Unzulänglichkeit ausmacht.

1072 *Humboldt*, Ideen, S. 98 ff. (130 ff.).

1073 *Humboldt*, Ideen, S. 99 (131).

1074 *J. St. Mill*, Über die Freiheit, Üb. von B. Lemke, S. 121.

1075 Vgl. *Humboldt*, Ideen, S. 109 f. (140): „Wie strebend der Mensch nach Genuss ist, wie sehr er sich Tugend und Glückseligkeit ewig, auch unter ungünstigsten Umständen, vereint denken möchte, so ist doch auch seine Seele für die Größe des moralischen Gesetzes empfänglich".

1076 *Humboldt*, Ideen, S. 111 (142).

1077 Vgl. *Humboldt*, Ideen, S. 108 f. (139).

VI. Theorie und Praxis

Das fünfte und letzte Kapitel des Essays über die Freiheit ist schlicht mit „Anwendungen" (applications) überschrieben. Bereits äußerlich drängt sich eine – freilich nicht zu stark zu gewichtende – Parallele zu Humboldts Ideen auf, deren letzter Abschnitt von der Anwendung der Theorie auf die Wirklichkeit handelt.[1078] Ohne dies wie gesagt überbewerten zu wollen, sei daran erinnert, dass umgekehrt Humboldts Stil und Darstellung weithin essayistische Züge trägt, infolge derer es nicht verwunderte, dass seinen Ideen just im englischsprachigen Raum eine gewisse Rezeption vergönnt war. Der nicht zuletzt durch die vielen Beispiele vermittelte pragmatische Grundzug der Schriften ist unübersehbar und seitens Humboldts durchaus auch beabsichtigt.[1079] Mills Anwendung zielt dagegen auf nicht weniger als auf „alle Teile der Staats- und Sittenlehre".[1080]

1. Keine generelle Eingriffsermächtigung

Mill legt im Ausgangspunkt nochmals seine Grundüberlegung dar, die er freilich präzisiert: Das Individuum ist der Gesellschaft gegenüber nicht rechenschaftspflichtig, soweit die betreffende Handlung nur seine eigenen Interessen berührt. Die ihm oft vorgeworfene Problematik der Unterscheidbarkeit zwischen selbst- und fremdbezogenen Handlungen[1081] sieht er entgegen manchen Kritikern durchaus und verdeutlicht dies beispielhaft. Er konzediert nämlich „Interessengegensätze" (oppositions of interest),[1082] die in der Gesellschaft unvermeidlich seien und insbesondere dann entstehen können, wenn jemand sich mit anderen um eine Position bewirbt:[1083] „Die Gesellschaft gesteht den enttäuschten Mitbewerbern weder ein gesetzliches noch ein moralisches Privileg zu, von dieser Art Unannehmlichkeit verschont zu bleiben; und sie sieht sich nur dann berufen einzugreifen, wenn jemand Mittel angewandt hat, die man im allgemeinen In-

1078 *Humboldt*, Ideen, S. 192 ff. (212 ff.); dazu oben im ersten Teil.

1079 Es sei daran erinnert, dass sich Humboldt von der Lektüre *von Dalbergs*, der in die Position und Rechtsstellung eines veritablen Entscheidungsträgers rückte, eine konkrete und praktische Wirksamkeit seiner Ideen versprach.

1080 *J. St. Mill*, Über die Freiheit, Üb. von B. Lemke, S. 129.

1081 Vgl. nur *M. Finley*, Antike und moderne Demokratie, 1985, S. 77.

1082 *J. St. Mill*, On Liberty, S. 164.

1083 Im Zusammenhang mit der rechtlichen Ordnung divergierender Interessen sei nochmals (siehe bereits am Ende des ersten Teils) erinnert an die von Roscoe Pound begründete sociological jurisprudence; zu ihr *W. Fikentscher*, Festschrift für Larenz, 1973, S. 93.

teresse nicht erlauben darf, nämlich Betrug, Verrat oder Gewalt."[1084] Die Eingriffsermächtigung entsteht also immer erst und nur, wenn derjenige, der seine Interessen verwirklicht, illegitime Mittel gebraucht. Das aber läuft auf nichts anderes hinaus, als das, was Humboldt zuvor propagiert hat. Denn mit jeder der von Mill genannten Handlungen geht eine empfindliche Berührung des fremden Rechtskreises einher, die ein staatliches Eingreifen im Interesse der Aufrechterhaltung der öffentlichen Sicherheit geradezu erforderlich macht. Wenn nicht wenigstens die hinreichende Wahrscheinlichkeit des Eintritts eines Schadens – eine solche reicht nach Humboldt[1085] wie nach Mill – zu Ungunsten eines anderen Rechtsgenossen besteht, darf der Staat auch nicht helfend eingreifen.[1086]

Mit der soeben angestellten Überlegung der Gefahrenabwehr – denn nichts anderes ist die Abwendung der Wahrscheinlichkeit eines Schadenseintritts – ist die Frage der Verbrechensbekämpfung und Unfallvermeidung aufgeworfen, der sich Mill nachfolgend widmet, da diese notwendigerweise Einschränkungen der persönlichen Freiheit mit sich bringen kann. Gerade den Bereich der vorbeugenden Gefahrenabwehr hält Mill mit Recht für missbrauchsanfällig, da die Aufrechterhaltung der Sicherheit nur zu leicht zum Vorwand für staatliches Einschreiten genommen werden kann.[1087] Dieser gedankliche Ansatz ist uns aus den Ideen Humboldts nur zu vertraut.[1088] Dass Mill die Sicherheit auch hier nicht ausdrücklich erwähnt, ist kein Widerspruch zur Konzeption Humboldts, da er ihre allfällige Aufrechterhaltung als selbstverständlich voraussetzt und insoweit auch staatliche Eingriffe anerkennt.[1089]

1084 *J. St. Mill*, Über die Freiheit, Üb. von B. Lemke, S. 130.

1085 *Humboldt*, Ideen, S. 121 (150): „Nirgends also, wo der Vorteil oder der Schaden nur den Eigentümer allein trifft, darf der Staat sich Einschränkungen durch Prohibitivgesetze erlauben".

1086 *J. St. Mill*, Über die Freiheit, Üb. von B. Lemke, S. 129: „Im ersten Falle darf man keineswegs annehmen, weil allein Schädigung oder Wahrscheinlichkeit der Schädigung der Belange anderer die Einmischung der Gesellschaft rechtfertigen kann, sei damit nun stets zu solchem Eingreifen das Recht gegeben".

1087 *J. St. Mill*, Über die Freiheit, Üb. von B. Lemke, S. 132.

1088 *Humboldt*, Ideen, S. 115 ff. (145 ff.), 120 ff. (150 ff.), 153 ff. (178).

1089 *J. St. Mill*, Über die Freiheit, Üb. von B. Lemke, S. 131: „Eine der *unbestrittenen Aufgaben der Regierung* ist es, Vorsichtsmaßregeln gegen ein Verbrechen zu ergreifen, noch ehe es begangen wird." (Hervorhebung nur hier).

2. Strafrechtsdogmatische Berührungen mit rechtsphilosophischen Problemen

Anders als Humboldt und dessen strenger Einteilung in Zivilrecht, Strafrecht und Öffentliches Recht, deren Begriffe zeitgebunden zum Teil anders lauteten,[1090] aber den studierten Juristen erkennen ließen, fehlt eine vergleichbar stringente Einteilung bei Mill.[1091] Dieser geht zwar von der Gefahrenabwehr aus, wählt jedoch seine Beispiele, anhand derer er seine Überlegungen beispielhaft darstellt, vorwiegend aus dem Bereich des Strafrechts.[1092] Dogmatisch interessant ist, wie Mill Eingriffe in die fremde Handlungsfreiheit rechtfertigt, wenn der Betreffende durch sie vor einem Übel bewahrt wird: „Wenn ein öffentlicher Beamter oder sonst jemand sieht, wie ein Mensch eine Brücke überschreiten will, die erwiesenermaßen unsicher ist, und keine Zeit mehr hat, ihn vor der Gefahr zu warnen, so darf er ihn – ohne seine Freiheit zu beeinträchtigen – anfassen und zurückziehen. Denn Freiheit besteht darin zu tun, was man will, und der Betreffende will ja nicht ins Wasser fallen."[1093]

Diese rabulistisch anmutende Begründung, die den Selbstbestimmungsgedanken gleichsam auf die Spitze treibt,[1094] indem sie ihn vorderhand in sein Gegenteil verkehrt, setzt dogmatisch auf der Tatbestandsebene an und vermeidet es, das Verhalten zu rechtfertigen.[1095] Ebenso interessant ist sein Gedanke, dass es seitens eines Täters, der im Rausch zu Gewalttaten neigt, ein Verbrechen gegen andere ist, wenn er sich betrinkt.[1096] Diese Vorverlagerung wird im Strafrecht unter dem Gesichtspunkt der actio libera in causa diskutiert und findet sich bei Mill rechtsphilosophisch zumindest angedeutet und wird auf diese Weise auch von

---

1090 *M. Stolleis*, Geschichte des öffentlichen Rechts, Band I, 1988, S. 385.

1091 Siehe aber zu seiner Rechtsphilosophie bezüglich der einzelnen genannten Gebiete *H. Jakobs*, Rechtsphilosophie und politische Philosophie bei John Stuart Mill, 1964, S. 82 ff.

1092 Zur Strafrechtsphilosophie Wilhelm von Humboldts und John Stuart Mills *K. Papageorgiou*, ARSP 76 (1990) 324, 336 ff.

1093 *J. St. Mill*, Über die Freiheit, Üb. von B. Lemke, S. 132; eine Grenze zur Vermeidung widersinniger Ergebnisse zieht Mill jedoch an späterer Stelle (ebenda, S. 141: „Das Prinzip der Freiheit kann nicht fordern, dass er die Freiheit haben sollte, nicht frei zu sein.").

1094 In der Tat spricht die Übersetzung wenig später (*J. St. Mill*, Über die Freiheit, Üb. von B. Lemke, S. 133) ausdrücklich vom „Selbstbestimmungsrecht", während Mill selbst sagt „without any infringement worth taking into account upon the liberty" (*J. St. Mill*, On Liberty, S. 166).

1095 Zum hier nicht zu vertiefenden dreistufigen Verbrechensaufbau *C. Roxin*, Strafrecht. Allgemeiner Teil, Band 1, 4. Auflage 2006, § 10 Rz. 16, S. 232; siehe auch *B. Schünemann*, die deutschsprachige Strafrechtswissenschaft nach der Strafrechtsreform im Spiegel des Leipziger Kommentars und des Wiener Kommentars, 1. Teil, Tatbestands- und Unwertlehre, GA 1985, S. 347 f.

1096 *J. St. Mill*, Über die Freiheit, Üb. von B. Lemke, S. 134.

ihm fundiert, ohne dass es eines Rekurses auf naturrechtliche Begründungen bedürfte.[1097]

3. Prinzipiendenken bei Humboldt und Mill

An diesen vieldiskutierten Strafrechtsproblemen ist für den vorliegenden Zusammenhang nicht so sehr von Interesse, wie Mill sie löst, als vielmehr der Umstand, dass er – ungeachtet des eingangs dargestellten Unterschiedes hinsichtlich der Ordnung des Stoffs – ganz ähnlich verfährt wie Humboldt, indem er nämlich ebenso wie dieser konkrete Rechtsprobleme ohne positive Rechtsvorschriften vorlegt und von seinem Ansatz aus – gleichsam freihändig – löst. Weder diesem noch jenem unterläuft dabei diffuse Gefühlsjurisprudenz, sondern die Lösungen werden unter Rückgriff auf die Leitlinien der Untersuchung konsistent begründet.[1098] Dabei sind namentlich die von Mill gestellten Strafrechtsfragen auch aus heutiger Sicht durchaus intrikat.[1099] Vor allem aber eint Humboldt und Mill das – auch für die moderne Dogmatik maßgebliche[1100] – Denken in Prinzipien, die sich weitgehend überschneiden.[1101] So kann Humboldt am Ende seiner Ideen sagen: „Wo nun schon einmal eine verwickelte Lage vorhanden ist, da ist die Einsicht selbst des Notwendigen schwieriger; aber gerade mit der Befolgung dieses Prinzips wird die Lage immer einfacher und diese Einsicht immer leichter."[1102] Und Mill erkennt, dass die Herausstellung des Prinzips der Freiheit, von dem bereits eingangs der vorliegenden Untersuchung die Rede war, die Möglichkeit schafft, auch die nicht mehr unmittelbaren Anwendungsfälle sachgerecht und prinzipienmäßig zu lösen: „Ein wenig Nachdenken aber berichtigt den ersten Eindruck und zeigt, dass, wenn der Fall auch nicht genau innerhalb der Grenzen der Freiheit liegt doch die Gründe, auf welchen sich ihr Prinzip aufbaut, auf ihn anwendbar seien."[1103]

1097 Zu dieser Rechtsfigur *C. Jäger*, Strafrecht – Allgemeiner Teil, 2003, Rz. 177.

1098 *J. St. Mill*, Über die Freiheit, Üb. von B. Lemke, S. 135: „Hier ist noch ein anderes Problem, das einer Lösung bedarf, *die mit den entwickelten Grundlinien übereinstimmt.*" (Hervorhebung nur hier).

1099 Vgl. nur *J. St. Mill*, ebenda: „Sollen in Fällen, in denen das private Verhalten zu tadeln ist, die Gemeinschaft aber aus Respekt vor der Selbstbestimmung auf Vorbeuge- oder Strafmaßnahmen verzichten, weil die unmittelbaren Folgen gänzlich auf den Handelnden selbst fallen – sollen andere Personen die Freiheit haben, dasselbe zu raten oder anzustiften, was der Täter tun durfte?".

1100 *C.-W. Canaris*, Systemdenken und Systembegriff in der Jurisprudenz, 2. Auflage 1983.

1101 *K. Papageorgiou*, ARSP 76 (1990) 324, 340, konstatiert bei beiden ein „Prinzip der Nichtintervention".

1102 *Humboldt*, Ideen, S. 205 (223).

1103 *J. St. Mill*, Über die Freiheit, Üb. von B. Lemke, S. 135.

Die Grenzen der Wirksamkeit des Staats und der Freiheit sind durch die Verklammerung mit dem Prinzip der Individualität anthropologisch verankert und lassen sich von daher verallgemeinern, weil die verklammernde Individualität jeweils den Maßstab angibt, an dem sich die Beantwortung der Einzelfragen ausrichten muss.

4. Gesetzliche und moralische Freiheit

Dass die impliziten Parallelen Mills im Verhältnis zu Humboldt nicht auf Spekulationen beruhen, belegt die folgende ausführliche und daher wörtlich wiedergegebene Stelle Mills, die darüber hinaus zeigt, wie sehr dieser gleichsam entlang der Ideen Humboldts gearbeitet und auf ihrer Basis seinen Freiheitsbegriff geschärft hat:

„In der bereits angeführten vorzüglichen Abhandlung Humboldts drückt dieser seine Überzeugung aus, dass Verpflichtungen, die persönliche Bindungen oder Dienste betreffen, über eine bestimmte Zeitdauer hinaus niemals gesetzlich bindend sein sollten und dass die wichtigste dieser Bindungen: die Ehe – welche die Besonderheit besitzt, dass ihr Zweck verfehlt ist, wenn die Gefühle beider Partner nicht mehr übereinstimmen – zu ihrer Auflösung nicht mehr erfordern sollte, als die Erklärung jedes Partners, dass er sie lösen wolle. Dies Thema ist zu wichtig und zu kompliziert, als dass man es so nebenbei behandeln könnte, ich berühre es nur insoweit, als es zum Zwecke der Erläuterung notwendig ist. Wenn die Knappheit und Allgemeinheit seiner Abhandlung Humboldt nicht gezwungen hätte, sich diesmal mit der Darlegung seiner Schlussfolgerungen zu begnügen, ohne die Voraussetzungen zu erörtern, so würde er zweifellos anerkannt haben, dass diese Frage nicht aus den einfachen Gründen, auf welche er sich beschränkt, entschieden werden kann. Wenn jemand durch ausdrückliches Versprechen oder durch sein Verhalten in einer anderen Person das Vertrauen erweckt, er werde eine gewisse Art zu handeln beibehalten, so dass diese Erwartungen oder Berechnungen daran knüpfen und einen Teil ihres Lebensplans darauf gründen kann, dann entsteht eine neue Reihe von moralischen Verpflichtungen seinerseits gegen sie, die er möglicherweise über Bord werfen, aber niemals unberücksichtigt lassen kann. Und dann, wenn die Beziehungen zwischen beiden vertragsschließenden Teilen von Folgen für andere waren, wenn sie Dritte in eine besondere Lage gebracht haben oder, wie im Falle der Ehe, Dritte ins Leben gerufen haben, dann entstehen für beide Vertragspartner Verpflichtungen, deren Erfüllung – oder jedenfalls die Art ihrer Erfüllung – stark durch die Fortdauer oder die Auflösung der Beziehungen zwischen den ursprünglichen Vertragspartnern berührt wird. Daraus folgt nicht – ich würde es jedenfalls nicht zugeben –, dass diese Verpflichtungen so weit reichen, dass sie die Erfüllung des Vertrags selbst um den Preis des Lebensglücks des widerstrebenden Partners verlangen, aber sie sind ein wesentlicher Bestandteil dieser Frage. Selbst wenn sie, wie Humboldt behauptet, in der *gesetzlichen* Freiheit der Parteien, sich ihrer zu entledigen, keinen Unterschied machen sollten (und ich glaube auch, sie sollten keinen *großen* machen!), so machen sie doch notwendigerweise einen großen Unterschied in Bezug auf die *moralische* Freiheit. Jeder ist verpflichtet, all diese Unterschiede in Rechnung zu ziehen, ehe er sich zu so einem Schritt entschließt, der so wichtige Angelegenheiten anderer betrifft. Wenn man auf diese nicht das gebührende Gewicht legt, ist man moralisch verantwortlich für das Unrecht. Ich habe diese selbstverständlichen Bemerkungen nur gemacht, um das allgemeine Prinzip der Freiheit besser zu erläutern, und nicht, weil sie für diese besondere Frage nötig sind, die man im Gegensatz hierzu gewöhnlich so behandelt, als ob das Interesse der Kinder alles, das der Erwachsenen nichts bedeute."[1104]

Während Humboldts oben schon behandelte[1105] Passage über die Ehe[1106] Görres' Wort, dass er persönlich „kalt wie Dezembersonne" gewesen sei,[1107] in Erinnerung ruft,[1108] kommt in Mills Präzisierung eine neue Dimension der Freiheit ins Spiel. Der Gegenmeinung, die Mill hier im Verhältnis zu Humboldt einnimmt, kann man zwar nicht ohne weiteres entnehmen, dass im Übrigen vorbehaltlose Übereinstimmung herrscht. Sein entgegenkommendes Wort, dass Humboldt, hätte er sich mehr Raum genommen, differenzierter und dem Gegenstand angemessener geurteilt haben würde, mag man bezweifeln, da sich Humboldt an keiner Stelle der Ideen Weitschweifigkeiten enthalten hat, wo ihm der Gegenstand entsprechend wichtig war. Die lakonische Kürze zeigt, dass das Problem der Lösbarkeit der Ehe für ihn ersichtlich auf den Punkt gebracht war. Auch mag Mills ausführliche Entgegnung und Präzisierung autobiographisch gefärbt sein.[1109] Jedoch ist auch die präzisierende Abgrenzung zwischen gesetzlicher Freiheit und moralischer Freiheit von Interesse. Sie belegt, wie wichtig es war, weiter oben das jeweils unterschiedliche Verständnis von Recht und Moral hervorzuheben.

Denn Mill eröffnet gewissermaßen eine neue Dimension der Freiheit, nämlich die moralische, die sich hier zugleich als Beschränkung der gesetzlichen darstellt, obwohl sie etwas kategorial Unterschiedliches ist. Das ist nicht selbstverständlich,

---

1104 *J. St. Mill*, Über die Freiheit, Üb. von B. Lemke, S. 141 ff. (Hervorhebungen auch dort).
1105 Im 6. Kapitel unter II 5.
1106 *Humboldt*, Ideen, S. 136 f. (163 f.).
1107 *H. Scurla*, Wilhelm von Humboldt, S. 39.
1108 Siehe bereits das Zitat oben im Kapitel 2 unter II am Ende.
1109 Dies belegt die anrührende Widmung an seine Frau; *J. St. Mill*, Über die Freiheit, Üb. von B. Lemke, S. 3.

weil Moral und Recht bei der Beeinträchtigung bzw. Schädigung anderer für Mill ineinander greifen können und die Unterschiede bisweilen fließend sind. Im Bereich der Freiheit trennt Mill dagegen dergestalt, dass die gesetzliche Freiheit einer Handlung nicht darüber aussagt, ob sie auch moralisch vertretbar ist. Wie der zitierte Schlusssatz illustriert ist diese Einschränkung auch nicht allein damit begründbar, dass in diesem Fall Interessen Dritter berührt seien. Es ist vielmehr das gegebene Versprechen an sich, das der moralischen Freiheit Grenzen setzt. Insofern ist Mill in diesem wichtigen Punkt eher als Kantianer zu bezeichnen, als man dies hier von Humboldt sagen könnte.

5. Schutzpflichten des Staates

Da Mills Thema nicht die Grenzen staatlicher Macht sind, sondern die Achtung der Freiheit des Einzelnen, beschäftigt er sich mit der Rolle des Staates ausdrücklich nur an verhältnismäßig wenigen Stellen. Diese erscheinen indes mitunter als gedankliche Fortsetzung der Ideen Humboldts: „Während der Staat die Freiheit des Individuums[1110] in seinen eigenen Angelegenheiten achtet, ist er andererseits verpflichtet, ein wachsames Auge auf die Ausübung jeder Macht zu haben, die er diesem gegenüber anderen gibt."[1111] Bereits im ersten Teil war von Schutzpflichten die Rede,[1112] die Humboldt dem Staat gegenüber Unmündigen auferlegt.[1113] Auch dort ging es, wie die Überschrift belegt,[1114] um Sicherheit.[1115] Diesen Begriff und seine Entsprechungen meidet Mill zwar, doch ist der Sache nach nichts anderes damit gemeint, wenn er die Obhut über staatlich verliehene Macht wiederum in dessen Hände legt, so dass sich der Staat zwar seiner – bei Mill anders als bei Humboldt nicht näher definierten – Befugnisse prinzipiell entäußern darf, ohne dadurch jedoch der Aufsicht entbunden zu sein.[1116] Das läuft auf die Anerkennung und Statuierung von Schutzpflichten hinaus, deren Einhaltung dem Staat ob-

1110 Zu ihr bei Humboldt *R. Ostermann*, Die Freiheit des Individuums. Eine Rekonstruktion der Gesellschaftstheorie Wilhelm von Humboldts, Frankfurt am Main Campus Forschung (1993), S. 709.
1111 *J. St. Mill*, Über die Freiheit, Üb. von B. Lemke, S. 143.
1112 Im Kapitel 4 unter V 1.
1113 *Humboldt*, Ideen, S. 178 ff. (199 ff.).
1114 Sie lautet: „Sicherheit für Unmündige".
1115 Siehe dazu auch *J. Isensee*, Das Grundrecht auf Sicherheit. Zu den Schutzpflichten des freiheitlichen Verfassungsstaates, 1983.
1116 Vgl. auch *K. Popper*, Bemerkungen zur Theorie und Praxis des demokratischen Staates (1988), in: *ders.* Alles Leben ist Problemlösen. Über Erkenntnis, Geschichte und Politik, 4. Auflage 1996, S. 215, 232 ff., wo Popper die Lehre Mills auf einige moderne Probleme anwendet.

liegt.[1117] Mill denkt hier unausgesprochen Humboldts Prämissen zu Ende, ohne sie sich im Einzelnen ausdrücklich zu Eigen zu machen.[1118]

6. Erziehung und Bildung

Eine weitere Parallele zwischen Mill und Humboldt, die nach dem bisher Bedachten nicht mehr überraschen kann, besteht in der Aufmerksamkeit, die beide der öffentlichen Erziehung schenken.[1119] Von der Erziehung im Sinne Humboldts und ihrem Verhältnis zum allgegenwärtigen Begriff der Bildung war bereits im ersten Teil die Rede.[1120]

a) Education bei Mill

Mill scheint daran anzuknüpfen, wenn er gerade diesen Bereich zum Beispiel erhebt: „Nehmen wir zum Beispiel die Erziehung. Ist es nicht fast ein von selbst einleuchtender Grundsatz, dass der Staat von jedem Menschen, der als sein Bürger geboren wird, Bildung bis zu einem gewissen Standard fordern und erzwingen kann? Aber jeder scheut sich, diese Wahrheit anzuerkennen und zu verfechten."[1121] Um Missverständnissen vorzubeugen, sei gesagt, dass im Original durchweg von ‚education' die Rede ist,[1122] wo die deutsche Übersetzung variierend von Bildung bzw. Erziehung spricht. Daher braucht man die Diskussion nicht auf die Höhe des Bildungsbegriffs zu heben. Mill beantwortet die von ihm gestellten Fragen sodann in einer Weise, welche die grundsätzliche Übereinstimmung mit Humboldt offenbart: „Dass die ganze oder ein großer Teil der Erziehung in den Händen des Staats liegen sollte, weise ich ebenso entschieden zurück, wie jeder andere auch. Auch was ich über die Bedeutung der Individualität des Charakters und die Verschiedenheit der Meinungen und Handlungsweisen gesagt habe, setzt die Verschiedenheit der Erziehung als ebenso unwidersprochen wichtig voraus.

1117 Siehe auch in diesem Zusammenhang aus heutiger dogmatischer Sicht *C.-W. Canaris*, Grundrechte und Privatrecht, 1999.

1118 Allerdings wurde schon gesagt, dass Mill bezüglich Unmündiger ebenso entscheidet wie Humboldt, so dass insoweit eine deutliche, wenngleich auch in diesem Punkt unausgesprochene, Übereinstimmung besteht.

1119 Speziell zu Mill auch *H. Jakobs*, Rechtsphilosophie und politische Philosophie bei John Stuart Mill, 1964, S. 130 ff.

1120 Im Kapitel 4 unter IV 2.

1121 *J. St. Mill*, Über die Freiheit, Üb. von B. Lemke, S. 144.

1122 *J. St. Mill*, On Liberty, S. 176 f.

Eine allgemeine Erziehung durch den Staat ist lediglich ein Trick, um die Menschen einander gleich zu formen."[1123]

b) Öffentliche Erziehung bei Humboldt

Dies könnte beinahe von Humboldt selbst stammen, für den die Gleichförmigkeit eine der abschreckendsten Ausprägungen des Menschenbildes ist. Humboldt, der dem staatlichen Eingreifen ohnehin noch sehr viel skeptischer gegenüber steht und selbst von Privatlehrern unterwiesen wurde, scheut sich in der Frage der öffentlichen Erziehung nicht vor einem klaren Bekenntnis: „Öffentliche Erziehung scheint mir daher ganz außerhalb der Schranken zu liegen, in welchen der Staat seine Wirksamkeit halten muss."[1124] Nur private Erziehung kann den einzelnen Menschen seiner Ansicht nach optimal fördern und fordern; durch öffentliche Erziehung droht seine Energie demgegenüber fehlgeleitet zu werden.[1125] Der zwangsweise erzogene Mensch droht für Humboldt zum bloßen Untertanen zu degenerieren, ohne zu wahrhafter Bildung zu gelangen.[1126] Hier sind wohl die augenscheinlichsten Unterschiede zwischen dem frühen und späten Humboldt auszumachen. Mag der Bildungsbegriff wie gesagt ähnlich sein und zumindest in einer gewissen Kontinuität stehen, so markiert die Überantwortung des Bildungsauftrags einen sichtbaren Unterschied zwischen dem Verfasser der Ideen und dem Gründer der Berliner Universität.

7. Mills versteckte Binnenverweisungen auf Humboldts Ideen

Es ist daher wohl alles andere als ein Zufall, dass Mill auch insoweit seine Beispiele und praktischen Anwendungen an Humboldts Ideen anlehnt.[1127] Insofern stellt es auch eine aufschlussreiche versteckte Binnenverweisung auf Humboldt

---

1123 *J. St. Mill*, Über die Freiheit, Üb. von B. Lemke, S. 145.
1124 *Humboldt*, Ideen, S. 74 (109).
1125 *Humboldt*, Ideen, S. 72 (107): „Ein solches Streben aber gewinnt, wie ich schon bei einer andren Gelegenheit zu zeigen versucht habe, entweder keinen Fortgang oder führt auf Mangel an Energie; da hingegen die Verfolgung einzelner Seiten, welche der Privaterziehung eigen ist, durch das Leben in verschiedenen Verhältnissen und Verbindungen jenes Gleichgewicht sichrer und ohne Aufopferung der Energie hervorbringt".
1126 *Humboldt*, Ideen, S. 70 f. (106 f.).
1127 An einer – bereits weiter oben zitierten – Stelle (*J. St. Mill*, On Liberty, S. 179) sogar direkt: „and I think, with Wilhelm von Humboldt, that degrees or other public certificates of scientific or professional aquirements should be given to all who present themselves for examination and stand the test (...)".

dar, wenn Mill gerade in dieser Frage auf die Individualität verweist, die geradezu und erklärtermaßen den Inbegriff dessen ausmacht, was er Humboldt ausweislich seines exzessiven Zitats verdankt. Nicht so doktrinär wie dieser, nimmt er die Ideen gleichwohl zum Vorbild, um von dort aus die nach seiner Ansicht allfällige Modifizierungen, wie im Fall der Ehe, vorzunehmen und die Gedanken im Ganzen weiterzuentwickeln: „Eine vom Staat begründete und beaufsichtigte Ausbildung sollte, wenn überhaupt, nur als eines unter vielen rivalisierenden Experimenten bestehen, als Beispiel und Anregung, um die anderen auf einer gewissen Höhe der Vollkommenheit zu halten.“[1128] Schon der Vergleich der jeweiligen Schlussfolgerungen zeigt, wie viel weniger rigoros und ausschließlich aber nichtsdestoweniger konsequent Mill urteilt und wie viel bessere Chancen er damit hinsichtlich der Rezeption seiner Vorstellungen hatte. Mitunter spricht sich freilich auch Mill für eine rigoros paternalistische Politik aus: „Die Gesetze, die in vielen Ländern des Kontinents die Eheschließung vom Nachweis genügender Mittel der Partner, eine Familien zu unterhalten, abhängig machen, überschreiten nicht die rechtliche Befugnis des Staates. (...) Solche Gesetze sind Eingriffe des Staates, um einen mutwilligen Akt zu verhindern, d. h. eine Handlung, die anderen schädlich ist und die man zum Gegenstand der Missbilligung und gesellschaftlichen Brandmarkung machen sollte, selbst wenn eine gesetzliche Bestrafung darüber hinaus nicht ratsam wäre.“[1129] Auch wenn sich Humboldt zu dieser Frage nicht äußert, ist nicht auszuschließen, dass er diese staatliche Einmischung gebilligt hätte, weil die ratio legis eines solchen Gesetzes ersichtlich darin besteht, die Gemeinschaft von voraussehbar entstehenden Unterhaltsverpflichtungen präventiv zu befreien.

Zugleich bestätigt sich in der vergleichenden Schau der Erziehungskonzeptionen die eingangs formulierte Hypothese, wonach dem äußerlich sichtbaren Einfluss Humboldts auf Mill, wie er sich zu Beginn des dritten Kapitels seines Essays über die Freiheit manifestiert, ein innerer Verweisungszusammenhang korrespondiert, der nur zu Tage tritt, wenn man die jeweiligen Prämissen und den Gang der Argumentation kritisch vergleicht.

VII. Von Humboldt zu Mill

Im Zentrum von Mills Freiheitsverständnis steht das Individuum. Auch wenn die Individualität von ihm erst vergleichsweise spät – aber eben just in der Mitte – seines Essays behandelt wird, werden alle wesentlichen Unterscheidungen vom

---

1128 *J. St. Mill*, Über die Freiheit, Üb. von B. Lemke, S. 146.
1129 *J. St. Mill*, Über die Freiheit, Üb. von B. Lemke, S. 148f.

Individuum her vollzogen, vor allem die zwischen selbst- und fremdbezogenen Handlungen, die im Übrigen ebenfalls bei Humboldt angelegt ist.

1. Die Individualitätskonzeption als innere Mitte

Das Verständnis der Individualität, das sonach die innere Mitte der Abhandlung ausmacht, übernimmt Mill jedoch im Wege der Generalverweisung praktisch vollständig von Humboldt. So stehen die Ideen allenthalben im Hintergrund des Essays über die Freiheit und wirken auch dort hinein, wo nicht ausdrücklich auf sie Bezug genommen wird. Diese Kongruenz darf nicht dahingehend missdeutet werden, dass Mill insoweit keine eigenständige Bedeutung zukommt. Sein Verdienst ist nicht zuletzt die Ausdifferenzierung der bei Humboldt nur angedeuteten Meinungsfreiheit, insbesondere Gewicht und Gefahr der öffentlichen Meinung. Er konnte auf Humboldts Ideen aufbauen und von daher die Freiheit in den Mittelpunkt stellen, die für Humboldt eher Mittel zum Zweck der Bildung ist. Aber auch im Entwicklungs- und Bildungsverständnis lassen sich nachhaltige Parallelen zwischen Mill und Humboldt ausmachen, die Humboldts Verdienst sind.

2. Sinn der Lehre Humboldts

Man kann möglicherweise sogar soweit gehen, dass Mills Freiheitsverständnis ohne Humboldts Ideen im Wortsinne gar nicht denkbar und letztlich auch unverständlich wäre. Auch unter diesem Blickwinkel sei nochmals die zentrale Stelle in Erinnerung gerufen: „Wenige Personen außerhalb Deutschlands *verstehen auch nur den Sinn der Lehre*, die Wilhelm von Humboldt (...) zum Text einer Abhandlung gemacht hat.“[1130] Es ist in der Tat die innere Teleologie der Ideen, die den für sich betrachtet seinerzeit ganz unerhörten Gedanken der Begrenzung der Wirksamkeit des Staates dergestalt anthropologisch fundierte, dass er letztlich auf das Individuum und seine Bildung zurückführte. Mill hat das damit einhergehende eher instrumentelle Verständnis der Freiheit, das vielleicht noch zu sehr von der Sicherheit bestimmt war, im Wege einer Akzentverschiebung modifiziert und die Freiheit in den Mittelpunkt gerückt, nämlich dorthin, wo bereits nach Humboldt das Individuum verankert war, ohne dabei das Individuum zu vernachlässigen. Prägnant und eindrücklich ist insoweit der Schluss der Abhandlung: „Der Wert eines Staates ist auf lange Sicht der Wert der Individuen, die ihn bilden. Und ein

1130 *J. St. Mill*, Über die Freiheit, Üb. von B. Lemke, S. 79.

Staat, der die Interessen der geistigen Entwicklung dieser Individuen vernachlässigt zugunsten einer etwas besser funktionierenden Verwaltung oder jenes Anscheins davon, den die Praxis im jeweiligen Detail liefert, ein Staat, der seine Menschen verkümmern lässt, um an ihnen – selbst für nützliche Zwecke – gefügige Werkzeuge zu besitzen, wird merken, dass mit kleinen Menschen wahrhaft keine großen Dinge vollbracht werden können und dass die Vervollkommnung der Maschinerie, der er alles geopfert hat, schließlich doch nichts nutzt. Denn er hat es vorgezogen, die lebendige Kraft zu verbannen, damit die Maschine glatter laufe." Das könnte wörtlich und mit denselben Metaphern von Humboldt stammen.[1131]

3. Mills größere praktische Wirksamkeit gegenüber Humboldt

Folgerichtig streift er lediglich das nahe liegende, aber eben nicht primär freiheitsbezogene Argument, dass der Staat unterlassen soll, was der Einzelne ebenso gut oder besser kann, und verweist insoweit auf die Nationalökonomie.[1132] Dieses Ineinandergreifen von Freiheit und Individualität mit all seinen Konnotationen und Begleiterscheinungen, wie der Hervorhebung der Gedankenfreiheit, ist vielleicht die eigentliche Leistung Mills, die Humboldts Ideen gewiss ebenbürtig ist, sie aber nicht unbedingt überragt.[1133] Von daher überrascht es, dass diese weithin unbekannt sind, während jene einen Siegeszug sondergleichen angetreten hat. Zur Begründung dieses Phänomens sei an die kritischen Bemerkungen zu Humboldt erinnert, welche die Einseitigkeit seines Konzepts betreffen. Diese Einseitigkeit manifestiert sich buchstäblich in ihrer Ausschließlichkeit; indem Humboldt den Staat praktisch von allem ausschließt, was keine Frage der Sicherheit darstellt, macht er sich angreifbar, weil das allfällige soziale Element dann kaum mehr als ein Lippenbekenntnis ist. Während die Prämissen Mills in demokratisch verfassten Gesellschaften im Grundsatz,[1134] nicht zwangsläufig in all ihren Folgerungen, nach wie vor in vielen Punkten mehrheitsfähig sind, reizen Humboldts Ideen durch ihre Rigorosität zum berechtigten Widerspruch.[1135] Das schmälert

1131 *J. St. Mill*, Über die Freiheit, Üb. von B. Lemke, S. 157.

1132 *J. St. Mill*, Über die Freiheit, Üb. von B. Lemke, S. 149 f.

1133 *K. Papageorgiou*, ARSP 76 (1990) 324, 327, weist darauf hin, dass „Mill und Humboldt den Grundstein einer ansehnlichen liberalen allgemein und zugleich einer (...) attraktiven *normativen* Theorie der Kriminalisierung gelegt haben" (Hervorhebung auch dort).

1134 Siehe in diesem Zusammenhang auch *J. H. Burns*, John Stuart Mill and Democracy, in: Political Studies 5 (1957) 158 ff., 281 ff.

1135 Dazu eingehend im Kapitel 7 IV.

ihren geistesgeschichtlichen Rang jedoch nicht nachhaltig, wie im Folgenden noch näher gezeigt wird.

10. Kapitel: John Rawls' Gerechtigkeitstheorie

Man kann die berechtigte Frage stellen, warum im Anschluss an die gleichsam „gesicherte" Rezeption durch John Stuart Mill modernere amerikanische Staatstheoretiker zu Wort kommen sollen.[1136] Immerhin lässt sich eine konkrete Rezeption der Humboldtschen Ideen dort nur teilweise belegen. Sind es dann aber nicht mehr als haltlose Assoziationen mit dem unterschwelligen Zweck, der Thematik eine moderne Prägung durch amerikanisches Gedankengut zu verleihen?[1137] Dagegen ist zunächst ganz allgemein einzuwenden, dass die modernen und das heißt konkret diejenigen staatsphilosophischen Konzepte, die auch nur seit Beginn des 20. Jahrhunderts ersonnen wurden, überwiegend aus den Vereinigten Staaten stammen.[1138] In der zweiten Hälfte des vergangenen Jahrhundert ist dies unabweislich, aber auch für die Zeit nach der Drucklegung der Humboldtschen Ideen (1851) findet man schwerlich einen Theoretiker von Rang, der eine vergleichbar radikale und bahnbrechende Neuorientierung vorgelegt hätte. So schweift der Blick nahezu von selbst dorthin, wo von Anfang an über den Staat – ohne dies werten zu wollen – voraussetzungsloser nachgedacht wurde.[1139] Auch

---

1136 *J. St. Mill* selbst übrigens greift an einer Stelle (Über die Freiheit, Üb. von B. Lemke, S. 120 f.) beispielhaft auf die demokratische Tradition der Vereinigten Staaten zurück.

1137 Vgl. *W. Kersting*, Positionen der politischen Philosophie der Gegenwart (Typoskript 1989), S. 5: „Insbesondere in der politischen Philosophie Amerikas wird seit geraumer Zeit und mit viel Leidenschaft darüber gestritten, ob der Staat allein Rechtsschutz und innere oder äußere Sicherheit oder auch die Herbeiführung von fairer Chancengleichheit und sozialer Daseinsfürsorge beabsichtigen müsse, ob der Staat despotisch oder bevormundend sei und Freiheit missbräuchlich einschränke und das Grundrecht auf Freiheit und Eigentum aushöhle oder die einzige institutionelle Veranstaltung, die den komplexen Forderungen einer zeitangemessenen, dem Problemniveau der fortgeschrittenen westlichen Industrienationen angepasste Gerechtigkeitstheorie gerecht würde".

1138 Aus dem deutschen Schrifttum ist vor allem die politische Philosophie Otfried Höffes zu nennen; siehe vor allem *O. Höffe*, Politische Gerechtigkeit. Grundlegung einer kritischen Philosophie von Recht und Staat, 1987; *dens.*, Kategorische Rechtsprinzipien. Ein Kontrapunkt der Moderne, 1990; *dens.*, Gerechtigkeit als Tausch?, Zum politischen Projekt der Moderne, 1991; zur Auseinandersetzung mit der politischen Philosophie Otfried Höffes: Gerechtigkeit als Tausch? (Hg. W. Kersting), 1997.

1139 Siehe aber auch *W. Kersting*, Die politische Philosophie des Gesellschaftsvertrags, 1994, dem die deutsche Diskussion maßgebliche Impulse zu verdanken hat und der in seinem gleichnamigen Beitrag auch die Liberalismus-Kommunitarismus-Debatte in der amerikanischen Philosophie im Jahrbuch für politisches Denken 1 (1991) 82 beleuchtet hat.

dort hat zunächst die Humboldt umtreibende Thematik des Individualismus die Philosophie bestimmt.[1140]

I. John Deweys radikaler Liberalismus

Ein kurzer Hinweis auf den Nestor der amerikanischen Philosophie sei vorangestellt. Er hat zwar keine Rechts- und Staatsphilosophie vorgelegt und muss daher hier auch nicht im Einzelnen erörtert werden, ist aber auch für Rawls prägend gewesen.[1141] John Dewey, von dem die Rede ist, hat sich zum „radikalen Liberalismus" bekannt.[1142] Er bekämpfte insbesondere den „rugged individualism", also den zügel- und rücksichtslosen Individualismus.[1143]

1. Individualismus und Anti-Kollektivismus

Bei Dewey ist das in der Einleitung bereits angedeutete und am Ende des ersten Teils gegenüber Humboldt kritisch vermerkte Moment der Förderung des Rechts des Stärkeren mitbedacht. Ludwig Marcuse paraphrasiert dies wie folgt: „Dewey (...) brachte den verwelkten Liberalismus unter das Mikroskop, isolierte, was sein Illiberales gewesen war – und rettete so das Lebendige. (...) Die Radikalität seines Liberalismus hatte also diese Züge: sie stellte die illiberalen Elemente heraus, die ihn entstellt hatten. (...) Der ‚radikale Liberalismus' ist mehr als alles andere ein ‚Anti-Kollektivismus', der zugleich um die Gefahren der wilden Konkurrenz weiß. Gerade der Anti-Kollektivismus ist auch bei Humboldt augenscheinlich, wie sich nicht zuletzt bei der Behandlung kommunitaristischer Gedanken zeigen wird."[1144] Dewey erkannte, dass sich im so genannten Individualismus die Zweideutigkeit des illiberalen Liberalismus verbarg. Zugleich sah Dewey – insoweit ähnlich wie Humboldt –, dass der richtig verstandene Individualismus etwas anderes als isoliertes Alleinsein darstellt: „Dewey war immer geschützt vor der phantasti-

1140 Zu nennen ist etwa von *W. James*, The Importance of Individuals, in: The Will to Believe and Other Essays in Popular Philosophy, 1896, S. 123; in der Literatur beklagte Thoreau den „mangelnden Glauben an das Primat des Individuums".
1141 Siehe insoweit *J. Rawls*, Die Idee des politischen Liberalismus, 1992, S. 80 f. mit Fußnote 2.
1142 Paraphrasierend *L. Marcuse*, Amerikanisches Philosophieren. Pragmatisten. Polytheisten. Tragiker, 1959.
1143 Zu ihm *Ch. Beard*, The Myth of Rugged Individualism, 1931.
1144 Im dritten Kapitel unter II bezogen auf Charles Taylor.

schen Interpretation, die im Individuum den isolierten Einzelnen sah".[1145] Diese Haltung hatte vor ihm Humboldt bereits systematisch ausgebaut, wie die im ersten Teil gegebenen Nachweise aus seinen Ideen belegen.

2. Bildung und Erziehung

Eine weitere Parallele zwischen Dewey und Humboldt besteht darin, dass auch er seine Aufgabe und die der Philosophie zuletzt in der Erziehung und Anleitung zur Bildung sah: „Die prägnanteste Definition der Philosophie, die man geben könnte, wäre: Philosophie ist die Theorie der Erziehung in ihrer allgemeinsten Phase".[1146] Dementsprechend setzte er auf die „Freiheit zu Initiative und Neugier".[1147] Das hat in der amerikanischen Erziehungs-Literatur seit jeher eine besondere Rolle gespielt, wenn man an die Selbstbiographie Henry Adams' denkt, der jedoch trotz Aufenthalten in Deutschland und enger Anlehnung an die wissenschaftliche Methode der deutschen Universität keine nachweislichen Anregungen durch die Ideen Humboldts empfangen hat.[1148]

Eine weitergehende Würdigung Deweys kann hier unterbleiben, zumal er Humboldt nicht rezipiert hat. Aber bereits diese wenigen Federstriche veranschaulichen, dass sich Parallelen im Werk Humboldts und Deweys aufzeigen lassen, die eine nähere Betrachtung lohnend erscheinen lassen. Sie würde sich jedoch vom Gegenstand der vorliegenden Untersuchung entfernen, weil diese auf eine rezeptionslose Vergleichung hinauslaufen würde, welche die unweigerlichen Unterschiede, die jedoch für die Ideen Humboldts womöglich ohne Belang wären, nicht hinreichend würdigen könnte.

1145 Vgl. *L. Marcuse*, Amerikanisches Philosophieren, Pragmatisten. Polytheisten. Tragiker, S. 136.

1146 *J. Dewey*, Problems of Men, Part, I, 1946.

1147 *J. Dewey*, Schule und Erziehung, 1905; *ders.*, Demokratie und Erziehung. Eine Einleitung in die philosophische Pädagogik, 1930 (englisch: Democracy and Education. An Introduction to the Philosophy of Education, 1916); näher dazu die Dissertation von *F. Rippe*, Die Pädagogik Deweys, 1934.

1148 Vgl. *H. Adams*, The Education of Henry Adams, 1907 (deutsch: Die Erziehung des Henry Adams. Von ihm selbst erzählt, 1953).

II. Von Mill zu Rawls

Über John Rawls epochale Theorie der Gerechtigkeit sind seit ihrem Erscheinen ganze Bibliotheken geschrieben worden.[1149] Es kann daher im Folgenden nicht darum gehen, der Unzahl von Abhandlungen eine weitere, wenn auch in den Verlauf einer anderen eingeschlossen, hinzuzufügen. Vielmehr geht es im vorliegenden Zusammenhang darum, den Faden aufzunehmen, der sich von Humboldt über Mill in die amerikanische Rechtsphilosophie nachvollziehen lässt, deren einflussreichster moderner Vertreter eben Rawls ist. In diesem Sinne bemerkt einer der führenden deutschen Theoretiker der politischen Philosophie: „Während egalitäre Liberale wie Rawls, Dworkin und Nagel den Staat als institutionelles Fundament umfassender Redistributionshandlungen schlicht voraussetzen und in der unvermeidlichen Ausweitung des staatlichen Zwangshandelns in einem umverteilungsintensiven Wohlfahrtstaat auch keinerlei legitimationstheoretische Zuspitzung erblicken, entwerfen die sich um die kategorial dominanten Konzepte der Freiheit und der *property rights* scharenden *libertarians* ihre politische Philosophie im Horizont der bekannten Humboldtschen Frage nach den Grenzen der Wirksamkeit des Staates. Sowohl Nozick als auch Buchanan wählen einen staatsphilosophischen Einstieg in die politische Philosophie, entwickeln die normativen Prinzipien staatlichen Handelns im Rahmen einer exeundum e statu naturali-Geschichte und stützen ihr Konzept einer rechtlichen Freiheitsordnung auf eine explizite Anarchismuswiderlegung."[1150] Demgemäß soll hier weder Rawls' Theorie referiert noch kritisiert, sondern sein Gedankengang vor allem dort aufgegriffen werden, wo er sich auf Mills Freiheitsverständnis bezieht. Denn dieses ist, wie gesehen, nachhaltig von Humboldts Ideen geprägt.

Aber es ist nicht nur diese imaginäre Linie, welche die Beschäftigung mit Rawls lohnenswert macht. Hinzu kommt nämlich, dass Rawls mit seiner Gerechtigkeitstheorie, wie bereits einleitend angedeutet, eine Diskussion eröffnet und befruchtet hat, die Raum für Gegenentwürfe geschaffen hat. Unter diesen wiederum sticht Rawls' Antipode Nozick hervor, dessen Minimalstaatskonzept einerseits in besonderer Weise zur Konfrontation mit Humboldts Ideen einlädt,

---

1149 Siehe nur *N. Daniels* (Hg), Reading Rawls. Critical Studies of ‚A Theory of Justice', 1975; *Höffe, O.* (Hg.), Über John Rawls' Theorie der Gerechtigkeit, 1977; *J. Nida-Rümelin*, Die beiden zentralen Intentionen der Theorie der Gerechtigkeit als Fairneß von John Rawls – eine kritische Rekonstruktion, ARSP 76 (1990) 457.

1150 *W. Kersting*, Gerechtigkeit als Tausch? Auseinandersetzung mit der politischen Philosophie Otfried Höffes (Hg. ders.), 1997, S. 17; zum im Text genannten Exeundum e statu naturae-Topos *Hegel*, Jenaer Rechtsphilosophie II (Hg. J. Hoffmeister), 1969, S. 205.

andererseits ohne Rawls Theorie schwerlich denkbar wäre. So kommt hier Rawls in doppelter Hinsicht eine wesentliche Vermittlungsfunktion zu, weil er einerseits die Brücke zur rechts- und staatsphilosophischen Diskussion Nordamerikas schlägt, andererseits als unwillkürlicher Wegbereiter eines modernen Konzepts figuriert, das für den vorliegenden Zusammenhang noch aufschlussreicher ist als Rawls selbst. Das erklärt zugleich die bewusst nicht ausufernde Behandlung der Theorie der Gerechtigkeit.[1151]

III. Humboldts Rolle in der Theorie der Gerechtigkeit

Bereits eingangs der Untersuchung wurde dargestellt, dass sich der konkrete Einfluss Humboldts auf modernere Staatskonzeptionen gleichsam verflüchtigt. War sein Einfluss auf Mill noch mit Händen zu greifen, gerät er bei den anderen Denkern aus dem angloamerikanischen Raum zusehends in den Hintergrund, was paradoxerweise bis zur völligen Negierung dort reicht, wo er zwingend hätte rezipiert werden müssen.[1152]

1. Humboldts unmittelbarer Einfluss auf Rawls

Es wird jedoch oft übersehen, dass Humboldts Ideen an einer entlegenen Stelle der Theorie der Gerechtigkeit erwähnt sind.[1153] Es wäre übertrieben, dies zu erwähnen und würde wohl auch als vordergründiger Versuch entlarvt, gewaltsam eine gedankliche Linie zu ziehen, wo gar keine zu finden ist, wenn es sich nur um einen beiläufigen Nachweis handeln würde. Es handelt sich indes um eine durchaus zentrale Stelle der Gerechtigkeitstheorie. Es geht dort nämlich im Abschnitt über die Idee der sozialen Gemeinschaft nicht zuletzt um das Verhältnis von Individualität und Gemeinwesen.[1154] Ausgangspunkt sind die „individualistischen Züge der Gerechtigkeit als Fairneß".[1155] Die individuellen Fähigkeiten und Interessen sollen entwickelt werden und sodann im Verein mit anderen einander befruchten. So zeichnet Rawls ein Szenario, dass auch Humboldt alles andere als fremd ist und fährt dementsprechend fort: „Man kann also mit Humboldt sagen, durch die auf

---

1151 Sie wird im Folgenden zitiert in der deutschen Ausgabe von 1975.
1152 Nämlich bei *R. Nozick*; dazu im Kapitel 11.
1153 Das mag daran liegen, dass er in der hier zitierten deutschen Ausgabe im Personenregister nicht erfasst ist.
1154 *J. Rawls*, Eine Theorie der Gerechtigkeit, Üb. von H. Vetter, Kapitel 79.
1155 *J. Rawls*, Eine Theorie der Gerechtigkeit, Üb. von H. Vetter, S. 565.

die Bedürfnisse und Fähigkeiten ihrer Mitglieder aufgebaute soziale Gemeinschaft könne jeder an der Gesamtheit der verwirklichten natürlichen Fähigkeiten der anderen teilhaben. Man wird zum Begriff der Menschengemeinschaft geführt, deren Mitglieder sich gegenseitig ihrer Fähigkeiten und Eigenarten erfreuen, die von freien Institutionen zur Entfaltung gebracht werden, und die das Wohl jedes Einzelnen als Teil des Systems der Gesamttätigkeit sehen, der jeder zustimmt und die jedem Freude macht. Diese Gemeinschaft kann man sich auch zeitlich ausgedehnt vorstellen, und so lassen sich in der Geschichte einer Gesellschaft die vereinigten Leistungen aufeinanderfolgender Generationen ähnlich auffassen."[1156]

2. Rawls idealisierende Rezeption Humboldts

Das hier von Rawls skizzierte Idyll würde man ohne die ausdrückliche Bezugnahme auf Humboldt schwerlich als ein Produkt oder eine Wunschvorstellung seiner Ideen erkennen, obwohl es womöglich in letzter Konsequenz gerade das ist, was Humboldt vorschwebte. Zumindest kommt hier wiederum der von einigen Interpreten ins Feld geführte utopische Charakter der Ideen zum Vorschein. Es ist sozusagen die positiv-idealisierende Variante der Ideen, deren realistisch-verzerrende Spielart gegen Ende des ersten Teils erörtert wurde, weil der libertäre Grundzug ebenso gut in das Gegenteil einer unbedingten Geltung des Rechts des Stärkeren umzuschlagen geeignet ist. So gesehen überrascht es, dass gerade Rawls und nicht sein Antipode Nozick diese gleichsam bukolische Vorstellung in den Mittelpunkt seiner Überlegungen stellt, wo es immerhin um nicht weniger als die Idee der sozialen Gemeinschaft geht.

Fragt man sich, wie und in welchem Zusammenhang Rawls hier gerade auf Humboldt kommt, so tritt die zitierte Rückverweisung ins Blickfeld, denn Rawls hat gerade Mills Freiheitsschrift in seiner Theorie der Gerechtigkeit ausführlich rezipiert.[1157] Gewiss darf sich die Hervorhebung dieser Rückverweisung nicht in der bloßen Nennung der Zitate erschöpfen.[1158] Es ist jedoch ausweislich der zi-

1156 *J. Rawls*, Eine Theorie der Gerechtigkeit, Üb. von H. Vetter, S. 568.
1157 *J. Rawls*, Eine Theorie der Gerechtigkeit, Üb. von H. Vetter, S. 234 Fußnote 6, mit einem auch für den im Hinblick auf den ersten Teil aufschlussreichen Zusammenspiel von Kants Rechtsbegriff und Mills Freiheitsverständnis; ferner S. 255 unter der Überschrift „gleiche Freiheit für alle", ebenfalls S. 532 Fußnote 20 sowie sogleich im Text.
1158 Nicht näher genannt werden daher die Verweise Rawls' auf Mills andere Schriften, vor allem seine dem Utilitarismus gewidmeten Beiträge, da diese für den vorliegenden Zusammenhang nicht unmittelbar schlagkräftig sind.

tierten Textstellen unverkennbar, dass sich Rawls durchgängig an Mills Gedanken über die Freiheit reibt, zumal die dem zweiten Teil seiner Theorie der Gerechtigkeit vorbehaltene Erörterung der dafür notwendigen Institutionen nicht von ungefähr mit der Behandlung der Freiheit als essentiellem Bestandteil seiner Gerechtigkeitstheorie beginnt. Ebenso wie Humboldt zum Bindeglied zwischen deutschem Idealismus und angloamerikanischem Rechtsdenken wurde, erweist sich hier Mill als Bindeglied zwischen Humboldt und Rawls, womit sich der eingangs bildhaft genante Faden leichter zurückverfolgen lässt.

3. Die tiefer liegenden Schichten dieser Rezeption

Noch deutlicher als die zitierte Stelle, in der Rawls auf Humboldt Bezug nimmt, ist jedoch die zugehörige Fußnote, die weit über die Funktion eines Nachweises hinaus einen eigenen gedanklichen Strang enthält, der gerade für den vorliegenden Zusammenhang Interesse beanspruchen kann, zumal dort zugleich eine Rückverweisung auf Mill erfolgt, die freilich, wie zu zeigen sein wird, ihrerseits nicht unproblematisch ist.

a) Rawls Rekurs auf Humboldt

Die soeben zitierte Passage aus der Theorie der Gerechtigkeit[1159] wird mit einer Anmerkung belegt, die eher einem Exkurs nahe kommt.[1160] Dort heißt es: „Diesen Gedanken müssen schon viele gehabt haben, und er ist gewiss in vielem, was geschrieben worden ist, indirekt enthalten. Doch ich habe ihn nur an wenigen Stellen deutlich so formuliert gefunden, wie es in diesem Abschnitt enthalten ist. Siehe Wilhelm von Humboldt, ‚Ideen zu einem Versuch, die Grenzen der Wirksamkeit des Staats zu bestimmen' (...), wo sich folgende klare Aussage findet:[1161]

„Jeder Mensch vermag auf einmal nur mit einer Kraft zu wirken, oder vielmehr, sein ganzes Wesen auf einmal nur zu einer Tätigkeit gestimmt. Daher scheint der Mensch zur Einseitigkeit bestimmt, indem er seine Energie schwächt, sobald er

---

1159 Unter Kapitel 10 III 1; bezogen auf *J. Rawls*, Eine Theorie der Gerechtigkeit, Üb. von H. Vetter, S. 568.

1160 Es ist, soweit ersichtlich, bezeichnenderweise die ausführlichste Fußnote der Theorie der Gerechtigkeit.

1161 *J. Rawls*, Eine Theorie der Gerechtigkeit, Üb. von H. Vetter, S. 568 Fußnote 4. Er zitiert die Ausgabe von Humboldts Gesammelten Schriften, herausgegeben von der Königlich Preußischen Akademie der Wissenschaften, 1903, Band I, S. 107 bzw. die auch hier in den Klammerzusätzen zitierte, von A. Flitner und K. Giel herausgegebene Ausgabe aus dem Jahre 1960, Band I, S. 64 f.

sich auf mehrere Gegenstände verbreitet. Allein dieser Einseitigkeit entgeht er, wenn er die einzelnen, oft einzeln geübten Kräfte zu vereinen, den beinahe schon verloschenen wie den künftig hell aufflammenden Funken in jeder Periode des Lebens zugleich mitwirken zu lassen, und statt der Gegenstände, auf die er wirkt, durch Verbindung zu vervielfältigen strebt. Was hier gleichsam die Verknüpfung der Vergangenheit und der Zukunft mit der Gegenwart wirkt, das wirkt in der Gesellschaft die Verbindung mit anderen. Denn auch durch alle Perioden des Lebens erreicht jeder Mensch dennoch nur eine der Vollkommenheiten, welche gleichsam den Charakter des ganzen Menschengeschlechts bilden. Durch Verbindungen also, die aus dem Inneren des Menschen entspringen, muss einer den Reichtum des Anderen sich zu eigen machen."

aa) Humboldts eigentümliche Originalität

Interessant ist daran schon, dass es mitnichten eine der rechtsphilosophisch bedeutsamen Stellen der Ideen ist, die Rawls hier für wert befindet ausführlich zitiert zu werden. Eher geht es vorderhand um allgemeine anthropologische Bemerkungen mit einem geschichtsphilosophischen Einschlag, der in der Dreiheit von Vergangenheit, Gegenwart und Zukunft kulminiert. Daher hat die Passage auch im ersten Teil eine vergleichsweise untergeordnete Rolle gespielt. Gleichwohl konnte gerade der zuletzt zitierte Satz dort für die gesellschaftsvertragliche Begründung angeführt werden. So gesehen hat er auch und gerade bei Rawls seinen Platz.

Aufschlussreicher noch ist jedoch die Vorrede, mit der Rawls das Zitat einleitet. Denn die Beobachtung, dass schon viele diesen Gedanken gehabt haben müssen und er gewiss in vielem, was geschrieben worden ist enthalten sei, mündet in die Erkenntnis, dass er bei Humboldt am klarsten zum Ausdruck gekommen ist. Damit hat Rawls etwas auf den Punkt gebracht, das auch im ersten Teil schon an vielen Stellen aufleuchtete, und was dort als eine paradox anmutende Originalität trotz oder beinahe wegen ihres Eklektizismus' interpretiert wurde. Denn die Beobachtung liegt einerseits durchaus am Rande der Trivialität und ist doch so eigenständig, dass sie schwerlich belegt werden kann, was aber eben nicht an ihrer Vordergründigkeit liegt, sondern eher daran, dass sie etwas wiedergibt, das gerade dem Zeitgeist einer bestimmten Epoche verpflichtet war.

bb) Humboldts Rolle im Gefüge der deutschen Klassik

Damit erklärt sich auch Rawls nachgeschobenes Bekenntnis, dass er „diesen Gedanken an Stellen, an denen ich es erwartet hätte, nicht ausdrücklich formuliert finden konnte, so nicht in Schillers Briefen ‚Über die ästhetische Erziehung des

Menschen', insbesondere dem 6. und 27. Brief."[1162] Gerade dieser Bezug ist in der Tat nahe liegend, wurde doch im ersten Teil schon auf die gedankliche Nähe der Ideen zu Schillers philosophischen Schriften aufmerksam gemacht.[1163] Hier zeigt sich zugleich die eminent wichtige, wenngleich häufig unterschätzte und vielleicht wirklich untergeordnete Rolle, die Humboldt im Gefüge der deutschen Klassik gespielt hat.[1164] Selbst wenn es sich dabei nur um eine gleichsam verdoppelte assoziative Anlehnung handelt, schließt sich hier doch gleichsam der Kreis, und es zeigt sich vor allem das, was bei aller Kritik Humboldt zuzugeben ist, nämlich seine bemerkenswerte Originalität auch und gerade dort, wo man die Aussage selbst für trivial-idealisierend halten kann.

b) Rawls Parallelisierung zwischen Humboldt und Kant

Das soeben Gesagte lässt sich mit Verweis auf Rawls noch anhand einer anderen Parallele erläutern, die nach dem im ersten Teil Bedachten gleichfalls nicht verwundern kann.

aa) Rawls' Orchestermetapher

Rawls fährt nämlich in seinem Exkurs zu Humboldt mit einem eigenen Bild fort und gelangt auf diese Weise zu Kant: „Als reines Beispiel für diese Art sozialer Gemeinschaft kann man an eine Gruppe von Musikern denken, deren jeder sich ebensogut wie jeder andere auf jedem Instrument des Orchesters hätte ausbilden können, die sich aber nach einer Art stillschweigender Übereinkunft je nur der Vervollkommnung auf dem einen gewählten Instrument widmen, um im Zusammenspiel die Fähigkeiten aller zu entfalten. Dieser Gedanke hat auch einen wichtigen Platz in Kants ‚Idee zu einer allgemeinen Geschichte in weltbürgerlicher Absicht' (dort) heißt es,[1165] jeder einzelne Mensch müsste ungeheuer lang leben, wenn er den Gebrauch aller seiner natürlichen Fähigkeiten vollständig erlernen wollte, und daher würde wohl eine unabsehbare Folge von Generationen nötig sein."

Rawls hat übrigens die Orchestermetapher an einer Stelle, an der er zuvor die erwähnte Humboldt-Passage zitiert, noch weiter ausgearbeitet: „Durch lange

---

1162 *J. Rawls*, Theorie der Gerechtigkeit, Üb. von H. Vetter, S. 569 Fußnote 4.

1163 Im Kapitel 1 unter V.

1164 Eingehend zum Ganzen, freilich ohne nähere Würdigung Humboldts, *D. Henrich*, Grundlegung aus dem Ich, 2004.

1165 Er zitiert die Ausgabe von Humboldts Gesammelten Schriften, herausgegeben von der Königlich Preußischen Akademie der Wissenschaften, 1912, Band VIII, S. 19.

Übung und Praxis wurden sie (sc. die Orchestermusiker) auf ihrem erwählten Instrument große Könner, erkennend, dass die menschlichen Grenzen diese Beschränkung verlangen; denn sie können niemals auf vielen Instrumenten hinreichend kunstfertig sein, noch viel weniger darin, alle Instrumente gleichzeitig zu spielen. So erreicht die Gruppe in diesem speziellen Fall, in dem die natürlichen Talente aller identisch sind, durch eine Koordination der Aktivitäten zwischen Ebenbürtigen dieselbe Gesamtkapazität, die in jedem Mitglied latent vorhanden ist. Aber selbst wenn die natürlichen musikalischen Talente ungleich sind und sich von Person zu Person unterscheiden, kann ein ähnliches Ergebnis erreicht werden, vorausgesetzt, diese Talente ergänzen einander auf geeignete Weise und werden richtig koordiniert. In jedem Fall brauchen Personen einander; denn es ist nur durch aktive Zusammenarbeit mit anderen möglich – und dann zum großen Teil durch die Anstrengungen aller –, die Talente jedes einzelnen zu verwirklichen. Nur in den Aktivitäten der sozialen Vereinigung kann sich das Individuum vollenden."[1166]

Diese Ausformulierung des Beispiels wird dem von Humboldt Gemeinten viel eher gerecht als die verkürzte Fassung in der Theorie der Gerechtigkeit. Denn das kreative Miteinander, das nach Rawls (und wohl auch Humboldt) letztlich unabhängig von den Fähigkeiten des Einzelnen, wenngleich durch diese optimiert wird, bezeichnet die Förderung der Kräfte am besten und veranschaulicht auch die daraus hervorgehende – freilich erst in zweiter Linie und gleichsam synergetisch befeuerte – soziale Komponente.

bb) Humboldt und Kant aus Rawls' Sicht

Auch wenn diese geschichtsphilosophischen Betrachtungen hier nur am Rande, nämlich soweit sie zum Verständnis der rechtsphilosophischen weiterführend sind,[1167] berücksichtigt werden, zeigt die Rezeption durch Rawls an dieser Stelle und in diesem Zusammenhang, dass der Gedanke an Kant in jeder Hinsicht nahe liegend ist. Dabei ist freilich zu berücksichtigen, dass Rawls Theorie der Gerechtigkeit ohnehin einem kantischen Grundansatz verpflichtet ist.[1168] Das spricht

---

1166 *J. Rawls*, Die Idee des politischen Liberalismus, 1992, S. 192.

1167 Es wäre eine reizvolle, noch zu leistende Aufgabe, dies zu Humboldts geschichtsphilosophischen Erörterungen in Beziehung zu setzen; bereits im ersten Teil wurde verschiedentlich – etwa am Beispiel der Religion – angedeutet, dass Humboldts Ideen insoweit noch der monographischen Behandlung harren.

1168 Vgl. nur *J. Rawls*, Eine Theorie der Gerechtigkeit, Üb. von H. Vetter, S. 155 f. Fußnote 8, S. 159 f. Fußnote 11, dort insbesondere zum bei Kant nach Rawls mitgedachten „Schleier des

aber nicht gegen die Einschlägigkeit kantischen Denkens in Bezug auf Humboldt, sondern, wie auch im ersten Teil gesehen, im Gegenteil eher dafür, ohne dass die dort behandelte Frage wiedervorgelegt werden müsste, ob und inwieweit Humboldt kantischem Rechtsdenken verpflichtet ist. Es ist hier vielmehr interessant zu beobachten, dass ein moderner Staatsphilosoph wie Rawls Kant und Humboldt intuitiv – denn nichts anderes ist es im vorliegenden Zusammenhang[1169] – zueinander in Verbindung setzt.

4. Die vorgebliche Gegenüberstellung Humboldts und Mills

Damit nicht genug: Rawls setzt sich zur Vermeidung von Missverständnissen in der besagten exkursartigen Anmerkung zu Humboldt auch noch mit Mill auseinander, so dass bemerkenswerter Weise praktisch alle bisher behandelten Denker gerade in diesem Zusammenhang erörtert werden, womit diese Anmerkung nicht nur von außergewöhnlichem Gedankenreichtum zeugt, sondern auch ein hochinteressantes Konzentrat im Hinblick auf die amerikanische Humboldt-Rezeption darstellt. Rawls fährt also, nachdem er auch Marx noch in die vergleichende Betrachtung einbezogen hat, was hier freilich dahinstehen kann, vermeintlich klarstellend fort: „Auf jeden Fall darf man den Gedanken der sozialen Gemeinschaft nicht verwechseln mit der hohen Bewertung menschlicher Verschiedenartigkeit und Individualität, wie sie sich bei Mill, On Liberty, Kap. 3, und in der deutschen Romantik findet."[1170]

Das ist jedoch vom Ausgangspunkt des Exkurses her gesehen zweifelhaft. Denn so richtig die Feststellung isoliert betrachtet sein mag, also die Unterschiedlichkeit des Gedankens der sozialen Gemeinschaft mit der Individualität Mills, so sehr verwischt dieses Urteil die Konturen im Hinblick auf den Ausgangspunkt der Erörterung. Dieser bestand nämlich der Sache nach in nichts anderem als dem von der Individualitätsvorstellung Humboldts getragenen Grundgedanken, dass die je unterschiedlichen Individuen gerade aufgrund ihrer unterschiedlich ausgeprägten Fähigkeiten und ihrer je eigentümlich verwirklichten Bildung einander befruchten und auf diese Weise produktiv koexistieren können. Damit fußt die Argumentation aber gerade auf dem Individualitätsprin-

Nichtwissens", für den Rawls berühmt wurde; S. 234f. mit Fußnote 6, sowie vor allem die „Kantische Deutung der Gerechtigkeit als Fairneß" (S. 283 – 290).

1169 Vgl. nochmals die subjektive Färbung in der angesprochenen Fußnote 4 auf S. 569 der Theorie der Gerechtigkeit.

1170 *J. Rawls*, Theorie der Gerechtigkeit, Üb. von H. Vetter, S. 569, unter Verweis auf *A. O. Lovejoy*, The Great Chain of Being, 1936, Kap. 10.

zip. Die Individualität im Sinne Humboldts ist indes ausweislich der im Individualitätskapitel Mills zitierten Verweisung auf die Ideen nichts anderes als die weitgehende Übernahme der Individualitätskonzeption Humboldts.[1171] Rawls' Klarstellung ist daher eher geeignet, Unklarheit zu stiften, weil es entscheidend auf den Ausgangspunkt als die anthropologische Rückbindung in Gestalt der Individualität ankommt. Die gemeinsam gesteigerte Produktivität, die Synergie gleichermaßen, ist erst der zweite Schritt, der nicht ohne den ersten denkbar ist.

IV. Charles Taylors Anknüpfung an Rawls Humboldt-Rezeption

Das zuletzt Bedachte ist deshalb so wichtig, weil es gerade im Zusammenhang mit einer neueren Richtung, dem so genannten Kommunitarismus,[1172] nur zu leicht in den Blick gerät, wo möglicherweise zunächst der Einzelne vorrangig zu berücksichtigen ist.

Besonders deutlich wird es im vorliegenden Zusammenhang, weil einer der bekanntesten Vertreter des Kommunitarismus, Charles Taylor, auf just die zuletzt referierte Stelle Rawls' rekurriert, womit deren Zentralität zugleich nochmals unterstrichen wird.[1173] Dort heißt es: „Wenn ich mir die Freiheit nehmen darf, Rawls' sehr inhaltsreichen Text durch mein eigenes interpretatives Raster zu lesen, so würde ich ihn als ein sehr überzeugendes Plädoyer für eine bestimmte Art von Gesellschaft betrachten. Die vielleicht vollständigste Form dieser Gesellschaft können wir in Abschnitt 79 der *Theorie der Gerechtigkeit* finden, wo Rawls sie als ‚soziale Gemeinschaft sozialer Gemeinschaften' beschreibt. Wenn diese Humboldtsche Vorstellung auf das Wesen unserer wechselseitigen Einbindung in die Gesellschaft und die Arten des Gemeinwohls, nach dem wir streben, zuträfe, dann wäre in der Tat (a) gleiche Freiheit ein wesentliches Hinderungscharakteristikum (und besäße daher Priorität), und wir wären (b) verpflichtet, die weiterreichende Gleichheit zu akzeptieren, die Rawls vorschreibt."[1174]

1171 Siehe in diesem Zusammenhang nochmals oben Kapitel 9 IV.

1172 Dazu *A. Honneth*, Grenzen des Liberalismus. Zur politisch-ethischen Diskussion um den Kommunitarismus, Philosophische Rundschau 38 (1991) 83 ff.

1173 *Ch. Taylor*, Negative Freiheit?, 1992, S. 173.

1174 *Ch. Taylor*, Negative Freiheit?, 1992, S. 173; Hervorhebung auch dort.

1. Kommunitaristische Vereinnahmung

Bevor den möglichen Einwänden nachgegangen wird, seien hier zunächst einmal die Prämissen näher betrachtet, weil diese weitgehend unreflektiert auf Humboldt Bezug nehmen und insoweit womöglich gerade das soeben dargestellte Missverständnis noch vertieft wird. Dabei ist zunächst die Formulierung bedeutsam, dass Taylor das besagte Kapitel von Rawls durch sein „interpretatives Raster" betrachtet. Ohne darüber streiten zu wollen, ob es weiterführend ist, einen Text durch ein solches interpretatives Raster laufen zu lassen, zeigt sich hier doch eindrücklich, welche Gefahren damit zumindest dann verbunden sind, wenn dieser Text seinerseits auf den eines anderen Autors, hier also Humboldt, Bezug nimmt. Taylor unternimmt dies ersichtlich in einer Übernahme Humboldts; eine darauf hin zielende kritische Überprüfung des Hauptanliegens der Ideen, wie sie sich im ersten Satz des ersten Kapitels darbietet, hätte kommunitaristische Ansätze wohl schon im Keim unterdrückt. Denn damit wird seine Kernaussage nurmehr gleichsam in zweiter Ableitung wahrgenommen, womit das Grundanliegen nicht nur erheblich verwässert wird, sondern – schlimmer noch – in sein Gegenteil verkehrt zu werden droht.

Schließlich bestand die Schwäche der kontrastierenden Gegenüberstellung Rawls' von Mill und Humboldt darin, dass bei diesem nur die mittelbare Folge in Gestalt des fruchtbaren Zusammenwirkens wahrgenommen wird, während die Wurzel in der Individualität besteht, die sich Mill in gleicher Weise zu eigen gemacht hat. Wenn nun Taylor auf dieser Stufe ansetzt, so läuft dies auf eine kommunitaristische Vereinnahmung der Gedanken Humboldts hinaus, die praktisch allem zuwider läuft, was im ersten Teil herausgearbeitet wurde. Denn die Problematik des Humboldtschen Ansatzes liegt nicht zuletzt in der gleichsam reflexiven Wahrnehmung des Anderen. Gewiss kann man dies in kommunitaristischer Absicht dahingehend umdeuten, dass sich – wenigstens im Ergebnis – eine Gesellschaftsform herauskristallisiert, die sich gerade im Miteinander entfaltet.

Jedoch werden damit die Dinge letztlich auf den Kopf gestellt, da Humboldts erklärter anthropologischer Ausgangspunkt gerade in der Förderung und Ausbildung der Individualität liegt. Dass die dabei entstehenden Synergien ein Hilfsargument für die Leistungsfähigkeit dieses Ansatzes ist, kann nicht darüber hinwegtäuschen, dass es Humboldt, wenn überhaupt, allenfalls in zweiter Linie darum ging. Zudem droht damit letztlich ein „kommunitaristischer Fehlschluss"[1175], also ein Schluss von der notwendigen Bedingtheit des Einzelnen auf

---

1175 Der Begriff wird verwendet von *R. Forst*, Kontexte der Gerechtigkeit. Politische Philosophie jenseits von Liberalismus und Komunitarismus, 1994, S. 35 ff.

das „geltungstheoretische Primat der Gesellschaft vor dem Individuum".[1176] Das aber wäre das Letzte, was Humboldt mit seinen Ideen vorgeschwebt hätte.

2. Humboldt – ein Atomist?

Das gegenteilige Extrem des Kommunitarismus wendet Taylor ebenfalls auf Humboldt an, den er zumindest in diesem Zusammenhang zitiert. Ausgehend vom so genannten ‚Lockeschen Atomismus', dem die Gesellschaft, das Gesetz und überhaupt die Institution der Demokratie nicht mehr bedeutet als wirksame Mechanismen zum Schutz des Eigentums des Einzelnen,[1177] stellt er nurmehr die Frage, ob und inwieweit die Freiheit vonnöten wäre: „Manchen Atomisten könnte diese Auffassung des Individuums ausreichend erscheinen; alles, was in ihren Augen fehlte, wäre die Freiheit, diese Auffassung des Individuums auszuleben. Wenn wir jedoch der Tradition von Montesquieu, Tocqueville, Humboldt und J. St. Mill folgen und dies als eine verkürzte Version des Strebens nach Freiheit betrachten, dann hat dies Konsequenzen für die Theorie der Gerechtigkeit. Denn wir müssen nicht nur diejenigen Praktiken und Institutionen verteidigen, die die Freiheit *sichern*, sondern auch diejenigen, die das *Verständnis* der Freiheit aufrechterhalten."[1178]

a) Traditionszusammenhang

Daran ist zweierlei bemerkenswert. Zum einen fällt auf, dass Humboldt in einen Traditionszusammenhang gestellt wird, der auch in der vorliegenden Abhandlung seinen Niederschlag gefunden hat, und zwar angefangen von Montesquieu,[1179] ansatzweise über Tocqueville[1180] und vordringlich bis zu Mill.[1181] Diese Tradition ist dem von Taylor besagten kultivierten Verständnis der Freiheit verpflichtet. Dennoch wird nicht endgültig klar, ob auch Humboldt zu den so genannten Atomisten gehört. Allein die Fragestellung ist der zweitgenannte bemerkenswerte Punkt in der Charakterisierung Taylors: „Die atomistische Denkweise neigt der Annahme zu, dass das Individuum die Gesellschaft, demokratische Institutionen,

1176 *A. Bienfait*, Freiheit, Verantwortung, Solidarität. Zur Rekonstruktion des politischen Liberalismus, 1999, S. 12.
1177 *Ch. Taylor*, Negative Freiheit?, 1992, S. 174f.
1178 *Ch. Taylor*, ebenda, S. 176; Hervorhebungen auch dort.
1179 Im Kapitel 1 sub II 1.
1180 Zu Beginn des 8. Kapitels unter I vor 1 in der Fußnote.
1181 Ausführlich im Kapitel 9.

die Herrschaft des Gesetzes, nur für den Lockeschen Zweck des *Schutzes* benötigt; die zugrunde liegende Idee ist die, dass mein Verständnis meiner selbst als Individuum, mein Gefühl, dass ich meine eigenen Wünsche zu erfüllen habe, mein eigener Selbstentwurf, den ich frei zu wählen habe, kurz, die Selbstdefinition des modernen Individualismus, etwas Gegebenes darstellt."[1182]

b) Zwischen Atomismus und Kommunitarismus

Eine gewisse Entsprechung erfährt dieses atomistische Verständnis in dem Bild der Monade, von dem im ersten Teil die Rede war.[1183] Dort wurde festgestellt, dass die Gleichsetzung mit der Monade im Sinne Leibniz' für Humboldt etwas durchaus Abschreckendes hatte. Das ist auch für die vorliegende Frage aufschlussreich. Denn damit kann hier ein Ausgleich zwischen einer kommunitaristischen Sicht der Ideen einerseits und einem atomistischen Modell andererseits hergestellt werden. Allerdings ist dafür das oben angedeutete Vorrangverhältnis zu beachten: Zunächst ist Humboldt tendenziell eher einer atomistischen Sichtweise verpflichtet, zwar keiner solipstischen, wie im ersten Teil festgestellt werden konnte, aber doch einer deutlich individualistisch geprägten Vorstellung. Diese ist freilich zugleich, aber eben erst auf zweiter Stufe, ursächlich für eine gegenseitig vermittelte und miteinander bewirkte Förderung der Kräfte. Darin mag man einen kommunitaristischen Aspekt sehen, der jedoch nur eine Folge darstellt. So steht Humboldt zwischen Atomismus und Kommunitarismus, ohne einem von beiden verpflichtet zu sein.[1184] Damit ist freilich der Weg bereitet zur Behandlung eines Ansatzes,[1185] der den Lockeschen Atomismus in deutlicher Abwendung von Rawls in neuerer Zeit wieder zur Diskussion gestellt hat.

1182 *Ch. Taylor*, Negative Freiheit?, 1992, S. 175; Hervorhebung auch dort.

1183 Im 6. Kapitel sub II 10.

1184 Einen Vermittlungsversuch zwischen den beiden Richtungen hat *M. Walzer* (Kritik und Gemeinsinn. Drei Wege der Gesellschaftskritik, 1990, S. 30 ff.; siehe auch *dens.*, Spheres of Justice. A Defense of Pluralism and Equality, 1983) mit seinem „kommunitaristischen Liberalismus" unternommen; siehe auch *S. Mulhall/A. Swift*, Liberals and Communitarians, 1992; ferner *A. Bienfait*, Freiheit, Verantwortung, Solidarität, 1999, S. 229 ff. Instruktiv *W. Kersting*, Die Liberalismus-Kommunitarismus-Kontroverse in der amerikanischen Philosophie, Jahrbuch für politisches Denken 1 (1991) 82 ff.

1185 Siehe auch *A. Corlett* (Hg.), Equality and Liberty. Analyzing Rawls and Nozick, 1991.

11. Kapitel: Robert Nozicks Minimalstaat

Robert Nozicks berühmt gewordenes Buch „Anarchy, State and Utopia" aus dem Jahre 1974[1186] hat bald nach seinem Erscheinen Furore gemacht, so dass das dazu erschienene Schrifttum kaum mehr überschaubar ist.[1187] Es wurde zu einem Gegenentwurf zu Rawls Theorie der Gerechtigkeit. Interessanterweise hat Rawls – soweit ersichtlich – Nozick nicht eigens repliziert, sieht man von einer Zusammenfassung ab, von der sogleich noch näher die Rede sein wird.[1188] Denn ansonsten hat Rawls Missverständnisse seiner Theorie bzw. Gegenentwürfe zu ihr durchaus beantwortet.[1189] Sein Staatsentwurf hat Nozick – durchaus zu seinem Bedauern,

---

1186 Im Folgenden mit dem Namen des Verfassers zitiert aus der deutschen, von H. Vetter übersetzten mvg-Ausgabe aus dem Jahre 1976.

1187 Siehe nur *M. Rothbard*, Robert Nozick and the Immaculate Conception of the State, Journal of Libertarian Studies 1 (1977) 45; *M. Davis*, Necessity and Nozicks's Theory of Entitlement, in: Political Theory 5 (1977) 219; *D. A. J. Richards*, Review: Anarchy, State and Utopia by Robert Nozick, in: Detroit College of Law Review 1976; *R. E. Litan*, On Rectification in Nozick's Minimal State, in: Political Theory 5 (1977) 233; *J. Exdell*, Distributive justice: Nozick on property rights, in: Ethics 87/2 (1977) 142–9; *J. Altham*, Review of ‚Anarchy, State, and Utopia', in: Philosophy. The Journal of the Royal Institute of Philosophy 52 (1977) 102; *Th. Scanlon*, Nozick on Rights, Liberty, and Property, in: Philosophy and Public Affairs 6 (1976) 3; *S. Scheffler*, Natural Rights, Equality, and the Minimal State, in: Canadian Journal of Philosophy 6 (1976) 59; *J. Granrose*, Review Robert Nozick, Anarchy, State and Utopia, in: Social Theory and Practice 3 (1975) 487; *G. A. Cohen*, Robert Nozick and Wilt Chamberlain: How Patterns Preserve Liberty, Erkenntnis 11 (1977) 5; *H. Steiner*, Critical Notice of Anarchy, State and Utopia, in: Mind. A Quarterly Review of Psychology and Philosophy 86 (1977) 120; *T. R. Machan*, Robert Nozick, Anarchy, State and Utopia, The Journal of Value Inquiry, 10 (1976) 317; *D. Rae*, Review of Robert Nozick, in: The American Political Science Review 70 (1976) 1289; *F. Canavan*, Review of ‚Anarchy, State, and Utopia', in: International Philosophy Quarterly. An Intercultural Forum 15 (1975) 495; *B. Barry*, Anarchy, State and Utopia, The Political Theory, 3 (1975) 331 (zu ihm J. Millet, in: Political Theory 4, 1976); *R. L. Holmes*, Nozick on Anarchism, in: Political Theory 5 (1977) 247; *G. Sampson*, Liberalism and Nozicks ‚Minimal State', in: Mind. A Quarterly Review of Psychology and Philosophy 87 (1978) 93; aus dem deutschsprachigen Schrifttum *G. Maluschke*, Frühliberaler Nachtwächterstaat oder neoliberaler Sozialstaat? Eine Auseinandersetzung mit Robert Nozicks, ‚Anarchy, State and Utopia', in: Der Staat, 1976, 521 ff.; *W. Kersting*, Allgemeine Zeitschrift für Philosophie 1979, S. 34 ff.; *P. Wittig*, Rezension zu Robert Nozick, in: Zeitschrift für Politik, 1977, S. 196 ff.; *O. Höffe*, Eine provokative Theorie des Minimalstaats, in: Neue Zürcher Zeitung vom 11. 2. 1977.

1188 *J. Rawls*, Die Idee des politischen Liberalismus, 1992, S. 50 – 52, 77.

1189 Siehe nur *J. Rawls*, Reply to Lyons and Teitelman, in: The Journal of Philosophy 69 (1972) 556 f.; *ders.*, Reply to Alexander and Musgrave, in: Quarterly Journal of Economics 88 (1974) 633 – 655. Von dritter Seite zu dieser Kontroverse *N. Bell*, Nozick and the Principle of Fairness, in: Social Theory and Practice. An International and Interdisciplinary Journal of Social Philosophy 5 (1978) 65; *V. Held*, John Locke on Robert Nozick, in: Social Research. An International Quarterly of the Social Sciences 43 (1976) 169; siehe ferner *H. Kliemt*, John Rawls' Theorie der Gerechtigkeit

aber letztlich von ihm selbst zu verantworten – viel Beifall von neokonservativer Seite eingetragen.[1190] Wenn im Folgenden gezeigt werden soll, dass der zentrale Gedanke des Minimalstaats im Sinne Nozicks im Ergebnis nichts anderes ist als die Staatsidee Humboldts von der primären Sicherungsfunktion des Staates, so soll damit keineswegs Nozicks Leistung geschmälert werden.[1191] Zum einen versteht es sich von selbst, dass nicht weniger Ergebnis, als vielmehr dessen argumentative Herleitung gewürdigt werden muss. Schließlich ist dieser Grundgedanke auch bei John Locke angelegt, auf den sich Nozick, wie im Einzelnen näher dargelegt wird, bezieht. Nicht zuletzt deshalb war bei der Darstellung der Ideen schon von Locke die Rede. Aber bevor darauf im Einzelnen eingegangen wird, muss einem grundsätzlichen Missverständnis – gleichsam prophylaktisch – begegnet werden. Denn dass Humboldts Staatsentwurf, der vereinfacht als „Nachtwächterstaat" apostrophiert wird, und Nozicks „Minimalstaat" prima vista eine „frappante Ähnlichkeit" haben,[1192] genügt wie gesagt nicht, sie gleichsam über einen Leisten zu schlagen und ohne nähere Überprüfung ihrer Gründe in einem Atemzug abzulehnen.[1193] Entscheidend sind vielmehr, neben den jeweiligen Argumenten, die Prämissen, von denen sie ausgehen, so dass vor allem der Gedankengang Nozicks beleuchtet werden muss. Auf dieser Grundlage wird sich zeigen, dass sich in den jeweiligen Konzeptionen tief greifende Strukturunterschiede erkennen lassen.

I. Rechtfertigung des Minimalstaats

Im ersten Teil seines Werkes rechtfertigt Nozick den Staat gegenüber dem Naturzustand,[1194] oder, um es präziser zu sagen, den von ihm so genannten „Minimalstaat"[1195] (minimal state).[1196] Anders als Humboldt geht er zunächst von der

---

und Robert Nozicks Theorie des Minimalstaats, in: Ökonomische Theorie der Politik. Eine Einführung (Hg. C. Hillinger / M. J. Holler), 1979, S. 196 ff.

1190 Allgemein zu ihr *J. Habermas*, Die neue Unübersichtlichkeit, 1985, S. 30 ff.

1191 Siehe bereits *W. Kersting*, Allgemeine Zeitschrift für Philosophie 4 (1979) 34, mit dem Humboldt anklingen lassenden Titel „Naturzustand und Minimalstaat. Robert Nozicks Versuch, die Grenzen der Wirksamkeit des Staates zu bestimmen".

1192 So die bereits zitierte Stelle bei *S. Battisti*, Freiheit und Bindung, 1986, S. 250.

1193 So aber *S. Battisti*, ebenda.

1194 Dazu *D. Wood*, Nozick's Justification of the Minimal State, in: Ethics 88 (1977/78) 260.

1195 Zu ihm *W. Blackstone*, The Minimal State: An Assessment of Some of the Philosophical Grounds, in: The Personalist. An International Review of Philosophy 59 (1978) 333; dagegen die Replik von *D. Burril*, Distributive Justice and the Minimal State, in: The Personalist. An International Review of Philosophy 59 (1978) 394.

1196 *R. Nozick*, Anarchy, State, and Utopia (1974), S. 13.

Frage aus, warum es überhaupt einen Staat gibt und nicht vielmehr nur einen Naturzustand,[1197] der den Individuen alle Entfaltungsmöglichkeiten ohne die geringste Einschränkung überlässt.[1198] Dem liegt der Gedanke zugrunde, dass jede staatliche Ordnung rechtfertigungsbedürftig ist, weil sie notwendigerweise Befugnisse der ihr Unterworfenen einschränkt,[1199] die im Naturzustand ungeschmälert bestehen würden.[1200] Zu diesem Zweck vergleicht er die Position der Menschen mit der im Staat, wobei er zunächst den Naturzustand im Sinne Hobbes' zugrunde legt, der für die Beteiligten am wenigsten ersprießlich ist.[1201] So spitzt sich die Frage dahingehend zu, ob es für die Beteiligten besser ist, in einem Staat oder in Anarchie zu leben: „Falls sich zeigen ließe, dass dieser Staat besser wäre als selbst dieser günstigste anarchische Zustand – der beste, den man sich realistischerweise erhoffen kann –, oder dass er in lauter moralisch zulässigen Schritten entstehen würde, oder dass sein Entstehen eine Verbesserung bedeuten würde, dann wäre das ein Grund für das Bestehen des Staates; es wäre eine Rechtfertigung des Staates."[1202] Die aus den Natur- und Gesellschaftswissenschaften entnommenen Theorien und Fallbeispiele Nozicks werden im Folgenden beiseite gelassen. Zwar könnte man argumentieren, auch Humboldt behelfe sich bisweilen mit entsprechenden Bildern und Vergleichen aus der Ästhetik etc., doch wurden diese auch im ersten Teil weitestgehend außer Betracht gelassen, zumal sie in den wenigsten Fällen konstitutiv, sondern eher deklaratorisch für die jeweilige Herleitung seiner Ideen waren. Es wäre gleichwohl Gegenstand einer reizvollen Untersuchung, ob und inwieweit dies, wie zu vermuten steht, auch auf Nozicks erklärende Exkurse zutrifft.

1197 *R. L. Holmes*, Nozick on Anarchism, in: Political Theory 5 (1977) 247.

1198 *R. Nozick*, Üb. von H. Vetter, S. 19.

1199 Vgl. *B. Barber*, Deconstituting Politics: Robert Nozick and Philosophical Reductionism, in: The Journal of Politics 39 (1977) 2.

1200 Vgl. die Umschreibung bei *W. Kersting*, Gerechtigkeit als Tausch? Auseinandersetzungen mit der politischen Philosophie Otfried Höffes (Hg. ders.), 1997, S. 38: „Nozicks Anarchismuswiderlegung beginnt mit einem wohlwollenden, der romantischen Anthropologie des Anarchisten weit entgegenkommenden Ausgangszustand und zeigt dann, wie sich aus diesem moralischen Naturzustand ein Staatsgebilde evolutionär und in Übereinstimmung mit der rationalen Motivation der Individuen herausspinnen lässt, ohne dass auf irgendeiner Entwicklungsstufe dieser Staatsentstehung das Freiheitsrecht irgendeines Individuums verletzt worden ist, das ja die normative Basis für die anarchistische Ablehnung staatlicher Ordnung abgibt".

1201 Sein Vorgehen charakterisiert er als „Minimax-Methode"; ebenda, S. 20.

1202 *R. Nozick*, Üb. von H. Vetter, S. 20 f.

1. Moralphilosophie als Hintergrund der politischen Philosophie

Zu den Auffälligkeiten der Staatsphilosophie Nozicks gehört die Rolle, die er der Moralphilosophie einräumt. Die Frage nach der Rechtfertigkeit des Staates geht für ihn nämlich einher mit seiner moralischen Zulässigkeit. Ausgangspunkt ist der von buchstäblich radikaler Seite erhobene Einwand, der Staat sei a limine unmoralisch, da er notwendigerweise moralische Rechte des Menschen verletzt. Ohne sich dies zu eigen zu machen, kommt er zu der Feststellung, dass „die Moralphilosophie den Hintergrund und die Grenzen der Philosophie der Politik" bestimmt.[1203] Hier deutet sich an, dass Nozick im Unterschied zu Rawls keinen kantischen Idealen verpflichtet ist.[1204] Seine Absicht richtet sich dementsprechend auf eine Theorie des Naturzustands, welche die moralisch zulässigen und verbotenen Handlungen beschreibend mit einbezieht.[1205]

a) Kritik

Allerdings ist fraglich, ob nicht Nozick einen zu einseitigen Begriff des moralisch Zulässigen zugrunde legt, das letztlich nur die Freiheit vom Staat erfasst. In diesem Sinne argumentiert Charles Taylor, einer der vehementesten Kritiker des Minimalstaats: „Nozick ist ein Extrembeispiel. Er geht bei seiner Erörterung von unserer gegenwärtigen Konzeption individueller Rechte aus und argumentiert so, als ob diese Konzeption hinreichend wäre, um unsere Vorstellung des sozialen Ganzen zu rekonstruieren. Niemals wird die Frage aufgeworfen, ob nicht die Bejahung dieser Rechte an sich an eine Vorstellung menschlicher Würde und des menschlich Guten geknüpft ist, die vielleicht einen völlig anderen Kontext erfordert. Kurz gesagt, die Frage, ob der Mensch ein moralisch autarkes Wesen ist, wie Locke glaubt, oder ob in dieser Frage nicht vielleicht Aristoteles recht hat, wird überhaupt nicht gestellt. Ein Argument, das hiervon abstrahiert und das für die gesellschaftliche Natur des Menschen unsensibel ist, führt naturgemäß zu den absonderlichsten Konsequenzen."[1206] In der Tat fasst Nozick die moralphilosophischen Prämissen zu eng. Mit dieser Engführung ist von vornherein absehbar, welcher Staat den so formulierten moralischen Standards entsprechen kann –

1203 *R. Nozick*, Üb. von H. Vetter, S. 21.

1204 Eingehend zum Verhältnis beider unter diesem Blickwinkel zueinander *J. Nida-Rümelin*, Rawls und Nozick: ein Gegensatz kantischer und lockescher Gerechtigkeitskonzeptionen?, in: John Locke und Immanuel Kant. Historische Rezeption und gegenwärtige Relevanz (Hg. M. Thompson), 1991, S. 348 – 359.

1205 *R. Nozick*, Üb. von H. Vetter, S. 22.

1206 *Ch. Taylor*, Negative Freiheit?, 1992, S. 148.

nämlich im Prinzip keiner, d.h. ein Gebilde, das vom Einzelnen unter praktisch keinen Umständen etwas verlangt.

b) Vergleich mit Humboldt

Die Zuspitzung der Grenzziehung der politischen Philosophie durch die Moralphilosophie lädt zur vergleichenden Betrachtung mit der politischen Philosophie und Moralphilosophie Humboldts ein. Dieser behandelt die Moralphilosophie eher beiläufig; sie liefert für ihn nicht den Hintergrund seiner Ideen, steht aber im Hintergrund. Das ist insofern ein Unterschied, als sich Humboldt zwar einen Gleichklang von politischer Philosophie und Moralphilosophie erhofft, indem jene dem Menschen die Bedingungen für die Entwicklung dieser schaffen. Denn die Bildung der Kräfte des Menschen, der die politische Philosophie letztlich zu dienen bestimmt ist, soll zugleich auch zu einer sittlichen Vervollkommnung führen.[1207] Damit wird die Moralphilosophie für ihn indes nicht zu einer Vorfrage, sondern eher einer Begleitfrage. Die zumindest im Ansatz vorgestellte, wenn auch nicht in den Folgerungen verwirklichte kantische Trennung von Recht und Moral ist bei ihm zu präsent, als dass das eine zur Bedingung des anderen werden könnte.[1208]

2. Naturzustand bei Locke und Nozick

Für die sonach entscheidende Theorie des Naturzustandes greift Nozick erklärtermaßen auf die Konzeption Lockes zurück, die er sich weitgehend zu Eigen macht.[1209] Es überrascht, dass er insoweit Hobbes einmal einleitend erwähnt, sich dann aber ohne Umschweife auf ein Bekenntnis zu Locke festlegt. Für unsere Zwecke wichtig ist, dass er damit auch einen naturrechtlichen Ansatz zugrunde legt:[1210] „Das Naturrecht fordert, dass ‚niemand einen anderen an seinem Leben, seiner Gesundheit, seiner Freiheit oder seinem Eigentum schädigen darf.'"[1211] Diese Bezugnahme erinnert an dasjenige, was im ersten Teil im Hinblick auf

1207 Siehe dazu im Kapitel 3 unter II.
1208 Zu dieser Beobachtung, die einen gewissen Eklektizismus Humboldts erkennen lässt und die Frage aufgeworfen hat, ob und inwieweit Humboldts Ideen kantischen Ursprungs sind, ausführlich im ersten Teil.
1209 *R. Nozick*, Üb. von H. Vetter, S. 23 f.
1210 Vgl. ebenda, S. 25. Monographisch zum Ganzen *W. Euchner*, Naturrecht und Politik bei John Locke, 1979.
1211 Er zitiert hier aus dem sechsten Abschnitt des Second Treatise.

Humboldts Vorstellung des Naturzustandes festgestellt wurde, wobei gleichfalls auf Locke rekurriert wurde.[1212] Allerdings wurde dort auch der entscheidende Unterschied hervorgehoben, der in gleicher Weise im Verhältnis zu Nozick gilt: Humboldt schenkt dem Naturzustand vergleichsweise wenig Bedeutung, weil es für ihn vordringlich um die Bildung des Einzelnen geht. Es bedarf aus seiner Sicht keiner den Naturzustand überwindenden Rechtfertigung des Staats, sondern nur eines Staatswesens, das dem Individuum den zur Selbstbildung unentbehrlichen Freiraum garantiert. Solange und soweit der Staat die Bedingungen hierfür schafft, ist er gleichsam gerechtfertigt.

Ungeachtet dieser konzeptionellen Unterschiede finden sich in den Einzelheiten aufschlussreiche Entsprechungen, etwa wenn Nozick im Anschluss an Locke das Streitentscheidungsmonopol des Staates gegenüber der eigenmächtigen Rechtsdurchsetzung legitimiert: „Die private und persönliche Durchsetzung der Rechte (...) führt also zu Fehden, zu einer endlosen Reihe von Vergeltungen und Beitreibungen von Entschädigungen."[1213] Dieser Satz Nozicks ähnelt dem Verständnis des staatlichen Gewaltmonopols mit seiner Abkehr von der Selbstjustiz, wie es an vielen Stellen von Humboldts Ideen zum Ausdruck gekommen ist.[1214] Es ist freilich kein spezifisch Lockesches Gedankengut, das hier zum Vorschein kommt. Vielmehr veranschaulicht dies, dass Humboldt und Nozick zwar nicht von denselben Prämissen ausgegangen sind; dagegen spricht schon die je unterschiedliche Rolle, die sie der Staatsbegründung als Abkehr vom Naturzustand einräumen. Sie gelangen aber ungeachtet dessen übereinstimmend zur Unentbehrlichkeit einer parteienübergreifenden Schutzorganisation. Der Unterschied besteht freilich wiederum, dass Humboldt dies als genuine Aufgabe des Staates voraussetzt, während Nozick die Unerlässlichkeit einer Schutzvereinigung in Anlehnung an Locke begründet.[1215] So gesehen verfährt Nozick im Wortsinne radikaler als Humboldt, indem er die Sicherungsaufgabe des Staates an ihren Wurzeln fasst. Da er sich jedoch insoweit ohne divergierende Auseinandersetzung mit Hobbes weitgehend – wenn auch nicht kritiklos[1216] – Locke

1212 Im Kapitel 4 unter II 1 b; dort wurde bewusst auf den zweiten Teil, also den vorliegenden Zusammenhang verwiesen.

1213 *R. Nozick*, Üb. von H. Vetter, S. 26.

1214 Siehe insoweit die entsprechenden Abschnitte im ersten Teil zum Strafrecht und zur Rechtsdurchsetzung.

1215 *R. Nozick*, Üb. von H. Vetter, S. 28 ff.; kritisch *W. Kersting*, Allgemeine Zeitschrift für Philosophie, 1979, S. 34, 38 („das zu einem Ensemble natürlicher Rechte verdünnte Naturrecht des Lockeschen Naturzustandes").

1216 Dabei wird nicht übersehen, dass *R. Nozick* an einigen Stellen (vgl. nur S. 31 zur Entwicklung des Geldes) von Locke absetzt; siehe auch seine kritische Auseinandersetzung mit dem Aneignungsgedanken Lockes auf den S. 163 – 170.

verschreibt,[1217] sind zumindest seine moralphilosophischen Prämissen weniger originell, als es den Anschein hat.

3. Nozicks Abgrenzung vom Nachtwächterstaat des klassischen Liberalismus

Obwohl er Humboldt mit keinem Wort würdigt, ist es durchaus nicht so, dass Nozick verkennt, dass der von ihm propagierte Minimalstaat Ähnlichkeiten mit dem Nachtwächterstaat aufweist: „In der Tat scheint der ausgesprochenste Minimalstaat, der in der maßgebenden politischen Theorie ernsthaft diskutiert worden ist, der Nachtwächterstaat des klassischen Liberalismus, in diesem Sinne vorzugehen.[1218] (...) Der Nachtwächterstaat des klassischen Liberalismus, der sich auf den Schutz aller Bürger gegen Gewalt, Diebstahl und Betrug, auf die Durchsetzung von Verträgen usf. beschränkt, scheint einen Umverteilungseffekt zu haben."[1219] Nozick ist die Betonung des Anscheins wichtig: „Ich habe bisher davon gesprochen, der Nachtwächterstaat *scheine* einen Umverteilungseffekt zu haben, um die Möglichkeit offen zu lassen, dass andersartige Gründe dafür gefunden werden, dass einige für den Schutz anderer aufkommen."[1220]

In der Tat begnügt sich Nozick zunächst mit dem Schein, um die Erklärungsdesiderate zu formulieren: „Da der Nachtwächterstaat in dem Maße eine Umverteilung vorzunehmen scheint, wie er einige Menschen zwingt, für den Schutz anderer zu bezahlen, müssen seine Verfechter erklären, warum diese Umverteilungsfunktion etwas Besonderes ist."[1221] Seine Definition lautet: „Man könnte in verkürzter Ausdrucksweise eine Regelung ‚Umverteilung' nennen, wenn ihre wesentlichen (oder einzig möglichen) Begründungen selbst Umverteilungscharakter haben."[1222] Nicht ganz deutlich wird dabei, ob Umverteilung etwas Normatives (dafür spricht das Wort ‚Regelung') oder Faktisches ist, wofür der ‚Umverteilungscharakter' spricht.

1217 Treffend *O. Höffe*, Erwiderung, in: Gerechtigkeit als Tausch? Auseinandersetzung mit der politischen Philosophie Otfried Höffes (Hg. W. Kersting), 1997, S. 331, 335: „Und Rawls' Gegenspieler Nozick gibt sich an entsprechender Stelle, bei der Bestimmung des Naturzustandes, mit Paraphrasen aus Lockes *Second Treatise* zufrieden".

1218 *R. Nozick*, Üb. von H. Vetter, S. 37.

1219 Ebenda, S. 38; Nozick verweist dort auf seinen Beitrag „On the Ranian Argument", in: The Personalist 52 (1971) 282 – 304 Anmerkung 4 (vgl. Anarchie, Staat, Utopie, S. 306 Anmerkung 1).

1220 *R. Nozick*, Üb. von H. Vetter, S. 39, unter Verweis auf die Kapitel 4 und 5 seines Buchs; Hervorhebung auch dort.

1221 *R. Nozick*, Üb. von H. Vetter, S. 38.

1222 *R. Nozick*, Üb. von H. Vetter, S. 38.

a) Kommerzialisierung der Sicherheit

Hier wird der Unterschied zu Humboldt augenscheinlich. Denn mit dem Gedanken des Bezahlens für einen Schutz tritt erstmals[1223] eine ökonomische Blickrichtung zu Tage, die Humboldts Ideen im Grundsatz fremd ist. Hasso Hofmann hat diese Ökonomisierung so ausgedrückt: „Als einem Produkt des privaten Rechtsschutzmarktes fehlt diesem (sc. Nozicks) Staat folglich die quasi senkrecht zu den Individualrechtsbeziehungen stehende Dimension des öffentlichen Rechts, soweit es über die bloße Organisation von Rechtsschutz hinausläuft. Damit löst die ultraliberale Philosophie Recht in private Individualrechtsbeziehungen und *Politik in Ökonomie* auf."[1224] Diese Wendung in das rein Privatrechtliche und die damit einhergehende Tendenz ins Ökonomische sind vielleicht die markantesten Unterschiede zwischen Nozick und Humboldt, in dessen idealistischer Sicht ökonomische Momente vergleichsweise wenig Raum haben. Es gibt vereinzelte Ausnahmen, doch betreffen diese auch ihrem Gegenstand nach finanzielle Fragen. Dagegen wird die Sicherheit von Humboldt nicht in der Weise kommerzialisiert, dass als erklärungsbedürftig vorausgesetzt wird, wer dafür einzustehen habe. Während Nozick die Schutzleistung des Staates nach Art einer Gebühr zuordnet, deren Höhe von der tatsächlichen Inanspruchnahme abhängig ist, erscheint sie bei Humboldt eher als ein Beitrag, für dessen Entrichtung die Möglichkeit der Inanspruchnahme charakteristisch ist. Diese annäherungsweise Verdeutlichung aus dem deutschen Abgabenrecht sei zur Illustrierung der unterschiedlichen Standpunkte gestattet.

b) Nachtwächterstaat und Ultraminimalstaat

Nozick begnügt sich jedoch nicht mit einem Bekenntnis zum Minimalsaat, sondern treibt die Unterscheidung selbst auf die Spitze, indem er einen schon dem äußeren Wortsinne nach radikalen Weg einschlägt: „Da der Nachtwächterstaat oft als Minimalstaat bezeichnet wird, nennen wir diese andere Gesellschaftsform den *Ultraminimalstaat*. Dieser hat das Monopol auf alle Gewaltanwendung außer bei Notwehr und schließt damit Vergeltung und Eintreibung von Entschädigungen durch Privatpersonen (oder -organisationen) aus;[1225] doch er bietet Schutz und

---

1223 Deutlicher wird dies noch im Kapitel 12 am Beispiel der Gedanken J. Buchanans.

1224 *H. Hofmann*, Einführung in die Rechts- und Staatsphilosophie, 2000, S. 62; Hervorhebung nur hier. Ähnlich *W. Kersting*, Allgemeine Zeitschrift für Philosophie, 1979, S. 34, 54: „Der Nozicksche Minimalstaat ist auf dem Markt geboren, er ist rein ökonomischer Herkunft".

1225 Ähnlich *M. Rothbard*, For a Liberty, 1973, wonach Schutzvereinigungen in der Anarchie gebildet werden, die dann die Konflikte lösen; skeptisch demgegenüber *J. Buchanan*, Die Grenzen der Freiheit, Üb. von Ch. Watrin, S. 8 Fußnote 2 (zu ihm im folgenden Kapitel eingehend).

Durchsetzungsleistungen *nur* denjenigen, die sie von ihm kaufen. Wer bei dem Monopol keinen Schutzvertrag kauft, erhält keinen Schutz."[1226] Der durch diese Ökonomisierung aufgezeigte Unterschied, der auf einer bewussten Abgrenzung beruht, wird noch dadurch betont, dass Nozick die Differenz seiner Staatskonzeption zum Nachtwächterstaat buchstäblich ausrechnet:[1227] „Der Minimalstaat (Nachtwächterstaat) entspricht dem Ultraminimalstaat in Verbindung mit einem aus dem Steueraufkommen finanzierten Gutscheinsystem (mit eindeutigem Umverteilungseffekt).[1228] Nach diesem System erhalten alle oder einige (z.B. die Bedürftigen) aus Steuermitteln aufgebrachte Gutscheine, die nur für den Kauf von Schutzverträgen beim Ultraminimalstaat verwendet werden können."[1229]

4. Vergleich der Prämissen Nozicks und Humboldts

Für unsere Zwecke ist zunächst eines bemerkenswert. Bisher wurde der Frage nachgegangen, ob und inwieweit Humboldts Staatsidee etwas qualitativ und quantitativ anderes vorstellt als Nozicks Minimalstaat. Nun gibt Nozick selbst die Antwort, freilich unter pauschaler Gleichsetzung des Nachtwächterstaats mit der Staatsidee Humboldts, dass zwar der Nachtwächterstaat in der Tat gleichbedeutend mit dem Minimalstaat sei,[1230] dieser jedoch wiederum von der ihm, Nozick, zunächst vorschwebenden – ungleich radikaleren[1231] – Idee des Ultraminimalstaats unterschieden werden müsse. Wir können diesen Unterschied hier einstweilen noch nicht bewerten, weil Nozick selbst nicht abschließend geklärt hat, ob der von ihm postulierte Staat wirklich bzw. normativ einen Umverteilungseffekt hat. Man kann jedoch die Frage aufwerfen, ob diese Radikalisierung nicht möglicherweise gerade den Zweck verfolgt, eine Eigenständigkeit – buchstäblich um jeden Preis – zu demonstrieren.[1232]

1226 *R. Nozick*, Üb. von H. Vetter, S. 38.
1227 Vgl. auch *G. Kateb*, The Night Watchman State, in: The American Scholar 45 (1975/76) 816.
1228 Er verweist insoweit auf *M. Friedman*, Capitalism and Freedom, 1962, Kapitel 6.
1229 *R. Nozick*, Üb. von H. Vetter, S. 38.
1230 Vgl. auch *J. Habermas*, Strukturwandel der Öffentlichkeit, 1990 (1962), S. 229 Fußnote 6.
1231 Im weiteren Verlauf distanziert er sich freilich vom Ultraminimalstaat.
1232 Zur Argumentation Nozicks im einzelnen *C. Böhr*, Liberalismus und Minimalismus. Kritische Anmerkungen zur philosophischen Entfaltung einer zeitgenössischen Minimalstaatskonzeption, 1985, freilich ohne zureichende Berücksichtigung Humboldts.

a) Divergenz im anthropologischen Ausgangspunkt

Ein formaler Unterschied zwischen Humboldt und Nozick ist darin zu sehen, dass dieser gleichsam negatorisch argumentiert, indem er die Abwehr von Rechtsverletzungen in den Vordergrund stellt, während jener den Blick auf den status positivus richtet, nämlich Bedingungen zu schaffen, unter denen der Einzelne nicht nur weitgehend ungestört lebt – insofern entspricht sein Ansatz Nozick – und infolgedessen seine positiven Anlagen, Kräfte und Energien im besten Sinne ausleben kann. So veranschaulicht dieser formale Unterschied schon den unterschiedlichen anthropologischen Ausgangspunkt, die „höchste und proportionierlichste Entwicklung der Kräfte des Menschen" im Unterschied zur bloßen Minimierung von Rechtsverletzungen. Humboldts Versuch der Begrenzung staatlicher Wirksamkeit ist also im Vergleich weniger negatorisch, als es den Anschein hat, weil der Zweck der Begrenzung – die Bildung des Menschen – nicht nur ein Gegengewicht markiert, sondern die innere Teleologie der Abhandlung trägt.

Der inhaltliche Unterschied zur Konzeption Humboldts besteht darin, dass Nozick die Beteiligten bereits für die staatliche Schutzgewährung bezahlen lässt. Das liegt nicht zuletzt daran, dass es für ihn keine gesellschaftsvertragliche Einigung gibt, die zu einem rechtlichen Gewaltmonopol des Staates führen könnte, sondern allenfalls ein faktisches.[1233] Bei Humboldt erscheint die Gewährleistung der Sicherheit als Gegenleistung für den mit der Staatsbegründung einhergehenden notwendigen Souveränitätsverzicht des Einzelnen. Nozick dagegen hält die durch den Staat vermittelte Sicherheit nicht für selbstverständlich. Für ihn gibt es dementsprechend nur eine private Schutzvereinigung.

b) Humboldts vergleichsweise Nähe zu Rawls

Hinzu kommt jedoch etwas Tiefergehendes. Humboldts Staatsidee ist unausgesprochen vom Gedanken der Gleichheit der Menschen getragen.[1234] Nur als Gleiche ist es für sie sinnvoll, sich dem Staat zu unterwerfen, solange und soweit dieser ihnen, das heißt jedem Beliebigen unter ihnen, Sicherheit garantiert.

1233 Zu diesem prägenden Strukturunterschied noch näher unten Kapitel 11 sub I 8.

1234 Es mag dahinstehen, ob dies, was freilich nahe liegt, auf den Einfluss und das Gedankengut der Französischen Revolution zurückgeht.

aa) Humboldts Äquivalenzgedanke und Rawls Schleier des Nichtwissens

Nozick dagegen setzt die unterschiedlich Bedürftigen voraus, was angesichts der tatsächlichen Ungleichheit der Menschen im Hinblick auf das je unterschiedliche Bedürfnis nach Schutz vor den anderen, stärkeren Mitmenschen zutreffen mag. Humboldts unausgesprochener Äquivalenzgedanke steht überraschenderweise Rawls Prämisse des Schleiers des Nichtwissens (veil of ignorance) näher als erwartet.[1235] Denn Humboldt lässt die angesichts der Irrealität des Naturzustands ohnehin nicht quantifizierbare tatsächliche Ungleichheit der Individuen folgerichtig beiseite, weil die normative Einwilligung von der stillschweigenden Übereinkunft getragen ist, dass jeder der Sicherheit bedarf, da er seine spätere Stellung in der Gesellschaft nicht kennt, ja diese Unkenntnis geradezu Inbegriff seines Entwicklungspotentials, der Ausbildung seiner Kräfte ist.

Diese unausgesprochene Affinität zu Rawls ist jedoch nur im Verhältnis zu Nozick überraschend, weil man diesen nach dem Minimalstaatsgedanken eher bei Humboldt ansiedeln würde. In Wahrheit ist es jedoch schon deswegen weniger verwunderlich, weil Rawls selbst eingeräumt hat, dass sein Schleier des Nichtwissens durchaus kantischen Ursprungs ist, da es sich letztlich auch aus dem kategorischen Imperativ ableiten lässt.[1236] Dieses wiederum wurde von den anthropologischen Grundannahmen her gesehen, aber auch seiner Affinität zum kategorischen Imperativ Kants,[1237] als weitgehend identisch mit demjenigen Humboldts erkannt.[1238]

1235 Zum Schleier des Nichtwissens *J. Rawls*, Eine Theorie der Gerechtigkeit, Üb. von H. Vetter, S. 159 ff.

1236 *J. Rawls*, Eine Theorie der Gerechtigkeit, Üb. von H. Vetter, S. 160 Fußnote 11: „Wenn etwa Kant uns auffordert, unsere Maxime zu prüfen, indem wir uns fragen, was der Fall wäre, wenn sie ein allgemeines Naturgesetz wäre, so muss er voraussetzen, dass wir unseren Platz in diesem vorgestellten System der Natur nicht kennen. – Diese Anmerkung wird oft übersehen, wenn eingewandt wird, Rawls habe mit dem Schleier des Nichtwissens nichts Originelles geschaffen; er konzediert dies (vgl. ebenda: „Der Schleier des Nichtwissens ist eine so natürliche Bedingung, dass schon viele auf einen ähnlichen Gedanken gekommen sein müssen."), doch ist ihm gleichwohl in diesem Zusammenhang eine epochale Entdeckung zuzuschreiben. Siehe auch *O. Höffe*, Der kategorische Imperativ als Grundbegriff einer normativen Rechts- und Staatsphilosophie, Festschrift für R. Spaemann, 1987, S. 87 ff.

1237 Zu ihr im Kapitel 6 sub II 3.

1238 Oben im Kapitel 1; unbeschadet der Tatsache, dass Humboldt im Einzelnen, etwa im Verhältnis zwischen Recht und Moral, unterschiedliche Folgerungen zieht und zum Teil auch modifizierende Prämissen zugrunde legt.

bb) Nozick und der kategorische Imperativ

Interessanterweise argumentiert auch Nozick mit dem kategorischen Imperativ,[1239] freilich seiner zweiten Ausprägung, wonach so zu handeln ist, dass man die Menschheit weder in seiner Person, noch in der Person irgendeines Anderen niemals nur als Mittel, sondern immer zugleich als Zweck benutzt.[1240] Nozick wendet dies auf die Nebenbedingungen des Handelns an, doch zeigt bereits die Beiläufigkeit des Zitats, dass die Herleitung anders als bei Rawls nicht kantisch fundiert und durchdrungen ist. An späterer Stelle argumentiert er erneut, wenn auch unausgesprochen, damit: „In einem System, das Übergriffe unter der Bedingung der Entschädigung gestattet, werden Menschen als bloßes Mittel gebraucht."[1241] Hier deutet sich etwas an, dass auch in anderem Zusammenhang noch im Text veranschaulicht wird, nämlich eine eklektizistische Tendenz Nozicks, der im Grundsatz auf Locke rekurriert, aber auf andere Denker ausweicht, wenn die jeweiligen Gedanken sein Ergebnis tragen. Im Unterschied zu Humboldt trägt diese Form des Eklektizismus freilich weniger originelle Züge.

cc) Rückführung auf den anthropologischen Ausgangspunkt

Hier zeigt sich wiederum, wie wichtig die Rückführung auf den jeweils unterschiedlichen anthropologischen Ausgangspunkt ist. Denn die phänotypisch „frappante Ähnlichkeit"[1242] zwischen Humboldts Staatsidee und Nozicks Minimalstaat erweist sich als trügerisch, wenn und weil man die unterschiedlichen Prämissen nicht vergleicht. Insofern bestehen nämlich die von Nozick konstatierten Unterschiede, doch nicht unbedingt aus dem Grund, den Nozick nennt, nämlich weil er noch weiter geht; dies sind eher die Symptome als die wahren Gründe. Vielmehr ist aufschlussreich, dass er weiter geht als Humboldt, denn dies ist gerade begründungsbedürftig und erhellt die unterschiedlichen Prämissen. Hier erweist sich abermals eine der vielen Paradoxien im Zusammenhang mit den Ideen Humboldts, die – vom anthropologischen Ausgangspunkt her gesehen – aufgrund der kantischen Prägung eher Rawls ähneln als Nozick.

1239 *R. Nozick*, Üb. von H. Vetter, S. 42 f.

1240 *Kant*, Grundlegung zur Metaphysik der Sitten, 1785, Band VII der von Weischedel herausgegebenen Ausgabe, 1977, S. 11, 66 f.

1241 *R. Nozick*, Üb. von H. Vetter, S. 74.

1242 *S. Battisti*, Freiheit und Bindung, 1986, S. 250.

5. Widerspruchsfreiheit der Ultraminimalstaatskonzeption?

Die Begründung des Ultraminimalstaatskonzepts bewegt Nozick zum Versuch der Entkräftung eines möglichen Vorwurfs: Wie kann dieses aus dem Bestreben der Nichtverletzung von Rechten begründet werden, da es „doch anscheinend die Rechte einiger Menschen nicht oder nur schlecht schützt?“[1243] Das liefe auf einen „Utilitarismus der Rechte“ hinaus,[1244] vermöge dessen die Rechtsverletzung einzelner hingenommen werde, um damit summa summarum eine vergleichsweise geringe Rechtsverletzung innerhalb der Gesellschaft herbeizuführen.[1245] Er begegnet diesen Einwand mit dem umständlich anmutenden Hinweis darauf, dass „die Idee des Ultraminimalstaats widerspruchsfrei ist, wenn sie mit der Vorstellung verbunden ist, wenn jemand *gezwungen* werde, zum Wohle anderer beizutragen, so sei dies eine Verletzung seiner Rechte, doch wenn jemandem von einem Anderen dringend benötigte Dinge nicht zur Verfügung stelle, auch solche, die zum Schutz der persönlichen Rechte notwendig sind, so sei dies *an sich* keine Verletzung von Rechten, obwohl es verhindert, dass anderen die Verletzung erschwert wird.“ In einem Klammerzusatz fügt er hinzu: „Diese Auffassung ist widerspruchsfrei, falls sie nicht den Monopolcharakter des Ultraminimalstaates selbst als eine Verletzung von Rechten auffasst.“[1246]

a) Bedenken

Nozicks irritierende Methode, durch eine Kette hintereinander geschalteter Bedingungen den Anschein der Widerspruchsfreiheit zu erzeugen, darf nicht darüber hinwegtäuschen, dass es nicht genügt, nur durch hypothetische Urteile Bedingungen aufzustellen, deren Eintritt nicht im einzelnen untersucht wird. Dementsprechend kritisch äußert sich Wolfgang Kersting: „Wir haben gesehen, dass die Nozicksche Konzeption bei der Einlösung ihres normativen Anspruchs gescheitert ist. Das Legitimationsprofil des Minimalstaats ist zutiefst widersprüchlich; aufgrund der unantastbaren Rechtsgleichheit von Individuum und Staat einerseits und mangelnder Gerechtigkeitskriterien andererseits wird das Recht auf Gerechtigkeitskontrolle immer zugleich als Quelle der Legitimations-

---

1243 *R. Nozick*, Üb. von H. Vetter, S. 39.

1244 So wörtlich Nozick, ohne freilich zu untersuchen, ob sich der Utilitarismus sinnvollerweise auf Rechte beziehen kann, womit zugleich die Frage nach der Sinnhaftigkeit des Topos gestellt ist.

1245 *R. Nozick*, Üb. von H. Vetter, S. 41.

1246 *R. Nozick*, Üb. von H. Vetter, S. 41. „Dass dies eine widerspruchsfreie Auffassung ist, zeigt natürlich noch nicht, dass sie annehmbar ist“.

beschaffung wie der Legitimationsanzweiflung fungieren können."[1247] So überrascht der indikativische Schlusssatz Nozicks: „Dass dies eine widerspruchsfreie Auffassung *ist*, zeigt natürlich noch nicht, dass sie annehmbar ist." Er verschiebt den Akzent auf die Frage nach der Akzeptanz, obwohl die Widerspruchsfreiheit gerade noch nicht geklärt ist. In dieselbe Richtung weist ein unscheinbarer einleitender Konzessivsatz, der mehr Probleme stellt, als er löst: „Es könnte so aussehen, als nehme der Verfechter des Ultraminimalstaates einen widerspruchsvollen Standpunkt ein, obwohl er sich nicht der Frage stellen muss, warum der Schutz einziger Gegenstand der Umverteilung ist."[1248]

b) Einwände unter Berücksichtigung des fehlenden Gesellschaftsvertrags

Aber warum muss er sich dieser Frage eigentlich nicht stellen? Immerhin war bisher nur von Nozick eingeräumt worden, der Minimalstaat scheine einen Umverteilungseffekt zu haben.[1249] Ist es nicht nach dem oben im Hinblick auf Humboldt – immerhin einer der Begründer des Minimalstaats, dem Nozick den Anschein eines Umverteilungseffekts attestiert – hochgradig begründungsbedürftig, warum gerade der Schutz einiger Gegenstand der Umverteilung ist? Von wo nach wo wird er umverteilt? Und ist es überhaupt sinnvoll, von Umverteilung zu sprechen, wenn es tatsächlich der einzige Gegenstand ist? Ohne die Deduktion Nozicks insgesamt in Frage stellen zu wollen, fällt auf, dass er nahe liegende Einwände ausblendet und sich vergleichsweise ferner liegenden zuwendet, die jedoch schon deshalb nie erhoben wurden, weil sich Augenmerk und Diskussion nicht von ungefähr seit jeher auf die nahe liegenden Prämissen gerichtet haben.

Dabei ist freilich zu berücksichtigen, dass ein ebenfalls nahe liegender Einwand nicht erhoben werden kann, nämlich der der Gegenleistung im Gesellschaftsvertrag, die bei Humboldt gleichsam in der Gewährleistung der Sicherheit lag. Denn die Vorstellung eines solchen Vertrages ist der Konzeption Nozicks von Grund auf fremd, worauf auch Rawls in einer einfühlsamen Replik auf Nozick aufmerksam gemacht hat: „Obwohl der Begriff der Übereinkunft in der libertären Auffassung eine zentrale Rolle spielt, ist sie keineswegs eine Gesellschaftsvertragstheorie; eine solche betrachtet den ursprünglichen Vertrag als Grundlage eines Systems gemeinsamer öffentlicher Gesetze, durch das politische Autorität definiert und reguliert wird und das auf jedermann als Bürger Anwendung findet. Politische Autorität und Staatsbürgerschaft sind nur vor dem Hintergrund der

---

1247 *W. Kersting*, Allgemeine Zeitschrift für Philosophie, 1979, S. 34, 53.

1248 *R. Nozick*, Üb. von H. Vetter, S. 39 (Hervorhebung nur hier).

1249 Er hat die endgültige Klärung, zur Erinnerung, dem 4. und 5. Kapitel überantwortet; ebenda, S. 38 f.

Konzeption des Gesellschaftsvertrags zu verstehen. Die libertäre Theorie verwirft die Grundgedanken der Vertragstheorie, indem sie den Staat als private Vereinigung betrachtet, und hat so naturgemäß keinen Platz für eine besondere Theorie der Gerechtigkeit für die Grundstruktur."[1250] Damit ist zugleich ein strukturprägender Unterschied zwischen Nozicks Minimalstaatskonzeption und der Staatsidee Humboldts dargestellt. Nicht zuletzt deshalb war es so wichtig herauszuarbeiten, dass Humboldt – ungeachtet seiner mangelnden Sorgfalt, die er auf die Staatsbegründung verwendet – erkennen lässt, dass er einen Gesellschaftsvertrag für unerlässlich hält.

6. Individualistisch-anarchistische Einwände gegen den Staat

Schließlich wendet sich Nozick dem radikal-anarchistischen Flügel zu, der den Staat als von Grund auf unmoralisch ansieht, weil jede mit Strafanspruch ausgestattete Vereinigung eine illegitime Usurpation von Machtansprüchen darstelle, die den staatlicherseits begangenen Rechtsverletzungen Tür und Tor öffne.[1251] Statt diese Vorwürfe zu entkräften, entwirft Nozick das Programm seiner noch offenen Beweisführung, an deren Ende freilich zugleich auch die individualistisch-anarchistische Argumentation in sich zusammen fallen soll.[1252] Das Prüfungsprogramm sieht so aus, dass zunächst die Entstehung des Ultraminimalstaats und sodann seine Abschmelzung auf den Minimalstaat, der sodann als moralisch gebotenes und alternativloses Modell verbleibt, aufgrund moralischer Erfordernisse ins Werk gesetzt werden muss.[1253] Kritisch anzumerken ist, dass Nozick vorbehaltlich vielfältiger Exkurse[1254] und der Auseinandersetzung seines Ultraminimalstaatskonzepts, das er freilich im Ergebnis als moralisch nicht begründbar ablehnen wird, in seiner Beweisführung noch nicht entscheidend weiter vorgedrungen ist,[1255] sondern sich damit begnügt hat, die Bedingungen zu entfalten, unter denen der Minimalstaat seine Berechtigung habe.

1250 *J. Rawls*, Die Idee des politischen Liberalismus, 1992, S. 53.

1251 *R. Nozick*, Üb. von H. Vetter, S. 59.

1252 Vgl. *P. Witonsky*, New Argument. A Review of Robert Nozick, in: The New Republic vom 26. 4. 1975.

1253 *R. Nozick*, Üb. von H. Vetter, S. 60.

1254 Etwa im Zusammenhang mit der Rechtsstellung und Schutzwürdigkeit von Tieren etc., auf die freilich, wie bereits oben gesagt, hier nicht eingegangen wird, weil sie nicht die staatsphilosophische Rechtfertigung des Minimalstaats betreffen.

1255 Das ergibt sich zumal dann, wenn man das bei *Nozick*, S. 13 entworfene Programm mit dem „Restprogramm" auf S. 60 vergleicht.

a) Nozicks Pseudo-Cartesianismus

So fällt das Zwischenergebnis eher ernüchternd aus, wenn man bedenkt, dass Humboldt an entsprechender Stelle seine Staatsidee nicht nur weitgehend entfaltet, sondern auch die innere Legitimation kraft anthropologischer Fundierung entworfen hatte. Einzuräumen ist freilich, dass die Schwäche der Humboldtschen Deduktion darin besteht, dass er den zentralen Begriff der Sicherheit früh einführt, aber erst sehr spät ausarbeitet und damit etwas voraussetzt, das sich erst allmählich klärt. Nozicks methodologische Eigenart besteht demgegenüber in seiner voraussetzungslosen Darstellung. Sein Vorgehen erinnert beinahe an ein cartesianisch anmutendes Bezweifeln aller Befugnisse des Staates, weil und sofern sie zu Rechtsverletzungen führen können. Er versucht ein Gebilde zu entwerfen, das unter der Mindestbedingung der Rechtsgewährleistung durch Schutzgewähr alle Beeinträchtigungen vermissen lässt, die herkömmlicherweise vom Staat ausgehen und gleichsam „clare et distincte" zu beweisen,[1256] dass jegliches Mehr an Belastung unzumutbar ist.

Jedoch läuft er damit Gefahr, einer – im Gegensatz zu Humboldt – ziellosen Verengung anheim zu fallen. Indem die Abwendung von Rechtsverletzungen gleichsam um jeden Preis vermieden und damit zum moralisch einzig erstrebenswerten Gut apostrophiert wird, läuft die von ihm intendierte moralische Rechtfertigung des Minimalstaats insofern leer, als dieser von vornherein der einzig annehmbare Ausweg zu sein scheint. Rawls hat diese seiner Theorie der Gerechtigkeit diametral widerstrebende Prämisse bemerkenswert unpolemisch paraphrasiert, dabei zugleich aber die hier angedeutete Schwachstelle auf den Punkt gebracht: „Das Ziel (sc. Nozicks) besteht darin zu erkennen, wie der Minimalstaat aus einem vollkommen gerechten Zustand durch eine Reihe von moralisch zulässigen und niemandes Recht verletzenden Schritten hervorgegangen sein könnte. Sobald wir sehen können, wie dies möglich wäre, wenn alle handeln, wie sie sollen, und warum ein darüber hinaus gehender Staat nicht entstehen kann, haben wir den Minimalstaat gerechtfertigt; *vorausgesetzt natürlich, die moralische Theorie, welche die Anfangssituation als gerecht definiert, ist richtig.*"[1257]

1256 Vgl. *R. Descartes*, Discours de la methode, 1637 („Abhandlung über die Methode, die Vernunft richtig zu führen und die Wahrheit in den Wissenschaften zu suchen"). Am Beispiel der Sprachphilosophie lassen sich im Übrigen interessante methodologische Parallelen zwischen Descartes und Humboldt aufzeigen; siehe dazu *J. Hardy*, Methodenreflexion zwischen zweifelsfreier Gewißheit und der ‚systematischen Encyclopädie aller Sprachen'. Bemerkungen zu Descartes und Wilhelm von Humboldt, 1999, S. 431 ff.; siehe auch *C. Menze*, Vom Antikartesianismus zur Theorie der Bildung des Menschen, Pädagogische Rundschau 42 (1988) 63 ff.

1257 *J. Rawls*, Die Idee des politischen Liberalismus, 1992, S. 51; Hervorhebung nur hier.

Vor dem Hintergrund dieser moralischen Unannehmbarkeit von Rechtsverletzungen, die folglich auch nicht gegen Vorteile abwägbar sind, weil auch die Sicherheit erkauft werden muss und nicht ohne weiteres in Rechnung gestellt wird, kommt es jedoch zu einer interessenmäßigen Schieflage. Anders gewendet: Die Bedingungen werden von vornherein so formuliert und moralisch unterfüttert, dass allein der Minimalstaat gerechtfertigt werden kann.[1258] Damit bleibt aber nurmehr eine pseudo-cartesianische Strenge, die bei Licht betracht wenig mehr als inhaltsleere Rigorosität vorstellt.

b) Offene Fragen

Allerdings soll damit nicht voreilig und somit ungerechtfertigt der Stab über Nozicks Beweisführung gebrochen werden. Es ist vielmehr darzustellen, welche gedanklichen Zwischenschritte es sind, die Nozick schließlich erlauben zu sagen: „Die moralischen Bedenken des individualistischen Anarchisten gegen den Minimalstaat sind widerlegt. Es wird kein Monopol ungerechterweise aufgezwungen; das faktische Monopol entsteht durch einen Vorgang der unsichtbaren Hand und *auf moralisch zulässige Weise*, ohne dass irgendjemandes Rechte verletzt werden, und ohne dass auf ein Sonderrecht Anspruch erhoben wird, das die anderen nicht haben."[1259] Von der dort bezeichneten unsichtbaren Hand wird weiter unten noch die Rede sein. Da Nozick die Betonung auf die moralische Zulässigkeit legt und man bei Humboldt bereits sehen konnte, wie Recht und Moral zusammenhängen bzw. voneinander getrennt sein sollen, ist zunächst zu fragen, wie sich Nozick der Naturrechtstradition entgegenstellt,[1260] zumal sich daraus möglicherweise – ebenso wie oben bei Humboldt – Rückschlüsse auf seinen Rechtsbegriff ziehen lassen.

1258 Ähnlich *W. Kersting*, Allgemeine Zeitschrift für Philosophie, 1979, S. 45 f.: „Nozicks Argumentation ist elegant, doch man kann sich des Eindrucks nicht erwehren, dass die Interpretation durch das Argumentationsziel gesteuert und aus einer vorgängigen Legitimationsmethode eine geeignete Rechtsauffassung extrapoliert wird, dass sich hinter der Theorie der privaten Jurisdiktion in ihrer von Nozick konzipierten Form eine Rechtfertigungskonzeption eines gewieften Juristen des Minimalstaats verbirgt".

1259 *R. Nozick*, Üb. von H. Vetter, S. 112.

1260 Vgl. zum Folgenden auch *W. Euchner*, Naturrecht und Politik bei John Locke, 1979.

7. Nozick und die Naturrechtstradition

Auch vom Standpunkt der individuellen Rechtsverletzung geht Nozick nicht nennenswert über Humboldt hinaus. So heißt es bei Nozick: „Man beachte, dass nicht jede Handlung, die anderen Schaden bringt, einfach verboten werden kann; sie muss die *Grenzlinie des Rechts* anderer überschreiten, damit die Frage des Verbots überhaupt aufgeworfen werden kann."[1261] Das ähnelt Humboldts Prämissen,[1262] wirft jedoch dieselbe Frage auf, nämlich welcher Rechtsbegriff zugrunde gelegt wird. Naheliegenderweise handelt es sich hier wie dort um eine naturrechtlich eingefärbte Betrachtungsweise. Aber auch hier geht Nozick nicht über Humboldt hinaus, sondern wiederholt ihn unwillkürlich.

Auch seine spätere Distanzierung von der Naturrechtstradition und der Fragen,[1263] die er an sie richtet, trägt nur unwesentlich zur Klärung bei:[1264] „Eine Rechtsverletzung liegt vor, wenn der Erwartungswert des Schadens einer Handlung (...) einen bestimmten Wert erreicht oder überschreitet. Doch wo soll dieser liegen? Bei dem Schaden der unbedeutendsten Handlung (...), die die natürlichen Rechte eines Menschen verletzt? (...) Man kann sich im Rahmen der naturrechtlichen Tradition nur schwer eine auf Grundsätzen beruhende Grenze für die Wahrscheinlichkeit vorstellen, von der an ein unannehmbar hohes Risiko für andere vorliegt. Das bedeutet, es ist in diesen Fällen schwer zu erkennen, wie die Naturrechtstradition die Grenzen zieht, die für sie im Mittelpunkt stehen."[1265]

Doch auch hier stellt Nozick mehr Fragen, als er beantworten kann.[1266] Und auch wenn das Stellen der richtigen Fragen und das damit einhergehende Hinweisen auf die neuralgischen Punkte ein nicht zu unterschätzendes wissenschaftlichen Verdienst ist, kann schwerlich gesagt werden, dass Nozick hier über Humboldts vergleichsweise dezidierte Abhandlung hinausgeht, auch wenn, wie bereits mehrfach gesagt, gerade die Frage nach dem Rechtsbegriff bei Humboldt offen geblieben ist. Hätte Nozick erkennbar an Humboldt angeknüpft, so hätte er

1261 *R. Nozick*, Üb. von H. Vetter, S. 72; Hervorhebung nur hier.

1262 Zu ihnen oben im ersten Teil bei der Behandlung des Rechtsbegriffs und öfter.

1263 Entsprechendes gilt für seine Kritik (*R. Nozick*, S. 91 ff.) an der modernen Naturrechtbegründung von *H. L. A. Hart*, Are There Any Natural Rights?, Philosophical Review 64 (1955) 175.

1264 Näher *S. Scheffler*, Natural Rights, Equality and the Minimal State, in: Canadian Journal of Philosophy 6 (1976) 59.

1265 *R. Nozick*, Üb. von H. Vetter, S. 72 mit der Folgefrage: „Wenn noch keine Naturrechtstheorie eine genaue Abgrenzung der natürlichen Rechte des Menschen in risikohaltigen Situationen angegeben hat, was soll dann im Naturzustand geschehen?".

1266 Vgl. *L. P. Francis/J. G. Francis*, Nozick's Theory of Rights: A Critical Assessment, in: The Western Political Quarterly 29 (1976) 634.

sich diesbezüglich schwerlich mit dem Stellen der betreffenden Fragen begnügen können, die implizit schon durch Humboldts Ideen aufgeworfen wurden.

8. Vorherrschende Schutzgemeinschaft und Gewaltmonopol

Nozicks Staatskonzeption läuft auf eine private Interessengemeinschaft hinaus, die dem Einzelnen, der sich ihr anschließt und dafür grundsätzlich bezahlt, Schutz bietet. Er versucht auf diese Weise, dem Gewaltmonopol des Staates zu entgehen: „*Jedermann* darf sich gegen unbekannte oder unzuverlässige Verfahren zur Wehr setzen und diejenigen bestrafen, die solche gegen ihn anwenden oder anzuwenden versuchen. Als Bevollmächtigter ihrer Klienten hat die Schutzvereinigung das Recht, dies für ihre Klienten zu tun. Sie gesteht jedem einzelnen, auch Nichtmitgliedern, dieses Recht zu. Soweit beansprucht sie kein Monopol."[1267]

a) Staatsentstehung von „unsichtbarer Hand"

Er sieht freilich, dass die vorherrschende Schutzvereinigung gleichwohl ein faktisches Monopol infolge ihrer Macht hat, legt aber Wert auf die Feststellung, dass dieses nicht von Rechts wegen, also mit Ausschließlichkeitsanspruch, geschieht, weil andere Schutzorganisationen in den Markt konkurrierend eingreifen können.[1268] Das faktische Monopol erklärt Nozick mit der Figur der „unsichtbaren Hand",[1269] womit für ihn zugleich der Staat erklärt ist:[1270] „Unsere Erklärung dieses faktischen Monopols ist eine Erklärung mittels der unsichtbaren Hand. Wenn der Staat eine Institution ist, die (1) das Recht hat, Rechte durchzusetzen, gefährliche Privatjustiz zu verbieten, Privatjustiz daraufhin zu überprüfen usf., und die (2) in einem geographischen Gebiet als *einzige* das Recht (1) mit Erfolg *ausübt*, dann haben wir für die Existenz des Staates eine Teilerklärung mittels der unsichtbaren Hand geliefert, indem wir für (2), wenn auch nicht für (1), eine Erklärung mittels

---

1267 *R. Nozick*, Üb. von H. Vetter, S. 107.

1268 *R. Nozick*, Üb. von H. Vetter, S. 108. Dagegen *W. Kersting*, Allgemeine Zeitschrift für Philosophie 1979, 34, 54: „Es ist evident, dass die für den Argumentationsgang notwendige Prämisse einer konkurrenzwirtschaftlichen Gesellschaft die Gültigkeit der Nozickschen Theorie, einmal angenommen, sie gäbe sonst keinen Grund für Beanstandungen, beträchtlich einschränkt".

1269 Dazu *H. Steiner*, Can a Social Contract be Signed by an Invisible Hand?, in: Democracy, Consensus and Social Contract (Hg. P. Birnbaum/J. Lively/G. Parry), 1978, S. 295.

1270 Vgl. aber auch *R. Childs*, The Invisible Hand Strikes Back, in: Journal of Libertarian Studies 1 (1977) 23.

der unsichtbaren Hand geliefert haben. Genauer, wir haben eine Teilerklärung mittels der unsichtbaren Hand für die Existenz des *Ultraminimalstaates* geliefert."[1271]

b) Die unsichtbare Hand bei Adam Smith

Der Topos der unsichtbaren Hand ist freilich nicht neu; er geht – ohne dass Nozick das deutlich macht – zurück auf Adam Smith,[1272] der ihn in seiner Untersuchung über Wesen und Ursachen des Volkswohlstands einführte: „In der Tat, im allgemeinen hat (sc. der Einzelne) weder die Absicht, das öffentliche Interesse zu fördern, noch weiß er, wie sehr er es fördert. (...) Er beabsichtigt nur seinen eigenen Gewinn, und er wird dabei, wie in vielen anderen Fällen, durch eine unsichtbare Hand geleitet, die ein Ziel befördert, das nicht Teil seiner Absichten war."[1273] In diesem Zusammenhang läge es paradoxerweise näher, wenn Humboldt das Motiv der unsichtbaren Hand verfolgt hätte,[1274] da er die Prämissen Adam Smith' vom Eigennutz der in seiner Mannigfaltigkeit das Gesamtwohl steigert, in gewisser Weise übernommen und übertragen hat. Berücksichtigt man dies, kann man Nozick insoweit wohl mit Fug als Eklektiker bezeichnen.

c) Kritik

Nozicks unsichtbare Hand ist ungeachtet ihrer Plastizität ein zweifelhaftes Erklärungsmuster seiner vorherrschenden Schutzvereinigung.[1275] Wie sie genau wirkt, bleibt im Dunkeln.[1276]

1271 *R. Nozick*, Üb. von H. Vetter, S. 115; Hervorhebungen nur hier.

1272 Zur von *R. Hardin* (Collective Action, 1982) so genannten „Kehrseite der unsichtbaren Hand", insbesondere die behauptete Nichtberücksichtigung externer Effekte (externalities), siehe *A. Gibbard*, Angemessenheit und Mittelmaß – Wie Gefühle und Handlungen aufeinander abgestimmt werden, in: Adam Smith als Moralphilosoph (Hg. Ch. Fricke/H.-P. Schütt), 2005, S. 277.

1273 *A. Smith*, Inquiry into the Natüre and Causes of the Wealth of Nations, 1776, Buch IV, Kapitel 11.

1274 Vgl. auch *R. Dahrendorf*, Rezension zu Adam Smith, Der Wohlstand der Nationen, Zeit-Bibliothek der 100 Sachbücher (Hg. F. J. Raddatz), 1984, S. 103 f.: „Kaum etwas ist so berühmt, zuweilen auch berüchtigt geworden wie Adam Smiths ‚unsichtbare Hand'. Dabei hat er diesen Begriff und die in ihm liegenden These keineswegs präskriptiv, etwa als politische Theorie der Marktwirtschaft verstanden. Ihm ging es um etwas ganz anderes, nämlich darum nachzuweisen, dass auch die politische Ökonomie mit der Erforschung naturgegebener Phänomene zu tun hat".

1275 Es ist allerdings – wie vieles bei Nozick – nicht leicht zu widerlegen; vgl. *P. Singer*, Why Nozick Is Not So Easy To Refuse, in: The Western Political Quarterly 29 (1976) 191.

1276 *J. Rodman*, Analysis and History. Or, How the Invisible Hand Works through Robert Nozick, in: The Western Political Quarterly 29 (1976) 197.

aa) Faktizität der unsichtbaren Hand

Es wird nämlich letztlich nicht deutlich, ob sie normativer oder faktischer Art ist.[1277] Aus dem Gesamtzusammenhang, insbesondere der Affinität zum faktischen Monopol im Gegensatz zum nach Nozick inexistenten rechtlichen Gewaltmonopol ergibt sich am ehesten, dass die unsichtbare Hand ein faktisches Kriterium ist. Als solches hat es freilich nur deskriptiven Charakter und entfaltet eine verminderte argumentative Durchschlagskraft. Das ist kein Widerspruch zur Wertschätzung, die dem Kriterium der unsichtbaren Hand bei ihrem Begründer Adam Smith, mit Recht entgegen gebracht wird. Denn nach Smith handelt es sich bei der unsichtbaren Hand, die Marktergebnisse im freien Spiel der Kräfte – ein Topos, der zur Erinnerung auch bei Humboldt begegnet – ordnet, um ein Erklärungsmuster, mit dem das Funktionieren der Volkswirtschaft dokumentiert wird. Die hier beschriebene faktische Wesensart wird damit nur bestätigt; gerade darum geht es schließlich.

Demgegenüber ist die Figur bei Nozick problematischer. Denn ihm kann es streng genommen nicht genügen, nur einen Funktionszusammenhang aufzuzeigen, abgesehen davon, dass das Funktionieren der vorherrschenden Schutzvereinigung überaus zweifelhaft ist, wovon sogleich noch die Rede sein wird.[1278] Es müsste sich also zur Konstituierung der Schutzvereinigung gleichsam um ein schöpferisches Prinzip und nicht lediglich ein Erklärungsmuster, das sich ex post als sinnstiftend erweist, handeln. Dafür aber müsste ihm eine normative Komponente innewohnen, die jedoch von Nozick nicht begründet wird.

bb) Vergleich mit Rawls' Schleier des Nichtwissens

Das zeigt sich gerade im Vergleich zu Rawls' noch berühmterem Bild des Schleiers des Nichtwissens, dem Nozick womöglich ein ähnlich plastisches Kriterium an die Seite stellen wollte, um sein Modell zu konstituieren. Wie wir oben gesehen[1279] haben und wie vor allem Rawls selbst dargelegt hat,[1280] ist der Schleier des Nichtwissens ein normatives Kriterium, weil es sich, wie Rawls selbst bekennt, auf

---

1277 Vgl. zu Adam Smith *R. Darendorf*, Rezension zu Adam Smith, Der Wohlstand der Nationen, Zeit-Bibliothek der 100 Sachbücher (Hg. F. J. Raddatz), 1984, S, 102, 104: „Die ‚unsichtbare Hand', die die vielen Einzelinteressen zum Gemeinnutzen zusammenfügt, ist, wenn nicht Tatsache (sie ist ja unsichtbar), so doch in Tatsachen erfahrbar".

1278 Unter Kapitel 11 I 8 c) cc).

1279 Unter Kapitel 11 I 4 b).

1280 *J. Rawls*, Eine Theorie der Gerechtigkeit, Üb. von H. Vetter, S. 159 f. mit Fußnote 11. Dass der Schleier des Nichtwissens sogar vorher schon, nämlich bei Aristoteles, der Sache nach bekannt war, hat *N. Luhmann*, Rechtshistorisches Journal 1993, S. 1 ff., in seiner Besprechung von *J. Habermas*, Faktizität und Geltung, 1992, dargelegt.

einen Geltungsanspruch berufen kann, der letztlich auch dem kategorischen Imperativ zugrunde liegt. Demgegenüber erscheint die unsichtbare Hand eher als ein von Adam Smith entlehnter Kunstgriff, der ein fehlendes Glied in der Staatsbegründung argumentativ und beschreibend überspielen soll. Nozicks Zusammenfassung beantwortet nicht alle Fragen: „Es bleibt aber festzuhalten: auch wenn sich keine ausreichenden außermoralischen Anreize oder Ursachen für den Übergang vom Ultraminimalstaat zum Minimalstaat finden und sich die Erklärung weiter stark auf die moralischen Motive der Menschen stützen muss, so unterstellt sie ihnen doch das Ziel, einen Staat zu errichten. Vielmehr sehen es die Menschen so, das sie bestimmten anderen eine Entschädigung für bestimmte Verbote liefern, die sie ihnen auferlegt haben. Die Erklärung bleibt eine Erklärung mittels einer unsichtbaren Hand."[1281]

cc) Die vorherrschende Schutzvereinigung als Beschreibung von Sekundärerscheinungen

Das Modell ist erkennbar bemüht, dem gesellschaftsvertraglich übertragenen Gewaltmonopol zu entgehen und denkt damit die Ablehnung jeglichen kontraktualistischen Moments konsequent fort. Es ist, so gesehen, der noch extremere Gegenentwurf zum Staatsverständnis Hegels,[1282] als dies Humboldt aufgezeigt hat. Es ist zugleich noch ungleich wirklichkeitsfremder. Dabei ist das Modell Nozicks nicht als weltfern beiseite zu schieben. Es ist vielmehr die traurige Realität, dass es vielerorts grassiert, nämlich dort, wo der Staat bezüglich seiner primären Aufgabe, Sicherheit zu gewährleisten versagt hat und sich ganze Städte oder Stadtviertel privaten Schutzvereinigungen anvertrauen oder – schlimmer und häufiger noch – in ihren zweifelhaften Schutz hineingezwungen werden und für ihn auf die eine oder andere Weise bezahlen. Jedoch sind derartige Strukturen, wie gesagt, typische Sekundärerscheinungen, die entstehen, wo die primäre – und nach Humboldt einzige – Aufgabe des Staates verfehlt wurde.

9. Strukturunterschiede zwischen Humboldt und Nozick

Hierin besteht nun in der Tat ein markanter Unterschied zwischen den Konzeptionen Humboldts und Nozicks. Diese ist nicht gesellschaftsvertraglich und in

1281 Vgl. *R. Nozick*, Üb. von H. Vetter, S. 116.
1282 Dazu auch *J. Petersen*, Die Eule der Minerva in Hegels Rechtsphilosophie, 2. Auflage 2015.

ihrer Grundstruktur privatrechtlich konstituiert,[1283] jene geht vom Gewaltmonopol des Staates infolge gesellschaftsvertraglicher Übertragung aus, obwohl diese nicht im Vordergrund steht. So erweist sich die primäre und alleinige Aufgabe und Befugnis der Sicherheitsgewährleistung immer mehr als ein Phänomen beider Konzeptionen, das nicht darüber hinwegtäuschen kann, dass hinsichtlich der Begründung und Legitimierung dessen, der Sicherheit gewährt, tief greifende Unterschiede bestehen. Wenn also das eine wie das andere unter den Überschriften des Nachtwächter- bzw. Minimalstaats diskutiert wird, so ist gerade diese Beziehung klärungsbedürftig, weil die begriffliche Verklammerung nicht über die Strukturunterschiede hinwegsehen kann.

Zugleich erweist sich der Staat Humboldts als gerade noch praktikabel, wenn auch nicht wünschenswert, während der Staat Nozicks weder das eine noch das andere ist, bzw. – um es genauer zu sagen – seine praktische Häufigkeit ist gerade Ausdruck des Umstandes, dass er so wenig wünschenswert ist, weil er sich in der Praxis gerade dort etabliert, wo der klassische Staat versagt. So geht er weniger noch als jedes andere Staatsmodell aus dem Naturzustand hervor, als vielmehr aus dem Scheitern des Staates, der seiner Sicherungsaufgabe nicht mehr gewachsen ist. Nicht zuletzt deshalb mag Nozick so sehr an der moralischen Fundierung seines Minimalstaats gelegen gewesen sein. Denn wenn de facto – freilich auch hier nicht de iure – gerade das Versagen des klassischen Staats oder Korruption im weitesten Sinne ein idealer Nährboden für die Staatsvorstellung Nozicks sind, so ist es umso wichtiger, den Minimalstaat aus sich heraus moralisch zu legitimieren.

II. Vom Ultraminimalstaat zum Minimalstaat

Im zweiten Teil seines Werks untersucht Nozick den Weg vom Ultraminimalstaat zum Minimalstaat. Darin legt er dar, dass sich kein anderer und insbesondere kein weitergehender Staat als der von ihm im ersten Teil entwickelte Minimalstaat rechtfertigen lässt:[1284] „Der Minimalstaat ist der weitestgehende Staat, der sich rechtfertigen lässt. Jeder weitergehende Staat verletzt die Rechte der Menschen."[1285] In diesen beiden Sätzen ist das Credo Nozicks enthalten, das er im

1283 Pointiert *W. Kersting*, Allgemeine Zeitschrift für Philosophie, 1979, S. 34, 54: „So ist es nicht verwunderlich, dass dieser Minimalstaat weder Verfassung, noch Wahlrecht, noch Parlament kennt. Er ist ein Staat ohne Staatsbürger und ohne Politik, ein Staat für Erwerbsbürger und zugleich deren mächtigster, mit einem Wort: ein privater Staat".

1284 *R. Nozick*, Üb. von H. Vetter, S. 13.

1285 *R. Nozick*, Üb. von H. Vetter, S. 143.

Folgenden gegen diejenigen verteidigt, die mehr Verteilungsgerechtigkeit fordern.[1286]

1. Nozicks Anspruchstheorie

Zur Verteidigung seines Minimalstaatskonzepts entwickelt Nozick die von ihm so genannte Anspruchstheorie.[1287] Diese formuliert er in drei Grundsätzen, deren dritter nur auf die beiden ersten verweist. Sie lauten wörtlich:

„1. Wer ein Besitztum im Einklang mit dem Grundsatz der gerechten Aneignung[1288] erwirbt, hat Anspruch auf das Besitztum.
2. Wer ein Besitztum im Einklang mit dem Grundsatz der gerechten Übertragung[1289] von jemandem erwirbt, der Anspruch auf das Besitztum hat, der hat Anspruch auf das Besitztum.
3. Ansprüche aus Besitztümern entstehen lediglich durch (wiederholte) Anwendung der Regeln 1 und 2."[1290]

Verteilungsgerechtigkeit ist demnach für Nozick nichts anderes als jede Güterzuweisung,[1291] die sich entsprechend dieser drei Regeln ergibt.[1292] Es ist letztlich eine historische Betrachtungsweise,[1293] wie auch Nozick einräumt.[1294] Zugleich muss die daraus resultierende Verfügungsbefugnis die moralischen Nebenbedingungen erfüllen, die sich aus Gesetz und Recht ergeben.[1295] Die Gleichheit ist

1286 Vgl. *Th. De Gregori*, Market Morality: Robert Nozick and The Question of Economic Justice, in: American Journal of Economics and Sociology 38 (1979) 17.

1287 Zu ihr *M. Davis*, Necessity and Nozick's Theory of Entitlement, in: Political Theory 5 (1977) 219.

1288 Gemeint sind Fragen der Besitzergreifung.

1289 Es handelt sich um „Beschreibungen des freiwilligen Austauschs" (*R. Nozick*, Üb. von H. Vetter, S. 144), wie Kauf oder Schenkung.

1290 *R. Nozick*, Üb. von H. Vetter, S. 144.

1291 Zur Struktur dieser Verteilung *F. A. v. Hayek*, The Constitution of Liberty, 1960, S. 87, worauf auch Nozick modifizierend (S. 150) eingeht.

1292 Tautologisch formuliert *R. Nozick*, Üb. von H. Vetter, S. 144: „Eine Verteilung ist gerecht, wenn sie aus einer anderen gerechten Verteilung auf gerechte Weise entsteht".

1293 Kritisch *Ch. Taylor*, Negative Freiheit?, 1992, S. 164: „Der Irrtum atomistischer Autoren wie Nozick bestand darin, das Recht dieses nichtsozialen Kontextes zur *hinreichenden* Grundlage distributiver Gerechtigkeit innerhalb der Gesellschaft zu erklären, was es niemals sein kann." (Hervorhebung auch dort).

1294 *R. Nozick*, Üb. von H. Vetter, S. 146.

1295 Anschaulich *R. Nozick*, Üb. von H. Vetter, S. 161: „Meine Eigentumsrechte an meinem Messer erlauben mir, es hinzutun, wo ich will, aber nicht in Deine Brust".

kein Kriterium für Nozicks Anspruchstheorie: „Man kann nicht einfach *voraussetzen*, die Gleichheit müsse in jede Theorie der Gerechtigkeit eingebaut werden."[1296] Auf die Kritik an der Gerechtigkeitstheorie Rawls,[1297] die diesen schlichten Regeln innewohnt,[1298] die man ohne Anmaßung als simpel bezeichnen darf, soll hier nicht näher eingegangen werden,[1299] zumal Humboldt die Frage der Eigentumsbegründung, wie im ersten Teil verschiedentlich gesehen,[1300] weniger interessiert als die freiheitssichernde Funktion des Eigentums.

2. Einwände

Die Begründung des Minimalstaats und die Widerlegung der von ihm so genannten individualistisch-anarchistischen Einwände sowie die Kraftloserklärung aller moralischen Argumente für einen stärkeren Staat, die sich Nozick allesamt zugute hält, führt ihn gleichwohl zu der Frage, ob man dem von ihm vorausgesetzten Unbehagen nicht doch Rechnung tragen muss und weitergehende Befugnisse des Staats statuieren könne.[1301]

a) Der Staat als „Versicherungsanstalt für Freiheit und Sicherheit"?

Schon mehrfach ist bedauert worden, dass sich Nozick nicht eigens mit Humboldt auseinandersetzt, sondern ihn, soweit er überhaupt von ihm Notiz genommen hat, als buchstäblich klassischen Verfechter des liberalen Nachtwächterstaats ansieht. Inzwischen hat sich gezeigt, dass sich die Argumente Nozicks im Grundsätzlichen von denen Humboldts unterscheiden und dass vor allem die Prämissen – also etwa die unterschiedliche gesellschaftsvertragliche Fundierung – und anthropologischen Grundannahmen differieren, so dass Humboldts Herleitung aus

1296 *R. Nozick*, Üb. von H. Vetter, S. 214; Hervorhebung auch dort.

1297 Vgl. *R. Nozicks* Anmerkung 1 zum 7. Kapitel auf S. 312. Ausführlich setzt er sich im Abschnitt 2 (S. 170 – 213) mit Rawls auseinander.

1298 *R. Nozick* vereinfacht sie nochmals, indem er zusammenfasst (Üb. von H. Vetter, S. 152): „Jedem, wie er will, und jedem wie die anderen wollen." gegenüber F. A. v. Hayeks subtilerem „Jedem in dem Maße, wie er anderen nützt, die die Möglichkeiten haben, denen zu nützen, die ihnen nützen"; vgl. *F. A. v. Hayek*, The Constitution of Liberty, 1960, S. 87, hier in der Paraphrasierung durch Nozick.

1299 Siehe nur *Ch. Taylor*, Negative Freiheit?, 1992, S. 152: „Er lässt sich zugleich als Grundlage für Nozicks Anspruchstheorie der Gerechtigkeit betrachten, in der einzig die Abfolge erlaubter Handlungen zwischen unabhängigen Akteuren in Betracht gezogen wird".

1300 Vgl. nur das Kapitel 3 sub I am Ende, sowie den Schluss des Kapitels.

1301 *R. Nozick*, Üb. von H. Vetter, S. 252.

Nozicks Sicht schon von daher unbeachtlich sein konnte. Ob ihn das angesichts der nahezu identischen Ergebnisse der Notwendigkeit enthebt, auf Humboldt einzugehen, mag dahinstehen.

Aufschlussreich ist jedoch, dass Nozick statt seiner einen deutschen Rechtsgelehrten implizit erwähnt, der noch dazu gar keinen eigenen staatsphilosophischen Ansatz verfochten hat, sondern gleichsam paradigmatisch von Nozick wahrgenommen wird. Es handelt sich um Otto von Gierke, dessen folgenden Satz er ausdrücklich erwähnt: „Indem der Staatszweck auf die Verschaffung äußerer und innerer Sicherheit oder auf die Verwirklichung der Rechtsordnung eingeschränkt wurde, erschien zuletzt das souveräne Gemeinwesen nur noch als eine Versicherungsanstalt für Freiheit und Sicherheit des einzelnen."[1302] Man kann dies als zumindest implizite Anspielung auf die Staatsidee Humboldts verstehen. Nozick kommentiert das Zitat Gierkes mit den Worten:[1303] „Noch viel mehr würde Gierke diese Klage (die manche als Lob ansehen würden) bezüglich der vorherrschenden Schutzvereinigung eines Gebiets anführen."[1304]

b) Kritik

Nozicks unterschwelliger Stolz ist unberechtigt.[1305] Konnte man über Humboldts Staatsidee, die mit der Klage Gierkes der Sache nach gemeint war, noch beschwichtigend ins Feld führen, dass der Staatszweck seines Erachtens erklärtermaßen die sittliche Vervollkommnung des einzelnen Menschen und die Ausbildung seiner Kräfte zum Wohle des Ganzen ist – wiewohl auch hier schon Bedenken bezüglich der Überakzentuierung von Freiheit und Sicherheit ange-

---

1302 *O. v. Gierke*, Das deutsche Genossenschaftsrecht, Band 4, Die Staats- und Kooperationslehre der Neuzeit, 1913, S. 407.

1303 Siehe dazu auch *K. Johnson*, Government by Insurance Company: The Antipolitical Philosophy of Robert Nozick, in: The Western Political Quarterly 29 (1976) 177.

1304 In der Anmerkung 1 zum 9. Kapitel, S. 316.

1305 Ebenso *W. Kersting*, Allgemeine Zeitschrift für Philosophie, 1979, S. 34, 54: „Der Minimalstaat bleibt ein Versicherungsunternehmen, bleibt in privater Hand. Er unterscheidet sich prinzipiell nicht von einer marktbeherrschenden Supermarktkette. Wie diese hat er eine doppelte Mittelfunktion; er ist nicht nur Rechtsschutzmittel für seine Kunden, sondern zugleich auch Bereicherungsmittel für seine Besitzer. Wie bei jedem privaten Dienstleistungsanbieter klaffen auch bei ihm Funktion und Zweck auseinander. (...) Der Minimalstaat ist ein Dienstleistungsunternehmen wie jedes andere. Sein Handeln entbehrt jeder politischen Qualität, ist von der gleichen kategorialen Struktur geprägt, die auch die den gesellschaftlich-ökonomischen Handlungszusammenhang konstituierenden individuellen Akte besitzen".

bracht schienen[1306] – bleiben mit Blick auf Nozicks vorherrschende Schutzvereinigung – den Ausdruck „Staat“ vermeidet er mit Bedacht – ungleich tiefer greifende Zweifel bezüglich der Wünschbarkeit eines solchen Modells.[1307] Denn das, was dieses von Humboldts Staatsidee (es ist immerhin eine) unterscheidet, nämlich die anthropologische Fundierung und die Vereinigung mit Überantwortung des Gewaltmonopols, macht sie bei allen Bedenken, die man gegen sie hegen kann, zumindest erträglich, zumal das „ethische Minimum“ in beiden Konzeptionen cum grano salis gleich ist.

Gerade diese bereits verschiedentlich angesprochenen moralphilosophischen Defizite der Theorie Nozicks hat Norbert Hoerster in der Frage offen gelegt: „Ist es wirklich moralisch unvertretbar, etwa jemanden daran zu hindern, wertvolle Nahrungsmittel in den Abfall zu werfen, während vor seiner Tür unschuldige Kinder verhungern?“[1308] Dies ist in der Tat unabweislich, so dass damit zugleich die Frage angesprochen ist, ob wir nicht „moralisch verpflichtet seien, Solidarität mit allen anderen Menschen zu empfinden“,[1309] eine Frage, die Richard Rorty aufgeworfen hat und die auch im Zusammenhang mit der Staatsidee Humboldts und Nozicks nicht unberücksichtigt bleiben kann.[1310] Da dies eine Ausprägung der von Rorty begründeten Idee einer liberalen Utopie ist, soll sie im Folgenden in Verbindung gesetzt werden zur Utopie Nozicks.

III. Utopie

Im letzten Teil seines Werks wendet Nozick den Minimalstaat auf diejenige Gesellschaftstheorie an, die man herkömmlicherweise als Utopie bezeichnet,[1311] und kommt insoweit zu weitgehenden Übereinstimmungen dieser beiden Begriffe.[1312] Argumen-

1306 Zu ihnen im Kapitel 7 IV.

1307 Vgl. *G. Lübbe*, Robert Nozicks Naturrechtsidealismus. Zu einer Karikatur des klassischen Liberalismus, Rechtstheorie 9 (1978) 217.

1308 *N. Hoerster*, Rezension zu R. Nozick, Anarchy, State and Utopia, ARSP 64 (1978) 114, 115 („Die logischen Konsequenzen einer derart einseitig am Freiheitsbegriff orientierten Sichtweise dürften wenigen Zeitgenossen akzeptabel erscheinen.“).

1309 *R. Rorty*, Kontingenz, Ironie und Solidarität, 1992, S. 306.

1310 Bei *A. Bienfait*, Freiheit, Verantwortung, Solidarität. Zur Rekonstruktion des politischen Liberalismus, 1999, spielt die Solidarität eine zu untergeordnete Rolle, als dass sie dem Titel gerecht würde.

1311 Dazu *R. Spaemann*, Zur Kritik der politischen Utopie. Zehn Kapitel politischer Philosophie, 1977; aus theologischer Sicht *M. Buber*, Pfade in Utopia. Über Gemeinschaft und deren Verwirklichung, 1985.

1312 *R. Nozick*, Üb. von H. Vetter, S. 13.

tativ gesehen, handelt es sich gleichsam um eine Kontrollerwägung: „In diesem Kapitel haben wir das System nicht als etwas über den Minimalstaat Hinausgehendes behandelt, doch wir haben uns nicht bemüht, ausdrücklich auf die frühere Erörterung der Schutzorganisationen zurückzugreifen. (Denn wir wollten mit zwei unabhängigen Gedankengängen zum gleichen Ergebnis kommen.)“.[1313]

1. Gleichklang von Utopie und Minimalstaat

Ausgangspunkt ist seine Frage: „Ist der Minimalstaat, das System für die Utopie, nicht eine begeisternde Vision?“[1314] Er versucht zunächst dem Einwand derer entgegenzutreten, die dem Minimalstaat vorhalten, dass niemand bereit sein würde, für ihn aus patriotischen Motiven Opfer zu erbringen, weil und sofern „er sich als Angestellten einer Gesellschaft zu Schutz und Versicherung auf Gegenseitigkeit betrachtet, die auf berechnenden Verträgen der einzelnen beruht.“[1315] Aber seine Replik wirkt vergleichsweise flau.[1316] Auch seine Argumentationshilfen muten mitunter arbiträr und sogar krude an.[1317] Nozick wehrt sich auch und gerade hier gegen jeden freiheitshemmenden Paternalismus[1318] und unterscheidet zwischen dem System der Utopie und den einzelnen Gemeinschaften innerhalb dessen,[1319] wobei er die letzteren in der bisherigen Utopieliteratur überakzentuiert

1313 *R. Nozick*, Üb. von H. Vetter, S. 302.

1314 *R. Nozick*, Üb. von H. Vetter, S. 271, 303.

1315 So treffend *J. R. Lucas*, The Principles of Politics, 1966, S. 292.

1316 *R. Nozick*, Üb. von H. Vetter, Kapitel 10 Anmerkung 1, S. 317: „Warum meint Lucas, die Angestellten eines Minimalstaats würden sich nicht für die von diesem geschützten Rechte einsetzen?“.

1317 Vgl. *R. Nozick*, Üb. von H. Vetter, S. 282: „Wittgenstein, Elisabeth Taylor, Bertrand Russel, Thomas Merton, Jogi Berra, Allan Ginsburg, Harry Wolfson, Thoreau, Casey Stengel, der Lubawitscher Rabbi, Picasso, Moses, Einstein, Hugh Heffner, Sokrates, Henry Ford, Lenny Bruce, Baba Ram Dass, Gandhi, Sir Edmund Hillary, Raymond Lubitz, Buddha, Frank Sinatra, Kolumbus, Freud, Norman Mailer, Ayn Rand, Baron Rothschild, Ted Williams, Thomas Edison, H. L. Mencken, Thomas Jefferson, Ralph Ellison, Bobby Fischer, Emma Goldman, Peter Kropotkin, du, deine Eltern. Gibt es wirklich *eine* Lebensform, die für alle diese Menschen die beste wäre? Man stelle sich alle in irgendeiner Utopie lebend vor, die man schon einmal genauer beschrieben gefunden hat.“ – Es wäre interessant zu wissen, wie viele, die Nozicks Buch überschwänglich loben, bis zu dieser Stelle vorgedrungen sind (vgl. nur *F. A. v. Hayeks* Einführung, S. 10: „Ich will hier nicht weiter den Inhalt kommentieren, da ich selbst noch mit seinem gründlichen Studium beschäftigt bin.“).

1318 *R. Nozick*, Üb. von H. Vetter, S. 291.

1319 Er bezeichnet dies als „Doppelnatur der Utopievorstellung“ (S. 301).

sieht.[1320] Vor diesem Hintergrund gelangt er zu dem Ergebnis,[1321] dass das aufgezeigte System für die Utopie dem Minimalstaat entspricht. Beinahe schwärmerisch fährt er fort: „Dieser moralisch bevorzugte Staat, der einzige moralisch berechtigte Staat, der einzige moralisch tragbare Staat, wie wir jetzt sehen, derjenige, der am besten die utopischen Sehnsüchte unzähliger Träumer und Visionäre verwirklicht. Er bewahrt, was wir alle von der utopischen Tradition bewahren können, und stellt das übrige an dieser Tradition unseren individuellen Bestrebungen anheim."

Seine Rückbesinnung lässt ihn zu einer nachgerade idyllischen Schilderung gelangen, wie sie die am meisten subjektiv gefärbten Passagen Humboldts Ideen in den Schatten stellt: „Erinnern wir uns nun an die Frage, mit der dieses Kapitel begann. Ist der Minimalstaat, das System für die Utopie, nicht eine begeisternde Vision? Der Minimalstaat behandelt uns als unverletzliche Einzelmenschen, die von anderen nicht in bestimmter Weise als Mittel oder Werkzeuge oder Instrumente oder Hilfsquellen benutzt werden dürfen; er behandelt uns als Personen mit ihren Rechten und der daraus fließenden Würde. Er behandelt uns mit Respekt, indem er unsere Rechte respektiert, und gestattet uns, einzeln oder gemeinsam mit wem wir wollen über unser Leben zu entscheiden und unsere Ziele und unser Selbstverständnis zu verwirklichen, so gut wir können, wobei uns andere Menschen, denen die gleiche Würde eigen ist, freiwillig helfen." Er endet mit den bereits zitierten, pathetischen Worten: „Wie *könnte* es ein Staat oder eine Gruppe von Menschen wagen, mehr zu tun. Oder weniger."[1322] Die in den letzten zwei Worten gebündelte Absage an den Ultraminimalstaat und die kantische Einfärbung der vorigen Passage, die freilich im Verlauf der Erörterung nur an wenigen Stellen einen Widerhall in Bezug auf den kategorischen Imperativ erfahren hat,[1323] aber nicht in einer Rawls Gerechtigkeitstheorie oder auch den Ideen Humboldts vergleichbaren Weise von den Prämissen Kants durchdrungen ist, lassen freilich

---

1320 *R. Nozick*, Üb. von H. Vetter, S. 301 f.

1321 Seine gedankenreichen Reflexionen, insbesondere sein Entwurfs- und Filterverfahren S. 284 ff.) können hier nicht im Einzelnen referiert werden, zumal sie den Bezug zur Staatsidee Humboldts vermissen lassen würden.

1322 *R. Nozick*, Üb. von H. Vetter, S. 303.

1323 Vgl. auch *W. Kersting*, Allgemeine Zeitschrift für Philosophie, 1979, S. 34, 38 f.: „Isoliert mag dieser Kantische Grundsatz, genauer: die zweite Formel des Kategorischen Imperativs aus der ‚Grundlegung' der Nozickschen Intention entsprechen, jedoch ist es völlig abwegig, der Moralphilosophie Kants eine Nebenbedingungs-Auffassung zu unterstellen. Sie ist vielmehr ihr genaues Gegenteil, was sich schnell zeigt, wenn man auf die ihr wesentlichen Unterschiede von pflichtgemäßem Handeln und Handeln aus Pflicht, von Moralität und Legalität reflektiert".

das Antlitz des Minimalstaats nicht liebenswürdiger erscheinen.[1324] Bevor wir uns der Frage zuwenden, was ihm fehlt, sei ein Blick auf den utopischen Charakter der Ideen Humboldts gestattet.

2. Utopie bei Humboldt

Es war bereits im ersten Teil die Rede davon, dass Humboldts Ideen von einigen Autoren als Utopie bezeichnet worden sind.[1325] Allerdings muss das nicht unbedingt zeitgebunden verstanden werden, das heißt es ist nicht deswegen utopisch, weil es in seiner Zeit entgegen Humboldts Hoffnung keine realistischen Chancen auf eine Realisierung haben dürfte,[1326] sondern sie stellen als Produkt des Idealismus eine Utopie dar, weil sie einem humanistisch geprägten Ideal huldigten, indem sie einen Menschen voraussetzten, der als solcher in der Wirklichkeit schwerlich anzutreffen war und ist. Auch wenn der unermüdlich sich selbst bildende und seine Kräfte tätig entfaltende Mensch, den Humboldt in den Ideen voraussetzt, zumindest für ihn ein hohes Identifikationspotential gehabt haben mag, so ist er doch nicht einmal idealtypisch erreichbar.[1327]

1324 Deutlicher noch *W. Kersting*, ebenda, S. 34, 37: „Nozicks Plädoyer für den sogenannten Nachtwächterstaat ist angesichts der Bedeutung des multifuntionellen Staates in den hochentwickelten Industrienationen der Gegenwart schlechthin phantastisch, sein Versuch, den klassischen Liberalismus zu restituieren, so abenteuerlich wie hoffnungslos. Ein unvorstellbares Chaos wäre das Resultat einer Unternehmung, die seine staatsphilosophische Konzeption in Praxis umzusetzen sich bemühte".

1325 Vgl. nur *H. Scurla*, Wilhelm von Humboldt. Reformator-Wissenschaftler-Philosoph, 1976, S. 110f.: „Humboldts Ideen über die Grenzen der Wirksamkeit des Staates sind gewiss eine Auseinandersetzung mit der gesellschaftlichen Wirklichkeit seiner Zeit; das ‚Grüne Buch' diente in erster Linie der Klärung einiger zwiespältiger Gedanken, es ist eine Art Selbstverständigung. Aber es überhöhte diese Gedanken zu einem *idealistisch-utopischen Staatsideal*, anderen Staatstheoretikern seiner Zeit durchaus entsprechend, weil er aus der gedanklichen wie der wirklichen Misere heraus wollte. (...) Humboldt setzte der Staatswirklichkeit beiderseits des Rheines das Idealbild des einzelnen entgegen, die utopische Staatsvorstellung des extremen politischen Liberalismus." (Hervorhebung nur hier).

1326 So aber *H. Scurla*, ebenda, S. 111: „Die utopische Tendenz seines Staatsbildes lag darin, dass er, hierin noch Sohn der Aufklärung, an die Überzeugungskraft der Idee bei den Mächtigen der Welt glaubte".

1327 Interessant ist vor diesem Hintergrund der Schlusssatz des Buches von *S. Kaehler*, Wilhelm von Humboldt und der Staat, 1963, S. 432: „Hatten die *Wanderjahre* des aristokratischen *Ästheten* sich gewandelt zum tätigen Leben in der standesgemäßen Anteilnahme am *politischen* Wesen, so wendet sich der historisch gereifte Mann, tief bereichert durch ‚die großen Gestalten der vielfach umwohnten Erde, die er vergleichend ersah', zurück zum *Dienst der ‚Ideen'*, welcher dem Weisen von Tegel, dem philosophischen Sprachvergleicher eine tiefere Wirkung und einen sichereren

Aber auch in seiner vorgestellten Funktionsweise trägt das Staatsideal Humboldts utopische Züge. Es idealisiert zwar nicht den Menschen als solchen, weil, wie der Abschnitt über die Kriminalgesetze lehrt, gerade auch die Reaktion des Staates auf Zuwiderhandlungen in ihren vielfältigsten Erscheinungsweisen beispielhaft veranschaulicht wird. Jedoch ist die Idee, wonach die Ausübung der weitest-gehend ungebundenen Freiheit alle schöpferischen Kräfte freisetzt und die auf diese Weise zusammenwirkenden Energien der Menschen dem Staatswesen zugute kommen, dessen letzter Zweck wiederum der Mensch ist, nicht nur schwerlich umsetzbar, sondern ihre Verwirklichung kaum vorstellbar.

3. Poppers „Ministaat" als utopisches Ideal

In diesem Zusammenhang ist ein kurzer Blick auf Karl Popper unerlässlich.[1328] Er gehört seiner Provenienz nach zwar nicht in den angloamerikanischen Kreis, hat aber von daher seine prägenden Eindrücke empfangen, was sich auch in seiner Biographie niedergeschlagen hat, da er auf Vorschlag Hayeks an die London School of Economics berufen wurde und dort Jahrzehnte lang gelehrt hat.

a) „Liberales Rasiermesser"

Die Utopie hat auch in Poppers Denken einen klaren Platz, wie folgende Aussage belegt: „Ein liberales ‚Utopia' – das heißt ein Staat, der in rationalistischer Weise auf einer traditionslosen tabula rasa geplant ist – ist eine Unmöglichkeit."[1329] Man muss dies im Zusammenhang mit anderen Gedanken Poppers lesen, die sich im Übrigen explizit an Humboldt anlehnen, um verstehen zu können, was letztlich ein liberales Utopia aus seiner Sicht ausmacht. Dabei ist im Ausgangspunkt hervorzuheben, dass sich Popper eng anlehnt an die Ideen Humboldts: „Kant, Humboldt und Mill bemühten sich, die Notwendigkeit des Staates in einer Weise zu begründen, die den Staat in möglichst engen Grenzen hielt: Ihre Idee war: Wir brauchen einen Staat, aber wir wollen so wenig von ihm wie nur möglich, das Gegenteil eines Totalstaats – keinen paternalistischen, autoritären, bürokrati-

---

Ruhm begründete als der Dienst des Staates dem Minister Humboldt." (Hervorhebungen auch dort).

1328 *K. Popper*, The Open Society and Its Enemies, 1945 (deutsch: Die offene Gesellschaft und ihre Feinde, 1. Auflage 1958).

1329 *K. Popper*, Die öffentliche Meinung im Lichte der Grundsätze des Liberalismus, 1956, These 6. Instruktiv zur Utopie im Recht *J. Braun*, Einführung in die Rechtsphilosophie, 2006, S. 85 ff.

schen Staat; kurz wir wollen einen Ministaat."[1330] So gelangt Popper zur Einsicht, dass der Staat ein „notwendiges Übel" sei, eine Wendung, die zwar häufig im Zusammenhang mit ihm zitiert wird,[1331] aber nichtsdestoweniger auf Humboldt zurückgeht.[1332] Seine These lautet: „Der Staat ist ein notwendiges Übel. Seine Machtbefugnisse sollten nicht über das notwendige Maß hinaus vermehrt werden. Dieses Prinzip könnte man das ‚liberale Rasiermesser' nennen (in Anlehnung an Ockhams Rasiermesser, d.h. das berühmte Prinzip, das metaphysische Wesen nicht über das notwendige Maß hinaus versucht werden sollen)."[1333]

b) Kritik

Wenn man dies liest, so kann man sich schwerlich der Feststellung enthalten, dass Popper sich hier als veritabler Eklektiker erweist, der nicht nur das Erkenntnisprinzip Ockhams in einer vergleichsweise schlichten Weise nutzbar macht, sondern auch nur zu Ergebnissen gelangt, die von Humboldts Ideen deutlich weniger abweichen als Nozicks Minimalstaat von der Staatsidee Humboldts. Auch seine Engführung auf den von ihm noch diminuierend so bezeichneten „Ministaat", den er als „regulatives Prinzip" postuliert,[1334] ist angesichts der im ersten Teil festgestellten Schwierigkeiten, die der Weg von Kant zu Humboldt birgt, durchaus pauschal zu nennen.[1335] Gewiss kann man Popper nicht vorwerfen, er erteile dem Wohlfahrtsstaat eine unreflektierte Absage; vielmehr anerkennt er verschiedene Konstellationen, in denen eine Pflicht des Staates zum Einschreiten im Interesse Mitbetroffener besteht.[1336] Aber letztlich plädiert er für den Weg des Wohlfahrts-

---

1330 *K. Popper*, Bemerkungen zur Theorie und Praxis des demokratischen Staates, 1988, in: *ders.* Alles Leben ist Problemlösen. Über Erkenntnis, Geschichte und Politik, 4. Auflage 1996, S. 215, 230.

1331 Vgl. auch aus dem amerikanischen Raum *G. Willis*, A Necessary Evil, 2000.

1332 *Humboldt*, Ideen, S. 192 (212): „Die eigentliche Staatsverfassung ist diesem, als ihrem Zwecke, untergeordnet und wird immer nur als ein notwendiges Mittel und, da sie allemal mit Einschränkungen der Freiheit verbunden ist, als ein *notwendiges Übel* gewählt." (Hervorhebung nur hier).

1333 *K. Popper*, Die öffentliche Meinung im Lichte der Grundsätze des Liberalismus, 1956, These 1.

1334 *K. Popper*, Bemerkungen zur Theorie und Praxis des demokratischen Staates, 1988, Op. cit., S. 230.

1335 Einleitend heißt es bei *K. Popper*, ebenda, S. 229: „Kants Ideen wurden später von Wilhelm von Humboldt weiterentwickelt. Das ist wichtig, da viele meinen, dass nach Kant solche Ideen, insbesondere in Preußen und in politisch wichtigen Kreisen, nie einen Widerhall gefunden hätten".

1336 *K. Popper*, ebenda, S. 231 ff. untersucht etwa die Pflicht zum Anlegen eines Sicherheitsgurts im Auto und das Rauchverbot.

staats zum „Ministaat" durch Privatisierung.[1337] Im Zusammenhang der Außenpolitik und der Landesverteidigung,[1338] die er keinem Privatunternehmen überlassen will, kommt er zu der Folgerung: „Diese beiden haben Konsequenzen, die die Idee des Ministaats zu einem fernen utopischen Ideal machen, das aber deshalb nicht aufgegeben werden sollte: Der Ministaat lebt weiter, wenn auch nur als regulatives Prinzip." Man möchte hinzufügen: Humboldts Ideen leben darin weiter,[1339] doch ändert das nichts an den Bedenken, die dagegen vorzubringen sind.[1340] Poppers Sicht bildet zugleich eine Parallele zu Nozick, der ebenfalls seinen Minimalstaat zur Utopie verklärt hat.

4. Liberale Utopie

Fragt man sich schließlich, was die Kontrastierung der Ideen Humboldts mit dem Minimalstaat Nozick zum Vorschein gebracht hat, so richtet sich der Blick abermals auf dessen eklatante Schwäche, nämlich die moralphilosophischen Unzulänglichkeiten, die man im Gesichtspunkt der Verantwortung zusammen fassen kann,[1341] die bei Nozick keinen Platz hat. Einer seiner Kritiker formulierte es mit drastischen Worten: „Die intellektuelle Machart ist von einer Art formalem Schick, die einem graduate student zu Gesicht stehen würde, mir aber ganz unanständig für jemanden zu sein scheint, der, von der luftigen Höhe eines Lehrstuhls, sich daran macht, zehn Prozent oder so seiner Mitbürger – falls er dieses Wort überhaupt kennt – durch Abschaffung aller staatlichen Sozialausgaben dem Hunger oder der Erniedrigung preiszugeben und die Kranken, die Alten, die Behinderten, die Arbeitslosen und die Mutter mit jungen Kindern der sanften Gnade privater Mildtätigkeit zu überlassen, die nach Lust und Laune der Schenker ausgeübt wird und zu den Bedingungen, die diese festsetzen."[1342]

1337 Ebenda, S. 235: „Aber unser Interesse am Ministaat hat sehr viel mit dem Wohlfahrtstaat zu tun: Es führt zu dem Vorschlag, dass die Sozialversicherung privatisiert werden soll".

1338 Zu erinnern ist in diesem Zusammenhang an das Kapitel Humboldts über die Sicherheit gegen auswärtige Feinde (*Humboldt*, Ideen, S. 61 ff. (98 ff.)).

1339 Zutreffend *W. Kersting*, Positionen der politischen Philosophie der Gegenwart (Typoskript 1989), S. 5: „Humboldts antiwohlfahrtstaatliche Frontstellung wird von vielen Liberalen der Gegenwart wiederholt. Die liberalistische Orthodoxie arbeitet an ihrer Auferstehung in einem neuen, zeitangepassten Gewand".

1340 Dazu bereits im Kapitel 7 IV.

1341 Siehe dazu auch *W. Brugger*, Menschenrechtsethos und Verantwortungspolitik. Max Webers Beitrag zur Analyse und zur Begründung der Menschenrechte, 1980.

1342 Vgl. *B. Barry*, Review of ‚Anarchy, State, and Utopia', Political Theory 3 (1975) 331 f.; Übersetzung von W. Kersting, Positionen der politischen Philosophie der Gegenwart, S. 7.

a) Freiheit und Verantwortung

Während Humboldt den Gedanken der Solidarität nurmehr in einer sublimierten Weise aufkommen ließ,[1343] die wiederum nur im Gewand der Utopie erschien und das Miteinander der im Staat vereinigten Menschen zumindest als Folge, wenn auch nicht als Grund anerkannte, was freilich angesichts der oben angegriffenen kommunitaristischen Vereinnahmung auch nicht unbedingt erforderlich ist,[1344] postuliert Nozick auch in seiner Abwendung vom Ultraminimalstaat noch ein Modell, in dem neben der nahezu unbeschränkten Freiheit das Prinzip Verantwortung keinen Platz mehr hat.[1345]

Aber auch die Humboldtsche Freiheit besteht letztlich im Wortsinne verantwortungslos, was durchaus Konsequenzen für den Rechtsbegriff zeitigt, da Humboldt im Zusammenhang mit der Sicherheit vom Bewusstsein der gesetzmäßigen Freiheit spricht. Das zeigt die begriffliche Umkehrung des freiheitsgemäßen Rechts, wie sie in folgender Frage zum Ausdruck kommt: „Was ist freiheitsgemäßes Recht? Wie muss Recht beschaffen sein, damit es Freiheitsrecht bilde? (...) Der Maßstab für das wirkliche Recht, das sich als wahres Recht und damit Freiheitsrecht bezeichnen darf, kann daher nur das Gut des Ganzen, das Gute selbst sein. Von dieser Einsicht her hat Hans Jonas den Begriff Verantwortung zum ethischen Zentralbegriff erklärt.[1346] Das bedeutet, dass Freiheit, um recht verstanden zu werden, immer mit Verantwortung zusammengedacht werden muss. (...) Wachstum von Freiheit kann nicht mehr einfach in der immer weiteren *Entschränkung der individuellen Rechte* bestehen – was zur Absurdität und zur Zerstörung gerade auch der individuellen Freiheiten führt."[1347] Dass die unbeschränkte Selbstentfaltung des Einzelnen die Freiheitsentfaltung des oder der anderen beeinträchtigen oder gar vereiteln kann, hat auch schon Isaiah Berlin hervorgehoben.[1348]

b) Rortys Verständnis von Solidarität

Mit der eingangs referierten Kritik und dem vorstehend Skizzierten ist zugleich auch das angesprochen, was Richard Rorty „Solidarität" nennt und nicht als

---

1343 Zur Solidarität im hier verstandenen Sinne eingehend *R. Rorty*, Kontingenz, Ironie und Solidarität, 1992, S. 302 ff.

1344 Siehe dazu die Kritik an *Ch. Taylor* im Kapitel 9 unter II.

1345 Vgl. *E. Gill*, Responsibility and Choice in Robert Nozick: Sins of Commission and of Omission, in: The Personalist. An International Review of Philosophy 59 (1978) 344.

1346 *H. Jonas*, Das Prinzip Verantwortung, 1979.

1347 *J. Ratzinger*, Glaube – Wahrheit – Toleranz, 4. Auflage 2005, S. 201; Hervorhebung nur hier.

1348 *I. Berlin*, Four Essays on Liberty, 1969, S. 123 ff.

verschwommene Ethik missverstanden werden darf:[1349] „Ein gutes Beispiel für einen Standpunkt, der vom ‚Moralsystem' aus betrachtet, ungehörig scheinen muss, habe ich im ersten Teil des Buches skizziert: den Standpunkt, dass die Vorstellung von einer zentralen, universellen Komponente des Menschen namens ‚Vernunft', einem Vermögen, das der Grund unseres moralischen Vermögens sei, zwar großen Nutzen für die Gründung moderner demokratischer Gesellschaften hatte, aber jetzt aufgegeben werden kann und *soll*, damit wir Raum für die Verwirklichung der liberalen Utopie (...) gewinnen. (...) Eine andere Zentralbehauptung dieses Buches wird ebenso ungehörig in den Ohren derer klingen, die die Reinheit der Moral attraktiv finden: die Behauptung, dass unsere Verantwortung für andere nur eine, nur die öffentliche Seite unseres Lebens ausmacht, eine Seite, die im Widerspruch mit unseren privaten Neigungen und privaten Versuchen der Selbsterschaffung liegen kann und nicht *automatisch* Priorität vor solchen Beweggründen hat."[1350]

In diesem Zusammenhang ist im Übrigen daran zu erinnern, dass Humboldts Staatsidee als (liberale) Utopie gekennzeichnet worden ist;[1351] es wäre interessant, was Rorty zu einer solchen Form sagen würde, insbesondere ob sie die Solidarität hinreichend einbezieht.[1352] Einen Anhaltspunkt gibt insoweit seine Aussage: „Auch das Christentum und der politische Liberalismus haben nicht deswegen gesiegt (wenn sie denn gesiegt haben),[1353] weil die Menschen grundsätzlich gut oder tatsächlich Brüder wären oder wirklich natürliche Rechte besäßen."[1354] Daher entspricht die Konzeption Humboldts gerade nicht dem, was Rorty als liberale Utopie ansieht,[1355] für die bezeichnend ist, dass „eine liberale Gesellschaft kein Ideal hat außer Freiheit"[1356] und diese für ihn mithin Zweck und nicht – wie für Humboldt – Mittel zum Zweck der Individualitätsentfaltung ist.[1357]

1349 Vgl. *R. Rorty*, Kontingenz, Ironie und Solidarität, 1992, S. 312 f.

1350 *R. Rorty*, Kontingenz, Ironie und Solidarität, S. 312 f.; Hervorhebung auch dort.

1351 In diese Richtung *H. Scurla*, Wilhelm von Humboldt, S. 110 f.

1352 Zur Solidarität bei Mill siehe *H. Boucsein*, John Stuart Mill und die Idee der Solidarität. Ein Beitrag zum liberalen Wertverständnis, 1983.

1353 Zur Utopie im Christentum *E. Biser*, Der Mensch – das uneingelöste Versprechen, 2. Auflage 1996, S. 187 ff., 214 ff., 250 ff.

1354 *R. Rorty*, Kontingenz, Ironie und Solidarität, S. 312 f.

1355 *R. Rorty*, Kontingenz, Ironie und Solidarität, S. 84 ff.

1356 *R. Rorty*, Kontingenz, Ironie und Solidarität, S. 110.

1357 Vgl. auch *R. Rorty*, The Priority of Democracy to Philosophy, 1988, in: *ders.*, Objectivity, Relativism, and Truth. Philosophical Papers 1 (1991) 175.

c) Utopie des Banalen?

Allerdings ist auch die so bezeichnete liberale Utopie Rortys seit jeher eindringlicher Kritik ausgesetzt. Ihm wird vorgeworfen, dass er einem gefährlichen Nihilismus das Wort geredet habe, weil dieser Utopie die Maßstäbe abhanden kämen, wenn an Stelle der Verwirklichung absoluter Werte nurmehr das persönliche Wohlbefinden verwirklicht würde.[1358] Die Freiheit könne demgegenüber nur als geordnete bestehen. Sie bedürfe daher der Ergänzung durch Recht und Moral. Daher komme der Sicherung der Menschenrechte als Inhaltsbestimmung der Freiheit eine wesentliche Bedeutung zu.[1359] In diesem Zusammenhang ist überdies an eine Beobachtung von Karl Löwith zu erinnern, der zu bedenken gegeben hat, dass durch den Säkularismus die Hoffnung zum Fortschritt, die Freiheit zur Liberalität, die Barmherzigkeit zur Solidarität und die Geduld zur Toleranz wurde.[1360] So konnte der Säkularismus den christlichen Prinzipien zur weltweiten Verbreitung verhelfen.[1361]

Hier ist nicht der Ort zu entscheiden, ob und inwieweit diese Kritik an Rortys liberaler Utopie verfängt. Indes rückt die Sicherung der Menschenrechte als Inhaltsbestimmung der Freiheit einen auch für den vorliegenden Zusammenhang weiterführenden Gesichtspunkt in den Mittelpunkt. Denn es wurde bereits verschiedentlich gesehen und wird im folgenden Kapitel noch deutlicher, dass sich schon bei Humboldt ein – wenn auch dort noch nicht ausgeprägter – Wandel vom Menschenrechtsliberalismus zum Wirtschaftsliberalismus andeutet. Nozicks Utopia, in dem Sicherheit von einer privaten Schutzvereinigung erkauft wird und die moralischen Begleittöne nurmehr um die unbedingte Freiheitsverwirklichung orchestriert sind, beweist dies und bricht so dem ungehemmten Wirtschaftsliberalismus Bahn.[1362]

1358 *R. Spaemann*, La perle précieuse et le nihilisme banal, Catholica 33 (1992) 43 ff.

1359 *J. Ratzinger*, Wahrheit, Werte, Macht. Prüfsteine der pluralistischen Gesellschaft, 3. Auflage 1993, S. 17.

1360 *K. Löwith*, Weltgeschichte und Heilsgeschehen. Die theologischen Voraussetzungen der Geschichtsphilosophie, 1953.

1361 *E. Biser*, Die Entdeckung des Christentums, 2000, S. 17; eingehend dazu *E. Biser*, Glaubensprognose. Orientierung in postsäkularistischer Zeit, 1991, S. 51 ff.

1362 Dass insbesondere Adam Smith, dessen System der natürlichen Freiheit zugleich ein Utopia vollkommener Gerechtigkeit sein sollte (*C. G. Griswold*, Fair play, Übelnehmen und der Sinn für Gerechtigkeit: Kritische Überlegungen zu Adam Smith, in: Adam Smith als Moralphilosoph, Hg. Ch. Fricke/H.-P. Schütt, 2005, S. 157), kein Vertreter eines solchen ungehemmten Wirtschaftsliberalismus' war, wurde bereits dargestellt (oben im 8. Kapitel unter II 2 a) und wird im nächsten Kapitel (unter III 1 b) noch vertieft. Ebenso *R. C. Solomon*, Sympathie für Adam Smith. Einige aktuelle philosophische und psychologische Überlegungen, ebenda, S. 251, 252 („Adam Smith, den man zwar in Wirtschaftskreisen als Vater einer mitleidlosen freien Marktwirtschaft schätzt, der aber besser als die Mutter (sic!) aller Moraltheoretiker verstanden werden sollte, genauer gesagt, als *der* Theoretiker des moralischen Empfindens.“; Hervorhebung auch dort).

— *ders./Tullock, G.*, The Calculus of Consent, 1962
— *ders.*, What Should Economists Do?, in: Southern Economic Journal 30 (1964) 213
— *ders.*, The Libertarian Legitimacy of the state; A Hobbesian Interpretation of the Rawlsian Difference Principle, in: Freedom in Constitutional Contract. Perspectives of a Political Economist, 1977, S. 50
— *ders.*, Die Grenzen der Freiheit. Zwischen Anarchie und Leviathan, Übersetzung von Ch. Watrin, 1984 (englisch: The Limits of Liberty. Between Anarchy and Leviathan, 1975)
Buck, G., Rückwege aus der Entfremdung, 1984
Bund, D., Die ökonomische Theorie der Verfassung. J. M. Buchanans Modell des Verfassungsvertrages und evolutionstheoretische Kritik, 1984
Burchard, O., Der Staatsbegriff Wilhelm von Humboldts in seinen ‚Ideen zu einem Versuch, die Grenzen der Wirksamkeit des Staats zu bestimmen' – Eine Untersuchung zum Problem der Zwangsrechtsnormen und der Individualverantwortung, 1948
Burns, J. H., John Stuart Mill and Democracy, in: Political Studies 5 (1957) 158, 281
Burril, D., Distributive Justice and the Minimal State: A Response to Blackstone, in: The Personalist. An International Review of Philosophy 59 (1978) 394
Busch, W., Die Entstehung der kritischen Rechtsphilosophie Kants 1762–1780, 1979
Campe, J. H., Ueber Empfindsamkeit und Empfindelei in pädagogischer Hinsicht, 1779
— *ders.*, Wörterbuch der deutschen Sprache, Band V, 1811
Canaris, C.-W., Systemdenken und Systembegriff in der Jurisprudenz, 2. Auflage 1983
— *ders.*, Funktion, Struktur und Falsifikation juristischer Theorien, JZ 1993, 377
— *ders.*, Grundrechte und Privatrecht, 1999
Canavan, F., Review of ‚Anarchy, State, and Utopia', in: International Philosophy Quarterly. An Intercultural Forum 15 (1975) 495
Carr, R., The Religious Thought of John Stuart Mill: A Study in Reluctant Scepticism, Journal of the History of Ideas 23 (1962) 475
Cassirer, E., Die kantischen Elemente in Wilhelm von Humboldts Sprachphilosophie, Festschrift für P. Hensel, 1923, S. 105
Cauer, E., Einleitung zu Ideen zu einem Versuch, die Grenzen der Wirksamkeit des Staates zu bestimmen, 1851
Challemel-Lacour, P., La Philosophie individualiste. Etude sur Guillaume de Humboldt, 1864
Charnovitz, D., The Economics of Etiquette and Customs: The Theory of Property Rights as Applied to Rules of Behaviour, 1972
Childs, R., The Invisible Hand Strikes Back, in: Journal of Libertarian Studies 1 (1977) 23
Chomsky, N., Class Warfare. Interviews with David Barsamian, 1995
Cohen, G. A., Robert Nozick and Wilt Chamberlain: How Patterns Preserve Liberty, Erkenntnis 11 (1977) 5
Coing, H., Neue Strömungen in der nordamerikanischen Rechtsphilosophie, ARSP 38 (1949/50) 536
— *ders.*, Grundzüge der Rechtsphilosophie, 3. Auflage 1976
Congleton, R., An Overview of the Contractarian Public Finance of James Buchanan, Public Finance Quarterly 16 (1988) 131
Corlett, A. (Hg.), Equality and Liberty. Analyzing Rawls and Nozick, 1991
Cowan, M., Humanist without Portfolio. An Anthology of the Writings of Wilhelm von Humboldt, 1963
Cowling, M., Mill and Liberalism, 1963

Dahrendorf, R., Rezension zu Adam Smith, Der Wohlstand der Nationen, Zeit-Bibliothek der 100 Sachbücher (Hg. F. J. Raddatz), 1984
Dambacher, I., Christian Wilhelm von Dohm: Ein Beitrag zur Geschichte des preußischen aufgeklärten Beamtentums und seiner Reformbestrebungen am Ausgang des 18. Jahrhunderts, 1974
Daniels, N., (Hg), Reading Rawls. Critical Studies of ‚A Theory of Justice', 1975
Darwall, S., Sympathetic Liberalism Recent Works on Adam Smith, Philosophical and Public Affairs 28 (1999) 139
— *ders.*, Smith über die Gleichheit der Würde und den Standpunkt der 2. Person, in: Adam Smith als Moralphilosoph (Hg. Ch. Fricke/H.-P. Schütt), 2005, S. 178
Davis, M., Necessity and Nozicks's Theory of Entitlement, in: Political Theory 5 (1977) 219
De Gregori, Th., Market Morality: Robert Nozick and The Question of Economic Justice, in: American Journal of Economics and Sociology 38 (1979) 17
Descartes, R., Discours de la methode, 1637 (deutsch: Abhandlung über die Methode, die Vernunft richtig zu führen und die Wahrheit in den Wissenschaften zu suchen)
Dewey, J., Schule und Erziehung, 1905
— *ders.*, Demokratie und Erziehung. Eine Einleitung in die philosophische Pädagogik, 1930 (englisch: Democracy and Education. An Introduction to the Philosophy of Education, 1916)
— *ders.*, Problems of Men, Part I, 1946
Di Fabio, U., Der Verfassungsstaat in der Weltgesellschaft, 2001
— *ders.*, Die Kultur der Freiheit, 2005
— *ders.*, Die Idee der Universität, in: Humboldt neu denken (Hg. B. Huber), 2005, S. 26
Dippel, L., Wilhelm von Humboldt. Ästhetik und Anthropologie, 1990
Euchner, W., Naturrecht und Politik bei John Locke, 1979
Eucken, W., Grundsätze der Wirtschaftspolitik, 1952 (hier zitiert nach der 7. Auflage 2004)
Exdell, J., Distributive justice: Nozick on property rights, in: Ethics 87/2 (1977) 142–9
Fester, R., Rousseau und die deutsche Geschichtsphilosophie. Ein Beitrag zur Geschichte des deutschen Idealismus, 1890
— *ders.*, Humboldts und Rankes Ideenlehre, Deutsche Zeitschrift für Geschichtswissenschaft, Band VI, 1891, S. 235
Feuerbach, P. J. A., Kritik des natürlichen Rechts als Propädeutik zu einer Wissenschaft des natürlichen Rechts, 1796
Fichte, J. G., sämtliche Werke (Hg. I. H. Fichte 1844–1846), Band VI, VII
— *ders.*, nachgelassene Werke (Hg. I. H. Fichte 1854–1855), Band II
— *ders.*, Grundlage des Naturrechts nach Prinzipien der Wissenschaftslehre (1796), Meiner-Ausgabe 1979 (Hg. M. Zahn); zitiert: *J. G. Fichte*, Naturrecht
— *ders.*, Rechtslehre, Dritter Teil, Über den Staatsbürgervertrag: Vom Strafgesetz, Meiner-Ausgabe 1980
Fikentscher, W., Roscoe Pound. Von der Zweckjurisprudenz zur „Sociological Jurisprudence", Festschrift für K. Larenz, 1973, S. 93
— *ders.*, Freiheit als Aufgabe. Freedom as a Task, 1997
Finley, M., Antike und moderne Demokratie, 1980
Flad, R., Studien zur politischen Begriffsbildung in Deutschland während der preußischen Reform. Der Begriff der öffentlichen Meinung bei Stein, Arndt und Humboldt, 1929
Forst, R., Kontexte der Gerechtigkeit. Politische Philosophie jenseits von Liberalismus und Kommunitarismus, 1994

Forster, J. G., Fragment eines Briefes an einen deutschen Schriftsteller, über Schillers Götter Griechenlands, in: ders., Werke in vier Bänden, Band 3, 1971, S. 33

Fleischacker, S., Philosophy and Moral Practice: Kant and Adam Smith, Kant-Studien 82 (1991) 249

— *ders.*, A Third Concept of Liberty. Judgment and Freedom in Kant and Adam Smith, 1999

— *ders.*, On Adam Smith's Wealth of Nations: a Philosophical Companion, 2004

— *ders.*, Smith und der Kulturrelativismus, in: Adam Smith als Moralphilosoph (Hg. Ch. Fricke/H.-P. Schütt), 2005, S. 100

Francis, L. P./Francis, J. G., Nozick's Theory of Rights: A Critical Assessment, in: The Western Political Quarterly 29 (1976) 634

Fricke, Ch., Genesis und Geltung moralischer Normen – Ein Gedankenexperiment von Adam Smith, in: Adam Smith als Moralphilosoph (Hg. dies./H.-P. Schütt), 2005, S. 33

Friedman, M., Capitalism and Freedom, 1962

— *ders.*, Adam Smith's Relevance for 1976, Selected Papers No. 50, Graduate School of Business. The University of Chicago, 1977

Friedrich, C., Rechtsphilosophie, 1955

Gall, L., Wilhelm von Humboldt. Ein Preuße von Welt, 2011

Garber, J., Vom ‚ius connatum' zum ‚Menschenrecht'. Deutsche Menschenrechtstheorien der Spätaufklärung, in: Rechtsphilosophie der Aufklärung (Hg. R. Brandt), 1982, S. 107

Garrett, A., Adam Smith über den Zufall als moralisches Problem, in: Adam Smith als Moralphilosoph (Hg. Ch. Fricke/H.-P. Schütt), 2005, S. 160

Gauthier, D., Moral by Agreement, 1986

Gebhardt, B., Wilhelm von Humboldt als Staatsmann, Band 1, 1896

— *ders.*, Wilhelm von Humboldts Ausscheiden aus dem Ministerium, Historische Zeitschrift 74 (1895) 44

Gehr, K. G., Die Idee der Freiheit der Schule gegenüber dem Staate bei Denkern des deutschen Sprachgebietes im 19. Jahundert, 1929

Gerhardt, V., Immanuel Kants Entwurf ‚Zum ewigen Frieden'. Eine Theorie der Politik, 1995

— *ders.*, Das wiedergewonnene Paradigma. Otfried Höffes moderne Metaphysik der Politik, in: Gerechtigkeit als Tausch? Auseinandersetzung mit der politischen Philosophie Otfried Höffes (Hg. W. Kersting), 1997, S. 62

Gibbard, A., Angemessenheit und Mittelmaß – Wie Gefühle und Handlungen aufeinander abgestimmt werden, in: Adam Smith als Moralphilosoph (Hg. Ch. Fricke/H.-P. Schütt), 2005, S. 277

Gierke, O. v., Das deutsche Genossenschaftsrecht, Band 4, Die Staats- und Kooperationslehre der Neuzeit, 1913

Gilbert, F., Machiavelli and Guicciardini, 1965

Gill, E., Responsibility and Choice in Robert Nozick: Sins of Commission and of Omission, in: The Personalist. An International Review of Philosophy 59 (1978) 344

Goedert, G., Politische Philosophie: Staat und Recht; Thomas Hobbes, John Locke, Wilhelm von Humboldt, Jean- Jacques Rousseau, Jaques Maritain, Ernst Bloch, 1995

Goldfriedrich, J. A., Die historische Ideenlehre in Deutschland. Ein Beitrag zur Geschichte der Geisteswissenschaften, vornehmlich der Geschichtswissenschaft und ihrer Methoden im 18. und 19. Jahrhundert, 1902

Goldsmith, R. E., The Early Development of Wilhelm von Humboldt, Germanic Review 42 (1967) 30

Gooch, G. P., Germany and the French Revolution, 1920

Gordon, S., The new Contractarians, Journal of Political Economy 84 (1976) 573
Granrose, J., Review Robert Nozick, Anarchy, State and Utopia, in: Social Theory and Practice 3 (1975) 487
Gray, A., Adam Smith, 1948
Gray, J., Mill on Liberty: A Defence, 1983
— *ders.*, Buchanan on Liberty, Constitutional Political Economy 1 (1990) 149
Grimm, D., Recht und Staat der bürgerlichen Gesellschaft, 1987
Griswold, C. L., Adam Smith and the virtues of Enlightenment, 1999
— *ders.*, Fair play, Übelnehmen und der Sinn für Gerechtigkeit: Kritische Überlegungen zu Adam Smith, in: Adam Smith als Moralphilosoph (Hg. Ch. Fricke/H.-P. Schütt), 2005, S. 128
Grotius, H., Drei Bücher über das Recht des Krieges und Friedens, Buch I, Übersetzung von J. H. v. Kirchmann, Band 1, 1869
Grube, K., Die Idee und Struktur einer rein-menschlichen Bildung. Ein Beitrag zum Philanthropismus und Neuhumanismus, 1934
— *ders.*, Wilhelm von Humboldts Bildungsphilosophie, 1935
Haakonssen, K., The Science of a Legislator. The Natural Jurisprudence of David Hume and Adam Smith, 1981
Habermas, J., Die Krise des Wohlfahrtstaates und die Erschöpfung utopischer Energien, in: Die neue Unübersichtlichkeit, 1985, S. 141
— *ders.*, Strukturwandel der Öffentlichkeit. Untersuchungen zu einer Kategorie der bürgerlichen Gesellschaft, 1990
— *ders.*, Faktizität und Geltung. Beiträge zur Diskurstheorie des Rechts und des demokratischen Rechtsstaats, 1992
— *ders.*, Die Einbeziehung des Anderen, 2. Auflage 1997
Hammacher, K., Die Philosophie des deutschen Idealismus – Wilhelm von Humboldt und die preußische Reform, 1976
Haerdter, R., Der Mensch und der Staat. Über Wilhelm von Humboldt, Festgabe für W. Hausenstein, 1952, S. 103
Hardin, R., Collective Action, 1982
Hardy, J., Methodenreflexion zwischen zweifelsfreier Gewißheit und der ‚systematischen Encyclopädie aller Sprachen'. Bemerkungen zu Descartes und Wilhelm von Humboldt, 1999
Harnack, O., Goethe und Wilhelm von Humboldt, Vierteljahresschrift für Literaturgeschichte 1 (1888) 225
— *ders.*, Leibniz und Wilhelm von Humboldt als Begründer der Königlich Preußischen Akademie der Wissenschaften, Preußische Jahrbücher, Jahrgang 1910, S. 197
Hart, H. L. A., Are There Any Natural Rights?, Philosophical Review 64 (1955) 175
Hasbach, W., Untersuchungen über Adam Smith und die Entwicklung der Politischen Ökonomie, 1891
Haufe, E., Wilhelm von Humboldt über Schiller und Goethe, Aus den Briefen und Werken, 1963
Hassemer, W., Theorie und Soziologie des Verbrechens, 2. Auflage 1980
Hayek, F. A. v., Individualismus und wirtschaftliche Ordnung, 1952, 2. Auflage 1976
— *ders.*, The Constitution of Liberty, 1960 (deutsch: Die Verfassung der Freiheit)
— *ders.*, Entnationalisierung des Geldes, 1977
— *ders.*, Die Rechts- und Staatsphilosophie David Humes; in: Freiburger Studien, 1994, S. 232

— *ders.*, Recht, Gesetz und Freiheit, 2003
Haym, R., W. v. Humboldts Lebensbild und Charakteristik, 1856
Hegel, G. W. F., Grundlinien der Philosophie des Rechts, 1820
Heinrich, M., Rechtsgutszugriff und Entscheidungsträgerschaft, 2002
Held, V., John Locke on Robert Nozick, in: Social Research. An International Quarterly of the Social Sciences 43 (1976) 169
Henley, K., Children of the Individualism of Mill and Nozick, in: The Personalist. An International Review of Philosophy 59 (1978) 415
Hennies, W., Aufgaben einer modernen Regierungslehre, Politische Vierteljahreszeitschrift 6 (1965) 422
Henrich, D., Das Prinzip der kantischen Ethik, in: Philosophische Rundschau 2 (1954/55) 25
— *ders.*, Über die Einheit der Subjektivität, in: Philosophische Rundschau 3 (1955) 28
— *ders.*, Fichtes ursprüngliche Einsicht in Subjektivität und Metaphysik, Festschrift für W. Cramer, 1966, S. 188
— *ders.*, Selbstverhältnisse, 1982
— *ders.*, Konstellationen: Probleme und Debatten am Ursprung des Idealismus (1789 – 1795), 1991
— *ders.*, Grundlegung aus dem Ich. Untersuchungen zur Vorgeschichte des Idealismus. Tübingen – Jena 1790 – 1794, 2004
Hensel, P., Wilhelm von Humboldt, Kant-Studien 23 (1919) 174
Herz, D., Die wohlerwogene Republik. Das konstitutionelle Denken des politisch-philosophischen Liberalismus, 1999
Herzog, F., Prävention des Unrechts oder Manifestation des Rechts, 1987
— *ders.*, Über die Grenzen der Wirksamkeit des Strafrechts – Eine Hommage an Wilhelm von Humboldt, Humboldt Universität Berlin, Öffentliche Vorlesungen Heft 11, 1993 (= Kritische Vierteljahreszeitschrift für Gesetzgebung und Wissenschaft, 1993, S. 247)
Heyer, K., Wilhelm von Humboldts Ideen über den Staat und das Nationalitätenproblem, Nation und Staat 4 (1930/31) 468
Heymann, E., Wilhelm von Humboldt als Staatsmann und Jurist. Eine Betrachtung zu seinem 150. Geburtstag, Deutsche Juristen-Zeitung 22 (1917) 569
Himmelfarb, G., On Liberty and Liberalism. The Case of John Stuart Mill, 1974
Hoerster, N., Rezension zu R. Nozick, Anarchy, State and Utopia, ARSP 64 (1978) 114
Hofer, S., Freiheit ohne Grenzen? Privatrechtstheoretische Diskussionen im 19. Jahrhundert, 2001
Höffe, O., (Hg.), Über John Rawls' Theorie der Gerechtigkeit, 1977
— *ders.*, Eine provokative Theorie des Minimalstaats, in: Neue Züricher Zeitung vom 11. 2. 1977
— *ders.*, Politische Gerechtigkeit. Grundlegung einer kritischen Philosophie von Recht und Staat, 1987
— *ders.*, Der kategorische Imperativ als Grundbegriff einer normativen Rechts- und Staatsphilosophie, Festschrift für R. Spaemann, 1987, S. 87
— *ders.*, Kategorische Rechtsprinzipien. Ein Kontrapunkt der Moderne, 1990
— *ders.*, Gerechtigkeit als Tausch?, Zum politischen Projekt der Moderne, 1991
— *ders.*, Erwiderung, in: Gerechtigkeit als Tausch? Auseinandersetzung mit der politischen Philosophie Otfried Höffes (Hg. W. Kersting), 1997, S. 331
— *ders.*, Gerechtigkeit, 2. Auflage 2004
— *ders.*, Kritik der Freiheit. Das Grundproblem der Moderne, 2015

Hofmann, H., Einführung in die Rechts- und Staatsphilosophie, 2000

Holmes, R. L., Nozick on Anarchism, in: Political Theory 5 (1977) 247

Holzey, H., Der Philosoph für die Welt – eine Chimäre der deutschen Aufklärung, in: Esoterik und Exoterik der Philosophie. Beiträge zu Geschichte und Sinn philosophischer Selbstbestimmung, (Hg. ders./W.C. Zimmerli), 1977, S. 132

Homann, K., Rationalität und Demokratie, 1988

Honneth, A., Grenzen des Liberalismus. Zur politisch-ethischen Diskussion um den Kommunitarismus, Philosophische Rundschau 38 (1991) 83

Hope, V. M., Virtue by Consensus. The Moral Philosophy of Hutcheson, Hume, and Adam Smith, 1989

Höpfner, J. K., Naturrecht des einzelnen Menschen, der Gesellschaft und der Völker, 1. Auflage 1780

Horster, D., Jürgen Habermas und der Papst. Glauben und Vernunft, Gerechtigkeit und Nächstenliebe im säkularen Staat, 2006

Hösle, V., Moral und Politik. Grundlagen einer Politischen Ethik für das 21. Jahrhundert, 1997

Hübler, M., Die Bedeutung der Individualität in Wilhelm von Humboldts Lebensauffassung, 1910

Hübner, W., John Stuart Mills Freiheitsbegriff, Festgabe für H. Herzfeld, 1958, S. 97

Humboldt, W. v., Gesammelte Schriften, Ausgabe der Königlich Preußischen Akademie der Wissenschaften, 1903–1936, Band I, VII, VIII, IX, XIV

— *ders.*, Ideen über Staatsverfassung, durch die neue französische Constitution veranlasst [1791], Werke in fünf Bänden (Hg. A. Flitner/K. Giel), Band I, 3. Auflage 1980, S. 33

— *ders.*, Ideen zu einem Versuch, die Grenzen der Wirksamkeit des Staats zu bestimmen (Reclam-Ausgabe mit einem Nachwort von R. Haerdter), 1967

— *ders.*, Ideen zu einem Versuch, die Gränzen der Wirksamkeit des Staats zu bestimmen [1792], Werke in fünf Bänden (Hg. A. Flitner/K. Giel), Band I, 3. Auflage 1980, S. 56

— *ders.*, Wie weit darf sich die Sorgfalt des Staats um das Wohl seiner Bürger erstrecken?, Neue Thalia, Band 2, Heft 5, 1792, S. 131

— *ders.*, Über die Sorgfalt des Staats für die Sicherheit gegen auswärtige Feinde, Berlinische Monatsschrift 20 (1792) 346

— *ders.*, Über die Sittenverbesserung durch Anstalten des Staats (Zweites Bruchstück), Berlinische Monatsschrift 20 (1792) 419

— *ders.*, Zweck und Mittel der Staatsverfassung (1792), Historische Zeitschrift (Hg. A. Leitzmann) 152 (1935) 52

— *ders.*, Brief an Brinckmann vom 8. Februar 1793

— *ders.*, Über Kantische und Fichtesche Philosophie [1798], Werke in fünf Bänden (Hg. A. Flitner/K. Giel), Band V, 1. Auflage 1981, S. 55

— *ders.*, Über die innere und äußere Organisation der höheren wissenschaftlichen Anstalten in Berlin [1810], Werke in fünf Bänden (Hg. A. Flitner/K. Giel), Band IV, 1. Auflage 1964, S. 255

— *ders.*, Denkschrift über die deutsche Verfassung an den Freiherrn vom Stein [1813], Werke in fünf Bänden (Hg. A. Flitner/K. Giel), Band IV, 1. Auflage 1964, S. 302

— *ders.*, Über die Gesetze der Entwicklung der menschlichen Kräfte, Werke in fünf Bänden (Hg. A. Flitner/K. Giel), Band I, 3. Auflage 1980, S. 43

— *ders.*, Über die Behandlung der Angelegenheiten des Deutschen Bundes durch Preußen [1816], Werke in fünf Bänden (Hg. A. Flitner/K. Giel), Band IV, 1. Auflage 1964, S. 347

— *ders.*, Über die Aufgabe des Geschichtsschreibers [1821], Werke in fünf Bänden (Hg. A. Flitner/K. Giel), Band I, 3. Auflage 1980, S. 585
— *ders.*, Entwurf zu einer Verordnung, die Veränderung und Vereinfachung der Zensurbehörden betreffend [III 1809], Werke in fünf Bänden (Hg. A. Flitner/K. Giel), Band IV, 1. Auflage 1964, S. 4
— *ders.*, Über Pressefreiheit [1816], Werke in fünf Bänden (Hg. A. Flitner/K. Giel), Band IV, 1. Auflage 1964, S. 338
— *ders.*, Brief an C. v. Beulwitz, in: Deutsche Rundschau 66 (1891) 243
Hume, D., A Treatise of Human Nature,1738 (deutsch: Ein Traktat über die menschliche Natur, Übersetzung von Th. Lipps, 1906)
Ibing, A., Die Staatsauffassung Wilhelm von Humboldts und die Erweiterung ihrer Anregungen durch Rudolf Steiner, 1979
Ilting, K. H., Gibt es eine kritische Ethik und Rechtsphilosophie Kants?, in: Archiv für Geschichte der Philosophie 63 (1981) 325
Isensee, J., Das Grundrecht auf Sicherheit. Zu den Schutzpflichten des freiheitlichen Verfassungsstaates, 1983
Jahrmarkt, J., Freiheit und Notwendigkeit bei Wilhelm von Humboldt, 1932
Jäger, Chr., Strafrecht, Allgemeiner Teil, 2003
Jakobs, H., Rechtsphilophie und politische Philosophie bei John Stuart Mill, 1964
James, W., The Importance of Individuals, in: The Will to Believe and Other Essays in Popular Philosophy, 1896, S. 123
Jensen, H., Motivation and the Moral Sense in Francis Hutcheson's Ethical Theory, 1971
Jhering, R. v., Der Zweck im Recht, 1893
Johnson, K., Government by Insurance Company: The Antipolitical Philosophy of Robert Nozick, in: The Western Political Quarterly 29 (1976) 177
Jonas, H., Das Prinzip Verantwortung, 1979
Kaehler, S., Wilhelm von Humboldt und der Staat, 1926, Nachdruck 1963
Kant, I., Idee zu einer allgemeinen Geschichte in weltbürgerlicher Absicht, 1784, Band XI der von Weischedel herausgegebenen Ausgabe, 1977, S. 33
— *ders.*, Beantwortung der Frage: Was ist Aufklärung?, 1784, Band XI der von Weischedel herausgegebenen Ausgabe, 1977, S. 53
— *ders.*, Grundlegung zur Metaphysik der Sitten, 1785, Band VII der von Weischedel herausgegebenen Ausgabe, 1977, S. 11
— *ders.*, Kritik der praktischen Vernunft, 1788, Band VII der von Weischedel herausgegebenen Ausgabe, 1977, S. 107
— *ders.*, Über den Gemeinspruch: Das mag in der Theorie richtig sein, taugt aber nicht für die Praxis, 1793, Band XI der von Weischedel herausgegebenen Ausgabe, 1977, S. 127
— *ders.*, Zum ewigen Frieden, 1795, Band XI der von Weischedel herausgegebenen Ausgabe, 1977, S. 195
— *ders.*, Metaphysische Anfangsgründe der Rechtslehre, 1797, Band VIII der von Weischedel herausgegebenen Ausgabe, 1977, S. 309
Kateb, G., The Night Watchman State, in: The American Scholar 45 (1975/76) 816
Kaufmann, A., Grundlagenprobleme der Rechtsphilosophie, 1994
Kaulbach, F., Studien zur späten Rechtsphilosophie Kants und ihrer transzendentalen Methode, 1982
Kersting, W., Naturzustand und Minimalstaat. Robert Nozicks Versuch, die Grenzen der Wirksamkeit des Staats zu bestimmen, Allgemeine Zeitschrift für Philosophie 4 (1979) 34

— *ders.*, Positionen der politischen Philosophie der Gegenwart (Typoskript 1989)
— *ders.*, Die politische Philosophie des Gesellschaftsvertrags, 1994
— *ders.*, Gerechtigkeit als Tausch? Auseinandersetzung mit der politischen Philosophie Otfried Höffes (Hg. ders.), 1997
— *ders.*, Politik und Recht. Abhandlungen zur politischen Philosophie der Gegenwart und zur neuzeitlichen Rechtsphilosophie, 2000
— *ders.*, Die Liberalismus-Kommunitarismus-Debatte in der amerikanischen Philosophie, Jahrbuch für politisches Denken 1 (1991) 82
Klenner, H., Deutsche Rechtsphilosophie im 19. Jahrhundert, 1991
— *ders.*, Humboldts Staat als Rechtsinstitut des Menschen, in: Wilhelm von Humboldt. Menschenbild und Staatsverfassung, Texte zur Rechtsphilosophie (Hg. ders.), 1994, S. 315
— *ders.*, Rezension zu J. Petersen, Wilhelm von Humboldts Rechtsphilosophie, 2. neubearbeitete Auflage 2007, in: ARSP 95 (2009) 440
Kliemt, H., John Rawls' Theorie der Gerechtigkeit und Robert Nozicks Theorie des Minimalstaats, in: Ökonomische Theorie der Politik. Eine Einführung (Hg. C. Hillinger/M. J. Holler), 1979, S. 196
— *ders.*, Nicht-explanative Funktionen eines „Homo oeconomicus" und Beschränkungen seiner explanativen Rolle, in: M. J. Holler (Hg.): Homo Oeconomicus II, 1984, S. 7
Klippel, D., Politische Freiheit und Freiheitsrechte im deutschen Naturrecht des 18. Jahrhunderts, 1976
Knoll, J. H./Siebert, H., Wilhelm von Humboldt, Politik und Bildung, 1969
Kodalle, K.-M., Zwischen Anarchie und Leviathan. Eine kritische Paraphrase zu James M. Buchanan: „The Limits of Liberty", Der Staat 18 (1979) 563
Köhler, F., Wesen und Bedeutung des Individualismus, 1922
Kondylis, P., Die Aufklärung im Rahmen des neuzeitlichen Rationalismus, 1981
Krautkrämer, U., Staat und Erziehung. Begründung öffentlicher Erziehung bei Humboldt, Kant, Fichte, Hegel und Schleiermacher, 1979
Krieger, L., The German Idea of Freedom: History of a Political Tradition, 1957
Kuhn, A., Wilhelm von Humboldt als Staatsmann. Die Westmark, 1. Jahrgang, 1921, S. 723
Kühl, K., Naturrechtliche Grenzen strafwürdigen Verhaltens, Festschrift für G. Spendel, 1992, S. 75
Küsters, G.-W., Kants Rechtsphilosophie, 1988
Landau, P., Das substantielle Moment im Recht bei Rudolph von Jhering. Krausistische Elemente in Jherings Rechtstheorie, Festschrift für K.-M. Kodalle, Band 2, 2003, S. 247
— *ders.*, Rezension „Harold J. Berman, Law of Revolution, Harvard University Press 1983", The University of Chicago Law Review 51 (1984) 937
— *ders.*, Stufen der Gerechtigkeit. Zur Rechtsphilosophie von Gottfried Wilhelm Leibniz und Karl Christian Friedrich Krause, Bayerische Akademie der Wissenschaften, Philosophisch-Historische Klasse, Sitzungsbericht 1995 (erschienen 1996) Heft 7
Landmann, M., Anthropologie des Individuums. Originalität und Modellierbarkeit des Menschen, in: Integritas. Geistige Wandlung und menschliche Entwicklung (Hg. D. Stolte/R. Wisser), 1966
Lassalle, F., Reden und Schriften, Über Verfassungswesen, 1919
Leidhold, W., Ethik und Politik bei Francis Hutcheson, 1985
Leitzmann, A., Politische Jugendbriefe Wilhelm von Humboldts an Gentz, Historische Zeitschrift 152 (1935) 52

Lekschas, J., Zur Staatslehre Wilhelm von Humboldts. Reflexionen über seine Schrift „Ideen zu einem Versuch, die Grenzen der Wirksamkeit des Staats zu bestimmen“, Sitzungsberichte der Akademie der Wissenschaften der DDR, Gesellschaftswissenschaften Nr. 8/G, 1980, S. 7
Lenk, K., Max Weber, in: Klassiker des politischen Denkens, Band 2, 1968, S. 360
Lepsius, O., Verwaltungsrecht unter dem Common Law, 1997
— *ders.*, Sozialwissenschaften im Verfassungsrecht – Amerika als Vorbild?, JZ 2005, 1
Lerche, P., Übermaß und Verfassungsrecht, 2. Auflage 1999
Leroux, R., Guillaume von Humboldt et J. Stuart Mill, in: Etudes Germanique 1951, S. 262
Litan, R. E., On Rectification in Nozick's Minimal State, in: Political Theory 5 (1977) 233
Locke, J., Two Treatises of Government, 1690
Löwith, K., Weltgeschichte und Heilsgeschehen. Die theologischen Voraussetzungen der Geschichtsphilosophie, 1953
Lohmann, G., Unparteilichkeit in der Moral, Festschrift für Jürgen Habermas, 2001, S. 434
— *ders.*, Sympathie ohne Unparteilichkeit ist willkürlich, Unparteilichkeit ohne Sympathie ist blind. Sympathie und Unparteilichkeit bei Adam Smith, in: Adam Smith als Moralphilosoph (Hg. Ch. Fricke/H.-P. Schütt), 2005, S. 88
Lovejoy, A. O., The Great Chain of Being, 1936
Lübbe, G., Robert Nozicks Naturrechtsidealismus. Zu einer Karikatur des klassischen Liberalismus, Rechtstheorie 9 (1978) 217
Lucas, J. R., The Principles of Politics, 1966
Luhmann, N., Legitimation durch Verfahren, 1969
— *ders.*, Besprechung von J. Habermas, Faktizität und Geltung, Rechtshistorisches Journal 1993, S. 1
Macfie, A. L., Adam Smith's Moral Sentiments as Foundation of His Wealth of Nations, Oxford Economic Papers 11 (1959) 209
— *ders.*, The Individual in Society: Papers on Adam Smith, 1967
Machan, T. R., Robert Nozick, Anarchy, State and Utopia, The Journal of Value Inquiry, 10 (1976) 317
Machiavelli, N., Il principe, 1513 (deutsch: Der Fürst, 1804)
Maier, H., Grundwerte und Grundrechte, in: Werte, Rechte, Normen (Hg. A. Paus), 1979, S. 106
Maluschke, G., Frühliberaler Nachtwächterstaat oder neoliberaler Sozialstaat? Eine Auseinandersetzung mit Robert Nozicks, ‚Anarchy, State and Utopia', in: Der Staat, 1976, S. 521
Mamut, L., Humboldt und sein Versuch, die Wirksamkeitsgrenzen des Staats zu bestimmen, in: Politische Ideen und Rechtsinstitute in ihrer historischen Entwicklung, 1980, S. 521
Mann, A., Das Verhältnis des Staats zum Bildungswesen im Lichte der Staatswissenschaft seit Wilhelm von Humboldt, 1900
Marcuse, L., Amerikanisches Philosophieren. Pragmatisten. Polytheisten. Tragiker, 1959
McGrath, M., On Radical Individualism and Social Justice: A Critique of Robert Nozick's Political Theory, in: Liberalism and the Modern Polity. Essays in Contemporary Political Theory, 1978, S. 273
McKean, R., The Economics of Trust, Altruism and Corporate Responsability, in: Altruism, Morality, and Economic Theory (Hg. E. S. Phelps), 1975, S. 29
Meineke, F., Wilhelm von Humboldt und der deutsche Staat, in: Die deutsche Rundschau 31 (1920) 889
— *ders.*, Die Idee der Staatsräson in der neueren Geschichte, 1924

— *ders.*, Weltbürgertum und Nationalstaat, 1928
— *ders.*, Die Entstehung des Historismus, 1938
Meiners, C., Revision der Philosophie, Erster Theil, 1772
Menze, C., Wilhelm von Humboldts Lehre und Bild vom Menschen, 1965
— *ders.*, Die Rolle der Ästhetik in Wilhelm von Humboldts Theorie der Bildung, Festschrift für B. Lakebrink, 1969, S. 125
— *ders.*, Bildung und Gesellschaft. Zum Bildungsbegriff von Humboldt bis zur Gegenwart (Hg. H. Steffen), 1972, S. 5
— *ders.*, Die Verwandlung der Universitätsidee und die Preisgabe der Bildung. Eine Untersuchung zur Rezeption der Humboldtschen Universitätsidee im frühen 19. Jahrhundert, Vierteljahresschrift für wissenschaftliche Pädagogik 50 (1974) 93
— *ders.*, Die Bildungsreform Wilhelm von Humboldts, 1975
— *ders.*, Die Individualität als Ausgangs- und Endpunkt des Humboldtschen Denkens, in: Universalismus und Wissenschaft im Werk und Wirken der Brüder Humboldt (Hg. K. Hammacher), 1976, S. 160
— ders., Wilhelm von Humboldts Grundlegung der Theorie der Bildung des Menschen, Vierteljahresschrift für wissenschaftliche Pädagogik 54 (1978) 485
— *ders.*, Bildungsstruktur und Bildungsorganisation. Wilhelm von Humbolds Grundlegung des Bildungswesens, Pädagogische Rundschau 37 (1983) 533
— *ders.*, Nachtrag über Wilhelm von Humboldt und Hegel, in: Preußen, Seine Wirkung auf die deutsche Geschichte, Vorlesungen von K. D. Erdmann u. a. (1985), S. 140
— *ders.*, Der Zusammenhang von Toleranz und Selbstbildung im Werke Wilhelm von Humboldts, in: Verantwortung in einer veränderten Welt (Hg. H. Kessler), 1985, S. 192
— *ders.*, Humanität als Prinzip des Staates bei Wilhelm von Humboldt, Perspektiven der Philosophie, in: Neues Jahrbuch, Band 12 (1986) 249
— *ders.*, Wilhelm von Humboldt und die Französische Revolution, in: Jahrbuch des Freien Deutschen Hochschulstifts, 1987, S. 158
— *ders.*, Das Bildende der Geschichte in Wilhelm von Humboldts und Hegels Geschichtsphilosophie, Vierteljahresschrift für wissenschaftliche Pädagogik 63 (1987) 179
— *ders.*, Wilhelm von Humboldt und die Antike Sklaverei. Eine Stellungnahme zur Diskussion über die Rezeption des griechischen Altertums im deutschen Humanismus, Vierteljahresschrift für wissenschaftliche Pädagogik 63 (1987) 319
— *ders.*, Vom Antikartesianismus zur Theorie der Bildung des Menschen, Pädagogische Rundschau 42 (1988) 63
— *ders.*, Kunst und Bildung in Wilhelm von Humboldts ästhetischen Versuchen, in: Philosophie und Poesie. Otto von Pöggeler zum 60. Geburtstag, 1988, S. 159
— *ders.*, Die Verfassungspläne Wilhelm von Humboldts, Zeitschrift für Historische Forschung 16 (1989) 329
— *ders.*, Wilhelm von Humboldt. Denker der Freiheit, 1993
Michelman, F., Property, Utility, and Fairness: Comments on Ethical Foundations of ‚Just Compensation' Law, Harvard Law Review 80 (1967) 1202
Mill, J. St., Über die Freiheit, Übersetzung von B. Lemke, 1974 (englisch: On Liberty, 1859; zitiert nach Penguin Classics 1987)
— *ders.*, Nature, in: Three Essays on Religion (Hg. H. Taylor), 1874
— *ders.*, Austin on Jurisprudence, in: Dissertations and Discussions, 2. Auflage 1874, S. 206
— *ders.*, Principles of Political Economy, 1920
— *ders.*, Essays on Politics and Culture (Hg. G. Himmelfarb), 1962

— *ders.*, Autobiographie (Hg. J. Stillinger), 1969

Minghetti, M., Stato e Chiesa, 1878

Mohr, G., „Moral Sense" – Zur Geschichte einer Hypothese und ihrer Kritik bei Adam Smith, in: Adam Smith als Moralphilosoph (Hg. Ch. Fricke/H.-P. Schütt), 2005, S. 304

Montesquieu, Ch.-L. de S. de, Vom Geist der Gesetze (französisch: De l'esprit des lois, 1748)

Moss, L., Private Property Anarchism: An American Variant, 1972

Mueller, D., James M. Buchanan: Economist cum Contractarian, in: Constitutional Political Economy 1 (1990) 169

Müller-Vollmer, K., Humboldts Bildungspolitik mit der Französischen Revolution, Diskursanalysen 2 (1989) Institution Universität, S. 63

Mulhall, S./Swift, A., Liberals and Communitarians, 1992

Münzer, H., Wilhelm vom Humboldts idealistische Staatsbetrachtung, Deutsche Rundschau, Jahrgang 70 (1947) 176

Neide, S., Wilhelm von Humboldt als Richter und Ratgeber bei Schillers lyrischen Gedichten, 1890/91

Nell-Breuning, O. v., Zur Sozialreform. Erwägungen zum Subsidiaritätsprinzip, in: Stimmen der Zeit 157 (1955/56) 1

— *ders.*, Subsidiaritätsprinzip, in: Staatslexikon, Band 5, 1962, S. 826

Neumann, F., Ökonomie und Politik, in: Zeitschrift für Politik, N.F., Band 2, 1955, S. 1

— *ders.*, Der Funktionswandel des Gesetzes im Recht der bürgerlichen Gesellschaft, in: Zeitschrift für Sozialforschung, 6 (1937) 542

Newman, J. H., The Idea of a University, 1852

Nida-Rümelin, J., Die beiden zentralen Intentionen der Theorie der Gerechtigkeit als Fairneß von John Rawls – eine kritische Rekonstruktion, ARSP 76 (1990) 457

— *ders.*, Rawls und Nozick: ein Gegensatz kantischer und lockescher Gerechtigkeitskonzeptionen?, in: John Locke und Immanuel Kant. Historische Rezeption und gegenwärtige Relevanz (Hg. M. Thompson), 1991, S. 348

— *ders.*, Gerechtigkeit bei John Rawls und Otfried Höffe. Ein Vergleich, in: Gerechtigkeit als Tausch? Auseinandersetzung mit der politischen Philosophie Otfried Höffes (Hg. W. Kersting), 1997, S. 306

Nipkow, K.-E., Die Individualitätsentfaltung als pädagogisches Problem bei Pestalozzi, Humboldt und Schleiermacher, 1960

Nipperdey, Th., Deutsche Geschichte 1800–1866, 2. Auflage 1984

Nörr, D., Geist und Buchstabe: ein Goethe-Zitat bei Savigny, Savigny-Zeitschrift für Rechtsgeschichte, Romanistische Abteilung 100 (1983) 20

— *ders.*, Savignys philosophische Lehrjahre, 1994

Nozick, R., „On the Ranian Argument", in: The Personalist 52 (1971) 282

— *ders.*, Anarchy, State, and Utopia, 1974 (deutsch: Anarchie, Staat, Utopia, Übersetzung von H. Vetter, 1976)

Olson, M., The Logic of Collective Action, 1965 (deutsch: Die Logik kollektiven Handelns, 1968)

Ostermann, R., Die Freiheit des Individuums. Eine Rekonstruktion der Gesellschaftstheorie Wilhelm von Humboldts, Frankfurt am Main Campus Forschung (1993) 709

Otteson, J. R., Adam Smith's Marketplace of Life, 2002

— *ders.*, Adam Smith's First Market: The Development of Language, History of Philosophical Quaterly 19 (2002) 65

— *ders.*, Adam Smith und die Objektivität moralischer Urteile: Ein Mittelweg, in: Adam Smith als Moralphilosoph (Hg. Ch. Fricke/H.-P. Schütt), 2005, S. 15

Palonen, K., Die Entzauberung der Begriffe. Das Umschreiben des politischen Begriffs bei Quentin Skinner und Reinhart Koselleck, 2003

Pannwitz, R., Die Schrift über die Grenzen der Wirksamkeit des Staates, in: Dem Andenken Humboldts. Herausgegeben vom deutschen Seminar an der Pekinger Reichsuniversität Tientsin-Peiping, 1935, S. 2

Papageorgiou, K., Die Strafrechtsphilosophie Wilhelm von Humboldts und John Stuart Mills, ARSP 76 (1990) 324

Park, C.-G., Das moralische Gefühl in der britischen *moral-sense*-Schule und bei Kant, 1995

Pasternak, F., Die ästhetische Erziehung bei den Philanthropisten, mit Rücksicht der ästhetischen Strömungen der Zeit, 1927

Paton, H. J., Der kategorische Imperativ. Eine Untersuchung über Kants Moralphilosophie, 1962

Petersen, J., Duldungspflicht und Umwelthaftung, 1996

— *ders.*, Anthropozentrik und Ökozentrik im Umweltrecht, ARSP 83 (1997) 361

— *ders.*, Wegfall der Geschäftsgrundlage durch Ehescheidung?, FamRZ 1998, 1215

— *der.*, Unternehmenssteuerrecht und bewegliches System, 1999

— *ders.*, Das familienrechtliche Schutzverhältnis als gesetzliches Schuldverhältnis, Jura 1999, 399

— *ders.*, Die eingeschränkte Testierfreiheit beim Pflegeheimbetrieb durch eine GmbH, DNotZ 2000, 639

— *ders.*, Kants „Metaphysische Anfangsgründe der Rechtslehre" – kritisches Spätwerk oder „Erzeugnis eines gewöhnlichen Erdensohnes"?, Festschrift für C.-W. Canaris, 2007, S. 1217

— *ders.*, Die rechts- und staatsphilosophischen Ideen Wilhelm von Humboldts als Grundlage seiner Bildungsreform, Festschrift 200 Jahre Juristische Fakultät der Humboldt-Universität zu Berlin, 2010, S. 115

— *ders.*, Medienrecht, 5. Auflage 2010

— *ders.*, Adam Smith als Rechtstheoretiker, 2012

— *ders.*, Fichtes Versuch Machiavelli Gerechtigkeit widerfahren zu lassen, Festschrift für M. Kloepfer, 2013

— *ders.*, Freiheit unter dem Gesetz. Friedrich August von Hayeks Rechtsdenken, 2014

— *ders.*, Max Webers Rechtssoziologie und die juristische Methodenlehre, 2. Auflage 2014

— *ders.*, Montaignes Erschließung der Grundlagen des Rechts, 2014

— *ders.*, Die Eule der Minerva in Hegels Rechtsphilosophie, 2. Auflage 2015

Petersen, Th., Individuelle Freiheit und allgemeiner Wille. Buchanans politische Ökonomie und die politische Philosophie, 1996

Pfordten, D. v. d., Normativer Individualismus versus normativer Kollektivismus in der Politischen Philosophie der Neuzeit, Zeitschrift für Philosophische Forschung 54 (2000) 491

— *ders.*, Normativer Individualismus, Zeitschrift für Philosophische Forschung 58 (2004) 321

— *ders.*, Normativer Individualismus und das Recht, JZ 2005, 1069

Popper, K., Die offene Gesellschaft und ihre Feinde, 1. Auflage 1958 (englisch:The Open Society and Its Enemies, 1945)

— *ders.*, Die öffentliche Meinung im Lichte der Grundsätze des Liberalismus, 1956

— *ders.*, Bemerkungen zur Theorie und Praxis des demokratischen Staates (1988), in: *ders.* Alles Leben ist Problemlösen. Über Erkenntnis, Geschichte und Politik, 4. Auflage 1996, S. 215

Pound, R., Social Control through Law, 1942

Price, C. L., The Relationship between Friedrich Schiller and Wilhelm von Humboldt, Stanford University, 1966.

Radbruch, G., Vorschule der Rechtsphilosophie, 2. Auflage 1959

Rae, D., Review of Robert Nozick, in: The American Political Science Review 70 (1976) 1289

Rantzau, J. A. v., Wilhelm von Humboldt. Der Weg seiner geistigen Entwicklung, 1939

Rasmussen, D., Georg Forster, Wilhelm von Humboldt und die Idee der Freiheit, in: *ders.* Der Weltumsegler und seine Freunde. Georg Forster als gesellschaftlicher Schriftsteller der Goethezeit, 1988, S. 133

Ratzinger, J., Wahrheit, Werte, Macht. Prüfsteine der pluralistischen Gesellschaft, 3. Auflage 1993

— *ders*, Glaube – Wahrheit – Toleranz, 4. Auflage 2005

— *ders.*, Werte in den Zeiten des Umbruchs, 2005

Rawls, J., Eine Theorie der Gerechtigkeit, Übersetzung von H. Vetter, 1975 (englisch: A Theory of Justice, 1971)

— *ders.*, Reply to Lyons and Teitelman, in: The Journal of Philosophy 69 (1972) 556

— *ders.*, Reply to Alexander and Musgrave, in: Quarterly Journal of Economics 88 (1974) 633

— *ders.*, Die Idee des politischen Liberalismus, 1992

— *ders.*, Geschichte der Moralphilosophie, 2004

Recktenwald, H. C., An Adam Smith Renaissance in 1976? The Bicentenary Output – A Reappraisal of His Scholarship, in: Journal of Economic Literature 16 (1978) 56

— *ders.*, Würdigung des Werkes, in: Adam Smith, Der Wohlstand der Nationen, 10. Auflage 2003, S. XVI

Reemtsma, J. P., Folter im Rechtsstaat?, 2005

Richards, D. A. J., Review: Anarchy, State and Utopia by Robert Nozick, in: Detroit College of Law Review 1976, S. 675

Riker, W., Public Safety as a Public Good, in: Is Law Dead? (Hg. E. V. Rostow), 1971

Ringer, F., Die Gelehrten. Der Niedergang der deutschen Mandarine, 1890–1933 (‚The Decline of the German Mandarins', 1969)

Rippe, F., Die Pädagogik Deweys, 1934

Robbins, L., The Theory of Economic Policy in English Classical Political Economy, 1961

Rodman, J., Analysis and History. Or, How the Invisible Hand Works through Robert Nozick, in: The Western Political Quarterly 29 (1976) 197

Romer, Th., On James Buchanan's Contributions to Public Economies, Journal of Economic Perspectives 2 (1988) 165

Rothbard, M., For a Liberty, 1973

— *ders.*, Robert Nozick and the Immaculate Conception of the State, Journal of Libertarian Studies 1 (1977) 45

Rosenkranz, K., Hegels Leben, 1844

Rorty, R., The Priority of Democracy to Philosophy, 1988, in: *ders.*, Objectivity, Relativism, and Truth. Philosophical Papers, 1 (1991) 175

— *ders.*, Kontingenz, Ironie und Solidarität, 1992

Roxin, C., Kriminalpolitik und Strafrechtssystem, 1970

— *ders.*, Strafrecht. Allgemeiner Teil, Band 1, 4. Auflage 2006

Rubinstein, S., Kongeniale Geistesfürsten, Zeitschrift für Philosophie und Pädagogik 12 (1905) 222

— *dies.*, Die Energie als Wilhelm von Humboldts sittliches Grundprinzip, Zeitschrift für Philosophie und Pädagogik 13 (1906) 1

Rüdiger, H., Wesen und Wandlung des Humanismus, 1937
Runte, L., Wilhelm von Humboldts Religionsphilosophie in ihrer Entwicklung und seine Stellung zum Christentum, 1920
Sampson, G., Liberalism and Nozicks ‚Minimal State', in: Mind. A Quarterly Review of Psychology and Philosophy 87 (1978) 93
Salter, J., Adam Smith on Justice and Distribution in Commercial Societies, Scotish Journal of Political Economy 41 (1994) 299
Sandel, M., Liberalism and the Limits of Justice, 1982
Sandmo, A., Buchanan on Political Economy, Journal of Economic Literature 28 (1990) 50
Sauter, C., Wilhelm von Humboldt und die deutsche Aufklärung, 1989
Scanlon, Th., Nozick on Rights, Liberty, and Property, in: Philosophy and Public Affairs 6 (1976) 3
Schaffstein, F., Wilhelm von Humboldt. Ein Lebensbild, 1952
— *ders.*, Das Strafrecht bei W. v. Humboldt, 1986
Schaumkell, E.,Wilhelm von Humboldt und der Preußische Staatsgedanke, 1935
Scheffler, S., Natural Rights, Equality, and the Minimal State, in: Canadian Journal of Philosophy 6 (1976) 59
Schelsky, H., Einsamkeit und Freiheit. Idee und Gestalt der deutschen Universität und ihrer Reformen, 1963, 2. Auflage 1971
Scherer, M., Der Gentleman, 2. Auflage 2003
Schiller, F., Die Räuber, 1781
Schlink, B., Vergangenheitsschuld und gegenwärtiges Recht, 2002
Schmid, C. Ch. E., Wörterbuch zum Gebrauch der Kantischen Schriften, 1798, neu herausgegeben von N. Hinske, 1976
Schmidt, M., Religion und Christentum bei Wilhelm von Humboldt. Eine wenig beachtete Spielart des Neuprotestantismus, in: Humanitas Christianitas (Hg. Beyschlag u. a.), Walther v. Loewenich zum 65. Geburtstag, 1968, S. 150
Schmitterer, P., Zur Wissenschaftskonzeption Georg Forsters und dessen biographischen Bezügen zu den Brüdern Humboldt, 1992
— *ders.*, ‚Maschine' vs. ‚Organismus'. Einige Überlegungen zu Geistes- und Sprachwissenschaftsgeschichte im 18. und 19. Jahrhundert, in: Diversions of Galway. Papers on the History of Linguistics (Hg. A. Alquist), 1992, S. 291
Schönemann, J., Zur Erinnerung an den Freundschaftsbund zwischen Schiller und Wilhelm von Humboldt, Neue Jahrbücher für Pädagogik 13 (1910) 549
Schröder, J., Zur Vorgeschichte der Volksgeistlehre, Savigny-Zeitschrift für Rechtsgeschichte, Germanistische Abteilung Band 109 (1992) 1
Schultz, W., Die religiösen Motive in der Sonettdichtung Wilhelm von Humboldts, Zeitschrift für Theologie und Kirche 7 (1926) 215
— *ders.*, Das Erlebnis der Individualität bei Wilhelm von Humboldt, in: Deutsche Vierteljahreszeitschrift für Literaturwissenschaft und Geistesgeschichte 7 (1929) 665
— *ders.*, Die Religion Wilhelm von Humbolts, 1932
Schünemann, B., Einführung in das strafrechtliche Systemdenken, in: Grundfragen des modernen Strafrechtssystems (B. Schünemann), 1984, S. 1
— *ders.*, Die deutschsprachige Strafrechtswissenschaft nach der Strafrechtsreform im Spiegel des Leipziger Kommentars und des Wiener Kommentars, 1. Teil, Tatbestands- und Unwertlehre, GA 1985, S. 345
Schumpeter, J., Kapitalismus, Sozialismus und Demokratie, 2. Auflage 1950

— *ders.*, History of Economic Analysis, 1954 (deutsch: Geschichte der ökonomischen Analyse, Band 1, 1965)

Schweizer, U., Calculus of Consent. A Game-theoretic Perspective, in: JITE Zeitschrift für die gesamte Staatswissenschaft 146 (1990) 28

Scurla, H., Wilhelm von Humboldt. Reformator – Wissenschaftler – Philosoph, 1976

Seibt, G., Humboldts Vermächtnis. Nachruf auf eine Idee, in: Deutsche Erhebungen, 2008, S. 98

Singer, P., Why Nozick Is Not So Easy To Refute, in: The Western Political Quarterly 29 (1976) 191

Simon, J., La Liberté. E. Laboulaye, L'Etat et ses limites, 1863

Skinner, Q., Liberty before Liberalism, 1998

— *ders.*, A Third Concept of Liberty, 2002

Smith, A., The Theory of Moral Sentiments, 2 Bände, 1759 (deutsch: Theorie der ethischen Gefühle, Übersetzung von W. Eckstein, 2004)

— *ders.*, Inquiry into the Nature and Causes of the Welfare of Nations, 1776 (deutsch: Der Wohlstand der Nationen, Übersetzung und Würdigung von H. C. Recktenwald, 10. Auflage 2003)

Solomon, R. C., Sympathie für Adam Smith. Einige aktuelle philosophische und psychologische Überlegungen, in: Adam Smith als Moralphilosoph (Hg. Ch. Fricke/H.-P. Schütt), 2005, S. 251

Spaemann, R., Zur Kritik der politischen Utopie, Zehn Kapitel politischer Philosophie, 1977

— *ders.*, La perle précieuse et le nihilisme banal, Catholica 33 (1992) 43

Spinoza, B., Tractatus theologico-politicus, 1670 (Hg. G. Gawlick/F. Niewöhner), Band 1, 1979

Spitta, D., Wilhelm von Humboldts Ideen von den Grenzen der Wirksamkeit des Staats, 1962

— *ders.*, Die Bildung der Individualität als mitteleuropäische Aufgabe. Wilhelm von Humboldts Bildungsweg und sein Bildungsideal, in: Die Drei, 1985, S. 263

— *ders.*, Grundzüge einer mitteleuropäischen Staatsidee. Die Bedeutung Wilhelm von Humboldts und Rudolf Steiners für ein neues Staatsverständnis, Sozialwissenschaftliches Forum Band 4, Der Staat. Aufgaben und Grenzen, 1992

— *ders.*, Die Staatsidee Wilhelm von Humboldts, 2004

Spranger, E., Wilhelm von Humboldt und Kant, Kant-Studien 13, 1908, S. 541

— *ders.*, Wilhelm von Humboldt und die Humanitätsidee, 1909 (Nachdruck 1928)

— *ders.*, Wilhelm von Humboldt und die Reform des Bildungswesens, 1910 (Nachdruck 1960)

Spengler, O., Der Untergang des Abendlandes, 1922

Steiner, H., Critical Notice of Anarchy, State and Utopia, in: Mind. A Quarterly Review of Psychology and Philosophy 86 (1977) 120

— *ders.*, Can a Social Contract be Signed by an Invisible Hand?, in: Democracy, Consensus and Social Contract (Hg. P. Birnbaum/J. Lively/G. Parry), 1978, S. 295

Stichweh, R., Individualismus und Holismus: Zu Louis Dumonts theoretischem Vokabular, in: Rechtshistorisches Journal 11 (1992) 239

Stigler, J., Smith's Travels on the Ship of State, History of Political Economy 3 (1971) 265

Stollberg-Rilinger, B., Der Staat als Maschine, 1986

Stolleis, M., Staatsraison, Recht und Moral in philosophischen Texten des späten 18. Jahrhunderts, 1972

— *ders.*, Geschichte des öffentlichen Rechts in Deutschland, Band I, 1988

Stolze, W., Der junge Wilhelm von Humboldt und der preußische Staat, in: Forschungen zur Brandenburgischen und Preußischen Geschichte 47 (1935) 161

Strauss, L., Naturrecht und Geschichte, 1977
Stuve, J., Allgemeinste Grundsätze der Erziehung, hergeleitet aus einer richtigen Kenntniß des Menschen, in: Allgemeine Revision des gesamten Schul- und Erziehungswesens von einer Gesellschaft praktischer Erzieher. (Hg. J. H. Campe), Erster Theil, 1785
Sutter, B., Dalbergs Antwort auf Wilhelm von Humboldts ‚Ideen zu einem Versuch, die Grenzen der Wirksamkeit des Staats zu bestimmen', in: Reformen des Rechts, 1979, S. 687
Sweet, P. R., Young Wilhelm von Humboldt's writings (1789–93) reconsidered, in: Journal of the History of Ideas 34 (1973) 469
— *ders.*, Wilhelm von Humboldt, A Biography, Band 1, 1978
— *ders.*, Wilhelm von Humboldt (1767–1835), Fichte (1762–1814) and the Ideologues (1794–1805), in: Historiographica Linguistica. International Journal for the History of Linguistics, 15/3 (1988) 349
Taylor, Ch., Negative Freiheit? Zur Kritik des neuzeitlichen Individualismus, 1992, 3. Auflage 1999
Taylor, R., Freedom, Anarchy, and the Law, 1973
Tessitore, F., I fondamenti della filosofia politica di Humboldt, 1965
Thier, A., Steuergesetzgebung und Verfassung in der konstitutionellen Monarchie. Staatssteuerreform in Preußen 1871–1893, 1999
Toqueville, A. de, Democracy in America, Band 1, 1835
— *ders.*, Kleine politische Schriften (Hg. H. Bluhm), 2006
Toulmin, S., Cosmopoli. The Hidden Agenda of Modernity, 1990
Trabant, J., Habermas liest Humboldt, Deutsche Zeitschrift für Philosophie 41 (1993) 639
Treitschke, H. v., Die Freiheit, 1861, in: Historische und politische Aufsätze, Band 3, 4. Auflage 1871
Tugendhat, E., Vorlesungen über Ethik, 1993
Verburg, R., Adam Smith's Growing Concern on the Issue of Distributive Justice, European Journal of the History of Economical Thought 7 (2000) 23
Villey, E., Du Rôle de l'état dans l'Ordre économique, 1882
Villiez, C. v., Sympathische Unparteilichkeit: Adam Smiths moralischer Kontextualismus, in: Adam Smith als Moralphilosoph (Hg. Ch. Fricke/H.-P. Schütt), 2005, S. 64
Voigt, R., Den Staat denken. Der Leviathan im Zeichen der Krise, 3. Auflage 2014
Volkelt, J., Das Problem der Individualität, 1928
Vossler, O., Humboldts Idee der Universität, Historische Zeitschrift 178 (1954) 251
Wagner, A., Grundlegung der Volkswirtschaftslehre, 2. Auflage 1879
Wagner, R., The ‚Calculus of Consent'. A Wicksellian Retrospective, in: Public Choice 56 (1988) 153
Wallenfels, W., Die Rechtsphilosophie David Humes, 1938
Walz, G. A., Die Staatsidee des Rationalismus und der Romantik und die Staatsphilosophie Fichtes, 1985
Walzer, M., Spheres of Justice. A Defense of Pluralism and Equality, 1983
— *ders.*, Kritik und Gemeinsinn. Drei Wege der Gesellschaftskritik, 1990
Weber, M., Wirtschaft und Gesellschaft, 6. Auflage 1980
Whitman, J., Enforcing Civility and Respect: Three Societies, Yale Law Journal 2000 (109) 1279
— *ders.*, The Two Western Cultures of Privacy: Dignity Versus Liberty, Yale Law Journal 2004 (113) 1151
Wicksell, K., Finanztheoretische Untersuchungen, 1896

Wilburg, W., Entwicklung eines beweglichen Systems im Bürgerlichen Recht, Grazer Rektoratsrede, 1950
Willis, G., A Necessary Evil, 2000
Winch, D., Riches and Poverty. An Intellectual History of Political Economy in Britain, 1750–1834, 1996
Winch, P., Die Idee der Sozialwissenschaft und ihr Verhältnis zur Philosophie, 1966
Windelband, W., Geschichte der Philosophie, 1903
Witonsky, P., New Argument. A Review of Robert Nozick, in: The New Republic vom 26.4.1975
Wittichen, P., Zur inneren Geschichte Preußens während der Französischen Revolution. Gentz und Humboldt, in: Forschungen zur Brandenburgischen und Preußischen Geschichte 19 (1906) 33
Wittig, P., Rezension zu Robert Nozick, in: Zeitschrift für Politik 1977, S. 196
Wood, D., Nozick's Justification of the Minimal State, in: Ethics 88 (1977/78) 260
Zdarzil, H., Individualität und Humanität. Zur 200. Wiederkehr des Geburtstags W. v. Humboldts, in: Wissenschaft und Weltbild 21 (1968) 72
Zintl, R., Individualistische Theorien und die Ordnung der Gesellschaft. Untersuchungen zur politischen Theorie von James M. Buchanan und Friedrich A. von Hayek, 1983
Zöllner, D., Wilhelm von Humboldt. Einbildung und Wirklichkeit. Das bildungstheoretische Fundament seiner Sprachphilosophie, 1989
Zöller, M., Die Unfähigkeit zur Politik. Politikbegriff und Wissenschaftsverständnis von Humboldt bis Habermas, 1975

Personenregister

www.ingramcontent.com/pod-product-compliance
Lightning Source LLC
LaVergne TN
LVHW091724021026
849161LV00003BA/305